집단망상

FALSE: HOW MISTRUST, DISINFORMATION, AND MOTIVATED REASONING
MAKE US BELIEVE THINGS THAT AREN'T TRUE

Copyright © 2025 by Joe Pierre
All Rights Reserved.

Korean translation copyright © 2025 by Book21 Publishing Group
Korean translation rights arranged with OXFORD PUBLISHING LIMITED through EYA Co., Ltd.

이 책의 한국어판 저작권은 EYA Co., Ltd를 통해
OXFORD PUBLISHING LIMITED와 독점 계약한 (주)북이십일에 있습니다.
저작권법에 의하여 한국 내에서 보호를 받는 저작물이므로
무단전재 및 복제를 금합니다.

JOE PIERRE

잘못된 믿음은 어떻게 만들어지는가

집단 망상

우리의 뇌는 왜 진실보다 거짓을 믿는가!

조 피에르 지음
엄성수 옮김
김경일 감수

How Mistrust, Disinformation, and Motivated Reasoning

Make Us Believe Things that Aren't True

21세기북스

차례

감수의 글 · 009
추천의 글 · 011
서문 · 012

1 망상, 왜곡 그리고 잘못된 믿음이라니…… 맙소사!

1 망상 · 023
2 인지 왜곡 · 032
3 불신 · 036
　증거 따져보기 | 믿음의 역설

2 지나친 자신감의 심리학

1 확률적 판단으로서의 믿음 · 051
2 우리가 스스로에게 하는 건강한 거짓말들 · 059
　나는 평균적인 사람보다 낫다 | 나는 내 운명의 주인이다 |
　미래는 특히 나에게 좋을 것이다
3 잘못된 기억 · 067
4 더닝-크루거 효과 · 072

3 강화된 확증편향

1. 주변 두뇌 · 081
2. 확증편향, 확증편향, 확증편향! · 085
3. 망상적 사고와 인터넷의 조우 · 089
4. 새로운 디지털 에코 체임버 · 097
5. 온라인상에서의 치열한 전쟁 · 102

4 혼탁한 정보와 동기화된 믿음

1. 죽음에 이르게 하는 잘못된 정보 · 115
2. 의견 벼룩시장 · 123
3. 진실의 붕괴, 잘못된 정보, 가짜 뉴스 · 131
4. 동기화된 추론과 정체성 방어 · 143
5. 인식적 나태함 vs. 동기화된 정확성 · 151

5 허위 정보 산업

1. 분산된 법적 책임 · 159
2. 불신과 잘못된 정보 · 164
3. 허위 정보 먹이사슬의 최상위 포식자들 · 168
   정보 전쟁 | 권위에 대한 불신 |
   허위 정보를 퍼뜨리는 사람들 | 허위 정보 비즈니스의 비밀
4. 정치 선전과 진실 착각 효과 · 187
   거짓 소방 호스 전략
5. 탈진실 세계에서의 대안적 사실들 · 194

6 통제 불가능한 음모론들

1. 평평한 지구론 신봉자들 · 207
2. 음모론이 판치는 암흑기 · 213
3. 음모론적 믿음의 심리학 · 220
4. 다시 돌아온 불신과 허위 정보 · 226
   아무도 믿지 말라 | 포퓰리즘적 사고방식 | 허위 정보과 돈의 흐름
5. 하나가 가면 모두가 간다 · 246

7 헛소리에 속아 넘어가기

1. 헛소리의 한 사례 · 257
2. 헛소리, 헛소리꾼들 그리고 속는 사람들 · 259
3. 과학적 헛소리와 유사 과학 · 267
4. 대학 캠퍼스 내에서의 탈근대적인 헛소리 · 280
5. 회피적 헛소리와 정치 · 289
6. 헛소리 간파하기 · 293

8 분열된 국가들

1. 타협의 여지가 없는 신념들 · 305
2. 정체성 정치 · 308
3. 감정적 양극화 · 312
   파벌주의의 위험들
4. 인종 정치 · 322
   암묵적 편향 | 정체성 위협
5. 좌파, 우파 그리고 중도 · 339
6. 더 완벽한 결합 · 345

9 우리의 믿음이 우리는 아니다

1 진실을 찾는 이들 · **353**
2 회의주의, 부정주의 그리고 기후 변화 · **360**
　순진한 현실주의와 소수의 법칙 | 기후 과학 vs. '빅 오일'
3 믿음의 불변성과 신성한 가치 · **373**
　가치, 도덕 그리고 정체성 | 도덕적 상대주의 vs. 도덕적 절대주의
4 이념적 확신에 이르는 5단계 · **384**
　비신자들 | 중립적인 신자들 | 참된 신자들 | 행동주의자들 | 변절자들

10 탈진실 시대를 위한 처방

1 진단에서 치료까지 · **399**
2 진실을 가리기 위한 세 가지 핵심 원칙 · **401**
　지적 겸손 | 인지적 유연성 | 분석적 사고
3 진실, 정의 그리고 더 나은 내일 · **408**
　교육 개혁 | 콘텐츠 조정, 공개적인 비판 그리고 검열 |
　민중의 소리는 신의 소리
4 상호 존중과 협력은 가능한가 · **419**
5 만일 누구도 신경 쓰지 않는다면 · **424**

참고문헌 · **427**

일러두기
본문에 등장하는 각주는 모두 옮긴이 주이다.

감수의 글

인류가 지구상에서 가장 강력한 존재가 될 수 있었던 이유는, 다수가 머리를 맞대어 고민하고 협력하며 '집단 지성'이라는 체계를 구축했기 때문이다. 그러나 집단의 힘이 언제나 긍정적인 결과만을 낳는 것은 아니다. 때때로 그 힘은 상식을 뒤집고, 어처구니없는 믿음과 행동을 더욱 공고히 만든다. 용기와 지성처럼 고귀한 가치조차 더 많은 이가 모였을 때 왜곡된 방향으로 증폭될 수 있는 것이다. 저자는 이러한 현상을 '집단 망상'이라 부른다. 참으로 적확한 표현이다. 왜냐하면 망상이란 비정상적으로 강한 확신에서 비롯된 잘못된 믿음이기 때문이다. 즉, 개인이든 집단이든 근거 없는 믿음을 확신하는 순간, 그 끝은 망상에 이를 수밖에 없다.

21세기를 살아가는 우리는 생성형 AI가 상상을 초월한 일을 해내는 시대에 살고 있지만, 여전히 비이성적 신념에 갇혀 있다. 점이나 사주에 중요한 결정을 맡기고, 혈액형이나 MBTI 같은 단순한 구분으로 타인을 이해하려 한다. 또한 수많은 음모론과 가짜 뉴스에 현혹되어, 보편적 사회 구성원과 공존하기 어려운 사람으로 변해가기도 한다. 그렇다면 이러한 잘못된 믿음과 신념은 어디서 비롯되고, 왜 이렇게 뿌리 깊게 남아 있는 걸까?

정신과 의사인 저자는 우리가 '철석같이 믿는 것들'을 하나씩 반증해볼 수 있는 능력의 중요성을 역설한다. 심리학자의 입장에서 그 말에 전적으로 공감한다. 의심하고 검증하는 힘은 단순히 사기를 피하기 위한 도구가 아니다. 서로 다른 생각과 신념을 가진 사람들이 함께 살아가는 사회에서는, 이 능력이 곧 공존의 조건이기 때문이다. 잘못된 믿음과 신념을 고집하는 사람의 말로가 '외로운 고립'일 수밖에 없는 이유다. 아무리 부유하고 유능하며, 심지어 선한 사람이라 해도 예외는 없다.

저자는 정신과 의사다운 시선으로, 병적인 망상이 얼마나 쉽게 '정상적인 확신'에서 출발하는지를 책의 초반에서 보여준다. 우리 모두가 언제든 그 망상의 세계로 미끄러져 들어갈 수 있음을 경고하는 것이다. 이어 심리학과 정신의학이 다루어온 다양한 착각과 잘못된 믿음의 사례를 생생히 소개하며, 우리가 경계해야 할 사고의 함정을 짚어준다. 특히 최근 급격히 심화된 음모론과 정치적 양극화 현상을 이 문제와 연결해 분석하는 부분은, 매우 시의적절하고 설득력 있다. 마지막 장에서는 이러한 함정에 빠지지 않기 위해 우리가 일상에서 실천해야 할 구체적인 태도를 제시한다.

그리고 그 근간에는 저자의 오랜 신념이 자리한다. "정상적인 인간의 작동 원리를 이해하는 가장 좋은 방법은, 질병 상태를 연구하는 것이다." 그런데 흥미롭게도 저자는 이 신념조차 다시금 의심하고 검증한다. 자기 확신조차 끊임없이 점검하는 태도야말로, 이 책이 깊은 울림을 주는 이유다.

지금 우리는 인간의 지적 능력이 회복 불가능한 수준으로 훼손될 수도 있는 갈림길에 서 있다. AI가 인간의 지능을 빠르게 대체하고 있는 지금, 남아야 할 것은 오히려 '올바른 신념과 믿음의 체계'일지도 모른다. 그런 의미에서 이 책은 단순한 심리학 서적을 넘어, 인간 정신이 지켜야 할 마지막 방어선을 보여주는 시의적절하고 중요한 책이라 할 만하다.

— 김경일 (인지심리학자, 아주대 심리학과 교수)

추천의 글

《집단 망상》은 인간의 뇌가 얼마나 놀랍도록 진실을 추구하면서도 동시에 얼마나 쉽게 거짓에 굴복하는지를 파헤친다. 저자 조 피에르 교수는 뇌과학과 심리학, 인지과학의 통찰을 엮어 우리가 '왜 믿을 만한 증거보다 소속감과 확신을 더 신뢰하는가'라는 불편한 질문을 던진다. 이 책은 가짜뉴스나 음모론을 믿는 '그들'의 이야기가 아니라, 자신이 옳다고 굳게 믿는 '우리 모두'의 이야기다. 확신을 지식으로, 충성을 진실로 착각하는 인간의 본성을 해부한다.

책은 뇌 속 확신의 회로에서 시작해, 사회 전체로 번지는 집단적 망상의 확산까지 섬세하게 추적한다. 사람들은 왜 검증되지 않은 이야기에 매달리는가, 왜 허위 정보는 뇌의 쾌감을 자극하는가, 왜 소속감은 진실보다 강력한가. 저자는 냉정하지만 따뜻한 시선으로, 망상은 소수의 병적 현상이 아니라 인간 인지의 부산물임을 보여준다. 그것은 우리가 공감하고 협력하며 의미를 만들어내는 바로 그 능력의 그림자다.

책장을 넘기다 보면, 책은 진단을 넘어 해법으로 나아간다. 저자는 '인지적 겸손'을 회복하자고 제안한다. 자신이 읽는 뉴스뿐 아니라, 그것을 해석하는 자신의 뇌를 의심할 용기. 감정이 사실을 압도하고 알고리즘이 편향을 증폭시키는 시대에, 《집단 망상》은 조용하지만 단호한 '자기반성 보고서'처럼 다가온다. 명료하고 논리적이면서도 인간적이고 따뜻한 이 책은, 진실을 위한 싸움이 외부 세계가 아니라 바로 우리의 뇌 속에서 시작된다는 사실을 통렬하게 일깨운다. 뇌과학자로서, 더없이 동의한다.

— 정재승(KAIST 뇌인지과학과 교수)

서문

인간의 뇌가 신의 손에 의해 순식간에 만들어진 신성한 창조물이라고 믿든, 아니면 수천 년간 진화의 힘이 집약된 결과라고 믿든, 그것이 지닌 놀라운 공학적 정밀함만큼은 누구도 부정할 수 없다. 물론 여전히 연구 중이지만, 심리학자와 신경과학자들은 이제야 조금씩 이해해가고 있다. 우리가 당연하게 여기는 지각, 기억, 추론, 상상, 감정, 언어, 의식 같은 정신 활동이 사실은 3파운드(약 1.36킬로그램) 남짓한 질퍽한 뉴런 덩어리, 즉 뇌에서 비롯된다는 사실 말이다.

우리 인간을 지구상의 다른 생명체들과 가장 뚜렷이 구별 짓는 것도 뇌이며, 예술과 디자인, 건축, 기술 그리고 과학적 발견 등에서 찬란한 성취를 가능하게 한 것도 뇌다. 심장을 둘러싼 그 모든 낭만적인 상징에도 불구하고, 우리는 설사 심장이 멈춰도 생명유지장치로 생존할 수 있고 심장 이식을 받더라도 여전히 같은 사람으로 살아갈 수 있다. 그러나 뇌가 죽으면 우리도 죽는다. 그리고 뇌를 이식받는다 해도, 각 개인의 자아는 더 이상 존속할 수가 없다. 그런 의미에서 우리의 뇌는 곧 우리 자신이다. 인간이 놀랍다면, 그건 우리의 뇌가 위대하기 때문이다.

물론 인간의 뇌는 경이로움은 물론 자부심의 대상이 될 만하지만, 그렇다고 해서 이 책이 뇌를 찬양하려는 것은 아니다. 그런 내용까지 포함하면 베스트셀러가 될 가능성은 더 높아질지 모르나, 이 책은 아직 사용되지 못한 뇌의 잠재력과 관련해 무언가 영감을 주는(그러나 잘못된) 이야기를 다루지 않는다. 사실 이 책이 전하고자 하는 건 보다 어두운 경고성 메시지이다. 인간의 뇌가 지닌 그 모든 놀랍고 특별한 속성에도 불구하고, 뇌의 많은 처리 과정이 우리의 일상을 혼란에 빠뜨리고, 최적의 사회적 기능을 저해할 가능성이 있다는 메시지 말이다.

지금 우리로 하여금 서로 잘 지내지 못하게 만드는 여러 문제들 가운데 가장 심각하고 우려스러운 문제는 우리가 어떻게 뭔가에 대한 믿음을 갖게 되는지와 관련된 인지 과정 문제이다. 뇌와 믿음 그리고 행동은 서로 떼려야 뗄 수 없는 관계이며, 우리는 인과 관계의 사슬 안에서 그중 하나가 또 다른 하나로 이어지는 걸 경험한다. 그러나 생각하고 행동할 수 있는 보다 고차원적인 이 능력 덕에 우리는 동물적 본능을 뛰어넘어 인간 특유의 추론을 할 수 있지만, 그 결과가 늘 기대만큼 바람직한 건 아니다.

사실 우리는 지금 잘못된 믿음이 만연한 시대에 살고 있다. 오랜 세월 인간의 정신 속에 뿌리박혀온 종교적 교리나 미신 또는 초자연적인 현상에 대한 잘못된 믿음은 물론, 오늘날 사회적·정치적 이슈에 대한 잘못된 믿음도 넘쳐난다. 이는 검증할 수 있는 사실마저 왜곡하고, 결과적으로 우리로 하여금 우리 이익에 부합하지도 않고 때론 아주 해로울 수도 있는 방식으로 행동하게 만든다. 이제 무엇이 진실인지 또는 무엇을 사실이라고 해야 하는지에 대해서조차 합의하기 어려운 지경에 이르렀다. 잘못된 정보에 맞서 사실에 근거한 증거를 제시해도 '가짜 뉴스'라며 무시된다. 그리고 견해차를 좁히기 위한 정당한 토론 대신 논쟁과 다툼은 물론 심지어 물리적 충돌까지 난무한다.

우리는 이제 대체할 만한 다른 관점을 고려하거나 새로운 정보를 토대로 자기의 견해를 수정하기보다 '자신이 믿는 걸 끝까지 고수하는 것'을 더 중시하게 되었다. 그래서 지금을 '탈진실'의 시대라 부른다. 잘못된 정보는 기승을 부리고 과학적 탐구는 정치적 논쟁으로 변질되며, 전 세계 모든 국가와 사회 그리고 가정이 믿음의 차이로 분열하는 시대 말이다.

전 세계는 지금 이념적 양극화로 인해 민주주의의 근간이 무너지고 내전과 권위주의로 향하고 있다. 단 몇 년간 거의 700만 명의 목숨을 앗아간 코로나 팬데믹에 이어 이제는 기후 변화가 우리를 짓누르는 이 새로운 시대에, 우리는 잘못된 믿음으로 인해 말 그대로 자멸해가는 중이다.

10년도 더 전에 한 강연에 참석한 적이 있다. 내 기억으로는 캘리포니아 공과대학의 컴퓨터 과학자였던 한 연사가 인류에게 가장 큰 위협은 개인적인 신념이라고 주장했다. 정신과 의사인 나는 그 주장이 도발적이면서도 흥미롭다고 생각했지만, 그 당시에는 그 발언이 그의 전문 영역을 벗어난 것처럼 보여 온전히 받아들이진 못했다. 그러나 지금 시점에서 보면 결국 그가 옳았다는 증거가 우리 주변 곳곳에 널려 있다. 오늘날의 많은 문제는 우리의 개인적인 그리고 종종 잘못된 믿음에서 비롯된다. 그리고 우리의 잘못된 믿음을 거슬러 올라가면 결국 그 믿음은 우리의 뇌라는 결정적 출발점에 이르게 된다.

■

나는 매사추세츠공과대학교MIT에서 분자생물학과 심리학을 전공하고 캘리포니아대학교 로스앤젤레스 캠퍼스UCLA 의과대학을 졸업한 뒤, 정신과 레지던트 훈련 프로그램에 지원하면서 자기소개서에 다음과 같이 썼다. "정상적인 인간의 작동 원리를 이해하는 가장 좋은 방법은 질병 상태를 연구하는 것이다." 실제로 우리가 현대 유전학에 대해 아는 사실은 대부분 유전자 돌연변이에 관한 연구에서 비롯된 것이다.

마찬가지로, 공포증이나 편집증 같은 정신 질환 및 정신과적 증상을 이해하면, 불안이나 공포 같은 정상적이지만 문제를 일으킬 수 있는 현상도 더 잘 이해할 수 있다.

정신과 의사로 경력을 쌓아오면서 내가 임상학적으로 가장 관심을 보인 건 심각한 정신 질환, 특히 조현병 같은 정신병적 장애가 있는 사람들을 돌보는 것이었다. 나는 사람들이 망상(자신이 신이라는 믿음같이 비정상적으로 강한 확신이 수반되는 특이하면서도 잘못된 믿음)과 환각(환청이나 환시처럼 외부적인 감각 자극도 없는 상태에서의 지각 경험) 같은 정신병적 증상을 어떻게 경험하는지에 특히 관심이 많았다. 정신병은 내 초기 임상 연구의 핵심 주제로 수년간 꾸준히 강의한 주제이기도 하다. 하지만 나는 종종 정신 의학과 심리학이 만나는 지점을 연구해왔다. 다시 말해, 정신병과 정상 사이의 회색 지대, 즉 분명 정신 질환은 아니지만 그렇다고 정신적으로 건강하지도 않은 상태를 연구해온 것이다. 그래서 나는 망상뿐만 아니라 음모론같이 덜 병적인 '망상 비슷한 믿음'에도 관심이 많다(요즘엔 더 관심이 많을지도 모르지만).

지금 여러분은 나 같은 정신과 의사가 인간 정신을 병리학적 관점으로 보는 건 조금도 이상할 게 없다고 생각할지도 모르겠다. 어쨌든 사람들은 우리 '정신과 의사들'이 사람의 결점을 찾기 위해 끝없이 분석한다거나 모든 사람이 '미쳤다'고 생각한다고 믿으니까, 안 그런가?"[2] 그러나 정신과 의사가 실제로 정신 질환의 증거를 찾아내려 애쓴다 해도, 나는 이 책이 정신 병리학 자체를 다루는 책이 아니라는 점을 처음부터 분명히 하고 싶다. 이 책은 정신 질환이나 정신 장애가 발생할 때, 뇌에 어떤 문제가 생기는지에 대해서는 다루지 않는다. 그 원인이 환경적 요인이든 내부적 요인이든, 아니면 그 둘의 복합적인 상호작용이든 마찬가지다. 오히려 여러분과 나같이 정상적인 뇌를 가진 사람들 그리고 또 뇌가 제대로 기능하지만 최적의 기능은 하지 못해 심각한 문제를 일으킬 가능성이 있는 정상적인 사람들에 대한 이야기를 담은 책이다.

먼저 1장과 2장에서는 병적인 망상의 경계를 조명하고, 확신의 연속선상에서 정상적인 믿음을 이해하기 위한 정량적 접근 방식, 과신과 '긍정적 환상'에 대한 논의 등을 다룰 것이다. 3장, 4장, 5장에서는 각각 인지 편향, 동기화된 추론, 진실 착각 효과의 역할을 집중적으로 살피며, 지식을 추구하는 과정에서 전례 없이 방대한 정보와 잘못된 정보 그리고 고의적인 허위 정보를 제대로 구분할 수 있게 할 것이다. 6장, 7장, 8장에서는 각각 음모론에 대한 믿음, 헛소리 수용 성향, 유사 과학 그리고 종종 이념 갈등의 중심이 되는 정치적 양극화 등 시의 적절하고 민감한 주제들을 다룬다. 마지막으로 9장과 10장에서는 '진실을 가리기 위한 세 가지 핵심 원칙'을 통해 잘못된 믿음의 함정에 대한 해결책을 제시하면서 우리의 믿음 자체가 우리가 아니라는 것을 상기시킨다. 나는 이 책을 통해 뇌가 세상과 어떻게 상호작용하는지를 설명하고 우리가 서로 대립하는 믿음을 갖고 방어할 가치도 없는 이념을 격렬하게 옹호하게 되는 이유를 밝히고자 한다. 아무쪼록 모두 이 책을 읽고 우리의 뇌와 믿음 그리고 우리 자신이 완벽하지 않다는 사실을 겸허히 받아들이길 바란다. 이러한 자기 인식을 바탕으로 지나친 믿음은 누그러뜨리고, 생각이 다른 사람들을 연민과 이해의 시선으로 바라보며 개인적이고 사회적인 갈등들을 메워나갈 수 있게 되길 바란다.

■

프로이트보다 반세기 앞서, 언론인이자 작가였던 찰스 맥케이Charles

Mackay는 지금은 고전이 된 저서 《비범한 대중 망상 회고록》을 출간했다. 그리고 튤립 광풍*, 연금술, 점술, 마녀사냥 등 사회를 휩쓸었던 다양한 역사적 광풍들을 도발적으로 묘사하였다. 그는 책에서 이렇게 적었다.

우리는 공동체 전체가 갑자기 한 가지 대상에 꽂혀 그걸 좇느라 미쳐버리고, 수백만 명의 사람이 동시에 한 가지 망상에 사로잡혀 그걸 좇아 달리다가, 처음보다 더 매혹적인 새로운 어리석음에 사로잡히는 걸 본다.[4]

맥케이의 이런 관점은, 우리는 모두 약간의 정신 장애를 갖고 있으며 정신 건강과 정신 질환을 구분하는 경계는 유동적이어서 평생 그 경계를 넘나들 수도 있음을 시사한다. 이 같은 전제는 수잔나 케이슨Susanna Kaysen의 회고록을 바탕으로 만든 할리우드 영화 〈처음 만나는 자유〉의 마지막 장면 내레이션에서 더 간결한 형태로 반복된다.

미쳤다는 건 망가졌다거나 어두운 비밀을 감추고 있는 게 아냐. 그저 증폭된…… 당신 또는 나일 뿐이야.[5]

마지막으로, 이 주장과 관련된 특히 직설적인 예는 '수용 전념 치료 ACT'에 대한 참고 문헌에서 찾아볼 수 있다. 이 치료법은 긍정적인 변화를 위해 어려운 감정을 기꺼이 받아들이고 극복하도록 격려해주는 대화 요법의 한 형태이다.

'정신 병리'에 대한 측정 기준은 사실상 심리적으로 건강하다는 것이 곧 정서

* 귀족과 부유층 사이에서 튤립 인기가 급등하면서 가격이 폭등한 현상.

적·인지적 문제가 없다는 가정에 기초한다. 이 기준에 따르면, 혼수상태에 빠진 사람이 심리적으로 건강한 사람의 이상형으로 여겨질 수도 있다.[6]

이 인용문들은 정신 건강과 정신 질환의 경계가 얼마나 모호할 수 있는지 보여주는 오래된 통찰을 담고 있다. 실제로 정신 의학계에서는 정신 건강과 정신 질환이 질적인 차이보다 양적인 차이로 구분된다는 견해가 점점 더 널리 받아들여지고 있다. 그렇다고 해서 의미 있는 구분이 없다거나 자의적이라는 뜻도, 일부 주장처럼 아예 정신 질환이 존재하지 않는다는 뜻도 아니다. 결국 정신 건강과 정신 질환의 차이는 가시광선 스펙트럼 내에서 여러 색을 구분하는 것과 비슷한 방식으로 이해될 수 있다는 의미다. 예를 들어, '빨간색'과 '초록색'의 구분이 파장의 양적 차이인 것처럼, 조현병이나 주요 우울증 같은 정신 질환이 있는 것과 없는 것의 차이도 정도의 문제로 이해될 수 있다는 것이다. 그러나 신호등 앞에서 어떻게 해야 할지를 결정할 때, 빨간색과 초록색을 구분하는 게 아주 중요하다는 걸 인정해야 하듯 정신 질환과 정신 건강 사이에는 분명 의미 있는 질적 차이가 존재한다.[7]

따라서 정신 질환이 있는 사람을 마치 인간성을 상실한 것처럼 치부해선 안 되며, 상대적으로 정신이 건강한 사람이라 하더라도 정신 질환 증상을 경험할 수 있다는 사실 또한 인정해야 한다. 설사 완전한 정신 장애에 이르진 않더라도 어느 시점에서는 문제가 될 수 있는 그런 정신 질환 증상 말이다. 불안과 슬픔, 분노, 충동성, 건망증 그리고 망상에 가까운 믿음은 정도의 차이는 있지만 우리가 모두 한 번쯤 겪는 보편적인 인간 경험의 일부이다. 정신 의학에서 말하는 정신 상태 검사는 '선형적이고 논리적이며 목표지향적인' 사고를 정상으로 간주하고, 이 기준에 따라 '사고 과정'을 평가한다. 하지만 내가 이 책에서 분명히 밝히고자 하는 사실은 이런 기준이 실제로 우리 대부분이 늘 사고하는 방식을 제대로 설명하지 못한다는 것이다. 나는 이렇게 말하고 싶다. 인간이 늘 합리적이고 논리적으로 사고하며 그 결과 믿음을 형성한다는 생각은 완전히 잘못된 것이라고.

결국 잘못된 믿음을 갖게 되는 우리의 성향은 정신 질환 때문이 아니라 불완전한 뇌의 정상적인 특성이다. 그리고 또 이는 공화당 지지자들이나 민주당 지지자들 또는 이념상 서로 반대편인 그들만의 문제도 아니다. 이 책은 '그들' 또는 '그것'의 문제가 아니라 '우리'와 우리가 사는 세상의 문제인 것이다.

1

망상, 왜곡 그리고 잘못된 믿음이라니…… 맙소사!

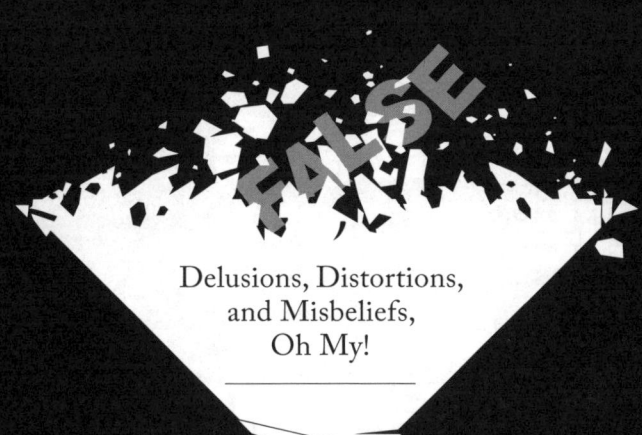

Delusions, Distortions, and Misbeliefs, Oh My!

의심도 기분 좋은
상태는 아니지만,
확신은 정말
터무니없는 짓이다.

—— 볼테르

망상

1

 내가 병원에서 버논 로버츠Vernon Roberts를 처음 만났을 때, 그의 얼굴은 마치 산산조각 난 도자기를 억지로 이어 붙인 듯한 모습이었다. 조각들은 제대로 맞지 않았고, 오래전에 아문 두꺼운 흉터들이 거칠고 울퉁불퉁한 피부 위에 지그재그로 미로처럼 얽혀 있었다. 나는 베트남전 참전 용사인 로버츠가 지뢰 때문에 입은 상처라 생각했지만, 알고 보니 그게 아니었다. 그의 얼굴에 얽힌 퍼즐의 답은 전혀 다른 것이었다.

 로버츠는 겉보기엔 큰 부상 없이 전쟁에서 살아남았다. 그러나 19살이란 나이에 전쟁에 나서 북베트남군과 매일 전투를 벌이던 중, 전혀 다른 무언가가 그를 내면부터 갉아먹기 시작했다. 목숨을 잃을지도 모른다는 공포로는 충분치 않다는 듯, 그는 점점 자기 소대원들이, 그러니까 수개월 동안 함께 싸웠던 다른 병사들이 자신을 죽이려 음모를 꾸미고 있다는 생각에 사로잡히기 시작했다. 더 충격적인 것은 몇 주 전에 전사한 친구 지미가 죽음에서 되살아나 자기 몸 안에 들어와 살고 있다는 확신이었다.

 1971년, 긴급 후송되어 미국에 돌아온 로버츠는 조현병 진단을 받았다. 조현병은 약 100년 전, 정신이 분열하는 상태를 설명하기 위해 만들어진 용어이다. 그는 편집증을 완화하기 위해 항정신병 약물 치료를 시작했지만, 여러 해 동안 죽은 지미(후에는 '포주', '꼭두각시 조종자', '또 다른 존재'라고 부르게 된)가 자기 몸 안에 머물며 행동을 조종한다고 믿었다. 그러니까 로버츠의 몸이 움직일 때면, 마치 그가 아니라 몸 안에 있는 '또 다른 존재'가 움직이는 것처럼 느껴졌던 것이다. 자신에 대한 이 같은 통제력 상실감을 정신과 의사들은 '신체적 수동 경험' 또는 '주체성 상실'이라 부른다.

엎친 데 덮친 격으로, '그 존재'는 종종 그를 죽이고 싶어 하는 듯했다. 몇 달간 약을 끊었던 로버츠는 어느 날 저녁, 자신도 모르는 새에 고속도로 고가 위에 올라서서 발아래로 끝없이 지나가는 자동차들을 내려다보고 있었다. 로버츠의 말에 따르면, 그때 밑으로 뛰어내린 건 자신이 아니라 '그 존재'였고, 그의 몸은 그저 딸려갔을 뿐이었다. 그가 자유낙하를 해 포장도로에 떨어지고 곧 이어 달려오던 차량에 부딪혔을 때, 그의 모든 것이 끝나버렸다. 산산조각 난 머리뼈와 다른 뼈들을 복원하기 위한 대대적인 재건 수술과 오랜 입원 끝에, 그는 결국 전쟁 때와 마찬가지로 또 한 번 기적처럼 살아났다.

여러 해가 지나 내가 정신병이 악화한 로버츠를 치료하게 되었을 때쯤 그는 아마 자신의 이야기를 수십 번은 되풀이했을 것이다. 그리고 매번 그는 늘 자신의 의료 기록과는 달리, 고가에서 뛰어내려 입은 부상이 자살 시도로 인한 게 아니라는 주장을 고수했다. 그는 뛰어내린 건 절대 자신이 아니라 '그 존재'였다고 했다. 그러나 어느 날, 그는 칼로 자신의 배를 여러 차례 찔렀다. 자신에게서 '그 존재'를 없애기 위한 시도였을 수도 있고, 자기 삶을 끝내기 위해서였을 수도 있으며, 어쩌면 둘 다였을지도 모른다. 하지만 로버츠는 또다시 살아나 이렇게 이야기했다.

"죽임을 당하느니 차라리 스스로 죽는 게 나아요."

로버츠 같은 사례들은 늘 나를 사로잡았으며, 망상적 믿음이 어떻게 사람의 정신을 그리 심하게 망가뜨릴 수 있는지 설명해줄 메커니즘에 대한 호기심을 불러일으켰다. 그러나 그런 사례는 수년 동안 망상이란 정확히 무엇인지, 또 그것이 덜 병적인 다른 유형의 믿음과 정확히 어떻게 구분될 수 있는지에 대해 많은 생각을 하게 만들었다.

서문에서 나는 정상과 정신 질환 사이에는 연속성과 회색 지대가 존재한다고 주장했었는데, 이 1장에서는 잘못된 믿음 역시 그처럼 연속성을 가진 개념으로 볼 수 있다는 걸 보여준다. 정신과 의사들이 조현병 같은 정신병적 장애의 전형적인 증상으로 간주하는 망상은 그 스펙트럼의 한쪽 끝에 위치한다. 반대쪽 끝에는 인지 왜곡이 있다. 인지 왜곡은 정신과에서도 치료 대상으로 다루지만, 사실은 모든 사람이 경험할 정도로 흔히 접하는 잘못된 믿음의 한 형태다. 이 두 가지 현상 모두 연속선상에 존재한다는 전제하에, 이 둘 사이에는 질적인 차이와 양적인 차이가 있다.

■

정신 의학에서 망상은 일반적으로 '고정된 잘못된 믿음'으로 정의되는데, 여기서 '고정'은 수정 불가능과 같은 의미로, 《DSM-5-TR 정신 질환의 진단 및 통계 편람》(5판)에서는 '상충되는 증거가 나와도 변경될 수 없는 상태'로 규정된다.[1] DSM-5 용어집에서는 다음과 같이 좀 더 공식적인 정의도 추가되어 있다.

외부 현실에 대한 잘못된 추론에 기초한 잘못된 믿음으로, 거의 모든 다른 사람들이 믿는 사실과 다르고, 반박할 여지가 없는 명백한 반대 증거가 있음에도 불구하고 굳게 믿는 것이다.

대부분의 DSM 내용과 마찬가지로, 이 같은 범주적 정의*는 수년간 비판을 받고 수정되었으며, 여전히 논쟁의 여지가 있다. 예를 들어, 망상이 오직 외부 현실에만 국한된 게 아니라는 주장도 있으며, 자신이 가진 믿음에 반하는 '반박 불가능한' 증거가 없는 경우가 많다는 점에도 주목해야 한다.

실제로 정신과 의사들은 DSM의 정의를 엄격히 따르기보다 다른 사람들처럼 망상을 의식하는 경우가 많다. 즉, 망상이 고정되어 있는 거짓 믿음이라는 것을 '보면 금방 알 수 있다'라는 식이다. 정신과 의사의 평가는 임상 경험과 맥락에 따라 달라진다. 예를 들어, 망상은 피해망상(예를 들어, 누군가가 자신을 따라다닌다거나 위험에 처해 있다는 편집증), 과대망상(예를 들어, 자신이 신이라거나 '특별한 힘'을 가졌다는 믿음), 건강 관련 망상(예를 들어, 기생충에 감염됐다거나 자기 몸에 감시 장치가 있다는 불안감)같이 정형화된 특징으로 인해 알아볼 수 있는 경우가 많다. 또한 조현병 같은 질환에서 발견되는 망상에는 '어떤 목소리가 들린다'는 환청처럼 다른 증상이 수반되는 경우가 많다. 또한 주관적으로 이상하게 여겨진다거나 불가능한 것으로 인식되는(예로부터 정신과 의사들이 '기괴하다'라고 부르는) 기준을 토대로 망상의 진위를 판단하는 일은 복잡하다. 왜냐하면 우주 안에서 무엇이 가능한지 또는 불가능한지에 대한 합의 자체가 쉽지 않기 때문이다.[2] 이는 종교적 특성이나 형이상학적 특성이 있는 믿음같이, 반증할 수 없는 믿음의 경

---

* 무언가가 어떤 범주에 속하는지 아닌지 분명히 구분하려는 정의 방식.

우 특히 더 그렇다. 예를 들어, 신은 존재하며 인간과 대화하는가? '영혼'은 죽음 이후에도 계속 존재하는가? 우리가 컴퓨터 시뮬레이션이나 다중 우주multiverse**에 살고 있을 가능성이 있는가? 이런 의문들에 과연 누가 제대로 답할 수 있을까?

망상에 대해 범주적 정의를 할 때 직면하는 또 다른 문제는, 우리가 사용하는 언어가 플라톤이 말한 것처럼 '자연을 정확히 경계선에서 자르지' 못하는 경우가 많다는 것이다.³ 이 문제는 망상이나 정신 의학에만 국한된 것이 아니라, 주제와 관계없이 범주적 정의를 시도할 때마다 마주하는 문제이다. 예를 들어, 어떤 아이가 우리에게 새가 무엇인지 정의해달라고 한다고 치자. 우리는 아마 새는 날 수 있는 날개를 가진 동물이라는 식으로 답할 것이다. 그러면 아이는 또 "벌이나 박쥐는요?"라고 물을 것이고, 우리는 새는 날 수 있는 날개가 있고 깃털도 있는 동물이라며 새에 대한 정의를 수정할 것이다. 그런 다음 아이가 "펭귄은요?"라고 물으면, 우리는 새는 날개와 깃털을 가진 동물로 보통은 날 수 있지만 늘 날 수 있는 건 아니라며 다시 새에 대한 정의를 수정할 것이다. 이런 과정이 이후에도 반복될 수 있다.

우리 중 상당수는 정의가 일관성을 유지하려면 분류 체계의 지속적인 수정이 필요하다는 또 다른 사례를 경험한 적이 있다. 여러분이 만일 나처럼 1990년대 이전에 학교를 다녔다면, 인생의 반은 명왕성이 태양계의 아홉 행성 중 하나라고 믿으며 보냈을 것이다. 그러나 1992년, 천문학자들은 크기가 명왕성과 비슷하거나 더 큰 다른 소행성들을 발견해 행성을 추가하거나 빼야 했다. 그 결과, 명왕성은 '왜소 행성'으로 강등되었다. 그래서 이제는 아이들이 행성은 아홉 개가 아니라 여덟 개뿐이며 명왕성은 행성이 아니라고 우리에게 가르쳐준다.

** 우리가 사는 우주 외에 다른 우주들도 존재한다는 이론에 근거한 우주.

마찬가지로, 망상을 고정된 잘못된 믿음이라고 대충 정의해버리면, 실제로는 종교적 믿음이나 정치적 믿음처럼 증거가 부족하거나 모순되어도 유지되는 다른 비슷한 현상과 망상을 명확하게 구별하지 못하게 된다. DSM-5에서는 망상을 '한 사람의 문화나 하위문화에 속한 다른 구성원들이 일반적으로 받아들이지 않는 믿음'이라고 규정하며, 정신과 의사들은 어떤 믿음의 특이성 여부, 즉 그 믿음이 다른 사람과 공유되는지를 판단해 망상과 관련된 딜레마와 검증 불가능성 문제를 해결한다. 일반적으로, 공유된 정신병적 장애 또는 폴리 아 되(folie-á-deux, '두 사람의 광기'라는 뜻의 프랑스어)같이 예외가 있긴 하지만, 망상은 다른 사람과 공유되지 못하는 믿음이다.

내 임상 경험에 따르면, 망상이 다른 사람과 공유되지 못하는 이유는 망상이 낯설거나 기이해 보이기 때문이 아니라 '자기지시성self-referentiality'● 때문이다.⁴ 다시 말해, 앞서 말한 전형적인 예처럼, 망상이 공유되지 못하는 것은 그 망상이 세상에 대한 믿음이 아니라, 믿는 사람 자신에 대한 믿음이기 때문이다. 예를 들어, 예수의 재림이 있을 거라거나 염력이 가능하다거나 추적 목적으로 마이크로칩을 몸에 심을 수 있다거나 외계인 납치가 실제 일어났다는 믿음을 공유하는 사람들을 찾긴 쉽지만, 당신이 메시아라거나 생각으로 물건을 움직일 수 있다거나 뇌 속에 마이크로칩이 심어졌다거나 외계인들에게 납치되었었다는 믿음에 동의하는 사람들은 훨씬 찾기 어려울 것이다.

그러나 망상은 고정된 잘못된 믿음으로 다른 사람과 공유되지 못하며 자기지시적이라고 결론짓는다 해도, 범주적인 정의로는 한계가 있다. 범주적인 정의는 그 경계에서 문제를 드러내는데, 이는 연속적인 현상들을 억지로 별개의 범주로 나누려 하기 때문이다. 검은색과 흰색

● 세상에서 일어나는 일이 자기 자신을 향한다고 믿는 성향.

사이에 수많은 단계의 회색이 존재할 때, 대체 어디에서 검은색이 끝나고 흰색이 시작하는 걸까? 서문에서 언급했듯, 이 딜레마를 해결하는 한 가지 방법은 뚜렷하게 나누어진 범주 같은 개념에 정도의 차이가 있는 양적 기준을 제시하는 것이다. 예를 들어, 우리는 '주황색'을 우리 눈에 어떻게 보이는지에 따라 주관적으로 정의하는 대신, 가시광선 스펙트럼 내 약 590~625나노미터까지의 파장 범위로 정의할 수 있다. 그 파장 범위의 양 끝에서는 주황색이 관찰하는 사람 눈에 더 빨갛거나 더 노랗게 보일 수도 있겠지만, 측정된 파장이 정의된 경계 안에만 들어 있다면 정확히 주황색이라고 부를 수 있다. 다시 말해 '주황색'은 단일한 실체가 아니라 더 주황색 같거나 덜 주황색 같은 색들을 포함하는 정량화할 수 있는 범위에 들어간다.

그런데 앞서 서문에서도 암시했듯, DSM 즉 《DSM-5-TR 정신 질환의 진단 및 통계 편람》에서는 망상은 믿음의 정도 문제로 생각할 수 있다는 걸 인정하며 이렇게 적는다. "망상과 강한 믿음의 차이는 때로는 구분하기 어려우며, 부분적으로는 믿음의 진실성과 관련해 명확한 증거나 합리적인 반대 증거가 있음에도 불구하고, 그 믿음을 얼마나 완강히 고수하느냐에 따라 달라진다." 그러나 DSM은 이런 어려움을 해결하는 방법에 대해서는 별다른 지침을 제공하지 않는다. 그래서 일부 심리학자와 정신과 의사들은 망상을 범주적 차원이 아닌 정량화 가능한 '인식적 차원'을 측정해 판단해야 한다고 제안해왔다.[5] 그 인식적 차원에는 믿음 확신 차원(뭔가가 사실이라고 얼마나 굳게 믿는가), 집착 차원(그 믿음에 대해 얼마나 자주 생각하는가), 확장 차원(그 믿음이 우리 삶의 여러 측면에 얼마나 깊이 스며들어 있는가), 고통 차원(그 믿음으로 인한 정신적 불안감이 얼마나 큰가) 등이 포함된다. 이런 차원은 믿음의 내용, 즉 '무엇을 믿는가'보다는 그 믿음을 어떻게 유지하는가와 더 관련이 있다.

 망상을 이러한 인식적 차원에서 접근하면 정량화 가능한 범위 안에서 정의할 수 있을 뿐 아니라, 그 망상이 임상적으로 얼마나 중요한지 예측할 수도 있게 된다. 다시 말해, 어떤 망상이 한 사람의 정신 기능과 건강에 얼마나 큰 문제를 일으킬 수 있는지를 알아내 정신 의학적 치료 여부를 결정할 수 있는 것이다. 그렇게 함으로써 우리는 자기지시성이 왜 그렇게 망상과 깊은 관련이 있는지 알 수 있다. 왜냐하면 자기지시성은 어떤 믿음을 단순히 뭔가 가능할 것이라는 주장을 넘어 현실에 대한 확신으로 믿음을 확장하는 경우가 많기 때문이다.

 앞서 언급했듯, 많은 사람이 외계인이 지구를 방문하며 종종 사람들을 납치하기도 할 거라는 믿음을 공유하지만, 그게 사실이라고 확신하진 않으며, 그런 생각에 많은 시간을 할애하지도 않는다. 다시 말해, 그들은 그런 믿음이 있더라도 확신과 집착, 확장 그리고 고통 정도가 낮다. 반면, 자신이 외계인에게 납치당했다고 확신해 다시 납치당하지 않기 위해 밤새 엽총을 든 채 잠을 이루지 못하는 사람은 그런 믿음을 매우 강한 확신과 집착, 확장, 고통과 함께 지닌다. 그런 사람은 정신과 의사의 개입이 필요할 가능성이 훨씬 크다.

 정신과 레지던트 과정을 마칠 무렵, 나는 병적인 망상과 정상적인 종교적 믿음의 차이를 분석하고, 믿음을 인식적 차원에서 정량화하려는 논의를 담은 논문을 썼다. 그때 논문 검토자 중 한 명이 내가 비판하던 DSM(당시에는 DSM-4)의 망상에 대한 정의보다 나은 정의를 제시해보라고 했다. 당시 내가 제시한 정의는 다음과 같다. 완벽하지는 않지만, 20년이 지난 지금 봐도 꽤 적절한 정의인 것 같다.

망상이란 객관적인 증거와 모순되거나 대부분의 다른 사람이 믿는 것과 상반되는 믿음이다. 망상은 대개 머릿속에서 떠나지 않고 극단적이고 완고한 확신이 수반되며 개인의 행동에 지대한 영향을 미친다. 망상적 사고는(불안처럼) 정상 상태에서부터 병적 상태에 이르는 다양한 범위에서 나타날 수 있지만, 그 자체만으로는 정신 질환이나 정신 장애를 뜻하진 않는다. 어떤 망상을 임상적으로 주목해야 하는지는 그 망상이 발생하는 상황(예를 들어, 특정 장애를 암시하는 다른 증상들과 함께 발생하는지) 및 개인 또는 타인과의 관계에 미치는 영향(고통이나 기능 장애를 유발하는지)에 달려 있다.[6]

인지 왜곡

―――― 2 ――――

우리 대부분은 다행히 로버츠 같은 조현병 환자가 겪는 완전한 망상은 경험하지 않는다. 그런데 우리는 때때로 '망상 비슷한 믿음'을 갖고 있다. 이런 믿음은 고정되어 있고 사실이 아니며, 때로는 자기지시적이기까지 하지만, 확신 정도나 다른 인식적 차원이 낮아 덜 특이하며, 내가 정의한 망상의 정의에도 부합하지 않는다. 정신 의학 및 심리학 분야에서 가장 흔히 접할 수 있고, 교묘하게 문제를 일으키는 망상 비슷한 믿음의 대표적인 예가 바로 '인지 왜곡'이다.

이는 1960년대에 선구적인 정신과 의사 아론 벡Aaron Beck이 처음 소개한 개념으로, 인지 왜곡은 인지행동치료CBT라는 대중적인 심리 치료의 기본 개념이 되었다. 다양한 정의가 존재하지만, 인지 왜곡은 간단히 말해 '믿음에 있어서의 오류와 우리가 그 믿음에 도달하고 유지하는 방식'으로 볼 수 있다.[7] 망상 수준에는 미치지 못하지만, 벡은 이를 '현실적이고 논리적인 생각과는 아주 먼 믿음', 즉 '조현병 연구에서 언급되는 망상과 비슷한 다양한 수준의 현실 왜곡'이라고 했다.[8] 인지행동치료 과정에서는 도움을 청하는 환자의 인지 왜곡을 식별하고, 이를 이분법적 사고, 과도한 일반화, 성급한 결론, 과장 및 축소, 개인화 등으로 분류한다.⁹ 그런 다음 인지행동치료사는 환자와 함께 환자가 치료 외 시간에 수행하는 과제를 통해 얻은 객관적인 증거를 바탕으로, 그런 믿음이 어느 정도 뒷받침되거나 반박되는지 주의 깊게 살펴본다.

예를 들어, 에드워드가 직장에서 일이 잘 풀리지 않아 기가 죽고 불안해해 인지행동치료를 받는다고 가정해보자. 에드워드의 치료사는 핵심적인 그의 믿음 속에 "직장 사람들 모두 내가 무능하다고 생각해", "나는 아마 해고당할 거야" 식의 인지 왜곡이 있을 수 있다는 사실을 알아낸다. 처음에 그는 자신이 그런 믿음을 80퍼센트 정도 확신한다고 추정한다. 이후 에드워드는 한 주 동안 집에서 주어진 과제를 수행하면서 여전히 회의 중에 동료들이 자기 의견을 무시하는 것 같다고 보고했다. 하지만 동시에 상사가 그의 제안 중 하나를 '좋은 아이디어'라고 말하며 여러 동료와 함께 팀을 꾸려 그 아이디어를 더 발전시켜보라고 했다는 사실도 전한다. 그는 또 여전히 자신이 해고당할 수 있다고 믿었지만, 회사가 경제적 어려움 때문에 구조조정을 진행 중인데 실제 해고된 건 자신이 아니라 다른 직원이라고 보고한다. 치료사와 함께 이런 반대 증거들을 검토하면서, 에드워드는 이제 모두가 자신을 무능하다고 여긴다는 생각에는 50퍼센트, 자신이 해고될 것이라는 생각에는 40퍼센트 정도만 믿는다는 데 동의한다. 이후 몇 달 동안 더 많은 반대 증거를 모으면서, 인지 왜곡에 대한 그의 확신은 더 줄어들고 그걸 곱씹는 시간 또한 줄어든다. 그 결과, 그는 기분이 더 나아졌다고 보고한다.

이 사례는 인지행동치료의 세 가지 핵심 측면을 잘 보여준다. 첫째, 인지행동치료는 인지 왜곡과 믿음이 각종 감정과 행동(예를 들어, 우울증)을 유발하는 것이지 그 반대가 아니라는 전제에 기반을 둔다. 둘째,

인지행동치료는 환자가 믿음에 반하는 증거를 합리적이면서도 객관적으로 보도록 이끌어, 믿음이 어떻게 변할 수 있는지를 보여준다. 셋째, 인지 왜곡의 임상학적 호전 여부는 인지 왜곡이 존재하느냐 사라졌느냐에 의해 판단되는 게 아니라, 인식적 차원에서 측정할 수 있는 정도로 줄어들었느냐에 의해 판단된다. 다시 말해, 에드워드 같은 환자들이 어떤 믿음을 믿는 정도와 그 믿음이 생각을 지배하는 정도가 판단 기준이 된다.

인지행동치료는 흔히 주요 우울증 같은 정신 질환의 맥락에서 인지 왜곡을 수정하는 데 사용되지만, 정신 질환과 정신 건강의 연속선상에서도 적용되어왔으며, 조현병 환자의 망상 치료는 물론, 꼭 정신 질환의 일부로 볼 수는 없는 인지 왜곡 문제에도 어느 정도 효과가 있었다. 앞의 예에서 에드워드는 직장 문제로 '우울'해졌지만, 직장 밖의 삶에서는 여전히 즐거움을 느낄 수 있었고 불면이나 식욕 감퇴 같은 '신경생리적' 증상들은 없었기 때문에, DSM-5 기준에 비추어 전형적인 우울증에 해당하지 않았을 수도 있다. 실제로 현재 정신 질환을 앓고 있지 않은 이른바 '건강 염려증'에 걸린 우리들은 때때로 자신을 힘들게 만드는 인지 왜곡을 알아차리기도 한다. 이 같은 인지 왜곡은 종종 일인칭이나 이인칭의 내적 독백, 즉 '자신에게 하는 혼잣말' 형태로 나타난다. 예를 들어, "난 내가 원하는 직장을 절대 못 구할 거야", "넌 너무 뚱뚱해서 다른 사람들이 널 매력적으로 보지 않을 거야", "난 너무 게을러서 책 같은 건 절대 못 써", "넌 절대 결혼 못 할 거야"와 같은 형태로 말이다. 이 같은 자기지시적 믿음은 객관적으로 접근할 때 흔들리는 경우가 많다. 친구가 당신한테 뚱뚱하지 않다고 말해주고 또 정말 그렇게 믿을 때처럼 말이다. 그럼에도 이런 믿음은 자기비판적인 사람들 사이에서는 아주 흔하게 나타나는 인지 왜곡이다. 이처럼 망상에 가까운 믿음이 정신 질환의 증상이 될 수 있는지와는 무관하게, 인지행동치료는 사람을 설득해 인지 왜곡에서 벗어나게 해주고, 그것을 보다 증거에 기반한 믿음으로 바꾸게 하는 데 도움이 될 수 있다.

1 망상, 왜곡 그리고 잘못된 믿음이라니…… 맙소사!

불신

―――― 3 ――――

앞서 언급했듯, '망상' 같은 용어를 정의할 때 피할 수 없는 어려움 중 하나는, 그 설명에 쓰이는 단어들조차 다시 정의해야 할 필요가 있다는 점이다. 마찬가지로, 우리는 '불신'을 망상, 인지 왜곡 그리고 이 책에서 다루는 다른 여러 잘못된 믿음을 포괄하는 더 넓은 범주의 용어로 정의할 수 있을 것이다. 하지만 그에 앞서 우선 '믿음' 자체를 정의하려는 시도가 필요하다. 그간 나는 만족스러운 정의를 찾기 위해 많은 시도를 했지만, 아직은 확실할 만한 정의를 찾지 못했다.

'믿음'이라는 뜻의 영어 단어 belief는 '좋아하다' 혹은 '소중히 여기다'의 뜻을 가진 게르만어 lubh에서 온 것이다.[10] 케임브리지 사전은 belief를 '무언가가 존재한다거나 사실이라고 확신하는 감정[11]'이라고 정의하고, 스탠퍼드 철학 백과사전은 '어떤 명제나 가능한 상태에 대한 정신 상태, 입장, 관점 또는 의견' 또는 '우리가 무언가를 사실이라고 여기거나 진리라고 여길 때 갖는 태도'라 정의한다.[12] 믿음과 불신이라는 주제와 관련해 중요한 통찰을 제시한 현대 사상가인 런던대학교의 심리학 교수 라이언 맥케이 Ryan McKay와 지금은 고인이 된 철학자 대니얼 데닛 Daniel Dennett은 "믿음이란 어떤 유기체가 특정한 상태를 실

재하는 것으로 받아들이고 행하는 기능적 상태이다"라고 적었다.[13]

그런데 대체 이게 다 무슨 뜻일까? '유기체의 상태'니 '태도'니 '정신 상태'니 하는 것들은 무엇일까? 믿음은 '입장'이나 '의견' 또는 '지식'과 무엇이 다를까? 그리고 무언가가 '진리'라는 건 대체 무슨 뜻일까? 모든 설명에 대해 계속해서 "왜요?"라고 묻는 아이처럼, 우리는 이런 질문을 끝없이 이어갈 수도 있다. 나는 이 철학적 딜레마에 대한 해답은 제시하지 않겠다. 나는 믿음을 '과거, 현재, 미래의 현실 인식적 표상으로, 우리의 내면 경험과 주변 세계 그리고 그 너머의 세계까지 아우르는 것'이라고 정의하길 좋아한다. 그렇다고 내게 '인식적 표상'을 정의하라고 하진 말라.

증거 따져보기

불완전한 정의는 차치하고라도, 병적인 망상과 그렇지 않은 인지 왜곡을 생각해보면 앞으로 이 책에서 다루게 될 믿음의 중요한 몇 가지 측면들이 드러난다. 먼저, 서문에서도 언급했듯, 인간이 늘 합리적으로 생각한다는 건 잘못된 생각이다. DSM-5에 나오는 망상의 정의를 떠올려보면, 인간이 어떤 믿음을 가질 때 늘 그 믿음을 뒷받침하거나 반박하는 증거를 신중히 생각하고 따져본다는 것 역시 잘못된 생각이다.

예를 들어, 메스암페타민 같은 약물의 영향을 받을 경우 흔히 나타나는 편집증적 망상은, 이웃들에게 감시당한다거나 살해당할 위험에 처해 있다는 식의 믿음으로 구체화되곤 한다. 나는 종종 그런 문제를 가진 환자들에게 혹시 생각이 자신을 속이는 것은 아닌지 또는 그들의 편집증이 약물 사용으로 인한 것은 아닌지 묻는다. 하지만 그들은 흔히 "저 미친 거 아니에요. 너무 생생해서요."라고 대답한다. 다시 말해, 망상적 믿음은 대개 비정상적인 주관적 경험들, 즉 개인적인 계

시나 환청 같은 정신병적 증상들에 의해 정당화된다. 그러니까 일종의 '주관성에 대한 믿음'이라 볼 수 있다. 최근 연구에 따르면, 조현병에서 나타나는 망상적 사고는 적어도 부분적으로는 '순환 추론circular inference'으로 설명되는데, 이는 타인의 정보는 과소평가하고 자신의 직접적인 경험은 과대평가하는 인지 왜곡이다.[14] 또한 실험 참가자들이 확률적인 추론 과제를 수행하면서 충분한 증거도 없이 조급하게 결론을 내리는 '속단' 편향이 망상적 사고의 원인이라는 게 밝혀졌다.[15] 망상의 인식적 차원을 정량화하여 측정한 연구 결과에 따르면, '망상 성향', 즉 아직 명백한 정신병에 이르지 않은 가벼운 수준의 망상적 사고 경향은 일반 대중에게서도 흔히 나타나며, 그런 성향을 가진 사람들은 그렇지 않은 사람들에 비해 성급한 결론을 내리는 경우가 훨씬 더 많은 것으로 나타났다.[16]

또한 최근의 메타 분석 연구(동일한 주제를 파고든 많은 유사 연구의 결과를 종합해 분석하는 통계적 분석의 한 유형)에 따르면 정신 질환과 정신 건강의 연속선상에서 건강한 쪽에 있더라도, 즉 '망상'이나 망상 성향이 없는 '정상적인' 사람조차도 특정한 조건에서는 통계적 증거보다는 일화적 증거*와 일인칭 서사**에 더 쉽게 설득된다.[17] 이러한 '일화적 편향'***은 건강 또는 위협과 관련된 상황처럼 감정적으로 깊이 관여되거나 개인적 관련성이 큰 상황에서 더 자주 발생한다. 그러나 감정적 관여도가 낮을 경우에는 통계에 기반한 증거가 더 큰 설득력이 있다.

종합하면, 일인칭 서사가 우리의 관심을 훨씬 더 많이 끌고 또 일반

  • 　개인의 경험에 기초한 증거.
  •• 　자신의 경험을 나타는 일인칭 시점에서 이야기하는 것.
  ••• 　개인의 경험 또는 일화, 즉 이야기를 통계나 증거보다 중시하는 경향.

인 대부분은 통계 수학에 대한 이해가 부족하다는 사실을 고려할 때, 이런 연구들은 많은 사람이 성급하게 판단하며, 특히 감정이 개입된 믿음을 갖게 될 경우 객관적인 증거보다는 일화적인 증거를 더 중시하는 경향이 있다는 개념을 뒷받침한다. 망상적 믿음이나 망상 성향을 가진 사람은 이런 경향을 다른 사람보다 더 많이 보일 수 있지만, 그건 어디까지나 정도의 차이일 뿐이다. 우리는 모두 성급하게 결론을 내리며 일화적 편향에 취약한 존재다.

주관적인 증거와 객관적인 증거를 구분하는 것은 아주 중요하다. 이 구분은 우리가 우리의 믿음을 방어할 때 '증거'라는 말을 얼마나 자의적으로 사용하는지 잘 보여준다. DSM-5는 망상을 '잘못된 추론'과 '반대 증거'에 기반한 망상으로 정의하지만, 망상에 속하지 않는 많은 믿음조차도 객관적인 증거보다는 직관이나 직감, 느낌 또는 기타 다른 주관적인 인상에 더 크게 의존한다. 예를 들어, 우리 중 일부는 블랙잭 게임에서 아직 나오지 않은 에이스 수를 따져 카드를 한 장 더 받을지 여부를 결정하거나 장단점 목록을 작성해 결혼 여부를 결정하는 등 이성적으로 판단하려 한다. 그러나 대부분은 직감에 따라 그런 결정을 내린다. 그러니까 운이 좋기 때문에 블랙잭이 나올 거라 믿는 것이고 사랑에 빠졌기 때문에 결혼해야 한다고 믿는 것이다.

그러나 운이 좋다거나 사랑에 빠졌다고 느끼는 건 결과를 정확히 예측할 수 있는 최하 수준의 증거이며, 도박에서 대개 카지노 측이 이기고 많은 결혼이 이혼으로 끝나는 이유를 설명하는 데 도움이 된다. 이를 가장 잘 뒷받침해주는 건 아마 다음과 같은 프로이트의 말일 것이다.

무지는 무지일 뿐이며, 무지로부터 뭔가에 대한 믿음이 나올 수는 없다.[18]

직관과 직감에 덧붙여, '보는 것이 믿는 것이다', '지각하는 것이 현실이다' 같은 격언에서 알 수 있듯, 우리의 믿음을 뒷받침하는 증거는 주관적인 경험에 의존하는 경우가 많다. 심리학에서는 우리가 눈에 보이는 것을 '진정한 현실'로 받아들이고 다른 사람들의 이야기나 객관적인 반대 증거는 틀렸다고 거부하는 경향을 '순진한 현실주의'라 한다. 1996년, 이 용어를 처음 만든 스탠퍼드대학교의 심리학자 리 로스Lee Ross와 앤드루 워드Andrew Ward는 다음과 같이 요약했다.

나는 객관적 현실 속의 실체를 있는 그대로 보고 있으며, 나의 사회적 태도, 믿음, 선호, 우선순위 등은 비교적 감정에 치우치지 않고 편견이 없고, 본질적으로 매개 수단 없이 직접 받아들인 정보 및 증거에 대한 이해에서 생겨난다고 생각한다.[19]

그러나 순진한 현실주의가 잘못된 주장이라고 말한다고 해서 개인적인 경험이나 삶의 경험을 무조건 무시해야 한다고 말하는 건 아니다. 오히려 다른 사람들에게 일반적으로 적용되는 원리가 그 순간 우리 자신에게 그대로 적용되지 않을 수 있으며, 특히 급박한 위협에 직면했을 때처럼 감정적으로 깊게 관여한 상황에서는 주관적인 경험이 더 중요할 수도 있다. 그러나 직관이나 직감의 경우와 마찬가지로, 주관적 경험 역시 망상이든 아니든 오류에 빠질 가능성이 큰 증거라는 점은 변함이 없다. '보는 것이 믿는 것이다' 식으로 접근하면, 환각과 신기루를 진짜로 착각하거나 맛있어 보인다고 독이 든 열매를 먹거나 지구가 평평하다고 결론 내리거나 단지 그런 것 같다고 인간에게 자유 의지가 있다는 걸 당연시할 위험이 있다.[20] 영국 서섹스대학교의 아닐 세스Anil Seth 같은 일부 신경과학자들은 정상적인 지각조차도 일종의 '통제된 환각', 즉 현실을 완벽히 반영하진 못하지만 믿음과 유사한 인식적 표상이라고까지 주장했다.[21] 요즘 사람들은 '개인적인 진실'을 중요시하는 경향이 있지만, 전통적인 '진실'의 개념은 주관적인 현실이 아닌 보편적이고 객관적인 현실을 그 전제로 한다.

■

과학적 방법은 주관적인 오해를 제거함으로써 객관적이고 보편적인 진실에 더 가까이 다가가기 위해 고안된 것이다. 의사이자 작가인 아툴 가완디Atul Gawande는 2016년, 캘리포니아공과대학교 졸업식 축사에서 과학이란 '체계적인 사고방식에 대한 헌신이자 시험과 사실에 기반한 관찰을 통해 지식을 쌓고 우주를 설명하는 방식에 대한 충성'이라고 묘사했다.[22] 이러한 사고방식은 세상의 진정한 본질과 사물의 작동방식에 대한 이론을 수립하기 위해 다양한 설명 요인들을 통제하며, 반복된 관찰을 통해 증거를 수집하는 순환적이고 점진적인 탐구 과정을 기반으로 한다. 다시 말해, 우리가 과학적 연구에서 말하는 '연구'란, 우리가 관찰하는 것들을 얼마나 신뢰할 수 있는지를 판단하기 위해 반복해서 살펴보는 과정을 뜻한다.

그러나 객관적인 과학 데이터는 가장 높은 수준의 증거이지만, 과학은 역사적으로 오랫동안 대중에게 호소하는 힘이 제한적이라는 단점이 있다.

첫째, 일부 사람은 타고난 분석적 사고 능력이 뛰어나지만, 과학적 방법은 본능적이거나 직관적인 믿음 형성과는 본질적으로 거리가 멀다. 과학적 방법은 학습해야 하는 기술이며, 인지행동치료와 마찬가지로 더 주관적인 직감이나 경험보다 객관적인 증거를 중시하는 훈련을 다시 해야 한다.

둘째, 많은 사람은 '증거가 없다는 것이 존재하지 않는다는 증거는 아니다'라는 주장을 인용하면서, 영혼이나 신의 존재 여부 같은 일부 의문은 과학적 탐구 범위를 벗어난다고 믿는다.

셋째, 과학적 발견은 과학자에게는 신비와 영감을 주지만, 일반인에게는 과학이나 합리성, 분석적 사고가 오히려 흥을 깨뜨리는 것으로 비칠 때가 많다. 세상에 합리적이고 과학적인 사고만 존재한다면, 아마 망상도 사라지겠지만 종교나 신화, 마법, 허구, 환상도 함께 사라질 것이다. 인간은 기계가 아니기에 우리가 그렇게 따분한 세상을 견뎌내길 기대하는 건 비현실적이다. 따라서 우리가 사는 시대가 왜 대중의 정서가 과학이 중시하는 객관적인 증거와는 동떨어진 쪽으로 기운 것처럼 보이는지 이해하는 건 어렵지 않다.

또한 그 누구도, 심지어 과학자조차도 무얼 믿어야 할지를 결정하기 위해 매일매일 통제된 실험을 하며 살아가진 않는다는 사실도 인정할 필요가 있다. 우리가 어떤 것을 믿게 되는 과정에는 직감이나 감각, 경험처럼 주관적인 요인들이 개입할 뿐 아니라, 특히 어떤 주제에 대해 직접 경험이 없을 경우에는 대부분 타인의 말을 믿고 따르게 된다. 우리가 어린 시절 부모로부터 또는 학교에서 그리고 이후 성인이 된 뒤 무언가를 배울 때는 대개 우리의 지식이 부족해 경험이나 전문 지식이 더 많은 사람을 신뢰해야 한다는 걸 인정할 필요가 있다. 이렇게 다른 사람의 증언에 의존하려면 해당 정보의 내용만큼이나 그 사람의 인격에 대한 우리의 평가를 근거로 하는 믿음의 도약이 필요하다.[23]

반대로 사람들이 과학을 불신하고 전문 지식을 무시하는 이야기를 할 경우, 과학 그 자체보다는 과학자나 전문가에 대한 불신인 경우가 많다. 아툴 가완디의 말처럼 "과학의 권위를 무시하는 사람은 거의 없고…, 대개는 과학계의 권위를 무시하는 것"이다.

음모론과 관련된 믿음이 형성되는 과정에서 불신이 하는 역할에 대해선 6장에서 더 자세히 다룰 것이다. 여기서는 다음과 같은 결론을 내릴 수 있다. 믿음은 다양한 유형의 증거를 기반으로 삼지만, 그 근거가 빈약하거나 불완전한 경우가 많은 데다 어떤 증거가 질적으로 더 나은지에 대한 사회적 합의도 거의 없다. 그래서 사람들의 개별적인 믿음이 서로 충돌하거나 완전히 틀린 경우가 너무 많은 건 놀랄 일도 아니다.

믿음의 역설

망상과 인지 왜곡이 인지행동치료를 통해 수정될 수 있다는 사실은, 믿음이 인식적 표상일 뿐만 아니라 확률적 판단으로도 이해될 수 있음을 잘 보여준다. 우리가 믿음의 확신에 관해 이야기할 때, 그것은 우리가 뭔가를 얼마나 깊이 또는 열정적으로 믿는지 또 그것이 사실일 가능성이 얼마나 크다고 생각하는지를 의미한다. 앞서 에드워드의 이야기처럼, 그런 믿음은 수치화할 수 있지만, 역설적으로 믿음에 대한 우리의 확신은 그걸 뒷받침하는 객관적인 증거와 반비례하는 경우가 많다. 이 같은 역설은 로버트 피어시그Robert Pirsig의 저서 《선과 오토바이 관리술Zen and the Art of Motorcycle Maintenance》에 잘 드러나 있다.

> 당신이 뭔가를 완전히 확신하면서 그 일에 헌신하는 경우란 절대 없다. 그 누구도 내일 해가 뜰 거라고 미친듯이 외치진 않는다. 모두 내일 해가 뜰 거라는 걸 알고 있으니까. 사람들이 정치적 믿음이나 종교적 믿음에 또는 다른 종류의 신조나 목표에 광적으로 헌신한다면, 그건 늘 그 신조나 목표에 대한 의심이 있기 때문이다.[24]

이 주장을 좀 더 자세히 살펴보자. 우리 대부분이 매일 아침 해가 뜬다는 걸 거의 100퍼센트 확신한다고 단언할 수 있다. 구름이 끼거나 일식 현상이 있을 때를 제외하고, 우리는 해가 뜨지 않는 경우를 목격한 적이 없다. 하지만 이런 확신은 감정이 개입되지 않은 믿음, 즉 신념을 유지하기 위해 별다른 의지나 행동이 필요하지 않은 상태를 말한다. 이는 신앙에 대한 뜨거운 열정과는 다른 것이다.

이념적 열정이라는 현상에 대해선 9장에서 다시 다루겠지만, 여기서는 피어시그의 지적처럼, 단순한 믿음과 신앙에 대한 '헌신'을 구분하려는 노력이 오랫동안 이어져왔다는 점만 짚고 넘어가자. 예를 들어, 성경에서는 "믿음은 바라는 것들의 실상이요, 보이지 않는 것들의 증거"[25]라 말하고 있고, 르네상스 시대의 철학자 미셸 드 몽테뉴Michel de Montaigne는 "우리가 가장 적게 아는 것만큼 확고하게 믿는 것은 없다"[26]라고 말했으며, 프리드리히 니체Friedrich Nietzsche는 "신앙이란 진실이 무엇인지 알고 싶지 않다는 뜻이다"[27]라며 그답게 더 음울한 견해를 내놓았다.

신앙은 일상적인 믿음과 구분되어야 한다는 주장은 오늘날까지도 이어진다. 철학자 대니얼 데닛은 '믿음'과 '의견'을 구분하면서, 언어와 행동 그리고 헌신이 수반되는 확률적 판단이나 '진실에 대한 베팅'을 설명할 때는 '의견'이라는 용어가 더 많이 쓰인다고 했다.[28] 이와 비슷하게, 옥스퍼드대학교의 철학 교수 H. H. 프라이스H. H. Price는 '~을 믿는 것'과 '……라고 믿는 것' 사이의 개념적 차이를 제시했으며, 이런 견해는 Skeptical Medicine이라는 웹사이트 운영자 존 번Jon Byrne에 의해 더 확장되었다.[29] 프라이스와 번에 따르면, '……라고 믿는 것'은 주관적이든 객관적이든 증거를 살펴보는 비교적 간단한 일이다. 반면에 '~을 믿는 것'은 종교적 믿음이나 형이상학적 믿음같이 그걸 입증할 증거가 불충분하거나 그 믿음이 반증 불가능할 때, 우리가 취하는 신념의 형태다. 마지막으로, 시더스 시나이 병원의 응급의학과 교수 조엘 가이더만Joel Geiderman은 믿음과 불확실성의 역설에 대해 일종의 종합적인 견해를 견지하며 이렇게 말했다.

믿음과 의심은 동전의 양면과 같다. 믿음은 의심이 있을 때만 가능하다. 만일 무언가가 의심 없이 사실로 알려져 있다면, 그것을 믿는 것은 믿음의 행위보다는 아는 행위일 것이다. 믿음이란, 머리로는 알 수 없는 것을 가슴으로 아는 것이다.[30]

한편 객관적인 증거에 근거한 믿음과 객관적인 증거가 없는 신앙적 믿음을 구분하는 것이 아주 유용할 수도 있다. 후자는 '사랑에 빠진' 상태와 '사랑하는' 상태를 구분하는 것과 유사하게, 단순한 감정이 아니라 의지가 개입된 행동을 뜻한다. 연구에 따르면, 실제로 이런 종류의 믿음을 갖는 성향은 분석적 사고를 하는 성향과 상충하는 관계에 있으며, 이를 통해 유신론자와 무신론자 간의 개인적인 차이를 설명할 수 있다.[31] 그럼에도 나는 이 책에서 종교와 형이상학처럼 검증 불가능한 믿음에 대한 논의는 철학자들에게 맡기려 한다. 대신 나는 앞으로 보다 실용적인 접근 방식을 취하고 모든 믿음을 확률적 판단으로 보면서, 우리가 얼마나 많은 믿음에 과도한 수준의 확신을 갖고 있는지, 또 그로 인해 얼마나 적절한 수준의 불확실성을 인정하지 못하고 있는지를 강조하고자 한다. 다시 말해, 사람들은 종종 보다 확률적이고 독단적인 '믿음'이 필요한 일들에 대해 '전부 아니면 전무' 식의 믿음을 갖는 경향이 있다. 이처럼 부적절한 확신이야말로 망상의 기반이 되며, 앞으로도 계속 주장하겠지만, 이는 종종 이념적 갈등의 근원이 된다.

우리가 사는 세상에 대한 진실을 밝혀내는 능력은 인류의 집단적 잠재력 안에 있다. 그러나 우리의 믿음은 결국 확률적 판단이며, 내일 해가 뜰 거라는 믿음을 포함해 그 어떤 믿음도 100퍼센트 확신할 수는 없다는 걸 이해해야 한다. 그리고 우리의 믿음 중 상당수는 훨씬 덜 깊이 믿어야 한다. 이는 믿음 그 자체를 부정한다는 게 아니라 믿음을 있는 그대로 봐야 한다는 이야기이다. 즉, 불확실한 상태나 증거가 부족한 상태에 직면했을 때, 적극적으로 믿음을 취사선택해야 한다는 것이다. 가이더만이 말했듯, 믿음과 의심은 상호 배타적인 것이 아니어서, 정신적으로 건강한 사람들은 이 둘을 함께 유지할 수 있다.

우리는 우리에게 알려지지 않은 것들을 믿으면서 동시에 보다 합리적이고 객관적인 증거에 기반해 사고하는 능력을 키운다. 또 우리 자신의 믿음에 보다 정확한 확률을 부여하기 위해 노력할 수도 있다. 다소 지루하게 들릴 지도 모르지만, 우리는 인지행동치료의 경험을 통해 이미 알고 있다. 사람들이 현실을 받아들일 때 기분이 더 나아진다는 사실을 말이다. 반면, 망상 비슷한 믿음과 자기기만에 매달린다면 스스로를 위험에 빠뜨리게 될 것이다.

2

지나친 자신감의 심리학

The
Psychology of
Overconfidence

무지는 지식보다 더 자주 자신감을 낳는다.

——— 찰스 다윈

확률적 판단으로서의 믿음

―――― 1 ――――

 내가 잘 아는 한 부부는 30대에 예쁜 딸 셋을 낳았다. 세 아이는 그들에게 늘 이루고 싶은 이상적인 목표처럼 여겨졌고, 두 사람은 직장 생활에 더해 아이들 등하교, 피아노 발표, 댄스 연습, 생일 파티 등으로 정신없이 바빴다. 40대에 접어들면서 두 사람은 이제 더 이상 아이를 갖지 말아야 하는게 아닐까 하는 이야기를 나눴다. 그러나 두 사람 모두 늘 아들을 원했기에 긴 대화 끝에 아이를 한 번 더 갖기로 했다. 상당한 노력 끝에 다시 임신하자 두 사람은 이번에는 분명히 아들일 거라고 확신했다. 그러나 산부인과에서 초음파 검사를 받고 성별을 확인했을 때, 예상했겠지만 또 딸이었다.
 나는 두 사람에게 왜 네 번째 임신에서 아들을 가질 거라고 그리 확신했는지 물어본 적은 없다. 우리가 품는 많은 믿음처럼, 아마 여러 가지 요인이 복합적으로 작용했을 것이다. 어쩌면 희망 사항이었을 수도 있다. 또는 그냥 그런 느낌이 들었기 때문이든가, '배가 아래로 처지면 아들'이라는 속설 때문이었을 수도 있다.[1] 아니면 이미 딸을 셋 낳았으니, '평균의 법칙'에 따라 이번엔 아들일 거라 생각했을지도 모른다. 만일 마지막 추론이 맞다면, 두 사람은 이른바 '도박사의 오류'라는 흔한 인지 오류를 범한 것일 수도 있다.

도박사의 오류와 관련된 가장 유명한 역사적 사례는 1913년, 라스베이거스의 몬테카를로 카지노에서 일어난 일이다. 룰렛 게임 도중에 공이 다섯 번 연속 검은색 칸에 떨어졌고, 그다음에는 열 번, 그다음에는 스무 번까지 계속 검은색 칸에 떨어졌다. 공이 계속 검은색 칸에 떨어지자, 게임 참가자들은 빨간색 칸에 점점 더 많은 돈을 걸었다. 평균의 법칙에 따라 공이 연이어 검은색 칸에 떨어지는 게 곧 끝날 것이라고 믿은 것이다. 그러나 실제 확률은 그렇게 작동하지 않는다. 룰렛 휠이 조작된 게 아니라고 가정할 때, 공이 검은색 칸에 떨어질 확률은, 얼마나 연이어 검은색 칸에 떨어졌든 늘 50 대 50이었다. 사실 당시 몬테카를로 카지노에서 공이 마침내 빨간색 칸에 떨어진 건 룰렛 휠이 27번 돌고나서였다. 그러나 그때까지 룰렛 휠이 돌 때마다 빨간색 칸에 베팅 금액을 높여온 도박사들은 자신들이 이길 가능성이 점점 높아진다고 착각한 나머지 이미 수백만 달러를 잃은 상태였다.

도박사의 오류는 확률 50대 50인 무작위 사건이 이전에 일어난 일의 순서와 상관없이 확률이 늘 50대 50이라는 통계를 무시하는 데에서 비롯된다. 이 오류가 흔하다는 사실은 많은 사람이 그만큼 통계학적 확률에 대한 기초가 부족하다는 걸 보여준다. 많은 사람이 통계나 데이터 분석에 대해 배우지 않고 학교를 졸업하기 때문에, 이런 현상은 당연한 일일지도 모른다.[2] 그러나 심리학과 맞닿아 있는 경제학의 한 분야, 행동경제학 분야의 연구는 더욱 복잡한 양상을 드러낸다. 도박사의 오류와 우리가 저지르는 다른 통계학적 착오는 확률에 대한 잘못된 직관으로 인해 뇌를 잘못된 방향으로 이끄는 방식을 보여준다. 심리학자나 정신과 의사와는 달리, 행동경제학자는 망상이나 인지 왜곡 같은 개인적인 믿음보다는 확률 판단 및 베이지안 추론Bayesian reasoning*에 기초한 판단, 즉 도박이나 주식 투자 분야에서처럼 통계상의 위험이 어느 정도 잘 알려진 상황에서 의사결정과 관련된 믿음에 더 초점을 맞추는 경향이 있다.

이 장에서 나는 우리가 갖고 있는 자연스러운 경향, 즉 통계적 확률뿐 아니라 우리가 믿는 다른 많은 것들에 대해 단순한 자신감을 넘어 지나친 자신감을 느끼는 경향을 탐구함으로써 '순진한 현실주의'와 '믿음의 역설'에 대해 좀 더 자세히 알아보려 한다. 뒤에서 살펴보겠지만, 이러한 경향은 건강한 수준에서는 자신을 보호할 수 있지만, 늘 그렇듯 너무 지나치면 우리를 잘못된 길로 이끌기 쉽다.

■

1971년, 심리학자이자 행동경제학자인 아모스 트버스키Amos Tversky와 그의 동료 대니얼 카너먼(Daniel Kahneman, 훗날 트버스키 사망 이후 '전망 이론'에 대한 공동 연구로 노벨상을 받음)은 통계에 대한 교육을 충분히 받은 사람들 사이에서도 도박사의 오류 같은 잘못된 직관이 존재한다고 보고했다.[3] 확률 판단에 능숙한 사람조차 확률 판단을 할 때, 부적절한 믿음에 이르는 잘못된 직관에 빠지기 쉽다는 것이다.

20년 후, 트버스키와 그의 대학원생이었던 데일 그리핀(Dale Griffin, 현재 브리티시컬럼비아대학교 사우더 경영대학원 교수)은 사람들이 잘못된 확률 판단을 할 때, 이같이 과도한 자신감이 생겨나는 경우가 많다는 걸 더 명확히 보여주는 실험을 진행했다. 이는 사람들이 증거의 '무게'보다는 증거의 '강도'만 지나치게 중시하는 경향 때문이었다. 증거의 무게와 강도의 차이를 설명하기 위해 다음과 같은 가정을 해보자.

• 새로운 증거나 정보가 들어올 때마다 갱신해가는 추론 방식.

몬테카를로 카지노 룰렛 휠에서 공이 검은색 칸에 더 자주 떨어지게 조작되지 않았나 알아보려 밤새 룰렛을 관찰한다고 하자. 공이 검은색 칸에 떨어지는 걸 관찰한 횟수의 비율은 증거의 강도를 나타내며, 증거의 무게는 관찰 횟수나 룰렛 휠의 회전 횟수에 따라 달라진다. 따라서 1913년에 그랬던 것처럼, 룰렛 휠이 30번 연속 돌고 공이 검은색 칸에 26번 떨어지는 게 관찰됐다면 룰렛 휠이 조작되었을 가능성을 시사하는 강력한 증거가 된다. 그러나 증거의 무게는 총 회전 횟수에 따라 달라진다. 만일 밤새 룰렛을 10,002번 돌린 결과, 4,997번 검은색 칸에 떨어졌다면, 우리는 룰렛 휠이 조작되지 않았다는 결론을 더 정확히 내릴 수 있을 것이다. 결국 증거의 무게를 고려해야 증거의 강도를 올바르게 해석할 수 있다는 걸 알 수 있다.

트버스키와 그리핀, 카너먼의 연구에 따르면, 통계에 능숙하든 그렇지 않든 우리는 모두 '작은 수의 법칙', 즉 소수의 표본에 지나치게 의존해 큰 그림을 놓치는 오류에 빠지기 쉽다. 증거의 강도는 높고 증거의 무게는 낮을 때 우리는 과신에 빠지기 가장 쉽지만,[4] 우리의 직관은 여러 다른 상황적 요인들에 따라 달라지기도 한다. 세 가지 예를 살펴보자. 첫째, 앞서 설명한 전형적인 도박사의 오류에 빠진 한 도박사가 있다. 그는 룰렛에서 공이 10번이나 검은색 칸에 떨어지자, 빨간색 칸에 돈을 건다. 이는 '큰 수의 법칙'에 따라 이후의 회전에선 확률이 조정되어, 50대 50의 확률이 바뀌면서 공이 빨간색 칸에 떨어질 가능성이 더 높아질 거라는 잘못된 믿음 때문이다. 둘째, 또 다른 도박사가 앞서 검은색 칸에 10번 걸어 돈을 땄다고 가정해보자. 이를 행운의 흐름이라고 믿으며 다시 모든 돈을 검은색에 건다면, 그는 '역 도박사의 오류'라 불리는 실수를 범하게 된다. 셋째, 룰렛 게임에 대해 아무것도 모르고 공이 검은색 칸이나 빨간색 칸에 떨어질 확률이 50대 50이라는 사실도 알 리 없는 외계인들이 공이 10번 연속 검은색 칸에 떨어지는 걸 관찰했다고 가정해보자. 그들의 입장에서 다음 회전에 공이 다시 검은색 칸에 떨어질 거라고 자신 있게 예측하는 건 더없이 합리적인 추론일 것이다.

세 가지 시나리오 모두에서 도박사들의 실수는 베팅 그 자체가 아니라는 점에 주목해야 한다. 룰렛을 한 번 돌릴 때, 공이 빨간색 칸이나 검은색 칸에 떨어질 확률은 항상 50대 50이다. 따라서 설사 공이 26번 연속 검은색 판에 떨어지더라도 27번째 회전에서 어느 쪽에 베팅하든 동일하게 좋은 결정이거나 나쁜 결정일 수 있다. 대신 인지 오류는 예상 결과에 대한 과신, 그 과신의 근거 그리고 그것이 베팅 금액에 어떤 영향을 미쳤는지와 관련이 있다. 외계인들은 주어진 룰렛 휠이 회전할 때 공이 빨간색 판이나 검은색 판에 떨어질 확률이 50대 50이라는 '기본 비율'을 몰랐다. 오히려 도박사의 오류와 역 도박사의 오류의 핵심인 작은 수의 법칙에 대한 잘못된 믿음으로 인해 그 확률을 무시하는 기본 비율 오류를 범한 건 인간 도박사들뿐이다.[5]

실제 확률이 잘 알려져 있는데도 순간적으로 잘못 판단하는 이 같은 인지 오류는 행동경제학자들이 가장 관심을 두는 분야이기도 하다. 그래서 행동경제학에서는 확률과 관련된 우리의 직관이 실제 어떻게 통계학적 확률과 일치하거나 어긋나는지 그리고 또 우리가 어떻게 새로운 증거를 토대로 확률 추정치를 업데이트하는지를 이해하는 데 초점이 맞춰지곤 한다. 그러나 심지어 경제학 분야에서도, 룰렛 게임에서 빨간색 칸이나 검은색 칸에 베팅하는 일과 같은 단순한 상황을 넘어, 주식 시장에서 돈을 벌려는 일처럼 그 결과가 더욱 복잡한 의사결정으로 들어가면, 이런 확률은 훨씬 더 복잡하고 까다로워진다. 그리고 우리가 경제학 분야를 넘어 인간 행동을 지배하는 혼란스러운 변수들을 예측하려고 할 때, 통계학적 확률은 더 이상 선명하지 않고 흐릿해진다. 결국 내가 대학에서 만난 유대인 대학살 생존 작가 일로나 카르멜Ilona Karmel의 말처럼 "인간의 몸은 기계가 아니다." 그러나 행동경제학에서 우리가 믿고 받아들일 수 있는 분명한 사실은, 확률을 잘 알고 통계 수학에 밝은 사람들조차 실제로 근거 없는 확신에 빠지는 경우가 많다는 것이다.

개인이 아주 중요한 확률을 알고 있든 그렇지 않든, 증거의 무게보다는 증거의 강도를, 그리고 기저율base rate* 보다는 선택적인 개인 관찰을 우선시하는 경향이 있다. 이제는 이런 설명이 낯설지 않을 것이다. 이는 1장에서 언급한 '망상적 사고' 및 '순진한 현실주의'처럼 성급한 결론에 이르는 추론 스타일과 폭이 좁은 주관적 경험에 지나치게 의존하는 데서 나타나는 현상과 동일 선상에 있기 때문이다. 하지만 결국 정도의 차이라는 걸 잊지 말라. 망상과 망상 성향을 가진 사람들이 이런 종류의 오류에 더 취약할 수도 있겠지만, 특정 조건에서는 우리 모두 어느 정도 공유하는 보편적인 취약점이기도 하다. 마찬가지로, 도박사의 오류는 '심각한 도박사'들 사이에서 일종의 인식적 오류로 자주 나타나는 걸로 알려졌지만, 덜 심각한 일반 도박사들은 물론 어쩌면 우리 모두에게서도 여전히 나타날 수 있다.[6]

■

노벨상을 수상한 트버스키와 카너먼의 연구 이후, 행동경제학은 휴리스틱heuristics** 이라는 보다 큰 틀 속에서 직관적인 인지 지름길을 통

- * 어떤 일이 일어날 기본적인 통계 확률.
- ** 경험과 직관에 기반한 간단한 추론 방식.

해 확률 판단에서 나타나는 오류를 이해하는 데 도움이 되는 모델을 제공해왔다.[7] 2011년, 카너먼은 자신의 베스트셀러 《생각에 관한 생각Thinking, Fast and Slow》에서 두 가지 의사결정 방식(또는 시스템), 즉 본능과 직관, 감정에 기반한 자동적이고 빠른 의사결정 방식과 더 느리고 이성적이며 신중한 의사결정 방식을 제안했다.[8] 휴리스틱은 균형 잡힌 '이중 프로세스' 속에서 더 신중한 추론과 함께 이상적으로 기능하는 빠른 모드의 사고방식이다. 그러나 한 가지 사고방식이 다른 사고방식을 압도할 때 판단 오류가 발생하기 쉽다. 이는 우리가 증거의 강도와 무게를 모두 고려하지 않을 때도 마찬가지이다. 예를 들어, 조심스럽고 신중한 사고는 미국 퇴직 연금(401K)에 가입하는 것 같은 일부 결정에서는 현명할 수 있지만, 자동차를 피하는 것같이 재빠른 행동이 필요한 결정에서는 현명하지 않을 수 있다. 마찬가지로 빠르고 본능적인 사고를 토대로 한 충동적인 반응 덕에 자동차에 치이는 걸 막을 수도 있지만, 자동차를 피해 급히 옆 차선으로 무작정 뛰어들어 더 빨리 달려오는 버스에 치일 추가 위험을 고려하지 않는다면 오히려 더 위험할 수도 있다. 따라서 최적의 의사결정을 위해서는 증거의 강도와 무게, 기저율과 개인적인 관찰, 빠른 사고와 느린 사고 모두를 통합하는 게 가장 좋다. 그러나 행동경제학에 따르면 처음 판단을 내릴 때든 시간이 지나면서 믿음을 수정할 때든 우리 인간의 뇌는 그런 식으로 작동하지 않는 경우가 많다.[9]

빠른 사고 모드의 휴리스틱으로 인해 현실에 대한 잘못된 인식적 표상, 즉 잘못된 믿음을 만드는 것을 '인지 편향'이라 한다. 지금까지 거의 200가지의 인지 편향(순진한 현실주의, 도박사의 오류, 기저율 오류 등)이 알려졌는데, 이는 인간의 의사결정을 더욱 효율적으로 만들기 위해 진화 과정에서 발달한 인지 메커니즘이다. 하지만 그로 인해 우리가 행동의 위험과 이익을 정확히 판단하는 데 오류를 일으키게 하는 원인이 되기도 한다.[10] 앞으로도 여러 인지 편향에 대해 많은 이야기를 하겠지만, 이것만큼은 처음부터 강조하고 싶다. 인지 편향은 우리 모두에게 어느 정도 공통적으로 나타나는 보편적 편향이며, 인지 능력이나 지능과는 직접적인 관련이 없다는 것이다.[11] 다시 말해 인지 편향에 빠지기 쉽다는 것은 '어리석다는' 뜻이 아니라, 인간이 원래 그런 존재라는 뜻이다.

우리가 스스로에게 하는 건강한 거짓말들

---- 2 ----

 기본적인 통계 확률을 무시할 때 일어나는 오류인 기저율 오류나 도박사의 오류처럼 과신과 관련된 인지 편향은 재산을 날릴 수 있는 도박이나 투자에만 국한되지 않는다. 위험과 보상에 대한 평가에 기초해 의사결정을 내리는 다른 많은 사례에서도 심각한 문제를 일으킬 수 있다. 실제 전 세계의 지도자들이 팬데믹에 대처하는 방법이나 전쟁 개시 여부를 결정할 때, 예상 결과에 대한 과신은 수많은 인명을 잃는 참변을 초래할 수 있다. 이러한 전 세계적인 피해를 초래할 가능성을 고려할 때, 카너먼은 자신에게 마술 지팡이가 있다면 가장 없애고 싶은 인지 편향으로 '과신'을 꼽았다.[12]

 망상이나 망상 같은 믿음 그리고 기타 다른 지속적인 현상들과 마찬가지로, 자신감과 과신을 구분하는 경계는 종종 모호하다. 온라인 데이트 프로필에 자주 등장하는 종종 '자신감은 있지만 교만하지 않은 사람'이라는 표현처럼, 우리는 모두 '딱 알맞거나' 적당한 자신감이라는 골디락스적 이상Goldilocksian ideal*을 갈망하는지도 모른다. 놀라운 사실은, 어느 정도의 과신, 즉 사실에 근거하지 않아 잘못된 믿음과 자기

* 과하지도 않고 부족하지도 않은 이상적인 균형 상태.

기만에 해당하는 자신감이 오히려 정신 건강에 좋을 수도 있다는 점이다. 이는 1988년 캘리포니아대학교 로스앤젤레스 캠퍼스UCLA의 심리학자 셸리 테일러Shelly Taylor가 내놓은 급진적인 가설로, 그녀는 당시 서던메소디스트대학교의 조너선 브라운Jonathan Brown과 함께 '행복', '다른 사람들을 돌보는 능력', '창의적이고 생산적인 업무 능력' 등과 관련된 잘못된 믿음을 '긍정적 환상'이라 정의하고 그 사례를 처음 발표했다.[13] 간단히 말해, 긍정적 환상은 우리가 스스로에게 하는 건강한 거짓말이다.

테일러의 연구 이후 30년이 지난 지금, 긍정적 환상은 심리학에서 잘 알려진 인지적 착각의 한 유형이 되었고, 긍정적 환상은 평균 이상 효과, 통제의 환상, 비현실적인 낙관주의 이렇게 세 가지 범주로 나뉜다.

나는 평균적인 사람보다 낫다

브라운과 함께 쓴 초기 논문에서, 테일러는 사람들이 긍정적인 특성들은 자기 정체성의 핵심적인 부분으로 여기고 부정적인 특성들은 무시하는 경향이 있다는 사실을 다수의 연구 결과를 통해 제시했다. 또한 대부분의 사람은 자신이 '평균적인 사람보다 낫다'라고 말하는데, 이는 어떤 특성이 벨 곡선Bell curve* 내에서 정상 분포되는 경우, 수학적으로 모순이다. 다시 말해, 우리는 다른 사람들의 평가에 비해 자신을 과대평가하는 경향이 있으며, 이 같은 인지 편향은 '평균 이상 효과', '우월성 환상' 또는 개리슨 케일러Garrison Keillor의 라디오 쇼에 나오는 가상의 마을에서 유래한 '워비건 호수 효과'로도 불린다. 그 마을에서는 '모든 여성은 강하고, 모든 남성은 잘생겼으며, 모든 아이는 평균 이상'이라고 묘사된다. 실제로 우리는 우월성 환상을 자기 자신을 넘

* 대부분의 값이 평균 근처에 몰려 종 모양을 띠는 곡선으로 양쪽 끝으로 갈수록 점점 값이 적어짐.

어 사랑하는 사람들에게까지 확장하는 경향이 있는데, 이는 사랑이 왜 때때로 맹목적인지를 설명해준다. 그래서 우리는 또 연인과 자녀들의 결점과 기벽에도 눈감아주는 경우가 많다.

브라운의 후속 연구에 따르면, 평균 이상 효과는 정직성, 친절함, 책임감, 지능, 유능함같이 가치 있는 속성들에 더 강하게 나타난다.[14] 이 효과는 자아 존중감이 위협받을 때 더 강하게 나타나, 자기 자신에 대해 계속 좋은 감정을 느낄 수 있게 해준다. 그러나 이처럼 흔하고 측정하기 어려운 성격 특성과는 대조적으로, 사람들이 컴퓨터 프로그래밍이나 외발자전거 타기, 사랑하는 이의 죽음을 견디는 능력같이 덜 일반적인 능력과 어려운 과제들에 대해선 자신을 과소평가한다는 '평균 이하 효과'가 나타난다는 연구도 있다.[15] 이는 평균 이상 효과가 때론 자기 과대평가라기보다는 '평균'이라는 용어를 통계적 기준이 아닌 경멸적인 의미로 잘못 해석하는 데서 비롯될 수 있음을 시사한다.

이러한 평균 이상 효과는 심리적 안정감과 관련 있는 것으로 밝혀졌지만, 그 이점은 믿음의 정도에 따라 달라진다는 증거가 있다. 앞서 언급한 골디락스적 이상처럼, 과하지도 부족하지도 않은 적정 수준이 중요하다는 것이다. 또한 자신감과 자존감이 서로 밀접한 관계가 있다는 건 놀랄 일도 아니다. 그 둘은 거의 같은 개념이기 때문이다. 과신이 실제 성취로 이어지기도 한다. 예를 들어, 새로운 기술을 배우는 아이들이나 엘리트 운동선수들 사이에서는 과신이 지속적인 노력과 우월감으로 이어질 수도 있다. 그런데 우월감 환상이 자기도취와 밀접한 관계가 있다는 것 또한 주목할 만하다. '자신의 가치를 실제보다 높게 생각하는' 사람들은 다른 사람들로부터 거들먹거리고 불만이 많으며 방어적인 사람으로 평가될 가능성이 더 높다.[16]

그리고 늘 그렇듯, 문제는 디테일에 있다. 우리가 자신의 가치를 실제보다 높게 생각한다는 것은 우리 자신에 대한 인식과 남들이 보는 시각이 불일치한다는 의미로, 이는 남들에게 잘 드러나지 않는 과신보다 더 부정적인 영향을 미칠 수 있다.[17] 일부 연구는, 자신의 가치를 실제보다 높게 생각할 때 단기적으로는 호의적인 첫인상 덕에 사회생활에 도움이 될 수도 있지만, 장기적으로는 더 부정적이고 해로울 수도 있음을 보여준다.[18] 사회심리학자 로이 바우마이스터Roy Baumeister는 평균 이상 효과가 갖는 골디락스적 이상에 동의하면서, 그걸 '최적의 허용 범위optimal margin'라 불렀다. 다시 말해, 우월감 환상이 너무 많아도 또 너무 적어도 심리적 안정감이 떨어질 수 있다는 것이다.[19] 따라서 적당한 수준의 과신은 우리에게 도움이 될 수 있지만, 그런 우월감은 겉으로 드러내지 않는 게 가장 좋을지도 모른다.

나는 내 운명의 주인이다

실제로는 통제할 수 없는 상황을 통제할 수 있다고 믿는 것은 긍정적 환상의 두 번째 범주에 해당한다. '통제 소재locus of control'는 심리학에서 잘 알려진 개념으로, 그 믿음이 정확한지 아닌지와 관계없이 우리가 개인적으로 인생사에 얼마나 큰 통제력을 가졌는지에 대한 더 포괄적인 믿음을 뜻한다. 예를 들어, 높은 수준의 내적 통제 소재를 가진 사람들은 블랙잭blackjack*에서 많은 돈을 땄을 때, 단순히 행운이 따랐기 때문이라고 생각하기보다는 도박사로서 자기 실력이 좋았기 때문이라고 생각할 가능성이 더 높다.

통제 소재 연구는 60년 넘게 이어져왔다. 연구에 따르면, 개인적 통제력에 대한 믿음은 물론 과장된 개인적 통제력에 대한 믿음도 여러 가지 잠재적 이점을 가질 수 있음이 밝혀졌다.[20] 그러나 '평균 이상 효

• 카지노에서 인기 있는 카드 게임.

과'의 경우와 마찬가지로, 이 경우에도 건강한 중간 지점이 있는 것 같다. 그 예로 두 가지 인용문을 살펴보자. 첫 번째 인용문은 윌리엄 어니스트 헨리William Ernest Henley의 시 〈굴하지 않는Invictus〉에서 따온 것이다. 이 영국 시인은 1870년대에 다리 절단을 피하기 위한 치료를 받고 회복 중이던 힘든 상황에서 다음과 같이 썼다.

나는 내 운명의 주인이며, 나는 내 영혼의 선장이다.

이처럼 내적 '통제 소재'를 상징하는 헨리의 말은, 신체적 질환 및 정신 건강 모두에 건강상 긍정적인 영향을 미친다는 연구 결과와도 일치한다.[21] 이제 이처럼 굴하지 않는 정신이 독일 영화감독 베르너 헤어조크Werner Herzog의 다큐멘터리 영화 〈그리즐리 맨Grizzly Man〉(2005)에서 가져온 두 번째 인용문에 담긴 정신과 어떻게 다른지 살펴보자. 영화 〈그리즐리 맨〉은 자칭 자연주의자인 티머시 트레드웰Timothy Treadwell의 이야기를 다룬 다큐멘터리 영화로, 그는 자신이 사랑하는 회색곰들과 교감을 나누기 위해 여러 해 동안 여름에 알래스카 황야에서 캠핑하다가 결국 여자 친구와 함께 곰의 공격을 받아 목숨을 잃었다. 그 영화에서 헤어조크는 특유의 무덤덤한 내레이션을 통해 이렇게 말한다.

나는 우주의 공통분모가 조화가 아니라 혼돈과 적대감 그리고 살육이라고 믿는다.

말할 필요도 없이, 〈그리즐리 맨〉은 트레드웰이 찍은 숨 막히게 아름다운 장면들과 헤어조크가 편집을 통해 인간의 성향을 깊이 있게 탐구한 수작이자 내가 좋아하는 영화들 중 하나다. 하지만 시인 윌리엄 어니스트 헨리의 인용문이 영감을 주는 포스터나 티셔츠에 훨씬 더 자주 등장한다. 실제로 헤어조크 버전의 '우울한 현실주의'[22]때문에 우리가 느끼게 될 무력감과 절망감은 개인 통제력과는 반대되는 것으로, 주요 우울증이나 외상 후 스트레스 장애 같은 정신 질환들의 근원으로 밝혀지는 경우가 많다. 반면 헨리의 유명한 시로 대변되는 통제에 대한 환상은 차갑고 냉혹한 세상에서 삶을 헤쳐나가는 우리의 영혼에 용기를 북돋아주는 역할을 하기도 한다.

 그러나 골디락스적 이상을 지키려고 애쓰는 과정에서, 통제에 대한 환상이 부적절할 경우, 이를테면 야생 회색곰들과 친하게 지내려 하는 것 같은 특정 상황에서는 분명 더 해로울 수 있다. 또한 통제에 대한 환상은 개인적인 무모함을 넘어 사회 전체에 피해를 줄 수도 있다. 몇 년 전, 캘리포니아대학교 버클리 캠퍼스의 심리학자 폴 피프Paul Piff는 잘 알려졌지만 아직 발표되지는 않은 한 실험을 진행했다. 당시 실험 참가자들은 게임 시작과 진행 과정에서 일부 플레이어들에게 불공정한 금전적 이점을 주는 조작된 모노폴리Monopoly* 게임을 했다.[23] 게임이 끝난 후, 이점 덕에 이긴 참가자들은 자신의 성공이 이점이나 운보다는 자신의 게임 기술과 뛰어난 전략 덕이라며 자랑스레 말했다. 피프의 다른 연구들과 마찬가지로, 이 연구는 통제에 대한 환상이 경제적 이점을 타고난 사람들에게 근거 없이 자신을 높이 평가하게 만들어 불리한 여건의 사람들에 대한 공감 능력을 떨어뜨릴 수 있다는 것을 보여준다.[24] 이런 사람들은 예를 들어, 복지나 소수 인종 우대 정책 같은 현실 세계 사회 프로그램들의 도덕적 혜택이나 실질적인 혜택들을 평가 절하할 가능성이 더 높다. 이를 통해, 우리는 통제에 대한 일부 환상이 개인의 행복이나 정신 건강에 대한 자기평가를 높일 수도

---

 * 미국 파커 브라더스 사가 개발한 보드게임.

있지만, 잘못하면 타인에 대한 무시로 이어져 사회 전체에 악영향을 미칠 수도 있다는 사실을 알 수 있다.

미래는 특히 나에게 좋을 것이다

세 번째 범주의 긍정적 환상은 좋은 일이 일어날 가능성은 과대평가하고 나쁜 결과가 나올 위험은 과소평가하는 것이다. 이처럼 장밋빛 안경을 끼고 미래를 보는 관점은 '비현실적 낙관주의의 환상' 또는 단순히 '낙관주의 편향'이라 불린다. 비현실적 낙관주의는 왜 많은 사람이 자신이 온갖 역경을 딛고 오래 행복한 결혼 생활을 영위할 수 있다거나 수백만 달러짜리 복권에 당첨될 수 있다고 믿는지 그 이유를 설명해준다.

미국 작가 앰브로스 비어스Ambrose Bierce는 자신의 저서 《악마의 사전 Devil's Dictionary》에서 낙관주의자를 '검은 것이 하얗다는 신조의 지지자'로, 냉소주의자를 '사물을 있는 그대로 보지 않고 잘못된 시각으로 보는 불한당'으로 정의한다.²⁵ 실제로 통제에 대한 환상과 마찬가지로 비현실적 낙관주의는 우울한 현실주의에 반하는 일종의 부정으로, 스트레스와 불안을 줄여주고 목표 달성에 집중할 수 있는 에너지를 제공하는 것으로 여겨진다. 비현실적 낙관주의와 희망의 공통점을 알면, 냉소주의자가 아닌 낙관주의자의 시각으로 세상을 보는 것이 정신 건강에 위약 효과placebo effect** 같은 긍정적 영향을 줄 수도 있으며, 이는 실제 세상이 어떠한지, 앞으로 어떻게 될지 예측하는 것보다 '지금 어떻게 느끼는가'가 더 중요하다는 깨달음으로 이어진다. 그러나 다시 말하지만, 이렇게 지나친 낙관주의에는 어두운 면이 있어, 위험하다는 걸 뻔히 알면서도 흡연이나 피임 없는 성관계, 운전 중 문자 메시지 보

** 아무 효과도 없는 가짜 약을 진짜 약으로 알고 복용했을 때 증상이 호전되는 현상.

내기 같은 위험한 행동을 하는 '계획 오류'를 범할 수 있다.

긍정적 환상은 정신적·육체적 건강에 도움을 주는 이점이라고 정의된다. 자신감이 지나쳐 득보다 실이 많을 경우 그건 더 이상 긍정적 환상이 아니다. 그러나 〈그리즐리 맨〉에서 헤어조크가 들려주는 경고성 이야기는 골디락스적 이상에 도달하는 게 얼마나 어려운지 보여주는 뼈아픈 사례이다. 한편으로 헤어조크는 트레드웰이 직접 찍은 방대한 영상을 활용해 그의 자기우월감, 통제에 대한 환상, 비현실적 낙관주의를 드러내며, 트레드웰이 결국 '지나친 야망' 때문에 무너졌다는 걸 보여준다. 그러나 또 다른 관점에서 보면, 트레드웰은 교감을 나누려 노력했던 곰들에게 희생되기 전까지, 그리고 또 알래스카 오지에서 계절이 무려 열두 번 바뀔 때까지 거의 혼자 힘으로 살아남았다. 이는 놀라운 성취였으며, 그 덕에 세상을 떠나기 전 몇 년 동안 〈데이비드 레터맨 쇼Late Show with David Letterman〉에 출연할 정도로 상당한 명성을 얻기도 했다. 트레드웰의 삶과 죽음에서 우리는 도움이 되는 과신과 해가 되는 자기기만은 그 경계가 아주 모호하다는 값비싼 교훈을 얻을 수 있다.

잘못된 기억

─── 3 ───

　몇 년 전 나는 오랜 친구인 CJ와 대학 시절 유명했던 한 사건에 대해 회상하고 있었다. 그건 나도 이야기 한 적이 있고 친구들 사이에서 종종 회자되던 일이었기에 잘 알고 있었다. 그러나 이번에는 달랐다. CJ와 내가 몇 가지 중요한 세부 사항들에서 이견을 보였기 때문이다. 내가 내 기억이 정확하다고 주장하려 하자, CJ는 어쨌든 자신은 그 자리에 있었지만, 나는 그렇지 않았다는 걸 상기시켜주었다. 그의 지적에 나는 엄청난 충격을 받았는데, 그 당시 기억을 떠올려 봐도 그 사건이 실제 내 눈에 '보이는' 듯했고 나 자신이 거기 있었던 듯했기 때문이다. 그러나 곰곰이 생각해보니, CJ의 말이 옳다는 것을 깨달았다. 당시 나는 그 자리에 없었다. 사실 당시 나는 나라 반대편에 있었다. 이 일은 내 기억이 얼마나 왜곡될 수 있는지를 처음 깨닫게 해준 일들 중 하나였다. 그리고 나이가 들수록, 과거의 일을 회상할 때 가족들이나 오랜 친구들과 기억이 다른 경우가 점점 더 많아지고 있다.

　내 아들이 네 살쯤 됐을 때, 그 애의 기억력에 비하면 내 기억력은 창피할 정도였다. 지금도 나는 네다섯 살 이전의 일은 거의 기억 못 하는데, 그 애는 두 살 때나 더 어렸을 때의 일도 기억해냈다. 처음에는 놀라웠지만, 곧 깨달았다. 아들은 아주 어렸을 때부터 늘 자신이 태어난 이후 내가 휴대전화로 촬영한 동영상을 보는 걸 좋아했다. 첫걸음을 내딛던 날, 처음 말을 하던 날, 첫눈을 본 날, 열이 나서 병원에 가야 했던 날 등의 동영상 말이다. 그 동영상을 워낙 많이 봤기 때문에, 그 애가 실제로 그 일을 기억하는 건지 아니면 동영상 속 내용을 기억하는 건지 도무지 확신할 수 없었다. 아마 동영상을 봤기 때문일 가능성이 크지만, 아이는 그 차이를 알지 못했을 것이다.

내 입장에서 좋은 소식은 이처럼 잘못된 기억력에는 별문제가 없다는 것이다. 나는 조기에 발병하는 알츠하이머 같은 병을 앓는 것이 아니다. 그러나 우리 모두에게 덜 반가운 소식은, 내가 과거의 어떤 일들을 종종 정확히 기억하지 못한다는 사실이 결국 우리 모두 겪는 보편적인 인지 능력의 한계를 드러낸다는 것이다. 우리 대부분은 삶에서 일어나는 일 대부분을 기억 못하며 가장 오래된 기억 대부분은 흐릿하고 정확하지 않은 경우가 많다는 걸 잘 안다. 그러나 캘리포니아 대학교 어바인 캠퍼스의 심리학자 엘리자베스 로프터스Elizabeth Loftus는 자신의 연구 경력 내내 최근의 일조차 틀리게 기억할 가능성이 아주 높으며, 특정 방식으로 기억을 떠올리도록 유도될 때 특히 더 그렇다는 걸 입증해왔다.[26] 예를 들어, 1970년대에 진행한 초기 실험 중 하나에서 그녀는 실험 참가자들에게 자동차 사고 영상을 보여주고 서로 다른 동사를 사용해 그 자동차가 얼마나 빨리 달렸는지 물었다. 실험 참가자들에게 그 자동차가 다른 자동차와 '세게 들이받았을 때' 얼마나 빨리 달렸는지 묻자, 그들은 '부딪혔다'라는 동사를 사용했을 때보다 시속 10마일은 더 빨리 달렸다고 추정했다. 일주일 후, 영상에서 깨진 유리를 본 기억이 있는지 물었을 때, '세게 들이받았다'라는 동사로 유도된 실험 참가자들이 '그렇다'라고 답하는 경우가 더 많았다.

또 다른 실험에서 로프터스는 한 자동차가 정지 신호에 멈추지 않고 우회전하다 사고를 내는 영상을 보여주었다. 그런 다음 그걸 본 참가자들 중 절반에게는 정지 신호에 걸렸을 때의 자동차가 얼마나 빨리 달렸는지를 물었고, 나머지 절반에게는 우회전할 때 자동차가 얼마나 빨리 달렸는지 물었다. 그 결과, 영상에서 정지 신호를 봤냐는 질문에 '정지 신호'라는 말로 유도된 사람들이 '그렇다'라고 답하는 경우가 훨씬 더 많았다.

로프터스와 다른 연구자들은 수십 년에 걸친 연구를 통해 이 '잘못된 정보 효과'의 강력한 증거들을 보여주었다. 즉, 과거의 일에 대한 기억은 어떤 식으로 질문하느냐에 따라 조작될 수 있다는 것이다. 길을 잃었다거나 동물의 공격을 받았다거나 익사할 뻔했다거나 사고를 당했다거나 하는 다양한 과거 일에 대한 잘못된 기억은 사람들에게 그 일들을 실제 일어난 일로 믿게 만들 수 있다.[27] 이 같은 연구 결과는 형사 사법 체계의 근간을 흔들기도 했다. 목격자의 진술과 증언이 경찰 심문 방식에 따라 왜곡될 수 있다는 의문이 제기됐으며, 1990년대의 악명 높은 아동기 사탄 의식 학대 혐의 사건 역시 유도 질문과 암시의 힘이 개입된 것으로 밝혀졌다. 로프터스가 1994년에 발표한 《억압된 기억의 신화The Myth of Repressed Memory》에 따르면, 성적 트라우마 같은 경험에 대한 '억압된' 기억 또는 잊혔다가 '되살아난' 기억이 때론 '잘못된 기억'이 될 수 있음을 보여주었다.[28] 그녀는 빌 코스비Bill Cosby, 제리 샌더스키Jerry Sandusky, 하비 와인스타인Harvey Weinstein 같은 강간 혐의자들을 변호하는 과정에서 전문가 증인으로 법정에 나가기도 했다.

분명히 말하지만, 로프터스는 그들의 무죄를 주장한 것은 아니다. 그녀의 주장은 이렇다.

수십 년간 이 문제를 연구해오면서 배운 게 있다면, 그건 바로 이거다. 단지 누군가가 뭔가를 자신 있게 말한다거나 아주 자세하게 말한다거나 그 말을 하면서 감정까지 표현한다고 해서, 그게 실제로 일어난 일이라는 의미는 아니다. 우리는 진짜 기억과 거짓 기억을 확실히 구분하지 못한다. 우리는 객관적인 입증을 해야 한다. 이 같은 사실을 알고 나서, 나는 내 친구와 가족들이 매일 잘못 기억할 때 더 관대해지게 됐다.[29]

로프터스는 여러 해 동안 우리에게 이렇게 말해왔지만, 그녀의 말에 귀 기울이거나 설득되는 사람은 거의 없었다. 2011년의 한 설문 조사에 따르면, 대중의 상당수는 기억이 영구적이고 변하지 않으며 신뢰할 수 있다고 믿지만, 또 많은 사람이 자신 있게 진술하는 목격자 한 명의 증언만으로도 피고인을 유죄로 만들 수 있다고 생각했다.[30] 로프터스와 그녀의 동료들이 실시한 또 다른 조사에서는, 임상 심리학자들조차도 여전히 '억압된' 기억의 신뢰성에 대한 잘못된 믿음을 지지하는 것으로 나타났다.[31] 그러나 연구 결과는 그들의 믿음이 틀렸다는 걸 보여준다. 우리의 기억은 흔히 생각하듯 비디오카메라처럼 작동하지 않는다. 내 아들이 내 휴대전화 영상을 재생하는 것처럼, 이런저런 일들을 저장해두었다가 마음 내킬 때 언제든 꺼내볼 수는 없다. 실제로 우리의 기억은 과거의 일들에 대한 불완전한 기록인 경우가 많으며, 현재의 필요에 따라 새로운 정보(그리고 때론 잘못된 정보)를 토대로 수시로 편집되고 다시 쓰인다.[32] 따라서 바로 앞 장에서 언급한 믿음의 역설처럼, 기억의 정확성에 대한 우리의 자신감을 신뢰성의 지표로 오해해선 절대 안 된다. 이는 우리의 주관적인 경험과 상반될 수 있지만, 현실적으로 우리의 기억은 잘못될 수도 있고 변형될 수도 있다.

물론 우리의 기억들 중 상당수는 정확하며, 어떤 사람들의 기억은 다른 사람들보다 더 신뢰할 수 있다. 일반적으로 어린이와 노인 그리고 지능지수IQ가 낮은 사람들의 경우 대개 잘못된 정보 효과에 더 취약하다.[33] 그러나 로프터스는 수치화 가능한 이런 취약성에도 불구하고 잘못된 정보가 기억에 미치는 영향에서 완전히 자유로운 사람은 없다고 말한다. 그리고 우리의 믿음 중 상당수가 기억에 의존하는 데다, 과거의 일들에 대한 믿음뿐 아니라 사실에 대한 믿음 또한 기억에 의존하기 때문에 그런 기억을 토대로 우리의 믿음에 대한 확신을 정당화할 경우 우리가 서 있는 기반 자체가 흔들리게 된다는 점을 자각해야 한다.

더닝-크루거 효과

―――― 4 ――――

자기 판단의 정확성에 대한 과신을 논하면서, 최근 몇 년간 널리 알려진 개념인 '더닝-크루거 효과'를 빼놓을 수 없다. 1999년에 발표된 첫 연구에서, 코넬대학교의 심리학자 저스틴 크루거Justin Kruger와 데이비드 더닝David Dunning은 무능한 사람들에겐 자신의 능력과 성과를 객관적인 지표보다 과대평가하는 경향이 있다는 가설을 검증하고자 했다.[34] 크루거와 더닝은 심리학 강좌에 등록한 학부생들을 대상으로 논리, 문법, 유머에 관한 테스트를 한 뒤, 학생들에게 그 세 영역에서 또래와 비교해 자신의 능력을 평가해보라고 했다. 그 결과, 세 영역 모두에서 상위 25퍼센트를 제외한 모든 학생의 객관적인 테스트 성적과 자기 능력에 대한 자가평가 사이에 분명한 격차를 보였다. 그리고 그 격차는 성적이 낮을수록 더 커져, 하위 25퍼센트의 학생들이 가장 과도한 자신감을 보였다.

더닝-크루거 효과는 그저 통계상의 인위적인 결과물에 지나지 않으며, 저자들이 원래의 논문에서 연구 결과를 그래프로 표현한 방식이 오해를 불러일으켰다는 비판을 받아왔다.[35] 그러나 면밀한 조사나 재현 시도 과정에서 무너진 다른 사회심리학 실험들과는 달리, 더닝-크루거 효과는 원래의 결과가 보고된 방식과 무관하게 심리학 실험실과 현실 세계 모두에서 그리고 서로 다른 여러 유형의 사람 사이에서, 또 서로 다른 여러 유형의 지식과 과제 수행에서 반복적으로 입증되었다.[36] 따라서 더닝-크루거 효과를 인용하는 사람들이 가끔 잘못 해석하거나 잘못 사용한다 해도, 현실 세계에서 이 효과가 유효하다는 걸 뒷받침하는 증거는 얼마든지 있다. 이 효과는 '무능한 사람만 과신한다'라거나 '무능한 사람이 전문가보다 더 많이 안다고 믿는다'라는 식의 명제가 아니다. 원래 연구에서 주관적인 능력은 객관적 성과에 대한 상위 및 하위 25퍼센트 집단에서 평균 이상으로 평가되었다. 다만 객관적으로 성과가 가장 낮은 사람들이 자신의 능력에 대해 가장 근거 없는 자신감을 가졌을 뿐이며, 이는 더닝-크루거 효과가 적어도 부분적으로는 평균 이상 효과의 연장선에 있음을 시사한다.

더닝-크루거 효과에 대한 또 다른 오해는 그것이 '무능한 사람'이라는 범주를 가리키는 것처럼 이해되는 경우다. 그러나 실제로는 무능함 그 자체에 주목하는 개념이다. 객관적인 능력과 무능함 정도, 즉 주어진 주제에 대한 측정 가능한 지식 수준은 주제나 과제에 따라 사람마다 다 다르기 때문이다. 예를 들어, 어떤 사람이 양자역학 분야에선 세계적으로 유명한 전문가인지 몰라도 자동차 정비에선 완전히 무능한 사람일 수도 있다. 사실 우리는 모두 상대적으로 유능한 분야도 있고 무능한 분야도 있다. 따라서 전문성이 부족한 분야에서는 우리 모두에게 더닝-크루거 효과가 적용된다. 더닝은 그걸 이렇게 설명한다. "성과가 낮은 사람은 그리고 우리 모두는 어떤 일에서는 성과가 낮지만, 자신의 사고 속 결함이나 자신이 알지 못하는 답을 보지 못한다.[37] 그리고 자신이 얼마나 무지한지를 모르는 것이 인간 조건의 일부이다."[38] 더 간단히 말해, 우리는 자신이 모른다는 걸 모르기 때문에 자신의 능력을 과대평가하는 것이다.

더닝은 항상 더닝-크루거 효과를 일상 속의 '아노소그노시아anosognosia'*, 즉 자신의 결함조차 인지하지 못하는 상태라고 설명해왔다. 그는 이것이 '메타인지metacognition'(지식, 추론, 믿음 같은 자신의 인지 과정을 평가하는 능력으로 정의되는)을 평가하는 능력의 결함에서 비롯된다고 보았다. 실제로 그의 후속 연구를 통해, 이 같은 무능력의 사각지대는 우리가 거울을 들여다볼 때 가장 쉽게 마주칠 수 있는 것이며, 과신은 일반적으로 다른 사람들의 능력을 과소평가한 결과가 아니라는 사실도 밝혀졌다. 게다가 그 후속 연구에 따르면, 이처럼 구체적인 자기 인식의 부족은 성과 피드백을 받아도 지속되며 학습 능력에 방해가 될 수도 있다.[39] 이는 충분히 예상할 수 있는 일이다. 사람들이 만일 이미 모든 걸 안다고 생각하거나 심지어 평균적인 사람보다 더 많이 안다고 생각한다면, 굳이 주어진 주제에 대해 공부를 하거나 새로운 정보를 찾으려 하지 않으리라는 걸 뻔히 예상할 수 있기 때문이다.

2018년, 더닝과 공동 연구자인 코넬대학교의 카르멘 산체스Carmen Sanchez는 '조금 배우는 건 위험한 일이다'라는 격언을 뒷받침하는 연구 결과를 발표했다. 두 사람은 실험을 통해 사람들이 어떤 주제에 대한 지식이 전혀 없을 때보다 조금 있을 때 과도한 자신감을 보일 가능성이 더 높다는 사실을 알아냈다.[40] 따라서 더닝은 자기평가 능력을 높이는 것도 가치 있는 목표지만, 근거 없는 자신감을 바로잡는 가장 좋은 그리고 어쩌면 유일한 방법은, 지식과 지혜를 깊이 있게 배우고 능력을 향상해 합당한 자신감을 느끼도록 하는 것이라고 제안했다.

- 자신의 신체적 정신적 결함을 인식하지 못하거나 부정하는 상태. 우리말로 흔히 '질병인식불능증'이라고 함.

무능과 평균 이상 효과는 제쳐두고, 더닝-크루거 효과에서 가장 흥미로운 점은 전문성에 대한 이해일지도 모른다. 실험 결과에 따르면, 다른 모든 사람과 달리 테스트 성적이 상위 25퍼센트에 속하는 사람들은 다른 사람들에 비해 자신의 성과를 다소 과소평가하는 경향이 있었다. 능력이 덜한 사람들의 경우와는 대조적으로, 이 같은 효과는 가면 증후군(자신의 성공을 노력이 아닌 운의 탓으로 돌리고 자신의 진짜 실력이 드러날까 두려워하는 심리 상태)에 시달리는 사람처럼, 자신의 성과를 과소평가하는 경향과 다른 사람들의 성과를 과대평가하는 경향 모두에서 기인한 것으로 나타났다. 이 같은 결과를 설명하면서, 더닝은 미국 작가 윌리엄 페더William Feather의 말을 인용했다(프랑스 소설가 아나톨 프랑스의 말이라는 이야기도 있다).

교육에서 중요한 건 얼마나 많이 외웠는지 또는 얼마나 많이 알고 있는지가 아니라, 아는 것과 모르는 것을 구분할 수 있는 능력이다.

이 말은 이른바 '소크라테스의 역설', 즉 진정한 지혜는 '자신이 아무것도 모른다는 사실을 아는 것'이라는 생각의 현대적 버전이라 할 수 있다.

더닝-크루거 효과를 연구한 결과는 능력이 가장 높은 집단이 낮은 집단에 비해 전문성과 자신감 간의 격차가 더 작다는 사실을 일관되게 뒷받침해왔다. 하지만 전문성이 자신에 대한 과소평가와 관련 있다는 초기 연구 결과가 늘 다른 연구에서도 입증된 건 아니다. 사실 다른 모든 사람과 마찬가지로, 전문가들도 과신 상태에 빠지기 쉽다. 더닝-크루거 효과를 통해 예상할 수 있듯, 자신의 전문 분야 밖에서뿐 아니라 그 안에서도 말이다. 예일대학교의 심리학자 매슈 피셔Matthew Fisher

와 프랭크 케일Frank Keil은 연구를 통해, 전문가들이 특정 주제에 대한 오랜 연구를 토대로 이른바 '공식적인' 전문성을 유지하는 데 필요한 과거의 학습 정보를 잊어버릴 때, 가장 과신에 취약해진다는 사실을 밝혀냈다.[41] 이는 '사용하라, 안 그러면 잃는다'라는 격언처럼 객관적인 능력은 시간이 지나면서 줄어들 수도 있지만, 피셔와 케일이 말한 이른바 전문성에 대한 자신감이나 '전문성의 저주'는 쉽게 사라지지 않는다는 사실을 시사한다. 이 같은 '앎에 대한 환상'은 전문가들이 특히 사회적 압력을 받는 상황에서 자신이 알아야 할 주제에 대해 모른다는 걸 인정하기 꺼리는 현상을 반영하는 듯하다.[42]

한편, 더닝-크루거 효과는 행동경제학, 긍정적 환상, 기억의 불완전성과 함께 우리가 믿는 것들에 대한 자신감의 상당 부분이 근거 없는 것일 수 있다는 사실을 강력히 일깨워준다. 과신은 순간적으로 우리 자신을 더 나아 보이게 해줄 수도 있지만, 그보다 우리가 무지 속에서 자기기만에 빠지기 쉽다는 걸 인정하고, 그 인식을 토대로 자존감을 키우는 편이 더 낫다. 실제로 거울을 들여다보며 자신이 모르는 것을 자각하는 순간, 이는 전문가든 아니든 우리가 배우고 성장할 수 있는 동기를 부여해줄 수 있다.

그러나 그런 겸손을 몸에 익히는 건 말처럼 쉬운 일이 아니다. 그렇다면 소크라테스의 전문성 개념에 더 가까워지려면 어떻게 해야 할까? 과신에 대한 카너먼의 말을 상기해보라. 그는 지나친 자신감을 바로잡을 수 있는 마술 지팡이가 있으면 좋겠다고 했었다. 더닝은 더 나은 답을 내놓았다.

사람들에게 "난 모르겠어요"라고 말하게 하려면 어떻게 해야 할까? 난 모르겠다.

우리 중 상당수가 자신이 늘 옳다고 주장하지 말고, '난 모르겠어요'라는 이 간단한 말을 더 자주 할 수 있게 된다면 얼마나 좋을까.

3

강화된 확증편향

Confirmation Bias on Steroids

자아가 있는 곳에
진리는 없다.
진리가 있는 곳에
자아는 없다.

석가모니

주변 두뇌

1

 지금까지 나는 '순진한 현실주의', 즉 우리 자신의 주관적 직관, 경험, 세계관에 대한 과신은 우리 모두를 잘못된 믿음에 집착하게 만들고 자신이 옳다고 우기는 위험에 빠뜨리는 인지적 함정이라고 주장해왔다. 그러나 1장에서 언급했듯, 믿음은 주관적인 경험 안에서만 형성되는 것이 아니다. 우리가 믿는 것 대부분은 다른 사람에게서 듣거나 읽거나 배운 것을 토대로 한다. 따라서 이 책에서는 우리가 세상으로부터 얻은 정보를 수용하거나 거부하는 상호적인 사회적 과정을 통해 어떻게 믿음을 형성하게 되는지 살펴볼 것이다. 그리고 이 장에서는 오늘날의 인터넷 정보 접근 용이성이 이런 과정에 어떤 영향을 미치는지를 집중적으로 다룬다.

 앞 장 말미에서 전문가들의 지나친 자신감에 대한 심리학자 매슈 피셔의 연구를 살펴보았다. 지난 몇 년간 그는 온라인 정보 접근성이 이미 과도하게 부풀려진 '앎에 대한 자신감'을 한층 더 강화할 수 있다는 가능성에 대해 연구했다. 2015년, 그는 예일대학교 동료인 마리엘 고두Mariel Goddu와 프랭크 케일과 함께 일련의 실험을 했다. 그리고 그들은 인터넷에서 '어떤 현상이나 개념을 설명해주는 지식'을 검색하는 행위로 인해(실제 그런 지식을 습득하는 것과는 별개로), 실제로 아는 것보다 훨씬 더 많이 안다고 믿게 되는 현상이 나타난다는 사실을 입증했다.[1] 이는 우리가 컴퓨터나 휴대전화 같은 '주변 두뇌'를 통해 접근할 수 있는 정보를, 우리 머릿속 실제 뇌에 저장된 지식과 혼동하는 데서 생긴다. 피셔와 그의 동료들은 이를 '인터넷과의 거래 파트너십'이라 불렀다. 즉, 단순히 정보를 검색할 수 있다는 자신감을 진짜 지식을 갖고 있다는 자신감으로 착각하는 것이다. 그들은 이러한 파트너십이 긍정적 환상과 같은 방식으로 '인식적 자존감'을 높여 우리에게 도움이 될 수 있다고 말하지만, 우리가 아는 것에 대해 근거 없는 자신감을 가질 때 상당한 대가를 치르게 될 수도 있다. 그래서 주요 언론에서는 이 연구 결과를 경고의 의미로 '구글 망상'이라 부르기도 했다.[2]

학생들을 가르쳤던 1990년대에, 나는 주변 두뇌가 학습에 미치는 잠재적 악영향을 처음 목격했던 일을 지금도 생생히 기억한다. 의학계에는 학생들의 지식을 테스트하기 위해 소크라테스식 질문을 던지는 오랜 전통이 있다. 어느 해에 의과대학에서 모든 학생에게 개인용 디지털 단말기PDA를 지급하기로 했을 때의 일이다. 나는 회진 중 한 학생에게 질문을 던졌다. 그 학생은 대답하거나 곰곰이 생각하는 대신 주머니 속에 손을 넣어 단말기를 꺼내 답을 찾기 시작했다. 그 순간이 늘 뇌리에서 떠나지 않는다. 말할 필요도 없이, 나는 그 학생이 주변 두뇌에서 어떻게 정보를 검색하느냐를 평가하려는 게 아니었다. 그 정보가 실제 그 학생의 뇌 안에 있는지 알고 싶었고, 그렇지 않다면 그 정보를 머릿속에 넣도록 동기를 부여하고 싶었다.

때로는 어떤 사실들을 암기하는 게 유용하고 필요하지만, 나는 그 중요성이 과대평가되는 경우가 많다고 생각한다. 내 경우 의대생 시절에 기계적인 암기를 매우 힘들어했다. MIT 학부 시절부터 암기보다는 원리를 적용해 해결책을 찾는 방식으로 공부했기 때문이었다. 앞서 말한 소크라테스식 질문하기는 전통적으로 '핌핑pimping'이라 불렸는데, 그런 질문이 최근 몇 년 사이에는 공개적인 망신 주기나 다름없다는 비판을 받으며 이름까지 '악질적인 퀴즈toxic quizzing'로 바뀌었다.[3] 그러나 주변 두뇌의 중요한 이점이 암기 부담을 덜어주는 것이라면, 잠재적 단점은 우리가 안다고 생각하는 것들에 대해 갖는 자신감이 부정확할 수 있고 최악의 경우 해로울 수도 있다는 것이다. 예를 들어, 우리가 당연시하는 인터넷 정보에 대한 접근성은 휴대전화 배터리가 방전되거나 서비스 범위를 벗어나거나 디지털 네트워크가 해킹당하는 순간 바로 사라질 수 있다. 더구나 이어지는 두 장에서 설명하겠지만, 온라인 정보가 정확하다는 보장도 없다. 특히 요즘처럼 인공지능 AI으로 생성된 텍스트와 디지털로 조작된 음성 및 이미지(예를 들면 '딥페이크')가 점점 더 흔해지는 상황에서는 더욱 그렇다. 그리고 마지막으로, 내가 그 학생을 보고 우려했듯, 주변 두뇌에 지나치게 의존하는 태도는 학습 능력을 저해할 수 있다는 점을 경계해야 한다.

앞서 2장에서 언급했듯, 피셔는 전문가들도 이전에 습득한 정보를 잊어버려 과신에 빠질 수 있다고 결론지었는데, 이는 특정 유형의 지식이나 기술에 적용되는 '사용하라. 안 그러면 잃는다'라는 원칙이 유효하다는 걸 잘 보여준다. 의학 교육 분야에서 '악질적인 퀴즈'에 대한 반감이 커지긴 했지만, 반복적인 테스트를 통한 지식 강화의 필요성은 여전히 널리 받아들여진다. 예를 들어, 병원에서 일하는 의사인 나는 3개월마다 심폐소생술CPR 교육을 반복해서 받아야 한다. 이런 교육은 종종 귀찮게 느껴지지만, 반복적인 교육과 성과 평가를 통해 내가 안다고 생각하는 것에 대한 과신을 줄일 수 있고, 또 생명을 구하는 긴급한 일에 필요한 지식을 강화하는 데도 놀라운 효과가 있다는 걸 인정해야 한다.

최근 연구에서, 피셔와 그의 동료들은 온라인 정보에 접근할 수 있다는 인식이 우리가 안다고 생각하는 것에 대한 과신으로 이어질 뿐 아니라, 학습 동기와 학습 시간이 줄어들고 온라인에서 검색한 정보를 처리하는 능력까지 떨어뜨릴 수 있음을 보여주었다.[4] 의식적으로든 무의식적으로든, 우리는 필요할 때면 언제든 주변 두뇌에서 지식을 검색할 수 있다는 걸 알기 때문에, 이는 우리가 우리 자신에게 굳이 지식을 머릿속에 넣기 위해 노력할 필요가 없다고 말하는 것이나 다름없다. 학습 동기 부여가 떨어진다는 것이야말로 학생이 PDA를 보고 답을 그대로 말하려는 걸 목격했을 때 느꼈던 불편함의 이유이기도 했다. 그러나 그때의 우려는 지금 내가 느끼는 걱정에 비하면 별것도 아니다. 앞 장에서 이야기한 대로, 자신이 믿는 것에 대한 근거 없는 자신감이 커지는 것도 위험한데, 거기에 새로운 정보를 배우려는 동기도 떨어지고 정보 처리 자체를 왜곡시킬 수 있는 '구글 망상'까지 더해진다면, 사실이 아닌 믿음을 받아들이고 고수하려는 경향이 더 강해지는 최악의 상황에 이를 수도 있다.

확증편향, 확증편향, 확증편향!

―――― 2 ――――

부동산 시장에서는 집을 살 때와 집 가치를 알아보려 할 때 가장 중요한 기준을 '입지, 입지, 입지'라고 한다. 만약 누군가 내게 사실이 아닌 것을 굳게 믿는 심리를 이해하는 데 가장 중요한 기준이 무엇이냐는 질문을 한다면, 나 역시 그 비슷한 답을 할 것이다. '확증편향, 확증편향, 확증편향'이라고.

'확증편향'이란 기존의 믿음과 직감을 뒷받침하는 정보를 찾거나 인용하거나 기억하려 하면서, 그에 반하는 정보는 무시하거나 거부하는 경향을 가리킨다. 그런 경향은 수 세기 동안 관찰되고 언급되어 왔지만 1979년, 스탠퍼드대학교의 심리학자 찰스 로드Charles Lord, 리 로스Lee Ross, 마크 레퍼Mark Lepper에 의해 인지 편향이란 개념으로 정립되었다.[5] 그들은 일련의 실험에서 실험 참가자들에게 사형 제도의 범죄 억제 효과를 뒷받침하거나 부정하는 증거를 제시했다. 동일한 증거를 제시했음에도 불구하고, 참가자들은 주제에 대한 각자의 입장만 더 강하게 확신했다. 자신의 입장을 뒷받침하는 증거는 액면 그대로 받아들이고 자신의 입장에 반하는 증거에 대해서는 데이터의 결함이나 다른 대체 설명을 찾으려고 했기 때문이다. 이처럼 증거에 대한 '편향된 수용'은 객관적인 증거마저 때에 따라 받아들이거나 반박함으로써, 자신이 이미 믿는 사실을 뒷받침하는 것만 증거로 여기는 행위와 같다. 물론 이는 우리가 해야 할 일, 우리에게 주어진 증거를 있는 그대로 받아들여 우리의 믿음을 수정하는 것과는 정반대되는 일이다. 오히려 우리는 증거를 왜곡하며 불변의 믿음을 유지하려 한다.

더닝-크루거 효과와 마찬가지로, 확증편향은 다른 실험을 통해 반복적으로 확인되었으며, 우리가 빠지기 쉬운 보편적인 편향으로 여겨진다. 가장 객관적이고 냉정한 데이터 수집가로 여겨지는 과학자조차 이 편향에서 자유로울 수 없다.[6] 우리가 증거를 꼼꼼히 살펴가며 우리 자신의 믿음을 굳힐 때는 물론, 논쟁의 여지가 있는 믿음을 놓고 다른 사람들과 커뮤니케이션을 해나갈 때, 확증편향은 강한 영향을 미치는 요인 중 하나이며, 어쩌면 가장 강력한 요인일지도 모른다. 또한 특정 주제를 놓고 다른 사람들과 의견이 갈릴 때도, 우리는 확증편향 때문에 서로 다른 데이터 중에서 필요한 것만 선별해 자신의 믿음을 지킬 뿐 아니라 같은 데이터에 대해서도 서로 다른 해석을 고집하게 된다. 물론 이 경우 우리는 '무엇을 증거로 삼을 것인가'라는 기본적인 일조차 합의하지 못해, 논쟁은 진전되지 않고 제자리만 맴돌게 된다. 그리고 더 심각한 건, 우리는 대개 자신도 모르는 새에 확증편향으로 피해를 본다는 것이다. 특히 오늘날 확증편향은 흔한 용어가 되었지만, 정작 자신도 확증편향에 빠지기 쉽다는 건 간과한 채 자신과 의견이 다른 사람들에게 확증편향에 빠져 있다고 비난하기에 바쁘다. 자신에게 인지 편향이 있다는 건 인정하지 않은 채 남들 탓만 하는 이런 태도는 '편향의 사각지대'로 알려진 순진한 현실주의의 한 형태이다.[7]

인터넷 시대에 들어서면서 확증편향은 1970년대 후반 로드와 로스 그리고 레퍼가 확증편향에 대한 글을 썼을 때와는 다른 의미를 갖게 되었다. 내가 자란 시절만 해도, 텔레비전이 없어 좋아하는 프로그램이 나올 때면 라디오 주변에 모여 앉았다는 부모님의 어린 시절은 상상하기도 어려웠다(어떤 이유에선지 나는 늘 두 분이 어둠 속에서 라디오에 귀 기울이는 모습을 상상했지만). 그러나 이제는 나도 나이가 들어, 내 아들은 물론이고 20대인 제자들조차 내 어린 시절의 기술 수준이 얼마나 원시적이었는지 제대로 실감하지 못한다. 초등학생 시절에 독후감 쓰기나 글쓰기 숙제가 주어지면, 나는 자전거를 타고 지역 도서관에 가서 주어진 주제에 관한 책을 한 권 빌리거나(종종 사서의 도움을 받아) 신뢰할 만한 지식의 집약체인 두꺼운 백과사전을 참고해야 했다. 나는 숙제를 직접 손으로 썼고, 나중에는 타자기를 이용했으며, 실수하면 화이트 아웃White Out과 리퀴드 페이퍼Liquid Paper 같은 제품으로 덮어썼다. 글의 한 단락만 옮기고 싶어도 처음부터 다시 써야 했다. 우리 가족이 V자 형 안테나를 세우고 리모컨도 없이 커다란 브라운관 TV를 시청하던 그 시절에는 선택할 수 있는 주요 TV 방송사가 세 곳뿐이었고, 매일 믿고 볼 만한 뉴스 제공자도 월터 크롱카이트Walter Cronkite, 댄 래더Dan Rather, 테드 코펠Ted Koppel, 피터 제닝스Peter Jennings, 톰 브로코Tom Brokaw 정도였다. 대학 시절에는 장거리 전화 요금이 엄두도 못 낼 만큼 비싸 부모님께는 고작해야 몇 달에 한 번 벽에 꽂아 쓰는 유선 전화기로 전화를 드렸다. 멀리 떨어져 지낸 여자 친구에게는 손으로 쓴 연애편지를 우편으로 보냈고, 답장을 받으려면 몇 주씩 애타게 기다려야 했다. 불과 30년 전인 의대생 시절과 레지던트 수련 기간에는, 도서관 서가에서 대출되거나 분실되지 않은 학술지에서 필요한 논문들을 찾아 상당한 시간과 비용을 들여 복사해야 했다.

그러나 지금은 세상이 완전히 달라졌다. 컴퓨터와 워드 프로세서, 휴대전화 그리고 인터넷 덕에 정보에 접근하고 정보를 얻고 정보를 공유하는 방식이 근본적으로 바뀌었다. 지금 우리는 어린 시절 내가 지역 도서관에서 며칠은 헤매야 얻을 수 있었던 것보다 훨씬 더 광범위한 정보에 거의 즉시 접근할 수 있고, 케이블 TV와 온라인 매체가 제공하는 수많은 뉴스 옵션까지 이용할 수 있는 데다가 즉시 다른 사람들과 공유할 수도 있다. 그리고 언제든 쉽게 이용할 수 있는 그 방대한 정보 때문에 확증편향이 생길 가능성 또한 훨씬 더 높아졌다. 어떤 믿음이든 그것을 뒷받침해줄 '증거'를 찾는 게 그 어느 때보다 쉬워졌으면서도, 그 믿음에 반하는 정보는 손가락으로 휙 넘겨버리면 그만이기 때문이다.

망상적 사고와
인터넷의 조우

---— 3 ---—

　몇 년 전, 나는 조현병을 앓는 서른 살쯤 된 프랭크 던바Frank Dunbar를 치료하고 있었다. 그는 정부의 인공위성이 자기 몸에 고의로 '에너지 빔'을 쏘고 있으며, 그 때문에 육체적 고통과 팔다리 경련이 생긴다고 확신했다. 그가 몇 주 동안 병원에 입원해 있을 때 나는 항정신성 약을 복용해 보라고 설득하려 했지만, 망상에 사로잡힌 사람들이 흔히 그렇듯 그는 자신은 정신적으로 이상이 없다고 믿었고 그래서 약도 도움이 되지 않을 거라고 생각했다. 그렇게 시간이 흐르고 끈질긴 설득과 지속되는 정신적 고통에 약에 대한 그의 거부감은 점차 줄어들었다. 마침내 어느 날, 그는 약을 복용한다는 데 동의했다. 그런데 안타깝게도 그 무렵 새로운 환자가 병동에 입원했는데, 집단 치료 시간에 자신도 인공위성의 공격을 받고 있다고 말했다. 그 말을 듣자마자 던바는 눈을 반짝이며 말했다. "봤죠? 그럴 줄 알았다니까!" 그러고는 다시는 약을 먹지 않겠다고 했다. 모든 게 다시 원점으로 돌아간 것이다.

　1장에서 나는 망상이 대체로 어떻게 공유되지 않고 공유할 수도 없는 믿음으로 여겨지는지에 대해 썼으며, 망상은 종종 정형화된 주제를 따르기 때문에 그 전제(던바의 경우 정부가 에너지 빔으로 사람들을 공격한다는 생각)는 환자 간에 겹치는 경우가 많다고도 했다. 그러나 인터넷이 출현하기 전까지만 해도, 그런 종류의 공통된 믿음이 정신 병동 밖에서 형성될 가능성이 작았다. 100년 전에는 온 동네를 뒤져도 상식에서 벗어난 당신의 믿음에 동의하는 사람을 찾기는커녕, 되레 조롱당하거나 정신병원에 보내졌을 가능성이 더 컸다. 그러나 이제는 인터넷 덕에 가장 비상식적이고 특이한 비주류 믿음까지 공유하는 사람들을 쉽게 찾을 수 있게 되었다. 이는 망상에 대한 정의를 내린 독일 철학자 카를 야스퍼스Carl Jaspers나 DSM의 저자들도 전혀 예상치 못한 현상이다. 오늘날의 가상 세계에서는 클릭 한 번으로 생각이 비슷한 지구 반대편의 낯선 사람들과 연락할 수 있어, '비주류 믿음'이라는 전제 자체가 더 이상 의미가 없게 됐다. '비주류'는 오지 어딘가에 숨어 있는 게 아니라 바로 우리 손바닥 안의 휴대전화 속에 있는 것이다. 그 결과, 요즘은 망상적인 믿음이 인터넷상에서의 지지에 힘입어 더 극성을 부리는 경우가 드물지 않다.

감염 망상이나 기생충 망상을 예로 들어보자. 자신이 벌레나 기생충 또는 다른 유기체에 감염되었다고 믿는 이 망상은 오래전부터 의학계에 보고되어 왔다. 환자들은 종종 1차 진료 의사primary care나 피부과 의사를 찾아와 도움을 청하기도 한다. 20년 전쯤, 기생충 망상 진단을 받은 아들을 둔 한 어머니가 기생충 망상은 사실 정체불명의 '섬유'에 감염된 결과라고 주장하면서, 그런 망상증에 '모겔론스병'이란 이름을 붙였다. 그녀는 자신의 집에 모겔론스병 연구 재단을 설립해 그 병에 대한 사람들의 경각심을 높이고 연구 기금을 모았으며, 인터넷 덕에 모겔론스병은 점점 더 널리 알려져 언론에도 보도되었다. 대중의 우려가 커지자, 미국 질병통제예방센터CDC는 이 병이 발생했다고 추정되는 북부 캘리포니아에서 의심 사례 115건을 조사했다. 그리고 2012

년 미국 질병통제예방센터는 감염의 증거는 없으며 발견된 유일한 섬유들은 의류에서 나온 면섬유일 가능성이 있다는 조사 결과를 발표했다.[8] 오늘날 모겔론스병은 의학계에서 '웹 기반 전파에 의해 촉진된' 기생충 망상의 한 형태 내지 '인터넷 밈'으로 이해된다.[9] 그러나 여전히 일부 연구자들은 모겔론스병을 만성 라임병 같은 논란 많은 증후군과 연관 지으려 하고, 자칭 모겔론스병 환자들 역시 실제 감염병으로 믿고 있다.[10]

이와 아주 비슷하게, 편집증적인 망상은 최근 몇 년간 온라인에서 '조직 스토킹gang-stalking'이라는 현상에 대한 지지 속에 계속 확산해왔다. 조직 스토킹은 자칭 '표적이 된 개인'이 '극저주파' 방사선이나 '머리뼈로 음성을 전달하는' 기술을 사용하는 이른바 '마인드 컨트롤' 첨단 무기를 휘두르는 악한 세력에 의해 늘 미행과 감시, 괴롭힘 등의 피해를 본다는 주장에 근거해 생겨난 현상이다.[11] 2006년 영국 카디프 대학교의 임상 심리학자 본 벨Vaughn Bell과 그의 동료들은 조직 스토킹 현상으로 보이는 '마인드 컨트롤 경험'과 관련된 온라인 사례 10가지를 분석해 발표했다. 그리고 세 명의 정신과 의사들이 독립적으로 평가한 결과 그 모든 사례는 망상으로 판명됐다.[12] 10년 후, 호주 커틴 대학교의 심리학자 로레인 셰리던Lorraine Sheridan과 런던 국립 스토킹 클리닉의 데이비드 제임스David James는 스토킹 관련 설문 조사에 대한 128건의 응답을 분석했는데, 그 분석 결과 역시 조직화된 집단에 의해 스토킹 당했다는 사례들은 전부 편집증적 망상이라는 결론에 도달했다. 반면에 한 사람에 의해 스토킹 당했다는 주장의 96퍼센트는 사실로 판명됐다.[13] 이 두 연구 모두에서 조직 스토킹 주장을 망상으로 본 이유는, 그 주장대로 실행하려면 막대한 자원이나 조직력이 필요해 주장에 대한 신빙성이 낮았기 때문이다. 간단히 말해, 그런 믿음은 모든 게 공유 가능한 인터넷 외에는 거의 그 어디에서도 공유될 수 없는 것이었다.

좀 더 분명히 말하자면, 스토킹이나 집단 따돌림, 온라인상의 성희롱, '집단 괴롭힘'은 물론 빈대나 벼룩, 진드기 그리고 다른 기생충에 의한 인수 공통 감염zoonotic infestation*은 사람들에게 상당한 고통을 주는 현실적인 문제이다. 그러나 박해 망상이나 기생충 망상도 존재하며, 특히 인터넷상에 모겔론스병과 조직 스토킹 등에 대한 개인적인 경험과 근거 없는 주장들이 확산하면서, 인터넷 시대 이전에는 불가능했던 규모로 망상적 사고와 실제 사건들이 서로 뒤섞여 혼란을 주고 있다. 물론 긍정적인 측면도 있다. 스스로 모겔론스병을 앓는다거나 표적이 되었다고 주장하는 사람들은 온라인 공간에서 같은 생각을 하는 사람들과 함께 '투쟁담'과 생존 전략을 공유할 수 있어 위안을 얻을 수 있기 때문이다.[14] 그러나 물론 어두운 면도 있다. 확실한 반대 증거가 존재할 때조차도, 인터넷이 거짓 정보와 주관적인 증언들이 오가는 광장 역할을 해, 사람들에게 실제 도움이 될 수도 있는 해법이나 정신과 치료로부터 멀어지게 한다.

∎

1장을 읽은 여러분은 이런 의문을 품을지도 모르겠다. 망상적 믿음은 공유될 수 있는 걸까, 그렇지 않은 걸까? 이제는 온갖 종류의 믿음이 온라인에서 공유될 수 있는데, 이런 인터넷 시대에 과연 망상과 더욱 보편적인 믿음은 어떻게 구분할 수 있을까? 이 질문에 답하려면 각 사례를 조사하고, 믿음을 뒷받침하는 근거가 무엇인지 살펴봐야 한다.

* 동물에서 사람에게 옮겨와 생기는 감염.

자, 이제 믿음을 굳게 고수하는 것과 관련된 가상의 시나리오 네 가지를 생각해보자.

첫 번째 시나리오에서는 이 책의 서두에서 언급한 로버츠를 떠올려보라. 그는 종종 자신의 의식적인 통제나 행동 욕구도 없이 몸이 움직이는 걸 느꼈기 때문에, 자기 몸 안에 사는 어떤 '존재'가 자기 행동을 통제할 수 있다고 믿었다. 그의 잘못된 믿음은 자신에 대한 것이었고, 그걸 뒷받침할 객관적인 증거도 없이 주관적인 경험에 근거한 것이었으며, 다른 사람들과 공유되지도 못했기 때문에 자연스레 망상의 범주에 들어가게 된다.

두 번째 시나리오에서는 로버츠에게 데론이란 아들이 있었다고 가정해보자. 데론은 어렸을 때부터 아버지가 그 어떤 '존재'에 대해 이야기하는 걸 들었고, 언젠가는 자신에게도 같은 운명이 닥칠 수 있다는 아버지의 경고를 귀 기울여 들으며 자랐다. 그렇게 데론은 어린 시절 내내 아버지가 가르쳐준 사실들을 진리처럼 받아들였다. 그러던 어느 날, 4학년 보건 수업 시간에 데론은 사람의 몸에 들어와 사는 존재들의 위험에 대한 이야기를 했다가 학교 심리 전문가에게 검사를 받게 된다. 그의 믿음은 자기 자신보다는 세상의 상태에 대한 것이고 주로 아버지의 망상적인 증언에 근거하기 때문에, 그에게는 아마 DSM에서 한때 '공유 정신병적 장애'로 불렸던 '폴리 아 되_{folie-á-deux, madness of two}'**라는 진단이 내려지는 게 적절할 것이다. 1장에서 언급했듯, 이같은 공유 망상의 사례는 비교적 드물지만 적어도 1800년대부터 보고됐으며, 주로 가족이나 부부같이 가까운 인간관계 안에서 또는 '컬트' 환경(외부 영향을 쉽게 받는 개인이 조현병 같은 정신병적 장애가 있는 누군가의 망상적 사고를 받아들이는 환경) 안에서 발생하는 경우가 많았다.

** '두 사람의 정신 이상'이라는 뜻.

그런 경우, 외부 영향을 쉽게 받는 개인을 치료하기 위해 그들을 '원인 제공자'(예를 들어, 망상적 믿음을 심어준 사람)의 영향으로부터 분리하고 '재교육' 시켜야 한다.

세 번째 시나리오에서는 정부 인공위성이 자신의 몸에 에너지 빔을 쏜다고 믿는 프랭크 던바의 이야기로 되돌아가보자. 그가 그렇게 믿는 것은, 타는 듯한 고통으로 신경병성 통증을 앓고 있고 정부에 대한 불신까지 있는 데다 정신 병동에서 또 다른 환자가 비슷한 경험을 말하는 것도 들었기 때문이다. 퇴원 후 프랭크는 우연히 조직 스토킹에 대한 유튜브 동영상을 보게 되고, 마침내 자신이 겪는 일들을 설명해줄 근거를 찾았다고 느낀다. 정신과 의사들에게 계속 말해왔던 것처럼 자신이 미치지 않았다는 걸 입증해줄 근거 말이다. 그의 믿음은 자기 자신에 대한 것이며 주관적인 경험에 근거하지만, 자신이 박해받고 있다는 믿음은 온라인상에서 다른 사람들과 공유된다. 이는 인터넷상에서 발견되는 유사한 증언들로 한층 더 증폭되는 망상의 예이다.

마지막으로 네 번째 시나리오를 살펴보자. 소도시의 상점 매니저인 세실리 퍼킨스Cecily Perkins는 조직 스토킹에 관한 책을 여러 권 읽었고 유튜브 동영상도 몇 시간씩 시청했다. 그녀는 자신이 피해자라고 생각하진 않지만, 법 집행 기관과 정부 기관 그리고 민간 기업들이 이유 여하를 막론하고 '머리뼈로 음성을 전달하는' 기술을 동원해 무고한 피해자들을 괴롭힌다는 것이 사실이라면, 자신도 피해자가 될 수 있다고 걱정한다. 그녀는 시민의 자유를 침해하는 것을 중단하라는 글을 소셜 미디어에 올릴 뿐 아니라, 자기 지역 국회의원에게 이 문제를 해결해달라는 청원서도 보낸다. 세실리의 믿음은 자신에 대한 것이 아니며, 그걸 뒷받침하는 증거는 주관적인 경험이 아니라 온라인에서 읽고 본 내용에 기초한 것이기 때문에 그녀가 망상에 빠졌다고 볼 수는 없다.

또한 그녀의 믿음은 공유 정신병적 장애의 사례로 간주해서도 안 되는데, 그건 데론의 경우와는 달리 그녀는 망상에 빠진 한 개인을 통해서가 아니라 출간된 책과 동영상을 통해 조직 스토킹에 대해 알게 되었기 때문이다. 그녀의 믿음은 얼핏 보기엔 망상 비슷하지만 여러 면에서 망상에는 미치지 못해, 정신 질환의 증거와 혼동해선 안 되는 '망상 비슷한 믿음'이라는 보다 넓은 범주에 들어간다.

지금쯤이면 어떤 믿음이 망상인지 아닌지에 대해 임상적으로 판단하고, 어떻게 치료할 건지 결정하는 것은 믿음의 많은 요소를 고려해야 한다는 점이 분명해졌을 것이다. 여기에는 믿음의 자기지시성, 믿음을 뒷받침하는 증거의 종류와 질 그리고 1장에서 언급한 확신과 집착 같은 정량화 가능한 인식적 차원 등이 포함된다. 그러나 늘 그렇듯 명확한 망상과 망상 비슷한 믿음 사이에는 회색 지대가 존재하며, 인터넷 시대에는 세실리 퍼킨스처럼 정신 질환이 없는 사람들도 세상에 대해 고착되고 잘못된, 그러나 다른 사람들과 공유되는 믿음을 갖게 되는 네 번째 시나리오가 점점 더 자주 나타난다. 이는 임상 영역에서뿐 아니라 사람들이 그런 믿음에 근거해 범죄를 저지르는 경우 법적 영역에서도 심각한 혼란을 불러올 수 있다.[15]

그러나 여기서 주의해야 할 점이 있다. 증거로 뒷받침되지도 못하는 의심스러운 믿음조차도 집단과 심지어 문화 전체에 의해 공유될 경우, 사람들이 '망상'이란 용어의 정의를 느슨하게 적용해 그런 믿음을 망상이라 부르곤 한다. 종교가 집단적인 망상에 해당한다는 오래된 주장처럼 말이다. 그러나 앞 장에서 설명한 것처럼 이런 종류의 공유된 믿음은 망상에 대한 DSM의 정의에선 분명히 제외된다. 또한 내가 서문과 1장에서 망상을 잘못된 믿음의 연속선상이나 스펙트럼의 한쪽 끝으로 개념화할 수 있다고 했지만, 여전히 망상과 스펙트럼 상의 덜 병적인 영역을 구분하는 것은 유용하다. 이는 의사가 고혈압과 정상 혈압을 구분하는 것과 마찬가지다. 의학과 무관한 일반적인 대화에서 '암'이라는 용어가 비유적으로 사용되듯, 정신 의학 외의 분야에서 '망상'이라는 용어의 정의를 느슨하게 적용하는 것 역시 정당화될 수 있다고 주장할 수도 있다. 하지만 대부분은 비유적인 암과 실제의 암을 혼동하지 않는다. 반면 '망상'이라는 용어는 무분별하게 쓰일 때 실제 의미와 혼동되기 쉬우므로, 널리 퍼진 잘못된 믿음을 표현할 목적으로 '망상'이니 '정신병'이니 하는 용어를 함부로 쓰는 것은 피해야 한다. 특히 자신의 믿음에 반하는 믿음을 가진 사람들을 경멸하는 의미로 그런 용어를 쓰는 것은 반드시 경계해야 한다.

새로운
디지털 에코 체임버

---- **4** ----

몇 년 전 나는 다음과 같은 인터넷 밈을 본 적이 있다.

솔직해지자. 당신이 만일 이스라엘에서 태어났다면 아마 유대교도일 것이다. 사우디아라비아에서 태어났다면 이슬람교도일 것이다. 인도에서 태어났다면 힌두교도일 것이다. 그러나 당신은 북미에서 태어났기 때문에 기독교도일 가능성이 높다. 당신의 기본적인 신앙은 어떤 신성한 불변의 진리에서 생겨난 게 아니다. 그저 지리적 환경과 집안 식구들의 신앙에 적응한 것일 뿐이다.[16]

이 인용문은 전 세계적으로 오랫동안 존재해온 종교적 다양성을 심각하게 훼손시키지만, 그럼에도 우리의 정체성을 규정짓는 소중한 믿음과 가치의 상당수가(모두는 아니더라도) 가족뿐 아니라 우리가 자라난 또는 이후에 살게 된 하위문화로부터 물려받은 것이라는 역사적 진실을 상기시킨다. 다시 말해, 우리의 믿음과 가치는 스스로 선택한 게 아니라 출생지와 환경이라는 우연이 만들어낸 산물이라는 것이다.

그런데 인터넷은 믿음의 지형을 바꿔놓았다. 우리는 과거의 문화권이나 가족의 한계에서 벗어나 온라인의 광활한 가상 공간으로 옮겨갈 수 있게 되었으며, 그 덕에 오늘날 더 자유로운 사고를 할 수 있다는 기대도 할 수 있게 되었다. 그러나 현실은 다르다. 우리는 가족들과 이견을 보일 가능성이 더 커졌지만, 이념적으로 같은 사람들의 집단 속에 갇히는 경향에서 벗어나진 못했다. 그저 전통적인 지리적·가족적 집단의 경계를 새로운 디지털 에코 체임버echo chamber,* 즉 자신과 비슷한 생각만 반복해서 듣는 디지털 공간으로 옮긴 것에 지나지 않을지도 모른다.

지난 10년간, 어째서 이런 현상이 생겨나는지를 조명한 연구가 꾸준히 이루어졌다. 2011년, 미국 작가 엘리 패리저Eli Pariser는 '필터 버블filter bubble'이라는 용어를 만들었다. 이는 검색 엔진과 소셜 미디어 사이트의 디지털 구조가 어떻게 설계되었는지를 설명하는 개념인데, 인공지능 알고리즘이 우리가 전에 클릭한 것과 댓글, 온라인 검색을 토대로 어떻게 우리가 보고 싶어 한다고 '생각하는' 정보를 제공하게 되는지 그 원리를 설명한다.[17] 간단히 말해, 온라인 공간에서는 클릭 수가 곧 수익으로 이어지기 때문에, 인터넷 사이트는 점점 더 많은 클릭을 유도하도록 설계된다. 따라서 구글과 유튜브에서 뉴스나 동영상을 검색할 때든, 페이스북과 트위터에서 일상적인 피드를 스크롤 할 때든 우리는 각기 우리의 관심을 끌기 위해 맞춤 제작된 세상을 보게 된다. 정보의 관점에서 보자면 이 같은 맞춤형 콘텐츠의 지속적인 공급은 이미 존재하는 우리의 인지 편향을 더 강화해 우리의 세계관을 뒷받침해주는 정보만 클릭하고 그에 반하는 정보는 무시하게 된다. 그 결과는? 확증편향이 더 강화될 뿐 아니라 인터넷에 접속한 두 사람이 완전히 다른 현실 인식을 갖게 될 가능성도 생긴다. 실제로 마치 누군

* '메아리 방' 정도의 뜻

가의 비밀 일기를 들여다보듯, 누군가의 유튜브 시청 기록을 살펴보면 그 사람이 무엇을 믿을 가능성이 높은지 여과 없이 정확한 정보를 얻을 수도 있다.[18] 또한 누군가의 추천 유튜브 동영상 목록을 보면, 어떤 사람들이 앞으로 무얼 믿게 될지 예측할 수도 있다.

내가 본 세 컷 만화들 가운데 확증편향을 가장 잘 묘사한 것은 만화가 크리스 스트라우브Kris Straub의 만화이다.[19] 첫 번째 장면에서 한 남자가 컴퓨터 앞에 앉아 이렇게 혼잣말한다. "양쪽 발언을 다 들었으니……, 이제 직접 진실을 알아봐야지." 두 번째 장면에서는 남자가 구글 같은 검색 엔진에 '논란이 많은 주제'라는 말을 입력한 컴퓨터 화면이 보인다. 커서는 8만 개의 검색 결과 중 첫 번째 검색 결과를 가리킨다. 링크 제목은 '문자 그대로 당신이 이미 믿고 있는 것과 일치하는 첫 번째 링크'다. 그리고 세 번째 장면에서는 남자가 안경 너머로 화면을 들여다보며 "대박!"이라고 말하는 모습이 보인다. 이는 인터넷 시대에 확증편향이 어떻게 새로운 의미를 갖게 되었는지 보여준다. 미국의 베스트셀러 작가 댄 브라운Dan Brown이 자신의 소설 《잃어버린 상징 The Lost Symbol》에서 "구글은 '연구'의 동의어가 아니다"라고 경고한 것도 같은 맥락이다.[20] 그러나 우리가 온라인에서 접하는 '필터 버블' 때문에, 스트라우브의 만화에 묘사된 남자 같은 사람은 자신의 믿음을 확인시켜주는 첫 번째 검색 결과만 클릭하고 끝내는 게 아니라, 계속 페이지를 넘겨보면서 자신의 믿음을 뒷받침하는 증거가 차고 넘친다는 확신을 갖게 된다. 이것이 바로 강화된 확증편향이다.

온라인 확증편향이 잘못된 방향으로 나간 또 다른 실제 사례는 2016년, 스테파니 맥크루멘Stephanie McCrummen이 쓴 〈워싱턴포스트〉기사 '드디어 나처럼 생각하는 사람이 나타났어'에서 볼 수 있다.[21] 그 기사에서 맥크루멘은 펜실베이니아주의 소도시 웨스트 브라운스빌에 사는 은퇴한 철도 노동자 멜라니 오스틴Melanie Austin의 삶을 생생히 그려낸다. 오스틴은 오바마 대통령이 동성애자이자 이슬람교도이며 힐러리 클린턴과 함께 이슬람 극단주의 무장단체인 ISIS를 공동 창설했다는 의혹, 미셸 오바마가 실은 마이클이라는 남성이었다는 의혹 그리고 안토닌 스칼리아Antonin Scalia 대법관이 매춘부에 의해 살해되었다는 의혹 등 다양한 극단적 정치적 믿음에 대한 자신의 의심을 뒷받침해주는 '증거'를 온라인에서 찾았다. 그녀는 수많은 유튜브 동영상을 시청했고 구글에서 '매춘부에 의해 살해된 스칼리아' 같은 주제를 검색할 때 뜨는 우익 정치 사이트의 글을 읽었다. '매일 미국 전역에서 자신과 같은 생각을 가진' 수천 명의 페이스북 친구와 트위터 팔로워들과 교류하면서 그들이 그녀와 같은 감정을 공유한다고 느꼈다. 오바마 대통령은 교수형에 처하고 백악관은 불태워 없애야 한다는 자칭 '분노의 발언'을 포스팅한 뒤, 그녀는 정신 감정을 받기 위해 강제 입원했다가 몇 주 후 '살인 충동이 있다'는 것 이상의 진단은 받지 않은 채 퇴원했다. 그녀는 부당하고 터무니없는 일이었다고 회고하며 "나를 가둘 때가 아니라 세상을 가둘 때다"라고 말했다. 오스틴 같은 사람이 어떻게 그런 결론에 도달할 수 있었을까? 그녀는 자신이 확신하는 의혹들을 뒷받침해줄 증거를 검색하고 찾았을 뿐 아니라, 온라인 필터 버블과 에코 체임버가 그런 증거를 '은쟁반에 담아' 제공했기 때문이다. 그 결과, 왜곡되고 편협한 세계관을 갖게 되었고 더 과격해지게 됐다. 2년 후, 오스틴은 테러 위협, 난폭 운전, 풍기 문란 행위, 재물 손괴 등 일련의 범죄 혐의로 기소된다.[22]

앞서 언급한 미국 작가 엘리 패리저나 그와 생각이 비슷한 사람들은 일찌감치 우려를 표명했다. 누구든 온라인 에코 체임버로 밀려나면 다양한 관점을 접할 기회가 줄어들 위험이 있으며, 그 어느 때보다 더 자신이 믿는 바를 고집하게 될 수 있다고 말이다. 10년도 더 지난 지금, 페이스북이나 유튜브 같은 사이트에서 개인의 믿음이 확증편향을 통해 실제로 강화될 수 있으며, 이념적 양극화가 더 심해질 수 있다는 사실이 분명해졌다.[23] 그러나 처음 우려했던 것과는 달리, 이념적 양극화가 꼭 반대 견해를 접하지 못해 생겨나는 건 아니다. 실제로 우리는 온라인이나 다른 정보 출처를 통해 이념적으로 반대되는 관점을 늘 접하지만,[24] 확증편향의 메커니즘에 따라 처음 그런 관점을 접하면 그냥 무시하거나 거부하는 경우가 많다.

그래서 온라인 에코 체임버는 인터넷 사용자들이 수동적으로 시야를 가리는 데서 기인한다기보다 자신의 세계관에 반하는 정보 출처를 적극적으로 배제하는 데서 형성된다고 볼 수 있다. 이에 따라, 유타밸리대학교의 철학 교수 C. 티 응우옌C. Thi Nguyen은 패리저가 경고한 것 같은 '인식 거품'(우리가 애초에 온라인 공간 안에서 반대하는 목소리를 접하지 못하는 상태)과 참된 '에코 체임버'를 구분할 것을 촉구한다.[25] 그는 이런 현상을 비합리성이나 잘못된 추론 또는 심지어 인지 편향에 굴복하는 게 아니라 우리가 몸담은 온라인상의 에코 체임버에 의해 정해진 '참여 지침'을 따르는 것으로 재해석한다. 그렇다면 왜 우리가 믿지 말라고 배운 정보 출처에 주의를 기울여야 한다는 주장이 나오는 걸까? 이런 주장은 오늘날 사람들이 자신도 모르게 이념의 희생양이 되었다는 것을 시사한다. 예전에 지리적·가족적 경계에 따라 우리의 믿음이 형성됐던 것처럼 말이다.

온라인상에서의 치열한 전쟁

―――― 5 ――――

응우옌의 말처럼, 우리가 온라인 에코 체임버 안에서 반대 증거를 무시하는 데에 나름대로 합리적인 측면이 있다고 해도, 이는 애초에 확증편향이 사람들을 에코 체임버로 몰아넣어 기존의 믿음에 더 집착하게 만드는 역할을 한다는 점을 간과하는 것이다. 이는 집단적인 순진한 현실주의를 부적절하게 옹호하는 결과이기도 하다. 오늘날 우리는 사람들과 직접 얼굴을 맞대고 지내는 시간보다 더 많은 시간을 온라인상에서 사람들과 교류하는 경우가 많다. 그런 만큼, 온라인 에코 체임버 안에서의 행동 때문에 친구나 가족 그리고 낯선 사람과의 갈등과 충돌로 이어지는 상황을 고려할 때, 우리 자신과 인터넷에 면죄부를 주기는 특히 더 어렵다. 인터넷이 존재하기 전인 1979년, 로드와 로스 그리고 레퍼는 처음으로 확증편향에 대해 연구를 했다. 그때 그들은 확증편향 때문에 '태도 양극화'가 일어난다고, 즉 논쟁의 여지가 있는 주제를 놓고 양측 간에 간극이 더 벌어진다고 결론지었다. 확증편향이 한층 더 심해진 오늘날, 양측은 양극화로 인해 단순히 서로 멀어지는 것을 넘어 자기기만에 취약해졌을 뿐 아니라, 극이 뒤집힌 자석처럼 반발력이 생겨 중간에서 만나는 일조차 불가능해졌다.

내가 고등학생일 때, 정기적으로 열리는 조별 토론에 참여해야 하는 수업을 들은 적이 있다. 우리는 주어진 주제를 놓고 한쪽 입장에서 주장을 펼쳐야 했고 그 주장의 설득력에 대한 선생님의 판단에 따라 성적이 결정되는 방식이었다. 말할 필요도 없지만, 반항적인 10대였던 나는 그런 수업 방식이 실망스러울 만큼 무의미하다고 생각했다. 성적과 관계가 있다 보니, 한쪽이 다른 쪽 주장을 더 일리 있다고 인정할 리도 없고 보다 중립적이고 균형 잡힌 견해를 받아들이는 걸 고려하지도 않을 테니 말이다. 반대로, 'A' 학점을 받으려면 강한 주장을 펴고 그 주장을 고수하며 이치에 맞는 반대 증거에 귀 기울이되 절대 물러서지 않는 태도가 요구되었다. 그래서 나는 생각했다. '대체 이 멍청한 짓을 왜 해야 하지?' 지난 몇 년 동안 트위터 같은 소셜 미디어 사이트에서 사람들과 교류하면서 나는 종종 같은 질문을 던졌다.

온라인에서 반대 증거나 반대 의견을 접할 때, 사람들은 완고한 확증편향으로 인해 그냥 무시하거나 '스와이프swiping past'*하는 게 아니라, 싸워야겠다는 생각에 이념적으로 반대되는 사람들과 맞서는 경우가 많다. 이는 지난 몇 년간 온라인 정치 담론이라는 좁은 범주 내에서 진행된 여러 연구에서도 확인된 바 있다. 예를 들어, 2017년에 노스이스턴대학교의 연구원 사라 슈거스Sarah Shugars와 니콜라스 보챔프Nicholas Beauchamp가 당시 미국 대통령이었던 도널드 트럼프를 주제로 트위터에서 오간 글들을 분석한 결과에 따르면 상반된 견해를 가진 사람 간의 공방이 흔히 보였지만, 대개 부정적인 감정과 '불쾌한 단어들'이 담긴 트윗에서 비롯된 '격렬한 논쟁'인 경우가 많았다.[26] 이 외에 다른 연구에서도 정치적 논쟁에 참여하든 소셜 미디어상에서 정치 정보를 공유하든, 결국 둘 다 분노로 귀결되는 경우가 가장 많다는 사

* 손가락으로 누른 상태에서 특정 방향으로 손가락을 미는 동작.

실이 밝혀졌다.²⁷ 예일대학교 연구진이 트위터 사용자 7,331명의 정치 관련 트윗 1,270만 건을 분석한 결과, '개인의 도덕성이 침해당했다고 생각될 때 나오는 분노, 혐오, 경멸 형태의 반응과 비난의 말이나 처벌 욕구'로 정의되는 '도덕적 분노'는 '강화 학습'과 '규범 학습'이라는 형태로 보상된다는 게 입증되었다.²⁸ 트위터 사용자들이 분노를 표현하는 트윗을 할 때, 특히 그런 표현이 흔한 네트워크 안에서 '좋아요'와 '리트윗'을 받을 가능성이 더 높았으며, 그렇게 보상을 받을 때 같은 트윗을 반복적으로 올릴 가능성이 더 높았다. 비슷한 한 연구에서는 페이스북 페이지에 올라온 뉴스 기사에 달린 650만 개의 댓글과 전국적인 설문 조사 응답을 비교했는데, 페이스북에서 '악성' 댓글이 77퍼센트 더 자주 나타났고, 그런 댓글은 정중한 댓글보다 '좋아요'를 더 많이 받았으며, 그 경우 이후에 악성 댓글이 더 늘어났다.²⁹ 연구진은 이 결과를 두고, '소셜 미디어라는 왜곡된 프리즘'이 사람들의 적대감을 증폭시킨 결과이며, 이 때문에 '불친절 전염' 현상이 나타난 것이라고 했다. 마지막으로, 페이스북과 트위터의 소셜 미디어 게시물에 대한 한 연구에 따르면, 언론 매체와 정치인들의 정치적 콘텐츠를 공유하거나 리트윗하게 만드는 가장 강력한 예측 변수는 이념적 반대자들을 향한 부정적인 감정 표현이었으며, 그래서 연구진은 "집단 밖 사람들에 대한 적대감이 소셜 미디어 참여를 촉진한다"라는 결론을 내렸다.³⁰

이 모든 연구 결과는 무엇을 의미할까? 요약하자면, 소셜 미디어에서는 다른 사람들과 그들의 생각에 대한 분노가 클릭을 유발한다는 것을 의미한다. 그리고 클릭을 통해 수익이 창출되기 때문에, 소셜 미디어 플랫폼 설계자들은 이 사실을 간과하지 않았다.³¹ 코넬테크와 캘리포니아대학교 버클리 캠퍼스 연구진이 아직 발표하지 않은 연구에 따르면, 트위터에서는 당신이 '팔로우'하는 사용자들의 트윗을 보여주는 대신, '당신을 위해' 선별된 트윗을 보여주기 때문에 반대편 집단의 트윗은 물론 그 집단에 대한 적대감 표현에도 더 많이 노출되며, 그 과정에서 이념적으로 반대되는 사람들에 대한 부정적인 감정 또한 늘어나게 된다.[32] 사실 나도 몇 년 전 트위터에서 직접 경험했는데, 어느 날 내 계정에서 '당신을 위한' 피드가 저절로 활성화되면서 평소 같으면 전혀 소식을 듣고 싶지 않았을 사람들의 트윗이 연이어 올라와, 짜증이라고밖에 표현할 수 없는 감정이 치밀어 올랐다. 어떤 상황인지 파악한 뒤 나는 바로 다시 '팔로잉' 피드로 되돌렸다. 나는 나와 논쟁 중인 사람들을 차단하지 않고 적어도 내가 동의하지 않는 일부 계정도 팔로우하는 편이다. 내 경우 이런 타협책 덕에 에코 체임버 안에 완전히 갇히지 않으며, 평소 트위터에서 불쾌감을 느끼더라도 늘 느끼는 것이 아니라 가끔 느끼는 정도로 조절할 수 있다.

이것이 바로 우리가 인식 거품에서 벗어날 때 만나게 될 어두운 면이다. 응우옌의 말처럼, 에코 체임버 안에서 소셜 미디어를 탐색한다고 해서 이념적으로 반대되는 사람들과 만나거나 교류하지 않는 건 아니다. 사실 그러지 않을 수 없다. 그러나 그 결과로 이해나 이념적 믿음이 완화되기보다는 짜증이나 반감만 느끼게 되는 경우가 더 많다. 그리고 그 와중에 소셜 미디어 기업은 우리의 분노를 부추기고 자신들의 이익을 위해 악용하고 있다.

∎

정치적 양극화라는 까다로운 주제는 8장에서 더 자세히 다루겠지만, 현재로서는 소셜 미디어 플랫폼의 알고리즘과 역학 관계가 온라인상에서 끝없이 우리를 부추겨 서로 싸우게 만든다는 것이 이 연구가 시사하는 일반적인 함의다. 따라서 사람들이 서로 얼굴을 맞대고 직접 커뮤니케이션을 하는 현실에서보다는 인터넷상에서 이념적으로 반대되는 사람들을 완전히 제압했다고 떠벌리는 격한 논쟁이 일어날 가능성이 더 높다고 결론 내려도 좋을 듯하다. 그러나 이처럼 격한 논쟁을 전부 소셜 미디어 탓으로 돌릴 수는 없다. 우리가 온라인상에서 부추김에 넘어가 낯선 사람들과 '치열한 전쟁'을 벌일 가능성이 높은 데는 그럴 만한 몇 가지 심리적 이유가 있다.

첫째, 온라인상에서 자기 자신을 세상에 보여주려 할 때 우리는 더 멋지게 보이길 원한다. 모든 사람에게 자신이 얼마나 행복하고 아름답고 똑똑한지 보여주고 싶어 하는 것이다. 그리고 화가 나서 싸움을 시작하려 할 때, 가장 하고 싶지 않은 일은 자신이 틀렸다는 것을 인정하는 것이다. 그러니까 고등학교 토론 수업 때처럼 논쟁에서 절대 물러서지 않고 자신의 믿음을 더 굳게 붙잡게 된다는 이야기다. 주변 두뇌에 대한 매슈 피셔의 연구를 고려할 때, 인터넷에서 논쟁을 벌이다 보면 우리는 온라인 정보 검색 능력으로 무장한 전문가처럼 보이기도 한다. 마치 휴대전화를 이용해 실시간으로 답을 찾는 퀴즈 쇼 〈제퍼디!Jeopardy!〉 참가자라도 된 것처럼 말이다.

둘째, 언제든 주변 두뇌에 접근할 수 있는 상황에서, 온라인만큼 '권위에 맞서기'에 좋은 곳은 없다. 인터넷은 궁극적으로 사람들이 평등하게 의견을 공유할 수 있는 광장으로, 모든 사람이 그리고 누구나 권위나 권력을 가진 사람들처럼 쉽게 의견을 내놓을 수 있다. 2004년, 미국 라이더대학교의 심리학자 존 설러John Suler는 온라인상에서 이 같은 평등주의가 어떻게 사람들에게 자신의 껍질을 깨고 나와 공적 담론에 참여하게 만드는지를 설명하기 위해 '온라인 탈억제 효과'라는 용어를 널리 알렸다.³³ 설러와 여러 연구자들이 지적했듯, 이 효과는 사회에 긍정적으로 작용할 수도 있다. 예를 들어, 사람에게 자기 내면의 감정을 공유할 수 있게 해주고 지나치게 소극적이거나 무기력한 사람에게 자기 목소리를 낼 수 있게 해준다. 그러나 '해로운 탈억제 효과'도 있다. 이 경우 온라인은 분노에 찬 논쟁과 인신공격, 사이버 괴롭힘, 혐오 발언 그리고 심지어 협박까지 난무하는 장으로 변한다.

우리가 현실보다는 온라인상에서 더 쉽게 '치열한 전쟁'을 벌이게 되는 또 다른 이유는 일종의 '도로 위 분노 효과' 때문이다. 혼자 차를 몰고 가는데 누군가가 갑자기 끼어들면, 많은 사람이 상대 운전자와 직접 대면하는 상황에선 상상도 못 할 모습으로 고래고래 욕을 해댄다. 그렇게 함으로써 서로 직접 대립해 몸싸움이나 그보다 더 심각한 상황으로 발전되는 걸 피하면서 자신의 분노를 개인적인 공간에서 표출할 수 있기 때문이다. 이와 마찬가지로, 설러는 온라인 커뮤니케이션의 탈억제 효과는 세 가지 특성, 즉 익명성(신분을 숨김), 비가시성(대화 상대를 직접 보지 못함), 비동기성(실시간 커뮤니케이션이 없음)에서 비롯된다고 추측했다. 그중 특히 익명성은 가장 날카로운 양날의 검이다. 2014년에 올드도미니언대학교의 러셀 헤인스Russell Haines 교수와 그의 동료들이 발표한 연구에서는 익명성 덕에 온라인 담론에 대한 참여도가 높아질 수 있다는 게 확인되었다. 그러나 익명성의 이런 효과는 모두에게 적용되지만, 지나치게 소극적이어서 자기 목소리를 내지 못하는 사람에게 특히 도움이 될 수도 있는 '균등화 효과'는 없다.³⁴ 대신 헤인스와 그의 동료들은 "익명성은 사람들에게 책임감을 덜 느끼게 만들고, 인기 없거나 사회적으로 바람직하지 않은 주장까지 자유롭게 꺼낼 수 있게 해주고, 말을 아끼는 사람들에게 주저하던 의견을 자유롭게 드러낼 수 있게 해준다"라고 주장했다. 휴스턴대학교의 아서 산타나Arthur Santana 교수는 이와 관련된 또 다른 증거를 발견했다.[35] 그는 익명의 독자들이 올리는 댓글을 허용하는 뉴스 사이트와 실명의 독자들이 올리는 댓글을 허용하는 뉴스 사이트 간의 온라인 댓글을 비교했다. 그 결과, 실명의 댓글 작성자들보다 익명의 댓글 작성자들이 인신공격이나 저속한 표현, 인종 비하, 인종차별적 발언 또는 협박 등 '무례한' 댓글을 남길 가능성이 훨씬 높았다. 실명 댓글의 경우 약 30퍼센트만이 무례한 댓글이었지만, 익명 댓글의 경우 절반이 조금 넘는 53퍼센트가 무례한 댓글이었다.

따라서 우리가 차 안에 혼자 있을 때와 마찬가지로, 온라인 커뮤니케이션의 익명성 덕에 우리는 우리 자신을 억제하는 필터를 끄고 우리 마음을 있는 그대로 내보일 수 있다. 평소 얼굴을 직접 맞댄 상황에서라면 숨겼을 의견도 더 쉽게 공유할 수 있게 되는 것이다. 하지만 온라인은 결코 혼자 있는 공간이 아니다. 그래서 다른 사람들과 논쟁할 때, 무례한 행동의 결과는 태도나 이념의 양극화를 심화시키고, 의견 차이가 생기는 순간 우리는 타협점에서 더 멀어지게 된다.

그러나 이는 인터넷 '트롤들trolls'* 의 문제, 그러니까 특히 레딧Reddit, 4chan, 8kun 같은 해로운 온라인 커뮤니티 사이트 안에서 활개를 치는 일부 못된 사람들의 문제일 뿐이라고 반박할 수도 있다. 어쨌든 페이스북, 트위터, 인스타그램 같은 소셜 미디어 사이트나 더 넓게는 인터넷을 이용하는 사람들이 전부 온라인상에서 '도로 위 분노'의 덫에 빠지는 건 아니니 말이다. 그런데 애슐리 앤더슨Ashley Anderson이 이끄는 위스콘신대학교 매디슨 캠퍼스의 정보과학 연구팀에 따르면, 심지어 온라인 토론을 지켜보는 '눈팅족'이나 수동적인 관찰자 사이에서도 온라인상에서의 무례로 인한 '불쾌한 효과'가 발생한다는 증거가 발견됐

• 일부러 남들을 도발해 화나게 만드는 사람들

다.[36] 연구 대상자들에게 나노 기술의 안전성에 대해 중립적이고 균형 잡힌 뉴스 블로그를 읽게 한 후, 그 주제나 작성자에 대한 무례한 댓글을 접하게 하자, 나노 기술에 회의적이던 사람들은 더 회의적으로 변했고 긍정적이던 사람들은 더 긍정적으로 변했다. 관찰 결과에 따르면, 댓글들이 예의 바를 때 이 같은 태도 양극화는 생겨나지 않았다. 예상할 수 있듯 이런 결과는 우리가 온라인 논쟁에 직접 참여하거나 공격받을 때뿐 아니라, 그 논쟁을 수동적으로 지켜볼 때나 심지어 아주 중립적이면서도 편향되지 않은 정보 출처들을 들여다볼 때도, 자신의 믿음을 고수하게 됨을 보여준다. 앞서 비유했던 것처럼, 온라인에서의 무례함으로 인해 자석의 양극이 뒤바뀌면서 우리는 이념적인 반대파에게서 더 멀어지게 되는데, 이는 우리가 분노로 논쟁에 뛰어들든 그냥 옆에서 지켜만 보든 마찬가지이다.

■

우리 모두 온라인에서 서로 잘 지낼 수는 없을까? 어쩌면 그 답은 "아니오"일 수도 있다. 온라인 공간을 어지럽히는 건 소수의 '트롤'들일지라도, 그 영향은 결국 우리 모두의 태도 양극화를 증폭시키는 방식으로 작동한다. 눈에 비치는 것이 끊임없는 싸움뿐이라면, 우리는 세상 모든 것이 끝없는 논쟁거리이며 진실은 존재하지 않는다고 믿게 되고, 결국 믿고 싶은 것만 믿는 게 낫다고 결론짓게 된다. 이 같은 효과에 대한 우려 때문에 최근 몇 년 사이에 로이터와 ESPN, 야후, ⟨USA 투데이⟩, ⟨허프포스트⟩, ⟨시카고 선 타임스⟩, ⟨애틀랜틱⟩, ⟨뉴욕 타임스⟩ 그리고 ⟨사이콜로지 투데이⟩(필자가 칼럼 연재 중인) 등 점점 더 많은 온라인 뉴스 매체가 독자 댓글 기능을 아예 없애기로 했다. 이는 '이게 우리가 좋은 것들을 가질 수 없는 이유이다'라는 밈에 대한 시대적 조치라 할 수 있다.

분명히 말하자면 인터넷은 '좋은 것'이다. 그리고 나는 지금 우리 모두 인터넷을 없애자고 주장하는 신新 러다이트Neo-Luddites*가 되어야 한다거나 인터넷이라는 우리의 '주변 두뇌'에서 완전히 벗어나야 한다고 말하는 것이 아니다. 인터넷은 우리가 감사할 만한 일들을 가능하게 해준 소중한 도구다. 속보를 빠르게 접할 수 있게 된 건 내가 자라던 시절에 비하면 큰 발전이며, 소셜 미디어는 우리를 사랑하는 사람이나 낯선 이들과 연결해주고 사람들을 하나로 묶어줄 큰 잠재력이 있다. 만일 온라인에서 찾아보고 쉽게 접근할 수 있는 그 많은 정보가 없었더라면 나는 아마 이 책을 쓸 수 없었을 것이다. 그러나 인터넷에 대해 고마움을 갖되, 인터넷이라는 이 선물이 때론 사회적인 파괴력을 가질 수 있다는 점도 인정해야 한다. 버지니아대학교의 미디어학 교수 시바 바이디야나단Siva Vaidhyanathan의 경고처럼, 소셜 미디어는 종종 '반사회적 미디어'가 될 수 있다.[37]

인터넷의 클릭 기반 경제에서는, 우리의 인식적 취약성을 악용하는 콘텐츠를 만들어 수익을 극대화하는 경우가 너무 많다. 우리는 새로운 가상 세계에 빨려 들어가고, 그 결과 상당 부분이 잘못된 개인적인 믿음에 대한 우리의 과신만 더 강해지는 의도치 않은 상황에 직면하게 된다. 필터 버블과 에코 체임버로 인해 확증편향이 강화되는 데다 익명성이 만들어낸 온라인상의 무례함까지 겹치면서, 우리는 이제 그 어느 때보다 쉽게 다른 의견에 동의하지 않을 뿐 아니라 잘못된 믿음을 토대로 우리 이웃까지 미워하게 되었다. 설문 조사 결과에 따르면

---

* 영국 산업혁명 당시 방직 기계 도입에 반대하며 기계를 부쉈던 노동자 집단인 Luddites에서 유래된 용어.

많은 사람이 이를 잘 알고 있으며, 이런 방향으로 가길 바라지도 않는다.[38] 하지만 그것만으로는 상황을 바꾸기에 충분치 않다. 왜 그런지는 다음 두 장에서 좀 더 자세히 살펴보겠다.

4

혼탁한 정보와 동기화된 믿음

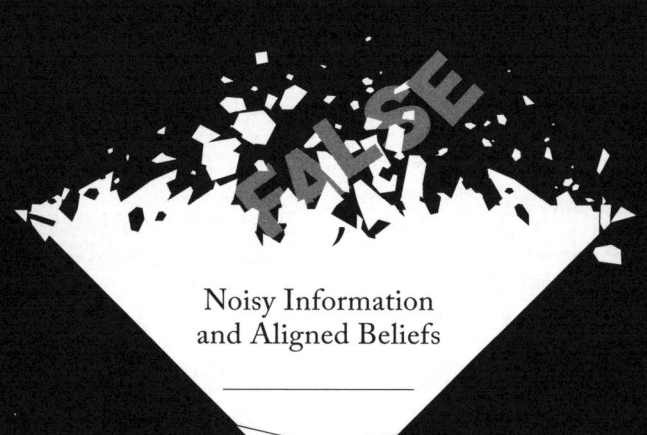

Noisy Information
and Aligned Beliefs

거짓은 날아가고
진실은 절뚝이며 따라온다.
그래서 사람들이
진실을 깨닫게 될 때는
너무 늦어,
거짓은 끝났고
이야기는 이미 사람들에게
영향을 미친 뒤다.

―― **조너선 스위프트**

죽음에 이르게 하는
잘못된 정보

―――― 1 ――――

1997년 어느 봄날, 캘리포니아 남부의 부유한 동네 랜초 산타페. 현지 보안관은 침실 7개짜리 대저택에서 '집단 자살'이 일어났다는 익명의 제보를 받았다. 보안관들이 현관문을 부수고 들어가자 심한 악취가 났고, 2층 침대에는 남녀 39명이 죽은 채 평온하게 누워 있었다. 그들은 검은 셔츠와 운동복 바지에 복고풍 나이키 운동화를 신고 팔에는 완장을 찼으며, 머리와 상반신은 보라색 천으로 덮여 있었다. 그들의 완장에는 자신들이 '헤븐스 게이트 어웨이 팀Heaven's Gate Away Team'* 신도임을 알리는 마크가 붙어 있었다.

헤븐스 게이트는 1970년대 마샬 애플화이트Marshall Applewhite와 보니 네틀스Bonnie Nettles가 시작한 '새로운 종교 운동'(이들을 경멸해 컬트cult, 즉 사이비 종교라는 말이 더 적절하다고 주장할 사람들도 있겠지만)으로[1], 그들의 교리는 인류가 수천 년 전 지구를 방문한 외계 생명체에 의해 생겨났다는 믿음을 토대로 했다. 신도들은 '운반 수단' 또는 '단순한 용기'라 부르는 육체를 초월해 이른바 '다음 단계', 즉 '인간을 초월한 진화 단계'인 일종의 영적 승천을 달성해야 한다고 교육받았다.[2] 헤븐

* '천국의 문 원정대' 정도의 뜻.

스 게이트는 신도가 한때 1,000명에 달했으며, 오늘까지도 여전히 가입을 열망하는 추종자들을 끌어들인다고 한다.³ 그러나 1997년, 약 4,000년 만에 가장 가까이 지구를 지나갈 예정이었던 헤일-봅 혜성의 꼬리 부분에 우주선이 숨어 있다는 소문이 퍼지면서, 핵심 추종자들은 믿음이 강한 헌신적인 신도 39명으로 줄어들었고, 그들은 지구에서의 육체적 삶을 끝내면 영혼이 그 우주선으로 옮겨져 마침내 '다음 단계'에 도달하게 될 것이라 확신하며 모든 것을 걸었다.

앞에서 살펴봤던 망상에 관한 이야기들을 다시 떠올려보자. 헤븐스 게이트 신도들이 공유한 고착되고 잘못된 믿음은 자기지시적 성격을 띠었으며, 이는 그들이 스스로 목숨을 끊으면서도 그 죽음을 자살로 여기지 않도록 정당화하는 동기 부여의 근거가 되었다. 따라서 이 집단의 믿음은 3장에서 언급했던 '공유 정신병적 장애' 또는 '폴리 아 트랑 느프folie-à-39'*의 사례로 볼 수 있다. 이 같은 믿음의 창시자로 1970년대에 스스로 인간 모습으로 환생한 외계 생명체라 칭하다 정신 병원에 입원까지 했었다는 애플화이트 자신이 망상에 빠져 있었던 게 사실이라면 특히 더 그렇다.⁴ 그러나 1장에서 살펴본 바와 같이, 종교적 믿음(예를 들어, 한 개인이 자신의 문화나 하위문화에 속한 다른 사람들과 공유하는 종교 교리 같은)은 대개 망상에 대한 정신 의학적 정의에서 제외된다. DSM에서는 '하위문화를 이루는 데 필요한 사람의 수'라는 필연적인 질문에는 아직 답하지 않고 있지만 말이다. 헤븐스 게이트의 외계 생명체 관련 교리는 아주 특이해 보이지만, 그 교리는 훨씬 더 규모가 크고 잘 알려진 사이언톨로지 교회Church of Scientology의 교리와 상당히 유사하다. 또한 무신론자의 관점에서 볼 경우, 죽음이 외계 우주선

• '두 사람의 광기'라는 뜻의 프랑스어 folie a deux에서 온 정신 의학 용어로, '39명에게 전염된 집단 정신병' 정도의 의미.

에 탑승하기 위한 관문일 수도 있다는 믿음은, 우리가 죽으면 천국에서 하나님의 오른편에 앉게 되거나 지옥의 불구덩이 안에서 영원히 고통받게 된다는 기독교의 믿음보다 특별히 더 터무니없다고 보긴 어렵다. 따라서 주류 종교의 믿음에 대한 비슷한 비판 없이, 헤븐스 게이트의 공유된 믿음을 '공유된 망상'으로 규정짓는 건 문제가 될 수 있다.

설령 헤븐스 게이트 신도들이 망상에 사로잡혔던 게 아니라 하더라도, 그들의 운명을 종말론적 사이비 종교 집단의 광기 어린 행동으로 치부하고 싶은 유혹은 여전히 떨치기 힘들 것이다. 실제로 사건 직후 열린 기자회견에서 CNN 창립자 테드 터너Ted Turner는 그 사건을 '미친 인간들 몇 명 제거하는 데 좋은 방법'이라며 가볍게 일축했다.[5] 그러나 헤일-봅 혜성의 꼬리 안에 '다음 단계'로의 비행이 기다린다는 믿음을 뒷받침하는 증거가 그저 애플화이트의 머리에서 나온 주관적 망상이 아니라는 걸 고려하면, 헤븐스 게이트 현상을 정신 질환이란 이름으로 덮어버리기 어려운 점이 있다. 그런 믿음이 생겨난 기원을 좀 더 자세히 살펴보자면, 혜성의 꼬리에 UFO가 숨겨져 있다는 주장은 그 전해에 아트 벨Art Bell이 진행하는 심야 라디오 토크쇼 〈코스트 투 코스트 AMCoast to Coast AM〉을 통해 널리 알려졌고, 심지어 문제의 우주선 사진이라고 주장하는 사진이 벨의 웹페이지와 다른 인터넷 사이트에 불분명한 흰 점 형태로 실리기도 했다. 따라서 순전히 주관적인 경험에 근거한 망상과는 달리, 헤븐스 게이트의 UFO 관련 믿음은 객관적인 증거에 의해 뒷받침된 믿음이었다. 그러나 온라인에 그 사진이 등장한 지 오래지 않아, 천문학자들이 나서서 소문이 사실이 아님을 밝혔고 사진 역시 조작된 것으로 밝혀졌다.[6]

헤븐스 게이트 신도들 역시 소문이 사실이 아니라는 걸 알았지만, 이미 돌이킬 수 없는 상태였던 것 같다. 그러니까 마치 삶을 끝내기로 마음먹었던 그들에게 총알이 장전된 총이 건네져, 결국 마음먹은 걸 결행하게 된 꼴이었다. 자살 사건의 여파로 조작된 증거와 언론의 윤리 의식 부재가 헤븐스 게이트 신도들의 죽음에 일조했다는 주장이 제기됐다. 그런 주장에 대해 아트 벨은 "심적으로 불안정한 사람들이 있다고 해서 내 방송을 중단하진 않을 겁니다"라고 답했지만,[7] 죽음을 부를 정도로 위험한 믿음으로 이어질 잘못된 정보(그것이 마샬 애플화이트에게서 나온 것이든 아트 벨에게서 나온 것이든)의 역할은 결코 과소평가되거나 무시되어선 안 될 것이다.

2023년 말에 발표된 한 연구에서는 강화된 확증편향과 진실을 찾는 과정에서 흔히 듣는 '직접 조사해보라'라는 조언과 어떤 관계가 있는지 보여주는 놀랍고도 혼란스러운 사실이 밝혀졌다. 이는 헤븐스 게이트 신도들이 잘못된 정보에 그리 쉽게 휘둘린 이유를 이해하는 데 도움이 된다. 여러 차례에 걸친 실험에서, 거짓이거나 오해의 소지가 있는 뉴스 기사를 접한 사람들에게 온라인 검색을 통해 그 기사를 평가해보라고 했을 때, 그 잘못된 기사를 사실로 믿을 가능성이 작아지긴커녕 오히려 커졌다.[8] 그런 현상이 일어나는 것은, 우리가 온라인상에서 잘못된 정보에 대해 검색할 때 같은 주제에 대한 잘못된 정보를 더 많이 접할 가능성이 크기 때문인 듯하다. 연구자들은 이를 '데이터 공백data void'과 '선전 피드백 루프propaganda feedback loop'라 불렀다. 이런 결론이 나오는 것은, 우리가 뭔가를 믿을지 말지 판단하는 과정에 우리의 뇌만 관여하는 게 아니라, 우리의 뇌와 우리가 답을 찾기 위해 탐색하는 정보 환경 간의 상호작용도 관여하기 때문이다. 이 장에서 나는 오늘날 세상에 만연한 잘못된 정보가 어떻게 우리에게 뒷받침할 증거가 있다면서 잘못된 믿음을 그리 쉽게 받아들이고 옹호하게 만드는지에 대해 살펴보려 한다.

■

최근 몇 년간, 잘못된 정보가 폭력적인 행동과 비극적인 결말로 이어진 시의적절하고 현실적인 사례는 헤븐스 게이트 사례 외에도 얼마든지 더 있다. 그중 현대 사회에 경종을 울리는 대표적인 사례 두 가지가 있다. 첫 번째는 '피자게이트Pizzagate' 사건이다. 2016년, 에드거 매디슨 웰치Edgar Maddison Welch는 코멧 핑퐁이라는 피자 가게가 당시의 미국 대선 후보 힐러리 클린턴Hilary Clinton이 이끄는 아동 음란물 조직의 본거지라는 소문을 듣고, '자체 조사'하러 직접 그 가게에 들어갔다가 반자동 소총을 발사해 경찰에 체포됐다. 그는 그 소문을 보수 성향의 라디오와 인포워즈InfoWars* 등에서 들었는데, 그 소문에 대해 그는 "이 정보는 100퍼센트 확실한 건 아니었습니다"라고 인정해야 했다.⁹ 그럼에도 피자게이트 음모론이라는 잘못된 '정보'는 웰치에게 지울 수 없는 유산을 남겨, 결국 그는 감옥에서 4년을 복역해야 했다. 피자게이트는 그 이후에 등장한 '큐아논 음모론 운동QAnon conspiracy theory'**으로 이어졌고, 결국 2021년 1월 미국 국회의사당 폭력 사태로 그 정점을 찍었다(큐아논 및 다른 음모론에 대해서는 6장에서 다시 살펴보겠다).

잘못된 정보에 대한 믿음이 안 좋은 방향으로 발전된 두 번째 사례는 첫 번째에 비해 파급력은 크지 않았지만, 그 자체로 비극이었다. 2020년, 유명한 스턴트맨이자 기네스 세계 기록 보유자인 '매드Mad' 마이크 휴스Mike Hughes는 직접 만든 증기 동력 로켓을 타고 대류권까지 날아올라 지구가 평평하다는 자신의 믿음을 확인하려 했다. 지구의 모양에 대한 이런 믿음은 한때 순진한 현실주의에 기반한 대중적인 믿

* 음모론과 극단적인 주장으로 유명한 미국 온라인 뉴스 및 방송 플랫폼.
** 미국 내 극우 성향의 음모론 운동.

음이었지만, 1300년대에 이르러 대부분 폐기된 개념이다. 오늘날 지구가 평평하지 않다는 것은 당연한 상식이다. 그러나 지구가 평평하다는 믿음은 최근 몇 년 사이에 유튜브 동영상 등 온라인에 오른 증거를 토대로 재등장했으며, NBA 농구 선수 카이리 어빙Kyrie Irving 같은 유명인에 의해 널리 알려졌다(어빙의 평평한 지구론에 대해선 6장에서 좀 더 자세히 살펴보겠다). 휴스가 진심으로 '평평한 지구론'을 신봉했는지, 아니면 단지 스턴트의 일환이었는지는 분명하지 않다. 그러나 그는 그 믿음을 공개적으로 지지했고(그는 초기 버전의 로켓에 '평평한 지구 연구Research Flat Earth'라는 문구를 써넣었다), 그 덕에 자신의 계획을 실행하는 데 필요한 수천 달러를 모금할 수 있었다. 어쨌든 지구의 진짜 모습을 자기 눈으로 직접 보겠다는 그의 의도는 로켓이 발사 직후, 발사 장치에 부딪혀 곧바로 추락하면서 그대로 끝났다. 그는 지면에 충돌해 사망했다.[10]

교훈을 주는 이 두 가지 사례 역시 헤븐스 게이트 사례처럼 여전히 개인의 광기 어린 이야기로 치부해버리고 싶다면, 매년 잘못된 의학 정보에 대한 믿음 때문에 병에 걸려 죽는 수많은 사람을 떠올려보자. 예를 들어, 영국의 자선 단체 어버트Avert에 따르면, 2019년에 사하라 이남 아프리카에서 약 2,100만 명이 HIV, 즉 인간면역결핍바이러스에 감염된 상태였으며, 그 지역의 신규 감염 환자는 전 세계 신규 감염 환자의 무려 60퍼센트나 됐다. 공중보건 분야에서 지속적으로 개입하고 캠페인을 통해 교육했음에도, 에이즈AIDS, 즉 후천성면역결핍증후군이 감염병이 아니라는 오랜 민간 신앙과 주술로 치료할 수 있다는 잘못된 주장은 여전히 이 지역에서 에이즈 감염률이 높은 주요 원인으로 남아 있다. 이와 비슷하게, 2019년에는 미국의 31개 주에서 거의 1,300건의 홍역 환자가 보고되었다. 이는 2000년에 미국 질병통제예방센터CDC가 '홍역 퇴치'를 공식 선언한 이후 벌어진 소규모 유행으로, 백신이 아이들에게 부작용을 일으킨다는 잘못된 정보에 대한 믿음 때문에 발생했다.

우리가 지금 너무 잘 알듯, 코로나19 팬데믹 기간에 '반反 백신' 믿음이 전 세계적으로 퍼졌다. 이는 SARS-CoV-2 바이러스 백신이 불임을 유발한다거나 그 백신에 추적 목적의 마이크로칩이 들어 있다는 잘못된 주장 때문이었다. 그 결과 2021년 봄까지 미국 인구의 약 절반과, 유럽연합 인구의 40~66퍼센트만이 백신을 접종할 의사가 있었다.[11] 그해 여름, AP 통신은 하루에 약 300명씩 발생하는 미국 내 코로나19 관련 사망자 대부분이 백신을 접종하지 않은 사람들이었다고 보도했다.[12] 후속 연구에 따르면, SARS-CoV-2 델타 변종이 전 세계로 확산하면서 백신 접종자 사이에서도 코로나19 사망자가 점점 더 흔해졌지만, 백신을 접종하지 않은 사람의 사망률은 여전히 11~14배 더 높았다.[13]

이후 백신 접종률이 증가하면서 추가 접종 속도가 새로운 오미크론 변종 출현 속도를 따라가지 못했고, 백신 미접종자들이 자연 감염을 통해 면역력을 갖게 되면서, 사망률 격차는 2023년까지 점점 좁혀졌다. 그러나 브라운대학교 연구진은 2021년 1월부터 2022년 4월까지 생겨난 30만 명(같은 기간 전체 코로나19 사망자의 거의 절반) 이상의 사망자들이 초기에 백신 접종을 제대로 받아들였다면 죽음을 피할 수도 있었을 것으로 추정했다.[14]

2023년 말까지 전 세계적으로 코로나19 사망자가 거의 700만 명에 달했으며, 이런 통계조차 믿지 않는 사람과 백신으로 인한 사망이라는 근거 없는 반대 주장이 정치적 믿음이 되었다는 걸 고려한다면, 백신에 대한 불신은 우리가 평생 겪는 다른 그 어떤 잘못된 믿음보다 더 치명적일 수 있다(반 백신 믿음은 잘못된 정보와 관련이 있기 때문에 이 장과 다음 장에서 다시 다룰 것이며, 음모론과도 관련이 있기 때문에 6장에서도 다시 다룰 것이다).

헤븐스 게이트든 피자게이트든 평평한 지구론이든 코로나19든, 두 가지 결론은 분명하다. 첫째, 잘못된 믿음은 망상적 사고나 정신 질환과 무관하게 개인에게 뿌리내릴 수 있으며, 그걸 바로잡는 교육에도 불구하고 집단 전체에 퍼질 수 있다. 그런 믿음은 순진한 현실주의에 의존하거나 지능이 딸리거나 추론 과정 자체에 어떤 결함이 있는 경우에도 생겨날 수 있다. 인터넷뿐 아니라 전 세계 어디서든 접할 수 있는 잘못된 정보에 빠진다면, 그 누구든 잘못된 믿음을 받아들이게 된다. 확증편향과 에코 체임버처럼 그저 다른 누군가가 우리에게 말하는 걸 그대로 받아들이기만 해도 잘못된 믿음을 갖게 되는 것이다.

둘째, 잘못된 정보에 대한 믿음은 늘 적어도 해로운 그리고 때로는 치명적인 결과를 초래할 수도 있다. 그렇다면 잘못된 정보가 그렇게 위험한데도 왜 그렇게 널리 퍼지는 걸까? 우리는 왜 그렇게 그런 정보에 끌리는 걸까? 이 장의 남은 부분에서 이런 의문에 대한 답을 찾아보려 한다.

의견 벼룩시장

― 2 ―

　레지던트 시절 당직을 마치고 밤늦게 차를 몰고 귀가할 때, 졸음을 쫓으려고 라디오 다이얼을 위아래로 돌리다가 종종 〈코스트 투 코스트 AM〉 방송을 듣곤 했다. 특히 진행자 아트 벨이 한밤중에 전화를 건 청취자들과 초자연적인 현상에 대한 이야기를 나눌 때면, 그 방송이 제법 재미있고 또 풋내기 정신과 의사 입장에서 유익하기까지 했다. 나 역시 젊었을 때는 이따금 악명 높은 타블로이드 신문 〈위클리 월드 뉴스The Weekly World News〉를 읽곤 했다. 이 신문은 자칭 '세계에서 가장 신뢰할 만한 신문'이라면서도 수시로 외계인과 UFO 그리고 기타 기이한 주제에 대한 이야기를 다뤘는데, 진지하지 않은 어조로 쓰인 그 이야기를 진지하게 받아들이는 사람은 거의 없었다. 지금도 나는 슈퍼마켓 계산대 앞에 줄을 서서 휴대전화를 보지 않고 기다릴 때면, 다른 사람들과 마찬가지로 〈내셔널 인콰이어러National Enquirer〉같이 유명인에 대한 자극적인 가십 기사를 꾸준히 제공하는 타블로이드 신문의 제목에 시선이 가곤 한다.
　아트 벨이 전성기에 진행하던 〈코스트 투 코스트 AM〉은 라디오 프로그램 중 전파를 가장 많이 타는 프로그램으로, 청취자 수가 1,000만

명이 넘었다. 그리고 타블로이드 신문 〈위클리 월드 뉴스〉는 전성기 때 한 호당 120만 부를 발행했으며, 〈내셔널 인콰이어러〉는 2019년, 1억 달러에 매각되었다. 그러니까 이런 종류의 미디어, 즉 대부분의 사람에게 사실에 입각한 뉴스보다는 재미있는 허구를 제공하는 걸로 인식되는 미디어가 오랫동안 상업적 성공에 필요한 공식처럼 자리 잡아 온 것이다. 그러나 지난 수십 년간 케이블 TV와 인터넷의 부상으로 인해 뉴스를 가장한 허구는 더 이상 심야 라디오 방송이나 슈퍼마켓 계산대 앞 오락거리에 머무르지 않는다. 이런 허구는 진짜 뉴스처럼 보이려 애쓰면서, 지금 우리 주변에 널려 있다. 그러나 우리 대부분은 그 차이를 구별하는 법을 배운 적이 없다.

앞 장에서는 인터넷에 초점을 맞추었으니, 이제는 이 주장을 뒷받침하기 위해 텔레비전 뉴스, 특히 정치 관련 뉴스를 예로 들어보겠다. 2019년 퓨$_{pew}$ 여론 조사에 따르면, 미국에서 텔레비전은 여전히 정치 관련 뉴스의 주요 출처였고, 모든 연령대에서 소셜 미디어 및 기타 온라인 매체를 근소한 차이로 50세 이상 연령대에서는 여전히 큰 차이로 앞섰다.[15] 최근 몇 년간 실시된 비슷한 여론 조사들에 따르면, 전국적인 지상파 방송, 지역 방송, 케이블 TV 방송 등 모든 텔레비전 방송의 뉴스에서 케이블 TV 뉴스는 이제 네트워크 TV 뉴스를 제치고 주요 뉴스 출처로 부상했지만, 전체 시청자 수에서는 여전히 전국 지상파 방송이 우위를 점하고 있다.[16] 이는 지난 수십 년 사이에 월터 크롱카이트, 댄 래더, 톰 브로코, 피터 제닝스, 테드 코펠 같은 뉴스 '기자들'의 뉴스를 보던 시청자들이 러시 림보$_{Rush\ Limbaugh}$, 글렌 벡$_{Glenn\ Beck}$, 빌 오라일리$_{Bill\ O'Reilly}$, 숀 해니티$_{Sean\ Hannity}$, 로라 잉그러햄$_{Laura\ Ingraham}$, 메긴 켈리$_{Megyn\ Kelly}$, 터커 칼슨$_{Tucker\ Carlson}$ 같은 보수 진영의 뉴스 '평론가들'과 레이철 매도$_{Rachel\ Maddow}$, 키스 올버먼$_{Keith\ Olbermann}$, 앤더슨 쿠퍼Anderson Cooper, 크리스 매슈스Chris Matthews 같은 진보 진영의 뉴스 평론가들의 뉴스를 보는 쪽으로 바뀌었다는 걸 보여준다. 또한 오늘날 우리는 빌 마Bill Maher, 존 스튜어트Jon Stewart, 스티븐 콜베어Stephen Colbert, 존 올리버John Oliver, 트레버 노아Trevor Noah, 사만다 비Samantha Bee 덕에 코미디식 뉴스에 익숙해졌고, 알렉스 존스Alex Jones 같은 사람들로 인해 음모론식 뉴스까지 접하고 있다. 사람들의 관심을 끌기 위해 '스포츠 중계식 정치 뉴스'17 스타일로 제작되는 '인포테인먼트infotainment'* 형식의 뉴스 프로그램에 노출되면서 객관적 뉴스와 좋아하는 미디어 인물의 주관적인 뉴스 해설을 쉽게 혼동하는 지경에 이르렀다. 다시 말해, 우리는 지금 사실을 들여다봄으로써 일상적인 문제들에 대해 직접 생각할 기회를 포기한 채 다른 사람들에게 우리 대신 세상과 서로에 대해 어떻게 생각하고 느껴야 할지를 말하게 하는 것이다.

이 차이는 2016년 폭스 뉴스Fox News 프로그램인 〈오라일리 팩터The O'Reilly Factor〉에서 진행된 어색한 인터뷰에서 극명하게 드러났다. 그 프로그램에서 진행자 빌 오라일리는 2005년에 은퇴한 ABC 〈나이트라인Nightline〉 진행자 테드 코펠을 초대해 대화를 나눴는데, 대화 주제는 당시 대통령 선거에 출마했지만 아직 공화당으로부터 전폭적인 지지는 받지 못하던 도널드 트럼프Donald Trump를 어떻게 인터뷰할지에 관한 문제였다.

오라일리는 다음과 같은 질문으로 대화를 시작했다. "도널드 트럼프, 제가 여러 차례 인터뷰를 해봤지만, 결코 쉬운 상대가 아니더군요. 어떻게 하시겠습니까?"

그러자 코펠은 바로 반격에 나섰다. "그런데요, 빌, 당신과 나는 수년간 이

---

* information과 entertainment가 합쳐진 말로, 정보를 전달하면서 동시에 오락성도 추구하는 것.

주제를 두고 여러 차례 이야기했잖아요. 내가 어떻게 할지는 중요하지 않아요. 그리고 누가 그걸 중요하지 않게 만들었는지 알아요? 당신이에요. 당신은 지난 20년간 텔레비전 환경을 바꿔놨어요. 객관적이고 지루했던 걸 주관적이고 재미있는 걸로 바꿔놓은 거죠. 그리고 지금 같은 상황에선 인터뷰 진행자가 그에게 뭘 물어보든 상관없어요. 트럼프 씨는 아무리 터무니없다 해도 하고 싶은 말은 뭐든 다 할 거고, 중요한 건 그의 청중은 더 이상 텔레비전 시청자들이 아니라 트위터의 청중이라는 거예요. 그 사람들은 140자 이내의 메시지를 다루고, 그래서 늘 간단명료하죠."

그러자 오라일리가 이렇게 응수했다. "좋아요, 그런데 아시다시피, 당신이 전에 몸담았던 ABC 방송도 정기적으로 트럼프 씨를 인터뷰하고 있고…… 당신은 그와 인터뷰할 전략이 있어야 하며…… 예리한 질문들을 준비해야 하고…… 제가 평론가이든 기자이든 우리 임무는 최대한 많은 정보를 끌어내는 것이며…… 시청자에게 그가 정말 어떤 사람인지를 보여줘야 하는 겁니다. 해서 다시 묻겠는데…… 자, 그가 〈나이트라인〉에 나와 앉아 있고…… 당신은 그 반대편에 있는데…… 어떻게 하시겠어요?"

코펠은 이렇게 대답했다. "글쎄요, 우선 그런 건 인터뷰에서 하는 게 아니에요. 취재하면서 하는 거죠……. 구식이지만요."

이어지는 대화에서 오라일리는 이런 말로 재차 코펠을 압박했다. "당신이 앵커라면…… 당신은 분명 도널드 트럼프를 좋아하지 않는데…… 당신이 지금 의자에 앉아 있다면…… 오늘 당신이 말한 모든 걸 고려할 때…… 케이블 TV에서라면 이야기가 전혀 다르잖아요……. 저 같은 평론가들이 나라를 망쳤죠. 그건 인정하는데…… 기자들이 평론가들보다 50대 1 정도로 더 많아도 기자들의 힘이 그렇게 강한 것 같지도 않고…… 그러나 어쨌든…… 특정 후보에 대한 거부감을 특정 시점에서 드러내야 할까요…… 이 새로운 텔레비전 규칙하에서…… 그게 허용되나요?"

"아뇨." 코펠이 대답했다. "저는 새로운 텔레비전 규칙이 마음에 들지 않고, 아주 솔직히 말하자면 그 새로운 텔레비전 규칙을 따르지 않을 것 같고요……. 이건 제 개인적인 생각의 문제가 아니라 실체가 있느냐 없느냐의 문제이고……. 어떤 질문을 할 건지 물어보셨는데…… 전 제일 먼저 보여줘야 할 건 약간의 저널리즘이라고 생각해요. 트럼프 씨가 실제 어떤 사람이고 어떤 정책을 가졌는지에 대해 세세히 알아보고, 그런 뒤 그걸 정리한 다음 〈나이트라인〉에서 우리가 했던 것처럼…… 후보와 대화하며 이렇게 묻는 거죠. '우리는 왜 알맹이 없는 이야기만 하는 거죠?'"

오라일리는 화제를 바꾸며 이렇게 말했다. "좋아요, 그런데 문제는 지금 지상파 방송들…… 그러니까 CBS와 NBC, ABC 방송이 진보 쪽으로 나아가는 중이고…… 그래서 당신이 설득하려 하는 사람들은 이렇게 말합니다. '그거 알아요? 기자들은 그들을 좋아하지 않아 보도를 왜곡할 거예요.' 그건 〈뉴욕타임스〉와 〈워싱턴포스트〉도 마찬가지여서, 한때 받아들여졌던 많은 사실 보도조차 이젠 이런 진보적 편향 때문에 의심을 받는 겁니다. 맞죠?"

코펠이 재차 강조했다. "그리고 빌, 중요한 건, 당신은 공로를 인정받을 자격이 있지만 책임도 져야 한다는 겁니다. 제가 서두에 말했듯 지난 20년간 당신은 방송계의 판도를 바꿔놓았어요. 요즘엔 믿기 어렵지만, 30년 전만 해도 지상파 텔레비전 앵커였던 월터 크롱카이트는 미국에서 가장 신뢰받는 사람이었어요. 그런데 오늘날에는 텔레비전 앵커 가운데 그 누구도, 그러니까 당신조차도, 과반수쯤 되는 미국인들로부터 신뢰받지 못하고 있어요."[18]

코펠과 마찬가지로, 나 역시 앞 장에서 신뢰할 수 있는 뉴스를 보도하는 주요 텔레비전 지상파 방송이 세 곳밖에 없던, 보다 단순했던 시절을 생각하며 향수에 젖어 있었다. 그렇다고 해서 내가 지금 꼭 그 시절이 더 나았다고 이야기하려는 건 아니다. 오늘날 민주주의 사회에서는 다양한 목소리가 뉴스를 보도하고 논평하며, 때로는 주류 신념을 비판하고 그에 도전한다. 이런 시스템은 이론적으로 권위주의 국가들의 국영 뉴스 시스템보다 나을 뿐 아니라, 내가 미국에서 자라며 접한 소수의 나이 든 백인 남성들로 이루어진 '신뢰받는 엘리트 체계'보다도 낫다. 그러나 물론 부정적인 면도 있다. 이용할 수 있는 정보가 무제한적으로 많은 오늘날에는, 정보 다양화의 의도치 않은 결과 때문에 객관적인 사실 보도와 주관적인 의견 표명 간의 경계가 종종 구분하기 힘들 만큼 모호해지고 있다. 황색 저널리즘 tabloid journalism은 어디서든 접할 수 있지만, 나란히 놓여 있는 신뢰할 만한 정보와 잘못된 정보를 쉽게 구별할 이정표는 거의 없다. 실제로 코펠이 주장한 대로 지난 반세기 동안 대중 매체에 대한 신뢰는 꾸준히 무너져와, 오늘날 대다수의 미국인은 신문이나 텔레비전 또는 라디오에서 읽거나 듣는 걸 더 이상 신뢰하지 않는다.[19]

코펠은 자신의 눈에 보이는 저널리즘의 암울한 현실을 10년 넘게 비판해왔다. 2010년에는 〈워싱턴포스트〉에 〈우리가 선택할 수 있는 뉴스에 대한 반대 논리〉라는 글을 기고해, 폭스 뉴스와 MSNBC의 편파적인 정치 논평과 '진실을 피하고 이상화된 현실을 좇는 풍조'를 비판했다.[20] 또한 2015년에는 〈스티븐 콜베어의 심야 토크쇼 The Late Show with Stephen Colbert〉와의 인터뷰에서, 현대 뉴스 저널리즘 분야에는 수많은 '뿔뿔이 흩어진' 뉴스 출처가 있고, 그들이 우리의 관심을 끌기 위해 서로 치열한 경쟁을 벌이고 있어 뉴스 프로그램이 사람들에게 '필요한 뉴스'를 제공하던 방식에서 '원하는 뉴스'를 제공하는 방식으로 변질되었다고 주장했다.[21] 좀 더 최근인 2019년에는 미국 외교협회와의 인터뷰에서 "아이디어 시장이 의견 시장이 되고…… 거짓과 비방의 시장이 되고…… 또 비극적이게도 가장 터무니없는 의견이 가장 큰 관심을 받는 시장이 되었다"라고 지적했다.[22] 코펠은 또 누구나 책상과 마이크만 주어지면 세계적인 사건들에 대해 아무 말이나 늘어놓을 수 있는 이른바 '저널리즘의 민주화'가 과대평가됐을 뿐만 아니라 위험하기까지 하다고 맹비난했다. 마치 훈련도 받지 않고 전문 지식도 없는 사람들이 집을 수리하거나 맹장 수술을 집도하는 것과 같다며, 우리는 이런 일을 반기지 않을 것이라고 지적했다.

일부 사람들에게 코펠은 분명 나이 든 괴팍한 노인처럼 느껴질 것이다. 그의 〈워싱턴포스트〉 기고문은 지난날에 대한 '매우 심술궂은 노인'의 한탄으로 여겨졌고,[23] 또 다른 〈워싱턴포스트〉 기고문은 오라일리와의 대화를 '우울하고 꾸짖는 듯한' 대화로 표현하면서[24] 의견의 자유 시장이라는 민주주의의 이상을 짓밟는 행위로 규정지었다. 그러나 모든 이에게 동등한 발언권을 부여하는 직접 민주주의의 평등주의가 오히려 공동선을 위태롭게 만들 수도 있다는 주장은 생각만큼 비민주적이거나 비미국적이진 않다. 제임스 매디슨James Madison을 비롯한 미국 헌법 제정자들은 누구나 참여해 목소리를 높이는 '직접 민주주의'가 초래하는 파벌주의의 '불안정과 불공정 그리고 혼란'을 해결하기 위해 공화국을 수립해야 한다고 확신했다. 다시 말해 '대중의 의견들'은 국가의 진정한 이익을 가장 잘 판단할 수 있는 지혜로운 시민들로 이루어진 선출된 시민 집단의 중재를 통해 '정제되고 확대될 수 있다'고 생각했다.²⁵ 이 원칙에 담긴 지혜와 진정한 의미는 오늘날에도 활발히 논의되고 있지만,²⁶ 월터 크롱카이트같이 믿을 만한 '문지기들', 즉 '뉴스거리를 찾고 선별해 우리가 이해하기 쉽게 다듬어주고 객관적인 보도로 우리의 신뢰를 받을 수 있는 언론인들'이 존재했던 옛시절에 대한 코펠의 향수는 곧 대의 민주주의 건설 원칙을 현대적으로 되새기는 것이라 할 수 있다.

케이블 TV와 인터넷이 등장하며 '아이디어 시장'에 걸었던 원대한 희망은, 드디어 진실이 드러나게 되리라는 것이었다. 하지만 우리 주변에는 현실이 정반대임을 보여주는 증거가 널려 있다. 공인된 '문지기'들이 '사서'처럼 신뢰할 수 있는 정보를 제공해주지 않는 오늘날, 아이디어 시장은 크림이 떠오르는 신선한 우유 한 잔과는 거리가 멀다. 오히려 온갖 쓰레기가 떠다니다 합쳐져 거대한 쓰레기 섬을 이루는, 오염된 바다에 가깝다. 현재의 우리 미디어 환경은 민주적으로 다양한 의견을 들을 수는 있을지 몰라도, 앞 장에서 살펴본 것처럼 소외된 약자들의 목소리가 들리는 경우는 흔치 않다. 그 많은 목소리 속에서 우리의 관심을 끌려면 가장 크고 가장 자극적이며 가장 충격적이고 가장 선정적이며 가장 사실과는 거리가 먼 목소리여야 한다. 지금 아이디어 시장은 활기를 띠고 돌아가지만, 그 모습은 온갖 정보를 판매하는 사람들이 자기 물건을 팔려고 저마다 호객하는 벼룩시장을 방불케 한다. 그중 상당수는 신뢰할 수 없는 쓰레기들로, 건드리지 않는 편이 낫다.

진실의 붕괴, 잘못된 정보, 가짜 뉴스

―――――― 3 ――――――

　여태껏 나는 케이블 TV와 인터넷의 출현으로 인해 오늘날과 같이 통제 불가능한 의견 벼룩시장이 만들어졌다는 걸 주장하는 데 많은 시간을 할애해왔다. 그러나 사실 이와 비슷한 일은 케이블 TV와 인터넷이 존재하기 전에도 있었다. 컬럼비아대학교 저널리즘 대학원의 명예 학장인 니컬러스 레먼Nicholas Lemann은 2006년에 쓴 기고문에서, 코펠보다 앞서 인터넷 시대의 '시민 저널리즘'의 장점들과 문지기들 또는 그가 말하는 이른바 '사제 계층'에 의해 선별된 콘텐츠의 장점에 대해 이야기했다.27 또한 그는 오늘날 우리가 겪는 딜레마가 17세기 말부터 18세기 초까지 나타났던 영국의 딜레마를 떠올리게 한다고 말했다. 그 당시에는 인쇄기가 등장하면서 '모든 계층과 정치적 성향의 사람들이 값싸고 옮길 수 있으며 쉽게 이용할 수 있는' 팸플릿과 정기 간행물이 폭발적으로 늘어났고, 그 결과 '특이하면서도 아주 감정적이고 수사적인 문체'로 쓰인 '일종의 쌍방향 오락거리 글'이 제공됐는데, 그 글들은 '익명성이라는 관행 뒤에 숨어 조롱은 물론 모욕적인 비판까지 서슴지 않았다'. 낯익은 이야기 아닌가?

　미국의 비영리 정책 연구소 랜드RAND의 연구원인 제니퍼 캐버노

Jennifer Kavanagh와 마이클 리치Michael Rich는 다른 형태의 새로운 미디어가 등장할 때마다 이와 비슷한 '진실 붕괴' 현상이 반복되어 왔다고 설명한다.[28] 그들은 진실 붕괴의 특징으로 다음 네 가지를 꼽았다.

(1) 사실이 의견보다 상대적으로 많아지고, 그 영향력이 확대되는 현상
(2) 의견과 사실 사이의 경계 모호화
(3) 과거에 존경받던 사실 기반 정보 출처에 대한 신뢰도 하락
(4) 사실과 분석적인 데이터 해석에 대한 의견 불일치의 증가

2008년에 발표된 연구 분석에서 그들은 1880년대와 1890년대의 '황색 저널리즘' 신문 시대에, 1920년대와 1930년대의 '라디오 및 타블로이드 뉴스 저널리즘'의 출현 이후에 그리고 또 1960년대와 1970년대의 '텔레비전 발명' 이후에, 진실의 붕괴 증거를 발견했다. 캐버노와 리치에 따르면, 이 시기와 2000년대 이후 오늘에 이르는 시기의 공통점은 진실 붕괴의 첫 두 가지 요소, 즉 사실보다 더 많은 의견과 사실과 의견 사이의 경계 모호화였다. 따라서 오늘날의 진실 붕괴는 전혀 새로운 현상이 아니며, 밀물과 썰물처럼 반복되는 미디어의 혁신에 따른 변화의 사이클에 가깝다. 그러나 캐버노와 리치는 우리가 마주한 현재의 위기에서는 과거 세 시기의 경우와는 달리 진실 붕괴의 네 가지 요소가 동시에 나타난다는 사실을 알아냈다. 사실과 의견이 서로 뒤섞여 혼재할 뿐 아니라, 과거에 존중받던 정보 출처에 대한 불신, 사실과 데이터 해석에 대한 의견 불일치도 늘어났다는 말이다. 특히 흥미로운 점은 두 사람은 1920년대와 1930년대에도 불신이 존재했고 1960년대와 1970년대에는 그게 더 눈에 띄었지만, 사실에 대한 의견 불일치는 과거의 진실 붕괴 사이클에서는 볼 수 없었던 현상으로 우리 시대에만 나타나는 독특한 현상이라는 점을 알아냈다.

그렇다면 왜 케이블 TV와 인터넷의 출현으로 나타난 의견의 민주화는 의견과 사실이 혼재되는 수준을 넘어, 사실들과 진실에 대한 합의도 이루어지지 않는 상태로까지 이어지게 된 것일까? 이에 답하려면 먼저 객관적인 보도와 의견 사이에는 중요한 차이가 있음을 인정해야 한다. 하지만 의견이 꼭 허위 정보, 즉 잘못된 정보나 거짓된 정보를 뜻하는 건 아니다. 실제로 의견은 전문가의 것이든 아니든 때로는 매우 정확하기도 하며 나중에 사실로 밝혀져 아주 매력적으로 느껴지는 경우가 많다. 그러나 옳고 그름을 떠나, 의견은 이용할 수 있는 데이터에 대한 주관적인 해석이거나 충분한 증거도 없이 이루어진 추측이기 때문에 객관적 사실로 보기엔 부족하다. 그러나 의견이 실제 그런 식으로 정의되는 경우는 거의 없다. 뉴스 평론가들이 "이 복잡한 주제에 대해 두 가지 다른 관점을 말씀드리겠습니다"라는 식으로 말하는 걸 얼마나 자주 듣는가? 그들이나 다른 누군가가 "내가 틀릴 수도 있지만, 내 생각은 이렇습니다"처럼 말하는 건 또 얼마나 자주 듣는가?

오늘날의 미디어 환경에서는 사람들이 의견을 사실처럼 확신에 찬 언어로 내놓기 때문에, 잘못된 정보를 정확한 뉴스로 착각하기가 너무 쉬워졌다. 이처럼 안타까운 상황으로 이어진 데에는, 시간이 지나면서 자유 시장 경제에 연방 정부의 규제 완화 조치가 더해졌기 때문이다. 자신의 〈워싱턴포스트〉 기고문에서 코펠은 주요 방송사에게 텔레비전 뉴스는 수익을 내지 못하는 적자 사업이었음에도 1927년에 제정된 라디오 법에 따라 방송사들이 '공익, 편의, 필요'를 충족해야 한다는 의무가 있었기에 그 명맥을 유지할 수 있었다고 강조했다. 마찬가지로, 1949년 미국 연방통신위원회FCC가 제정한 '공정성 원칙'에 따르면, 방송 면허가 있는 방송사들은 '사회적으로 논란의 여지가 있는 중요한 문제들'을 공정하고 균형 잡힌 방식으로 다뤄야 했고 또 상반된 관점을 방송해야 했다.²⁹ 하지만 공정성 원칙은 케이블 TV가 아닌 지상파 방송 프로그램에만 적용된 데다가 언론의 자유를 침해한다는 소송까지 제기되자 1987년 완전히 폐지되었다.

오늘날 미국 공영 방송PBS 같은 일부 채널을 제외하면 사실상 텔레비전 뉴스에 대한 연방 규제가 철폐되었고, 뉴스 프로그램 제작 방식 또한 그에 맞춰 바뀌었다. 오늘날의 뉴스 시청자들은 이제 개별 뉴스 출처에 시청료를 지불하는 경우가 거의 없으며, 미국 대중의 단 3퍼센트만 인쇄물 형태의 뉴스를 주요 뉴스 출처로 삼는다. 게다가 사람들이 케이블 TV와 인터넷에서 24시간 내내 제공되는 무료 뉴스 프로그램에 접할 수 있어 프로그램과 광고 모두에 사람들의 관심을 끌고 클릭을 유도해야만 수익을 낼 수 있게 되었다. 그 결과, 미디어 제작자들은 마치 〈내셔널 인콰이어러〉나 〈위클리 월드 뉴스〉의 전략을 따라 하듯 핵심만 추린 기사, 짧은 인용문, 각종 소문, 분노 섞인 주장, 독단적이고 편파적이며 자극적인 발언 형태의 거부할 수 없는 클릭 유도용 콘텐츠로 우리의 시선을 끌고 산만해진 우리 뇌를 사로잡으려 애쓴다. 그리고 헤븐스 게이트 집단 자살 사건에 대한 아트 벨의 반응에서 볼 수 있었듯, 시청자들의 관심을 끌고 유지하기 위해 노력하는 과정에서 저널리즘의 진실성과 책임이 오락성에 밀려나는 경우가 많다. 이처럼 무제한적인 오늘날의 수익 창출 모델 속에서 케이블 TV 뉴스의 수익은 매년 수십억 달러에 달해 지상파 방송 TV 뉴스의 수익을 훨씬 앞질렀다. 그리고 심지어 비교적 잘 알려지지 않은 사람들도 소셜 미디어 인플루언서나 유튜브 채널 진행자가 되어 수십억 원대의 수익을 올릴 수 있다.³⁰

∎

2018년 매사추세츠공과대학교MIT 연구진이 수행한 연구는 잘못된 정보로 왜 그렇게 큰 수익을 낼 수 있는지를 이해하는 데 큰 도움이 된다. 이 연구에서는 사실로 확인된 뉴스 기사가 트위터에서 공유되고 퍼지는 방식과 거짓으로 판명된 기사나 소문이 공유되고 퍼지는 방식을 비교했다.[31] 2006년부터 2017년까지 12만 6,000건의 뉴스 기사와 450만 개 이상의 트윗을 분석한 결과, '잘못된 뉴스'(저자들이 '가짜 뉴스'보다 더 선호하는 용어)가 사실에 근거한 뉴스보다 훨씬 더 빠르고 멀리 그리고 더 널리 퍼져 훨씬 더 많은 사람에게 도달했다. 좀 더 구체적으로 말해, 트위터 사용자들은 사실에 근거한 기사보다 잘못된 기사를 리트윗할 가능성이 70퍼센트 더 높았다.[32] 이 차이는 정치, 도시 괴담, 비즈니스, 테러와 전쟁, 과학과 기술, 엔터테인먼트, 자연재해 등과 관련된 정보 전반에 걸쳐 지속적으로 나타났다. 당연한 이야기지만, 이 놀라운 발견은 소셜 미디어에서 사람들을 최대한 끌어들이고 싶다면, 다시 말해 '입소문'을 내고 싶다면 아마 사실과 다른 제목으로 관심을 끄는 것보다 더 좋은 방법은 없을지도 모른다는 점을 시사한다. 그리고 이런 방식의 성공이 트위터나 소셜 미디어 또는 심지어 인터넷에 국한될 거라 생각할 이유는 어디에도 없다.

이 장의 서두에서도 언급했듯, 이 같은 마케팅 원칙이 반영된 시의적절하고 특히 우려스럽기도 한 사례이기도 하지만, 잘못된 정보의 확산은 백신 접종을 주저하게 만드는 잘못된 믿음을 조장하는 문제로 널리 알려지게 되었다. 백신의 효능과 안전성은 의학계에서 분명히 입증되었으며, 의학 문헌에 실린 수많은 증거에 의하면 백신 접종을 한 사람들 사이에서 자폐증 발병률이 더 높다는 증거가 없음을 보여준다.³³ 하지만 아주 제한적이고 규제가 잘되는 정보 공간 밖에서는 백신에 대한 잘못된 정보가 차고 넘친다. 예를 들어, 2010년 구글에서 vaccination, 즉 '백신 접종'이란 말로 검색해본 결과 71퍼센트가 반反백신 사이트로 분류된 출처에서 나온 것으로 나타났다.³⁴ 최근 몇 년간 소셜 미디어 플랫폼들은 알고리즘을 수정해 이처럼 잘못된 의학 관련 정보를 우선순위에서 빼는 조치를 취했지만, 구글과 페이스북 그리고 유튜브에는 여전히 잘못된 백신 관련 정보를 조장하는 사이트가 눈에 띄고 인기를 끌고 있다.³⁵ 2019년 10월 기준으로, 페이스북에서 백신 반대 페이지는 백신 찬성 페이지보다 두 배 이상 많았으며, 팔로워가 더 빠른 속도로 늘었고 '건강관리'나 보다 일반적인 안전 문제에 큰 관심을 보이는 집단 등 이념적으로 겹치는 다른 집단과도 교류하고 있었다.³⁶

반면에 백신 찬성 집단의 팔로워들은 보다 정체된 모습을 보였고 백신에 대해 중립적 입장을 취하는 사람들과 교류를 한다거나 그들의 입장 변화를 끌어낸다는 증거는 찾을 수 없었다. 2021년 7월, 시사 경제 잡지 〈이코노미스트The Economist〉와 국제 여론 조사 기업 유고브YouGov가 실시한 한 여론 조사에 따르면, 미국 전국을 대표하는 표본의 17퍼센트는 백신이 '자폐증을 유발하는 것으로 밝혀졌다'고 믿었고 25퍼센트는 잘 모르겠다고 답했다.³⁷ 또한 20퍼센트는 '미국 정부가 코로나19 백신을 이용해 국민에게 마이크로칩을 주입하고 있다'고 믿었고 14퍼센트는 잘 모르겠다고 답했다. 같은 시기에 COVID States Project*에 의해 실시된 또 다른 여론 조사에 따르면, 페이스북과 폭스 뉴스, 뉴스맥스Newsmax 등에 의존하는 사람이 다른 주류 미디어 출처에 의존하는 사람에 비해 잘못된 코로나19 관련 정보를 믿는 비율이

• 미국 전역을 대상으로 한 대규모 여론 조사 프로젝트.

더 높고 백신 접종률은 더 낮았다.³⁸

이처럼 충격적인 통계를 통해, 우리는 '문지기들'과 신뢰도를 검증할 수 있는 장치에 의해 규제되지 않는 미디어 공간에서 신뢰할 만한 정보가 잘못된 정보에 밀려 부정적인 결과들을 초래할 수도 있다는 걸 알 수 있다. 세계보건기구WHO가 다가오는 '인포데믹infodemic'••을 경고한 지 1년 반이 지난 2021년 여름, 백신에 대한 잘못된 정보가 코로나19 사망률에 미친 영향은 조 바이든 대통령으로 하여금 "페이스북 같은 소셜 미디어 플랫폼들에서 퍼지고 있는 잘못된 정보가 사람들을 죽이고 있다"고 선언하게 할 정도였다.³⁹ 그러나 그 많은 잘못된 정보 때문에 이제 적잖은 미국인들이 사람들을 죽이는 것은 백신이라고 믿고 있다. 이제 인터넷에서는 버펄로 빌스 풋볼 선수 다마르 햄린Damar Hamlin, USC 신입생이자 NBA 유망주인 브로니 제임스Bronny James, 코미디언 밥 사겟Bob Saget, 가수 티나 터너Tina Turner, 배우 베티 화이트Betty White와 랜스 레드딕Lance Reddick, 레이 리오타Ray Liotta, 제이미 폭스Jamie Foxx 같은 유명인들이 갑자기 병에 걸리거나 숨진 걸 백신 탓으로 돌리는 일이 너무도 흔해졌다.

잘못된 의학 관련 정보의 문제는 결코 백신이라는 좁은 범위 안에 국한되지 않는다. 2012년부터 2018년까지 소셜 미디어에 오른 글들을 체계적으로 검토한 결과, 암과 영양 같은 다른 의학 관련 주제에 대한 잘못된 정보 또한 증가하고 있는 것으로 밝혀졌다.⁴⁰ 2021년에 한 연구에서 소셜 미디어에 오른 암 관련 기사 200개를 분석한 결과, 33퍼센트는 잘못된 정보를, 31퍼센트는 유해한 잘못된 정보를 포함하고 있었다.⁴¹ 그런 기사는 사실에 근거한 기사들보다 참여도가 훨씬 더 높았다. 따라서 질병에 대한 잘못된 정보가 퍼지는 걸 전염병이나 악성

•• information과 epidemic의 합성으로, '정보 전염병' 정도의 뜻.

암처럼 맹렬한 기세로 퍼진다는 의미에서 '바이러스처럼 퍼진다viral' 고 비유하는데, 이 비유는 처음 만들 때 의도했던 것보다 훨씬 더 적절한 표현이 되었다.

■

통제도 없고 무질서한 디지털 미디어 공간이 잘못된 정보가 번성하는 일종의 배양 접시가 되어버렸다는 사실은 의심의 여지가 없다. 더 큰 문제는 잘못된 정보가 원래 이를 차단할 목적으로 만들어진 과학 및 의학 연구 저널 같은 정보 공간에까지 슬그머니 침투하고 있다는 점이다. 지난 수십 년간 어떤 변화가 있었는지 이해하기 위해 먼저 잠시 논문 출판 과정이 어떤지를 살펴보기로 하자.

연구자들이 학술지에 게재할 원고를 제출하면, 수락 여부는 전통적으로 편집자 및 동료 평가 과정에서 결정된다. 원고는 첫 번째 평가 단계에서 거절되는 경우도 있는데 가장 영향력 있고 엄격하게 수행된 연구만 수락하는 최고 수준의 저널에서 특히 더 그렇다. 논문이 동료 평가 단계로 넘어가면, 평가자들은 연구에 대해 평가하고 가끔 저자들에게 연구와 관련된 의문들을 제기하며 저자들은 그 의문들에 답하고 원고도 수정한다. 두 번째와 세 번째 검토가 이어질 수도 있으며 학술지 게재 여부를 결정하고 논문이 인쇄되어 나오기까지 1년 이상 걸릴 수도 있다. 원고가 거절될 경우, 저자들은 연구 또는 데이터 분석상의 문제들을 바로잡기 위해 원점으로 되돌아가며 덜 권위 있는 다른 학술지에 원고를 다시 제출하는 걸 고려하기도 한다. 이는 겸손해지는 과정이 될 수 있으며, 나 역시 여러 번 직접 경험한 바 있다. 가장 큰 장점은 동료 검토 과정에서 무료로 전문가의 사실 확인 및 편집 조언을 받을 수 있고 최종 결과물은 거의 늘 더 나아지며, 질적으로 기준에 못 미치는 연구는 걸러낼 수 있다는 점이다. 연구자에게는 이 평가 과정과 관련해 논문 게재료를 내지 않는 데다가 평가자들은 저자가 누구인지 모르고 평가비도 받지 않아 이해 충돌 문제 또한 최소화된다.

이 같은 출판 모델은 대부분 그대로 유지되고 있으나 케이블 TV와 인터넷으로 인해 뉴스 미디어 환경이 크게 바뀐 것처럼 학술 출판 분야의 환경 역시 인터넷으로 인해 크게 바뀌었다. 이는 연구자들이 자신의 연구 결과를 출판할 수 있는 옵션이 기하급수적으로 늘어났기 때문이다. 역사적으로 과학 저널은 주로 구독료, 특히 대학 및 기타 연구 기관 도서관의 구독료에 의존해 수익을 창출해왔지만, 그 바람에 출판된 연구에 접근할 기회는 소수의 특권층에게만 국한됐다. 그 결과, 1990년대에는 기존 학술 저널의 대안으로 '오픈 액세스open access' 저널이 등장했다. 오픈 액세스 저널은 저자들이 지불하는 논문 게재료로 운영되어 사람들이 구독료를 내지 않고도 온라인에서 그들의 콘텐츠를 읽을 수 있었다. 접근성 확대를 목표로 한 이 새 모델은 의도 자체는 좋았지만 더 많은 논문을 출판할수록 수익이 늘어나게 되어 있어 이해 충돌 문제가 생길 수밖에 없었다.[42] 그 결과로 현재 평판이 좋은 오픈 액세스 출판사도 많지만, 도서관학자이자 콜로라도대학교 덴버 캠퍼스의 교수였던 제프리 빌Jeffrey Beall이 말하는 이른바 '약탈적 출판사predatory publisher'들이 지난 20여 년 사이에 폭발적으로 늘어났다. 다시 말해, 오픈 액세스 모델을 악용한 유료 인쇄 시스템을 도입해 평가가 덜 까다롭고 출판 절차는 더 간단한 대신, 저자들에게 상당한 비용을 청구하는 악덕 출판사가 대거 늘어난 것이다.

나만 해도 약탈적 저널로부터 논문 원고를 보내달라거나 때론 자신들의 편집 위원회에 동참해달라는 이메일을 받지 않고 지나가는 주가 거의 없다. 특히 상황을 잘 모르는 사람들의 경우 기분 좋은 사탕발림처럼 들릴 수도 있겠지만, 이런 상황은 연구자들에게 '논문을 발표하든가 사라지든가' 둘 중 하나를 택할 걸 요구하는 학계의 실적 평가 시스템에 의해 한층 더 심화되고 있다. 그래서 어떤 사람들은 학술 저널과 저자 사이의 이런 관계를 약탈적인 관계라기보다는 공생적인 관계로 규정한다.[43] 오픈 액세스 출판의 폭넓은 확산이 뉴스 보도의 민주화와 마찬가지로 '가치 있는 일'이라는 주장도 있지만, 신뢰할 수 있는 오픈 액세스 저널과 약탈적인 오픈 액세스 저널을 구분하는 일은 여전히 쉽지 않다. 약탈적인 오픈 액세스 저널이 가장 권위 있는 저널의 논문 제목을 교묘히 흉내 낼 뿐 아니라, 심지어 알리지도 않고 동의도 받지 않은 채 저명한 학자들을 편집 위원 명단에 올리는 일도 서슴지 않기 때문이다. 그래서 빌의 주장에 따르면, 오픈 액세스 출판의 진짜 의미는 '저자가 비용을 지불하기만 한다면 거의 모든 논문을 기꺼이 받아줄 저널이 있다'[44]는 데 있으며, 결과적으로 학술 및 과학 출판의 전반적인 질이 떨어졌고 유사 과학과 '정크 과학'이 진짜 과학으로 위장하는 경우가 흔해졌다.[45] 빌을 비롯한 여러 사람들이 약탈적 출판사들을 식별할 수 있게 그 목록을 관리해왔지만, 기만적인 약탈적 저널들과 형편없는 출판 기준을 가진 저질 저널 간의 경계가 모호해 계속 논란이 되고 있다. 따라서 과학계의 일반적인 견해를 부정하는 사람들은 백신-티메로살$_{\text{thimerosal}}$*-자폐증 간의 연관성, 모겔론스 병 그리고 심지어 '켐-트레일$_{\text{chem-trail}}$'** 등의 주장을 정당화하는 논문을 인용할 수 있게 되었고, 그러면서도 그런 주장의 신뢰성이나 그 논문들이 실린 저널의 질에 대해선 알지 못하는 경우가 많다.

- •   백신에 들어가는 수은이 함유된 방부제로, 이것이 자폐증을 일으킨다는 음모론도 있음.
- ••   비행기 뒤에 생겨나는 흰색 연기. 정부가 뿌리는 독성 화학 물질이라는 음모론을 가리킴.

이제는 약탈적 저널 외에도 많은 온라인 데이터 저장 공간이 등장해 '프리프린트preprints', 즉 '아직 동료 평가를 거치지 않아 출판이 허용되지 않은 연구 논문'의 발표도 가능해졌다. 이는 연구 분야에서 종종 매력적인 접근 방식으로 받아들여지는데, 그건 각종 연구 회의에서 예비 연구 결과를 발표하고 논의해온 오랜 관행처럼 최신 데이터를 실시간으로 활용해가며 추가 연구를 해나갈 수 있기 때문이다. 그러나 온라인 출판을 통해 예비 연구 결과들이 권위 있는 연구처럼 포장된 채 과학계 밖에까지 널리 확산되고 있다. 정책 입안자들과 일반 대중은 코로나19 같은 세계적인 위기 상황에서 최첨단 연구 결과를 보고 싶어 하는 경우가 많지만, 그런 연구 결과는 아직 신뢰도가 낮다는 걸 고려해야 한다. 어쨌든 프리프린트 서버에 발표된 논문의 경우 동료 평가를 통과해 정식 의학 저널에 게재된다는 보장은 없다. 그럼에도 불구하고 이런 연구 결과는 뉴스 매체, 소셜 미디어 인플루언서, 정치인들에 의해 종종 인용되어 널리 알려진다.

동료 평가가 대충 이루어지거나 아예 생략될 경우, 그 결과는 단순히 잘못된 정보가 확산될 위험에만 그치지 않고 과학이라는 권위 있는 학문 분야에 대한 신뢰 저하로까지 이어지게 된다. 앞서 랜드 연구소의 캐버노와 리치가 '진실 붕괴'에 대한 연구에서 밝혔듯, 우리는 지금 한때 높이 평가받던 사실 기반의 정보 출처들이 불신의 대상이 되고 사실과 데이터 해석을 둘러싸고 광범위한 의견 충돌이 발생하는 전례 없는 시대에 살고 있다. 약탈적 저널들과 프리프린트 출판이 그 주된 이유 중 하나일 수도 있다. 그러나 일부 주장과 달리,[46] 이런 위기의 원인은 과학 그 자체 때문이 아니라, 규제받지 않는 훨씬 큰 '의견 벼룩시장' 안에서 과학 출판 기준이 무너졌기 때문이다.

분명히 말하지만, 그렇다고 해서 저널리즘과 과학 출판의 도덕적 기준이 사라졌다는 뜻은 아니다. 여전히 믿을 만하고 객관적인 뉴스는 많이 보도되고, 믿을 만하고 객관적인 과학 및 의학 연구 역시 많이 발표된다. 결국 제멋대로인 의견 벼룩시장 안에서 어떻게 괜찮은 정보를 찾아낼 것인지, 우리 인간의 뇌가 확증편향 속에 정보를 찾는다는 걸 고려할 때 그런 환경에서 올바른 정보를 찾는 게 얼마나 가능한지, 그리고 무엇이 괜찮은 정보인가에 대해 우리가 어느 정도 합의할 수 있는지 이런 것들이 오늘날 우리가 직면한 딜레마다.

동기화된 추론과 정체성 방어

---- 4 ----

앞서 언급한 빌 오라일리와의 설전 이후 ABC 〈나이트라인〉 진행자 테드 코펠은 오라일리의 폭스 뉴스 동료인 숀 해니티Sean Hannity와도 언쟁을 벌였고, 그를 '미국에 해로운 인물'이라며 비난했다.[47] 그러나 해니티는 이렇게 반박했다. "우리는 미국 국민이 충분히 똑똑해서 의견 프로그램과 뉴스 프로그램의 차이쯤은 구분할 수 있다는 걸 인정해야 해요……. 당신은 지금 미국 국민을 과소평가하고 있어요."

그렇다면 누가 옳은 걸까? 코펠이 미국 국민을 과소평가한 것일까, 아니면 해니티가 너무 과대평가한 것일까? 우리는 최근에 있었던 두 건의 법정 소송에서 그 답을 찾을 수 있다. 2019년 MSNBC의 해설자 레이철 매도Rachel Maddow는 "말 그대로 러시아 선전 활동 대가로 자금 지원을 받고 있다"라고 주장한 뒤 원 아메리카 뉴스 네트워크One America News Network*로부터 명예훼손 혐의로 고소당했다.[48] 그러나 지방 법원 판사는 이를 기각하며 "매도는 자신의 그간 방송 흐름과 일관되게 사실을 과장했으며, 합리적인 시청자라면 그걸 사실로 받아들이지 않을 것"이라고 판결했다. 그다음 해에는 폭스 뉴스의 해설자 터커

• 보수 성향의 미국 TV 방송국.

칼슨이 캐런 맥두걸Karen McDougal로부터 명예훼손 혐의로 고소당했다. 칼슨은 맥두걸이 불륜 의혹을 빌미로 트럼프 대통령을 협박하고 있다고 주장했다. 이에 대해 재판을 맡았던 판사는 칼슨 측 변호인단이 제시한 주장을 토대로 이렇게 판결했다. "칼슨 쇼의 전반적 흐름으로 미루어 볼 때⋯⋯ 시청자는 그가 사실을 말하는 게 아니며⋯⋯ '과장'과 '비유적인 논평'을 하고 있다는 걸 알 수 있다."[49] 그러면서 판사는 이렇게 말했다. "칼슨의 평판을 고려할 때, 합리적인 시청자라면 그의 발언을 곧이곧대로 받아들이지 않고 적절히 가감해서 받아들일 것이다."

결국 매도와 칼슨이 승소할 수 있었던 이유는, 두 경우 모두 그들이 사실을 객관적으로 보도하기보다 선정적으로 과장되게 보도한다는 것을 그들의 변호사가 인정했기 때문이다. 판사는 시청자들이 의견과 뉴스를 구분할 수 있다는 해니티의 주장에 힘을 실어줬지만, 지금까지의 연구에서 나온 증거는 오히려 코펠의 우려와 캐버노와 리치의 '진실 붕괴' 개념을 뒷받침한다. 미국인뿐 아니라 전 세계의 다른 사람들 역시 의견과 뉴스 또는 가짜 뉴스와 신뢰할 만한 뉴스를 잘 구분하지 못하는 것이다. 그 증거를 제시하기 위해 스탠퍼드대학교 역사 교육 그룹의 연구진은 중학생과 고등학생, 대학생에게 뉴스 기사, 소셜 미디어 게시물, 광고, 사진, 동영상 등 다양한 형태의 디지털 콘텐츠를 보여주고 신뢰도를 평가하게 했다.[50] 그 결과, 중학생에서 대학생에 이르는 모든 학생이 뉴스 기사를 가장해 제품 홍보나 판매를 하려는 '기사형 광고'와 진짜 뉴스를 구분하는 일, 정보성 주장에 첨부된 무작위 사진의 출처를 의심해 보는 일, 여론 조사 데이터의 정치적 편향 가능성을 알아채는 일 등에 어려움을 겪었다. 이런 결과를 단순히 젊은이들의 무지로 치부해서는 안 되는 이유는, 다른 연구에서 온라인 정보 환경에 대한 이해도가 더 낮고 소셜 미디어에서 잘못된 뉴스를 공유할 가능성이 제일 높은 건 오히려 노년층이라는 '회색 디지털 격차' 현상의 증거가 밝혀졌기 때문이다.⁵¹ 결국 중요한 건 사람들이 인터넷이라는 공간에 모여 있는 방대한 양의 정보 출처 속에서 신뢰할 만한 정보와 잘못된 정보, 진짜 뉴스와 가짜 뉴스를 쉽게 구분할 수 있게 해주는 '미디어 리터러시' 교육을 거의 혹은 전혀 받아본 적이 없다는 것이다. 슈퍼마켓 계산대 앞줄에서 〈위클리 월드 뉴스〉 같은 신문을 보게 된다면 가짜 뉴스는 비교적 쉽게 알아볼 수 있지만, 그런 뉴스가 진짜 뉴스와 나란히 제공될 때 이 둘을 구별해내는 일은 훨씬 어렵고 우리 중 대부분은 이를 해낼 준비가 되어 있지 않다.

코펠이 말한 것처럼 우리가 어떤 사실에 대해 합의도 못 한 채 잘못된 정보에 쉽게 빠지게 되는 이유 중 하나는, 오늘날의 미디어 환경이 소비자가 필요한 정보가 아니라 원하는 정보만을 제공하기 때문이다. 의견 벼룩시장 안에는 누구에게나 필요한 뭔가가 있으며, 3장에서 언급한 것처럼 우리는 이제 강화된 확증편향 탓에 자신이 집착하는 편리한 허위 사실을 뒷받침해줄 정보는 빨리 찾아내고, 외면하고 싶은 불편한 사실들은 부정할 수 있게 되었다. 객관적인 증거는 뒤로 밀려났고, 그 자리를 코미디언 스티븐 콜베어가 말하는 이른바 '트루시니스truthiness'*가 차지하게 되었다. 콜베어는 이를 '책이 아닌 직감에서 나오는 진실'이라 표현했고, 미국 방언학회는 '실제로 알려진 개념이나 사실보다는 진짜였으면 하고 바라는 개념이나 사실에 대한 선호 성향'이라고 정의했다. 트루시니스는 2006년 메리엄-웹스터Merriam-Webster 사전에서 '올해의 단어'로 선정되기도 했다.⁵² 트루시니스라는 직감과 감정에 따라 우리는 확증편향이 주는 자기만족에 속아 넘어

* 진짜 진실은 아니지만 진실처럼 느껴지는 것.

가게 되며 그 결과 종종 신뢰할 만한 뉴스보다는 잘못된 뉴스에, 동료 평가를 거친 결과보다는 예비 결과에 그리고 실제 사실보다는 의견이나 '대안적 사실'에 더 끌리게 된다. 비유하자면, 요즘 우리가 제공받고 소비하는 뉴스와 정보는 슈퍼마켓에서 장을 보거나 외식을 할 때 제공받는 음식과 같다. 고과당 옥수수 시럽이 잔뜩 들어간 가공된 패스트푸드처럼 입맛에는 맞을지 몰라도 전반적인 육체 및 정신 건강에는 해로운, 열량만 높고 영양가는 없는 정보인 셈이다.

잘못된 정보에 대한 우리의 병적인 욕구를 부추기는 또 다른 중요한 관련 요인은 이른바 '동기화된 추론motivated reasoning'인데, 이는 코펠이 해니티에게 했던 "요즘 정치적으로 편향된 뉴스에 열광하는 사람들은 사실보다는 이념을 더 중시합니다"라는 말에서도 슬쩍 엿볼 수 있다. 심리학적인 관점에서 볼 때, 동기화된 추론은 종종 확증편향과 동일시되거나 비슷한 것으로 여겨지지만, 사실 두 개념은 서로 다른 인지 과정으로 볼 수 있다. 2장에서 살펴봤던 대니얼 카너먼의 의사결정과 관련된 두 가지 유형의 사고를 상기해보면, 확증편향은 '진실'보다는 트루시니스, 즉 '믿고 싶은 진실'을 더 좋아하는 직관적이고 감정적인 '빠른 사고'에 더 가깝다. 그 결과, 우리의 관심은 기존 믿음을 뒷받침하는 정보로 향하게 되며 기존 믿음에 반하는 정보는 외면하게 된다.

그런데 동기화된 추론은 거기서 한발 더 나아간 보다 합리적이고 신중한 과정으로, 그 과정을 통해 우리는 정보를 소화하고 해석하는 방식을 통제해 이미 믿고 있는 바를 정당화하려 하고 또 우리가 속한 이념 집단이 기대하는 믿음에 부합되는 행동을 하려 한다.[53] 따라서 동기화된 추론은 단순히 정보와 우리 뇌 간의 상호작용뿐 아니라 정보와 뇌 그리고 우리가 속한 이념 집단 간의 삼각관계에 따라서도 달라지는 사회적·문화적 인지 개념으로 볼 수 있다.

결국 우리는 동기화된 추론을 통해 우리가 접하거나 찾는 정보의 진실성을 냉정하게 판단하려 하기보다 그 정보를 분석해 우리의 기존 세계관과 우리가 속한 사회 집단의 관점에 맞추려 한다. 그래서 우리가 믿고 싶어 하는 걸 뒷받침해주는 연구 결과에 대한 글을 읽거나 전문가와의 인터뷰를 접하면, 그 연구의 질이나 그 전문가의 지식을 높게 평가할 가능성이 크다. 그러나 어떤 연구나 전문가의 의견이 우리의 믿음과 다를 경우, 우리는 그 연구가 잘못됐다거나 그 전문가가 편향됐거나 진정한 전문가가 아니라고 결론짓기 쉽다. 좀 더 간단히 말해, 우리는 어떤 증거가 신뢰도와 관계없이 우리의 세계관과 일치할 때 '좋은' 증거로 판단하고 그렇지 않을 때 '나쁜' 증거로 판단한다(이런 현상은 앞 장에서 언급한 로드와 로스, 레퍼의 1978년 실험에서도 그대로 관찰된 바 있었는데, 그들이 말한 유형의 사후 분석 방식은 확증편향보다는 동기화된 추론에 더 가까운 것으로 볼 수 있다).

이런 식으로 증거를 깎아내리는 행위는 '반 확증편향', '동기화된 불신', '동기화된 회의', '동기화된 부정', '동기화된 무지' 등 다양한 이름으로 불린다.[54] 결국 동기화된 추론이란 우리의 믿음과 우리가 속한 이념 집단에 근거해 우리 정체성을 지키기 위해 관련 사실 및 데이터를 분석하고 해석하는 것이다. 그 결과, 이 같은 동기화된 추론 모델은 예일대학교의 심리학 및 법학 교수 대니얼 케이헌Daniel Kahan 같은 연구자들에 의해 '정체성 보호 인지'로 불리거나 뉴욕대학교의 심리학 및 신경과학 교수 제이 반 바벨Jay Van Bavel에 의해 '정체성 기반 믿음 모델'로 설명되기도 한다.[55] 우리의 이념적 믿음을 통해 우리의 정체성을 규정하려 할 때 빠지기 쉬운 함정에 대해선 9장에서 좀 더 자세히 다루겠다.

동기화된 추론의 가장 대표적이고 연구가 활발한 예시 중 하나는 우리의 정치적 정체성에 의해 결정되는 믿음이다. 요즘은 공화당 지지자인가 민주당 지지자인가 또는 진보주의자인가 보수주의자인가 하는 정치적 정체성에 따라 낙태나 총기 규제, 이민, 투표권, 외교 정책 같은 정치적 문제뿐 아니라 코로나19나 기후 변화 같은 과학적 탐구와 관련된 주제에 대한 입장까지 예측할 수 있게 되었다. 이 같은 예측이 가능한 이유는 확증편향과 동기화된 추론이 무질서한 오늘날의 의견 벼룩시장 안에서 상호작용하며 강화되기 때문이다. 우리는 소셜 미디어의 에코 체임버 안에서 듣는 주장과 또 우리가 좋아하는 정파적인 뉴스 해설자에게서 듣는 주장을 앵무새처럼 되풀이함으로써, 개인적인 정치적 믿음과 집단적인 믿음을 정당화하고 방어한다.

한편 뉴스 해설자들과 소셜 미디어 인플루언서들은 요즘 유행하는 정파적 주장이나 시청자의 요구에 따라 자신의 이미지와 이념을 변화시킨다. 실제로 2023년 초 법정에 제출된 서류를 통해 밝혀진 바에 따르면, 2022년 미국 대선 중에 폭스 뉴스가 조 바이든이 애리조나주에서 승리했다고 예측한 뒤 폭스 뉴스 진행자 터커 칼슨과 로라 잉그러햄은 뉴스맥스 같은 케이블 뉴스 채널에 시청자를 뺏길 걸 두려워한 나머지 사적인 자리에서 비웃었던 부정 선거 주장을 방송에선 적극적으로 퍼뜨렸다.[56] 확인된 사실을 보도하기보다는 이익을 위해 대중의 믿음에 영합하려는 이런 행태는 잘못된 정보에 대한 믿음과 그에 따른 정치적 양극화 현상 또는 로드, 로스, 레퍼가 말하는 이른바 '태도 양극화' 현상을 부추겨왔다. 이런 현상은 미국 역사상 전례 없던 일은 아니지만, 지난 50년간은 보지 못했던 일이다(정치적 양극화의 딜레마에 대해선 8장에서 더 자세히 다루겠다).

프린스턴대학교 심리학자 지바 쿤다Ziva Kunda는 1990년에 발표한 논문에서 동기화된 추론을 본격적으로 개념화한 학자 가운데 한 명이다.

쿤다는 동기화된 추론을 '자신이 원하는 결론에 도달하기 위해 합리적으로 생각하려 하고 그 결론을 정당화하려는 시도'라고 설명하면서 이렇게 덧붙였다.

> 사람들은 단지 자신이 원한다고 해서 결론 내리고 싶어 하는 걸 마음껏 결론 내릴 수 있는 것은 아니며…… 그걸 뒷받침해줄 증거를 끌어모을 수 있을 때만 비로소 원하는 결론을 내릴 수 있다.[57]

그러나 오늘날 무질서한 의견 벼룩시장에는 서로 상충하는 정보와 잘못된 정보가 넘쳐나기 때문에 3장에서 살펴본 것처럼 어떤 믿음이든 그걸 뒷받침해줄 '증거'를 쉽게 찾을 수 있다. 그래서 우리는 확증 편향과 동기화된 추론을 통해 뻔뻔하게 잘못된 정보를 선택해 믿음과 사실이 서로 충돌하는 걸 피하고 오히려 반대 진영을 잘못된 정보를 믿는 자들이라고 조롱한다. 그렇게 함으로써 지바 쿤다가 말한 이른바 '객관성의 환상'을 유지할 수 있다. 요컨대 우리는 사실을 이용해 우리의 믿음을 쌓는 게 아니라, 진위와 관계없이 정보를 이용해 우리와 우리가 속한 사회 집단이 이미 갖고 있는 믿음을 정당화하는 것이다. 그 결과, 사실 확인을 할 수 있는 사이트나 신뢰도와 정치적 편향에 따라 언론 매체를 객관적으로 평가하는 가이드, 약탈적 저널의 명단 조차도 '편향되었다'라는 이유로 무시당할 수 있듯 과학 전문가의 의견과 과학계의 합의조차도 단번에 외면될 수 있다.

따라서 '잘못된 정보'와 '가짜 뉴스'라는 용어는 이제 사실 여부와 무관하게 우리 자신의 믿음에 반대하고 이념적 반대 집단의 믿음을 지지하는 정보와 뉴스를 뜻하는 완곡한 용어로 변질되고 무기화되었다.[58] 거의 모든 논쟁에서 양측이 자신에게 유리한 '증거'를 인용할 수 있게 되면서 캐버노와 리치가 지적했듯 우리는 이제 더 이상 증거와 사실 그리고 진실을 가리는 근본적인 일조차 합의하지 못하는 지경에 이르렀다.

인식적 나태함 vs. 동기화된 정확성

---- 5 ----

　미국은 지난 수십 년간 전국을 휩쓴 '반지성주의'의 물결로 인해 위기에 처했다는 주장이 꾸준히 제기되어왔다. 1980년에는 아이작 아시모프Isaac Asimov가 점점 확산되는 '무지의 숭배'를 한탄했고, 1995년에는 칼 세이건Carl Sagan이 진화하는 '무지의 찬양'과 '미국의 우매화'를 경고했다.⁵⁹ 그러나 오늘날 우리가 처한 상황을 설명할 때, 동기화된 추론과 지적 결핍을 혼동하는 함정에 빠지지 않도록 주의해야 한다. 2장에서 언급했듯 인간이 인지 편향에 얼마나 쉽게 빠지는가는 지능과는 별 관계가 없으며, 특히 확증편향과 관련해서는 잘 입증된 바 있다. 결국 코펠과 숀 해니티 두 사람 다 어느 정도는 옳다는 이야기다.⁶⁰ 우리가 사실과 의견, 신뢰할 만한 정보와 잘못된 정보를 제대로 구분하지 못한다는 점에서 코펠의 탄식은 타당하지만, 그렇다고 해서 그것이 낮은 지능 때문에 생기는 문제가 아니라는 점에선 해니티 역시 옳다.

　지능은 잘못된 정보에 대한 믿음으로부터 우리를 지켜주지 못할 뿐 아니라, 어떤 상황에서는 오히려 잘못된 정보에 더 취약해지게 만들 수도 있다. 여러 연구를 통해 대니얼 케이헌은 분석적인 사고와 '수리능력numeracy', 즉 수치 데이터를 이해하고 해석하는 능력이 때로는 믿음을 지켜주는 동기화된 추론을 더 많이 활용하는 경향과 관련 있다는 걸 보여주었다.[61] 이는 곧 분석적 사고나 데이터 해석 능력이, 설사 그것이 객관적인 사실에 반할 때도 우리에게 믿음을 지키고 또 우리가 옳다는 걸 자신과 타인에게 입증하는 걸 가능하게 해준다는 의미다. 이처럼 실망스러운 결론은 3장에서 언급했던 고등학교 토론 수업에서의 내 경험과도 일치하며, 2장 말미에서 언급했던 것처럼 전문가들조차 자기 믿음에 대한 근거 없는 과신에서 벗어날 수 없다는 사실을 떠올리게 한다. 이와 아주 비슷한 이야기지만, 지능이 높다고 해서 그러니까 이 경우 데이터 해석에 능하다고 해서 꼭 동기화된 추론을 통한 잘못된 믿음으로부터 자유롭다는 건 아니다.

다행히 '정파적 가짜 뉴스partisan fake news'에 빠지기 쉬운 경향을 연구한 결과는 덜 실망스럽다. 캐나다 리자이나대학교의 심리학 교수 고든 페니쿡Gordon Pennycook, MIT의 뇌·인지과학 교수 데이비드 랜드David Rand와 그 동료들이 실시한 일련의 실험은, 분석적 사고를 할 수 있는 능력과 성향은 실제로는 잘못된 뉴스와 정확한 뉴스를 구분하는 능력과 더 높은 상관관계가 있음을 보여주었다. 이는 심지어 잘못된 뉴스가 정치적 이념과 일치할 때도 마찬가지였으며, 이는 우리가 기대했던 바이기도 하다.[62] 케이헌의 결론과는 반대로, 페니쿡과 랜드는 잘못된 뉴스에 대한 믿음은 동기화된 추론 문제나 우리가 무엇을 믿고 싶어 하느냐의 문제라기보다는 합리적 사고를 하려는 의식적인 노력으로 극복할 수 있는 일종의 '인식적 나태함'의 문제라고 주장한다. 다시 말해, 페니쿡과 랜드는 자신들의 연구가 '의도적이고 합리적인 분석이 휴리스틱에서 비롯된 편향된 직감을 극복하는 데 도움이 된다'라고 보는 대니얼 카너먼의 '고전적 추론' 모델을 뒷받침한다고 주장한다.

두 연구 결과가 일치하지 않는 것은, 실험 방식이 서로 다른 데다가 기존 믿음에 따른 확증편향과 정치적 성향에 따른 동기화된 추론 과정 사이에서 발생하는 복잡한 상호작용 때문일 가능성이 크다. 다시 말해, 동기화된 추론을 피할 수 있는 우리의 능력은 개인의 합리적 사고 능력과 합리적 사고를 하는 방식, 기존의 우리 믿음과 이념적 성향은 물론 우리가 진위를 확인하려 하는 특정 주제나 뉴스 제목 등 여러 요인에 달린 것이다. 예를 들어, 우리의 분석적 사고 능력은 기후 변화처럼 복잡한 특정 주제(케이헌의 실험에서 자주 다뤄진)를 다루거나 감정적으로 민감해 분노나 방어 심리를 촉발할 가능성이 더 높은 주제를 다룰 때 저하될 수도 있다.

또한 우리가 심리학 실험에 참여할 때, 진실을 구분하는 우리의 능력은 우리에게 정확히 어떤 과제가 주어지느냐에 따라 달라질 수 있다. 예를 들어, 실험 참가자들에게 어떤 정보가 자신이 속한 정당의 입장과 같다는 걸 보여주는 '정당 관련 단서'가 주어질 때, 그들은 정파적인 반응을 보일 가능성이 더 높아지고 그로 인해 동기화된 추론에 더 많이 빠지게 될 수 있다.[63] 그러나 실험 참가자들에게 진짜 뉴스와 가짜 뉴스를 구분하라는 분명한 요청을 할 경우, 이는 잘못된 정보가 주어질 수도 있다는 단서나 경고가 될 수도 있다. 결국 속을 수도 있다는 걸 알기 때문에 우리는 이를테면 '헛소리 탐지기' 같은 걸 작동시켜 설령 우리가 이미 믿고 있거나 믿고 싶어 하는 걸 더 확신시켜주는 정보를 접하더라도, 보다 의심에 찬 눈으로 분석적인 사고를 하게 될 가능성이 커진다.

이 설명은 쿤다가 처음 제시한 동기화된 추론 개념으로 돌아간다. 그녀는 동기화된 추론이 정확성에 대한 동기와 방향성에 대한 동기, 자신의 집단 정체성에 부합하려는 동기 두 가지로 구성되었다고 주장했다. 방향성을 보여주는 단서가 주어질 경우에는 동기화 추론에 빠질 가능성이 더 커지고, 정확성을 보여주는 단서가 주어질 때는 분석적 사고를 할 가능성이 더 커질 수 있다. 이를 뒷받침해주는 좋은 증거가 있다. 일부 연구에서는 단서뿐 아니라 금전적 보상까지 제공함으로써(예를 들어, 맞힌 사람에게 돈을 주는 방식으로) 정확성을 기하려는 동기를 준 것이다.[64] 이런 보상이 주어지면 대개 정확성이 동기화된 추론보다 더 중요해지게 되며, 실험 참가자들도 '모르겠다'라는 말을 함으로써 자신의 무지를 인정할 가능성이 더 커진다. 결국 2장에서 내렸던 결론, 즉 시간을 내 분석적으로 사고하면 근거 없는 믿음에 대한 부적절한 믿음이나 세상에 널려 있는 잘못된 정보에 빠질 가능성이 줄어든다는 결론으로 되돌아가게 된다. 분석적 사고의 장점에 대해선 10장에서 다시 살펴보기로 하겠다.

지금까지의 논의를 통해 알 수 있는 것은, 심리학 실험실 밖의 현실 세계에서는 그리고 오늘날의 미디어 환경에서는, 잘못된 정보가 곳곳에 널려 있고 정확한 정보와 잘못된 정보가 공존한다는 걸 인정하는 게 도움이 될 수 있다는 사실이다. 우리는 자신의 이념적 믿음과 우리가 속한 이념 집단의 믿음을 뒷받침하는 뉴스에 대해서는 더 조심스럽게 접근하는 훈련이 필요하다. '직접 조사해보라'라는 말은 견제하는 사람들도 없는 이 방대한 정보의 세계를 헤쳐 나가는 데 필요한 슬로건처럼 되어버렸다. 하지만 우리가 이미 믿고 있거나 믿고 싶어 하는 것을 뒷받침해줄 방법을 찾으려 하거나 이념적 논쟁에서 이기려 한다면, 우리는 확증편향과 동기화된 추론을 통해 잘못된 믿음의 희생양으로 전락할 가능성이 크다. 이런 방식은 단기적으로 우리 기분을 좋게 만들어줄 순 있다. 우리의 믿음과 사실 사이에서 느껴지는 괴리감을 줄이고 자기만족감을 높이며, 이념적 반대자들을 이긴 것처럼 느끼게 할 수 있기 때문이다. 인식적 나태든 동기화된 추론이든 결국 사실이 아닌 것을 믿기로 하는 행위는 자기기만에 불과하다. 그리고 이것은 개인 차원에서든 사회 전체 차원에서든, 정신적으로 건강한 믿음의 방식이라고 할 수 없다.

5

허위 정보 산업

The
Disinformation
Industrial Complex

오, 우리가 처음으로
속이려 할 때
얼마나 복잡하게 뒤얽힌
거미줄을 짜게 되는가!

—— 월터 스콧 경

분산된
법적 책임

1

    몇 년 전 미국 중서부에 사는 로버트 드러먼드Robert Drummond와 그의 아내 마고Margo는 미국 국세청IRS 문제로 큰 곤경에 처했다. 탈세, 우편 사기, 전신 사기 혐의로 여생을 연방 교도소에서 보낼 가능성까지 제기된 상태였다. 그들이 적어도 10년간 소득세를 내지 않았다는 건 부인할 수 없었다. 또 다른 사람들에게 자신들처럼 세금을 내지 않고도 채무를 면제받는 방법을 알려주었다는 혐의도 있었다. 타인의 재산에 유치권을 설정하고 수년간 국세청에 법률 서류를 계속 보내는 방식으로 말이다. 그렇게 하면 그들이 정부 당국으로부터 법적으로 아무런 책임을 지지 않고 '완전히 자유로운' 상태가 될 수 있다고 믿게 했다. 문제가 되는 건, 드러먼드 부부가 '고의로' 법을 어겼는지, 아니면 자신들이 한 일이 '합법적인' 일이라고 진심으로 믿었는지였다. 만일 재판에서 후자의 경우라고 판명 난다면, 그들은 이른바 '칙 방어Cheek defense'* 논리에 근거해 유죄 판결을 피할 수도 있었다. 칙 방어란 '법을 모른다고 해서 면책되지 않는다'라는 세법 원칙에 대해 예외를 인정하는 매우 드문 방어 논리이다.

•   미국인 Richard Cheek의 이름에서 따온 용어.

'망상 비슷한 믿음'에 대한 학문적 연구와 저술 덕분에, 드러먼드 부부의 변호인들은 내게 연락해 그 사건에 전문가 증인으로 참여해 줄 수 있는지 물었다. 그 부부의 특이한 믿음이 정신 질환에서 비롯된 것인지 아닌지 판단하고 칙 방어 논리가 그 사건에 적용 가능한지를 결정하는 데 도움을 달라는 것이었다. 오후 내내 인터뷰를 한 끝에, 그 부부가 합법적으로 세금 납부를 회피할 특별한 지식을 갖고 있다고 확신한다는 사실이 분명히 드러났다. 그들의 믿음은 매우 확고했고 아무 잘못도 하지 않아 무죄 판결을 받을 거라 확신하고 있었다. 다만 그들의 확신을 뒷받침하는 세부적인 근거는 기이하고 난해했으며 그 중심에는 음모론적 색채가 강한 수정주의적 미국 역사관이 있었다. 1933년 금본위제가 폐지된 이후 자국민을 일종의 대출 담보로 다른 나라에 넘겼고 국내의 '관습법'을 폐지하고 국제 상거래 규율을 위한 '해상법'으로 대체했다는 주장 말이다. 그들은 운전면허 취득 같은 일반적인 관행에 참여하길 거부한다거나 여러 정부 기관에 이해하기 어렵고 특이한 구두점이 찍힌 법률 서류를 계속 제출했다. 또 국세청을 상대로 소송을 제기함으로써 '주권 시민'으로서의 지위를 되찾고 해상법에서 벗어날 수 있다고 믿었다. 심지어 태어날 때부터 모든 미국 국민 앞으로 설정되었다고 여기는 법인 신탁 내 담보금, 약 63만 달러에 대한 권리까지 회복할 수 있다고 확신했다.

다소 기이하고 명백히 사실이 아닌 믿음을 가졌음에도 드러먼드 부부가 망상에 빠져 있거나 정신 질환을 앓는 건 아니라는 점은 분명했다. 우선 드러먼드 부인은 사실 모든 믿음에 대해 확신이 있는 것이 아니라, 좋은 아내라면 남편의 전문 지식을 따르는 것이 마땅하다고 믿고 남편의 판단에 의존했다. 드러먼드 씨의 믿음은 사실이 아니었고 다소 자기지시적인 특성을 띠었지만, 결국 그 모든 것은 자신이 아닌 세상에 대한 믿음이었다. 그는 다른 모든 미국 시민도 자신이 믿는 절차를 따르기만 한다면 자신처럼 동일한 권리를 누리고 면제받아도 좋을 의무들은 면제받을 수 있다고 믿었다. 더 중요한 점은 그가 믿는 수정주의적 미국 역사관과 세금 납부 의무가 없다는 주장은 그만의 독특한 주장이 아니었다는 것이다. 이는 느슨하게 연결되어 있지만 점점 늘어가는 자칭 '주권 시민'이라는 집단의 핵심 교리와 일치했다.[1]

드러먼드 부부 같은 '주권 시민'들은 '세금 저항자'와 '세금 부정자'의 하위 범주에 속하며 수시로 법을 위반한다. 단순히 탈세나 허위 세금 신고만 하는 게 아니라, 무면허 운전을 한다거나 허위 유치권을 설정하고, 법적으로 부채나 파산, 부동산 압류 등에서 벗어나기 위해 국세청 같은 정부 기관에 법률 용어처럼 보이지만 의미 없는 내용으로 가득한 허위 문서를 끝없이 제출하는 '문서 테러'를 범하고 있다. 남부빈곤법센터Southern Poverty Law Center에 따르면, 주권 시민들은 '맹신자'에서부터 법망을 피하고자 몇몇 수법을 시험 삼아 시도하는 사람에 이르기까지 다양하며 미국 내에 그 수가 수십만 명에 이른다.

로버트 드러먼드는 한 라디오 토크쇼에서 처음 그 이야기를 들었고 이후 《합법적으로 세금 안 내는 법How to Avoid Paying Taxes Legally》 같은 책과 인터넷 자료를 통해 이 교리를 복음처럼 받아들이게 되었다. 결국 그는 수천 달러를 들여 자칭 '주권 시민운동 지도자'들이 주최하는 세미나에 참석했는데, 거기서 세금을 내지 않고 빚에서 벗어나며 주권을 되찾는 단계별 지침을 배웠다. 그 공식을 익힌 뒤 그는 다른 사람들이 빚에서 벗어날 수 있게 도왔고, 그들을 위해 법률 서류를 대신 작성해주는 등, 자신이 받은 도움을 다른 이들에게 되돌려주기 시작했다. 그는 이러한 활동을 통해 개인적으로 백만 달러가 넘는 이익을 얻었고 그러면서 내내 자신이 도움을 받았던 것처럼 다른 이들을 돕는다는 사실에 자부심을 느꼈다.

　연방 재판에서 내 증언에도 불구하고, 드러먼드 부부는 연방 정부는 물론 도움을 받기 위해 돈을 지불한 사람들을 속인 혐의로 유죄 판결을 받아 지금도 복역 중이다. 나도 그들의 변호인들도 그 결과에 특별히 놀라지 않았다. 어쨌든 드러먼드 부부에게 가르침을 준 주권 시민 운동 지도자 상당수도 이미 몇 년간 비슷한 혐의로 유죄 판결을 받고 수감된 바 있었던 데다 아직도 나는 주권 시민 관련 사건에서 칙 방어 논리가 받아들여졌다는 이야기는 들어본 적이 없기 때문이다. 나는 드러먼드 부부의 믿음과 행동 그리고 그들이 맞이한 운명을 떠올릴 때마다 그 배경에 있는 잘못된 정보의 인과적 연결 고리에 대해 수많은 의문을 떠올렸다. 만일 드러먼드 부부가 '선의'에도 불구하고 다른 사람들에게 사기를 친 혐의로 유죄 판결을 받았다면, 그들에게 주권 시민 교리를 믿게 만든 사람들은 어떻게 되는 걸까? 그들 역시 이 교리를 진심으로 믿었던 걸까, 아니면 일부가 파산 위기나 집을 잃을 위기에 놓인 사람들의 절박함을 악용한 사기꾼에 지나지 않았던 걸까? 마고 드러먼드의 경우, 잘못이라면 남편에게 근거 없이 맹목적으로 순종한 것이 거의 전부인데 '좋은 아내'가 되기 위해 믿음에 따라 행동한 것이 정말 감옥에 갈 만큼의 죄였을까? 많은 믿음과 행동들이 긴 사슬처럼 서로 맞물려 있는 상황에서 대체 궁극적인 책임은 누구에게 있고 실제 책임은 누구에게 있는 걸까?

　어린 시절 또래 친구의 압력에 못 이겨 무모한 행동을 했을 때, 부모님은 이렇게 물으셨다. "친구들이 다리에서 뛰어내리라고 하면 너도 뛰어내릴 거니?" 이런 질문은 드러먼드 부부뿐 아니라 우리 모든 어른에게도 던져볼 만하다. 그러나 잘못된 정보가 넘쳐흐르고 사람들이 우리에게 무엇을 믿고 믿지 말아야 하는지 또는 무엇을 해야 하고 하지 말아야 하는지에 대해 잘못된 조언을 해주는 오늘날의 세상에서는 그 질문에 대한 답이 더 복잡해졌다. 우리가 친구와 지인뿐 아니라 뉴스 해설자와 교사, 작가, 소셜 미디어 인플루언서, 유명인, 자칭 전문가 그리고 심지어 정치인으로부터 온 잘못된 정보를 믿고 행동할 경우, 그들 역시 우리 행동에 대해 일정 부분 책임을 져야 하지 않을까? 헤일-봅 혜성의 꼬리 부분에 있는 우주선이라고 주장하는 조작된 이미지를 자신의 웹페이지에 올린 심야 라디오 토크쇼 진행자 아트 벨은 '헤븐스 게이트' 신자 39명의 사망에 적어도 일정 부분 책임이 있었던 것 아닐까? 또한 피자게이트 음모론을 퍼뜨린 보수 성향의 언론인들은 제임스 매디슨 웰치 사건에 대해 일정 부분 책임을 져야 하는 것 아닐까? 바이든이 부정 선거를 통해 대통령 자리를 훔쳤다는 음모론을 조장한 정치 지도자와 뉴스 해설자 역시, 2021년 1월에 발생한 미국 국회의사당 폭력 사태와 그로 인한 죽음에 대해 책임져야 하지 않을까? 그런 잘못된 정보의 확산을 조장한 인터넷 사이트와 소셜 미디어 플랫폼 역시 그 결과에 대해 일정 부분 책임져야 하는 것 아닐까?

우리 시대에 꼭 필요한 이 질문들에 대한 내 답은 "그래, 다 맞다"이다. 물론 우리는 늘 자기의 행동에 책임져야 하며, 죄를 지은 사람들에게는 합당한 책임을 물어야 한다. 하지만 특히 잘못된 믿음의 원인을 이해하고 사람들이 그런 정보에 따라 행동하는 걸 막고자 한다면 우리는 먼저 '분산된 책임'이라는 개념을 인정하고 받아들여야 한다. 그리고 형의 선고가 처벌과 복수 중심이 되는 '응보적 정의'라는 흑백 논리식 세계에서도, 우리는 '분산된 법적 책임'이라는 개념에 좀 더 가까이 다가가야 한다. 다른 사람들이 잘못된 믿음에 따라 행동할 때, 이익을 보는 이해당사자가 연루된 법적 사건에서는 더욱 그렇다.[2]

불신과
잘못된 정보

2

　1장에서 나는 인간은 과학자처럼 사고하도록 태어난 존재가 아니라고 말했었다. 그 결과, 우리는 뭔가를 믿을 때 객관적인 증거를 따져보기도 하지만 육감이나 직감, 주관적인 경험, 다른 사람들의 증언 등 다른 많은 것에 의존한다. 앞 장에서 나는 순진한 현실주의와 확증편향 그리고 동기화된 추론이 모두 믿음 형성에 중요한 동인이며, 누군가가 하는 말을 곧이곧대로 받아들이기만 해도 잘못된 믿음을 받아들일 수 있음을 분명히 했었다. 분산된 법적 책임이라는 개념은 '탱고를 추려면 두 사람이 필요하다'라는 말처럼, 잘못된 믿음을 갖는다는 것은 우리 뇌가 잘못된 정보가 이끄는 대로 춤을 추는 것과 비슷하다는 것이다. 이 장에서는 정보를 믿거나 믿지 못하는 근본 원인인 신뢰와 불신에 대해 살펴본 뒤, 논의의 초점을 정보 수신자 입장인 우리 뇌의 문제에서 정보 생산자 입장에서 보는 잘못된 정보 문제로 옮길 것이다. 미시간대학교의 심리학자 콜린 세이퍼트Colleen Seifert가 '머릿속의 잘못된 정보' 문제보다 더 시급한 문제라고 말한 '세상 속의 잘못된 정보' 문제로 말이다.[3] 그런 다음 나는 다시 논의의 초점을 단순히 잘못된 정보라는 일반적인 주제에서 고의적인 허위 정보라는 보다 구체적인 문제로, 즉 단순히 사실과 다른 잘못된 정보 문제에서 의도적으로 만들어 퍼뜨린 잘못된 정보 문제로 옮길 것이다. 누군가가 우리에게 어떤 이야기를 할 때, 그 의도가 무엇인지 판단하거나 그 사람이 실제 그 이야기를 얼마나 믿는지 짐작하는 건 어려운 경우가 많다. 따라서 단순히 '잘못된 정보'나 '잘못된 뉴스', '고의적인 허위 정보'나 '고의적인 가짜 뉴스' 사이의 경계 역시 모호한 경우가 많다. 그럼에도 이 구분은 우리가 어떤 것을 믿느냐는 문제에 있어서 중요한 차이를 만든다. 이것이 단순히 잘못된 것을 믿는 것과 거짓말을 믿는 것의 차이이기 때문이다. 한편으로는 우리 중 그 누구도 모든 주제에 대한 주관적 경험이나 개인적인 전문 지식을 갖고 있지 않기 때문에 세상에 대해 배우기 위해선 다른 사람의 말에 의존해야 한다. 또한, 우리는 사람들이 틀릴 수 있다는 것과 때로는 거짓말을 한다는 걸 알기 때문에 지식에 대해 연구하는 철학자(인식론자)들이 '인식적 경계'라 부르는 일종의 건강한 회의주의를 유지해야 한다.[4]

누구를 신뢰할지, 신뢰하지 않을지 결정하는 일은 보통 우리에게 정보를 제공하는 사람들의 신뢰도에 대한 평가를 기반으로 한다. 이는 그 사람의 신뢰도와 전문성에 대한 우리의 인식에 달려 있다.[5] 그러나 모든 인식이 그렇듯 그런 평가의 정확성은 상대의 특성들, 즉 정보 출처의 실제 신뢰성과 전문성뿐 아니라 그걸 인식하는 사람의 특성에 따라서도 달라진다. 확증편향과 동기화된 추론은 우리가 뉴스나 정보를 객관적으로 평가하지 못하게 하며 그 정보가 진실인지 거짓인지에 대한 판단을 어렵게 만든다. 그런 점에서 신뢰와 불신은 그런 인지 과정으로 인해 우리가 어떻게 될지 결정하는 데 중요한 역할을 한다. 우리는 각기 정보와 정보 출처에 대해 인식적 신뢰를 보이거나 인식적 불신을 보이는 경향이 있는데, 이는 들은 걸 곧이곧대로 다 믿는 '극단적으로 잘 속는 성향'과 그 누구도 믿지 않고 믿고 싶지 않은 건 바로 거부해버리는 '편집증적 부정 성향'이라는 양극단의 연장선에 있는 걸로 볼 수 있다. 어느 한쪽 극단에 치우칠 경우, 우리는 고의적인 허위 정보에 취약해진다. 너무 잘 믿을 경우, 그저 정보가 있다는 이유만으로 단순히 잘못된 정보든 고의적인 허위 정보든 다 믿게 될 위험이 있다. 반대로 너무 불신할 경우, '인식적 불신'을 악용하려는 목적의 고의적인 허위 정보에 말려들 위험이 있는데 이런 정보는 거짓을 퍼뜨릴 뿐 아니라 권위 있는 지식 관련 기관, 즉 전통적으로 신뢰받아온 지식 출처들의 신뢰까지 무너뜨리게 된다.

사회적 관점에서 볼 경우, 우리가 지금 고의적인 허위 정보에 취약한 것은 흔히 주장하듯 너무 잘 믿거나 무지하거나 어리석어서라기보다 불신 때문이라는 확실한 증거가 있다. 앞 장에서 내가 지난 50여 년간 대중 매체에 대한 신뢰가 계속 떨어져왔다고 말한 걸 상기해보라. 실제로 갤럽 여론 조사에 따르면, 1970년대에 조사했을 때만 해도 미국인의 약 70퍼센트가 TV 또는 라디오가 '뉴스를 완전하고 정확하며 공정하게 보도한다'라는 데에 '매우 신뢰' 또는 '상당히 신뢰'한다고 응답했지만, 2016년에 이르러선 그 수치가 32퍼센트로 떨어졌다.[6] 이와 비슷하게 1960년대에는 대중의 약 75퍼센트가 '워싱턴 정부는 거의 늘 또는 대부분 옳은 일을 할 것'이라 믿었지만, 그 수치는 2011년 부시 행정부 말기에 15퍼센트로 떨어졌고, 오바마와 트럼프 그리고 바이든 행정부를 거치는 동안에도 25퍼센트를 넘지 못했다.[7]

우리는 왜 지식 측면에서 한때 신뢰했던 뉴스 미디어나 정부 같은 권위 있는 기관들을 이토록 경계하게 된 것일까? 지식에 대한 불신의 뿌리에 대해서는 음모론에 대해 다룰 다음 장에서 더 자세히 살펴보겠지만, 4장에서 설명했듯 우리는 먼저 미디어에 대한 신뢰 저하 현상을 끊임없이 상충하는 진실을 접해야 하는 오늘날의 정보 환경 안의 현상으로 이해해야 한다. 의심할 여지가 없는 사실이지만, 불신의 뿌리를 찾다보면 부정부패, 공직을 악용한 사적 이익 추구 그리고 선출된 지도자들과 다른 공직자들이 공익보다 특정 이익을 우선시하는 일까지 거슬러 올라가게 된다. 그러나 우리가 느끼는 불신의 크기는 실제 발생한 신뢰 위반 사례의 수에 비해 지나치게 커졌다. 따라서 우리는 우리가 잘못된 정보에 속아 넘어가게 된 게 아닌지 생각해봐야 한다. 주류 언론이나 정부 기관같이 지식 측면에서 전통적인 권위를 갖고 있던 기관은 더 이상 신뢰할 수 없으며, 그래서 더 이상 어떤 것도 믿지 말아야 한다는 잘못된 정보 말이다.

앞 장에서 나는 잘못된 뉴스가 정확한 뉴스보다 더 멀리 더 빠르게 퍼진다는 걸 보여주는 연구 결과를 인용하며, 그로 인해 고의적인 허위 정보가 케이블 TV 방송과 소셜 미디어 플랫폼 그리고 약탈적 과학 저널 같은 곳에 큰 수익을 안겨줄 사업이 될 수 있다는 점을 지적했다. '진실 붕괴'에 대한 캐버노와 리치의 연구가 보여주듯 불신과 허위 정보가 동시에 늘어난 것은 우연이 아니다. 이 두 요소는 서로 인과 관계로 얽혀 있어 지식에 대한 불신이 남긴 공백을 고의적인 허위 정보가 메우고 그 과정에서 불신은 더 커진다. 간단히 말해 합당한 이유로 생겨난 불신이든 일부러 조장해 생겨난 불신이든, 그 불신을 통해 우리는 단순히 잘못된 정보나 고의적인 허위 정보에 쉽게 속아 넘어가게 되며 악순환으로 이어지기도 한다. 이 장의 후반부에서는 요즘 우리가 지식 측면에서 전통적인 권위를 갖고 있던 기관에 속고 있다는 말을 자주 듣게 되는 현실을 다룬다. 그러나 곧 드러나겠지만 이런 말을 하는 사람들은 우리에게 사실이 아닌 무언가를 믿게 하려는 의도를 갖고 있다.

허위 정보 먹이사슬의 최상위 포식자들

---- 3 ----

앞 장에서 나는 잘못된 정보에 대한 미국인들의 갈망을 정크푸드 식단에 대한 병적인 식욕에 비유했었다. 여기서는 그 비유의 연장선에서 일명 '허위 정보 생태계'나 내가 말하는 '허위 정보 먹이사슬'의 틀 안에서 단순히 잘못된 정보와 고의적인 허위 정보의 차이를 보다 명확히 하고자 한다. 이 먹이사슬의 꼭대기에는 '허위 정보 산업 복합체'의 일원인 '최상위 포식자들'이 자리 잡고 있는데, 이들은 주로 금전적 이익이나 정치적 권력을 얻으려는 은밀한 목적하에 권위 있는 지식 관련 기관에 대한 불신을 부추기고 잘못된 정보를 만들어낸다. 대니얼 케이헌은 이들을 사람들의 동기화된 추론 욕구를 충족시켜줄 정보를 제공함으로써 '경제적 기회주의'를 엿보는 '기회주의적 허위 정보 유포자'라고 정의한다.[8] 또 어떤 사람들은 '허위 정보 포르노'가 지닌 대중적 매력을 이용해 이득을 취하는 이들을 '음모론 사업가'[9]라 부른다. 먹이사슬의 중간에는 '중간 포식자' 또는 '프로슈머prosumers'*들이 있는데, 이들은 허위 정보를 소비하면서 동시에 그걸 잘못된 정보로 퍼뜨릴 뿐 아니라, 고의적인 허위 정보를 새로 만들어내기도 한다.[10] 마지

• 제품 개발에 적극 참여하는 소비자.

막으로 먹이사슬의 맨 아래쪽에는 '먹잇감' 또는 '순수 소비자'가 있는데, 이들은 단순히 잘못된 정보와 고의적인 허위 정보를 모두 수동적으로 받아들일 뿐 아니라, 다른 소비자들에게 퍼뜨리기도 한다.

이 모델에 따르면, 마고 드러먼드와 그녀의 남편 말을 곧이곧대로 믿고 따른 다른 사람들은 고의적인 허위 정보의 순수 소비자인 먹잇감이었다. 마찬가지로 일반 대중 역시 대개 먹이사슬 맨 아래에 머물며 고의적인 허위 정보가 민주주의에 끼치는 구조적 해악의 희생자로 전락한다. 반면 로버트 드러먼드 같은 사람들은 포식자이면서 동시에 먹잇감인 프로슈머를 대표한다. 다음 몇 단락에서는 허위 정보 먹이사슬의 피해자보다 그 희생으로부터 이익을 얻는 허위 정보 산업 복합체 내 최상위 포식자의 사례 몇 가지를 집중 조명할 것이다.

정보 전쟁

1996년 언론 재벌 루퍼트 머독Rupert Murdoch은 진보 성향으로 여겨지는 '빅3' 방송사 CBS, NBC, ABC에 맞서기 위해 의도적인 보수 관점의 뉴스 채널인 폭스 뉴스를 출범시켰다. 그 이후 폭스 뉴스는 보수층이 즐겨 찾는 뉴스가 되었으며, 자체 뉴스 해설 프로그램의 시청률은 케이블 TV 뉴스 프로그램 중 꾸준히 상위권에 오르며 미국의 주류 텔레비전 미디어에서 확고한 입지를 다졌다. 그런데 4장에서 언급했듯 폭스 뉴스는 2020년 11월, 대선에서 현직 대통령 도널드 트럼프를 제치고 바이든을 새로운 미국 대통령으로 처음 선언한 방송사들 중 하나였다. 그 결과 그리고 트럼프의 촉구에 따라 상당수의 시청자들이 폭스 뉴스를 떠나 거의 알려지지 않은 케이블 방송 뉴스맥스Newsmax로 이동했다. 그리고 뉴스맥스는 12월에 이르러 처음으로 일부 시청자층과 방송 시간대에서 폭스 뉴스보다 높은 시청률을 기록

했다.

 '바이든이 아직 대통령 당선인으로 불리지 않고 트럼프가 아직 패배하지 않은 안전한 공간'을 제공함으로써[11] 뉴스맥스와 그 비슷한 극우 성향의 방송 '원 아메리카 뉴스 네트워크OANN'는 더 이상 폭스 뉴스의 보도에 만족하지 않게 된 보수 시청자들을 끌어들여 시청률을 크게 끌어올릴 수 있었다. 한편 트럼프는 자신만의 방송인 '트럼프 TV' 채널을 시작할 생각을 했는데, 아마 불만과 불신에 빠진 시청자들에게 현실 대신 고의적인 허위 정보를 제공하는 비슷한 수익 모델의 방송을 생각했던 것 같다.

 불만에 찬 청중에게 환상과 거짓을 진실로 속여 파는 것은 알렉스 존스가 일찌감치 터득한 성공을 위한 공식이다. 그는 폭스 뉴스 설립 후 꼭 3년 만인 1999년, '정보 전쟁'을 암시하는 인포워즈InfoWars 웹사이트를 개설했다. 그는 수년에 걸쳐 피자게이트 같은 음모론을 외치거나 아이들 20명과 성인 6명이 사망한 2012년, 샌디 훅 초등학교 총격 사건이 '위장 연기자crisis actor*'들이 꾸민 '위장 작전false flag**'이었다는 근거 없고 터무니없는 주장을 해댔다. 그러면서 그는 유명세와 금전적 성공을 모두 거머쥐었다. 여러 언론 매체에 따르면, 존스는 2014년에 2,000만 달러, 2015년부터 2018년 사이에 1억 6,500만 달러의 수익을 올렸는데, 그 수익 중 상당 부분은 인포워즈 웹사이트에서 광고하는 '슈퍼 남성 정력제Super Male Virility'와 '브레인 포스 플러스Brain Force Plus' 같은 이름의 건강 기능 식품 광고를 통해 벌어들인 것이었다.[12, 13] 그러나 2017년 자녀 양육권 문제로 아내와 격한 법정 다툼을 벌이는

- • 재난 훈련 등에서 피해자 역할을 하는 연기자로 음모론에선 실제 사건을 조작하기 위해 동원된 가짜 피해자를 뜻함.
- •• 음모론에서 어떤 사건을 속임수로 조작해 남 탓으로 돌리는 행위를 뜻함.

과정에서 그의 정신 상태에 대한 의문이 제기되자, 존스의 변호사는 그가 단지 '캐릭터를 연기 중인 행위 예술가'일 뿐이라고 주장했다.[14] 존스는 샌디 훅 희생자 부모들의 이름과 주소를 공개한 뒤, 그들이 실제로 자녀를 둔 부모가 아니라 주장하며 괴롭힘의 표적으로 삼았다. 이 사건으로 소송이 제기되자 그는 녹화된 진술을 통해 그 비극적인 사건에 대한 자신의 잘못된 믿음에 대해 다음과 같이 해명하며 자신의 기존 주장을 철회했다.

> 나는 과거 일종의 정신병 같은 걸 앓았고, 그래서 기본적으로 모든 게 조작된 거라고 생각했는데⋯⋯ 이제는 많은 경우 조작된 게 아니라는 걸 알게 됐고⋯⋯ 그래서 평론가, 그러니까 의견을 제시하는 사람으로서, 그간 내 의견이 틀렸던 적이 있던 것 같습니다.[15]

이후 인포워즈의 한 방송에 자신의 변호사를 게스트로 초대한 자리에서 그는 이른바 '진술'에서 무슨 뜻으로 그런 말을 했는지 청중에게 좀 더 신중히 설명했다.

> 지금쯤⋯⋯ 사람들은 아마 이렇게 물을 겁니다. "알렉스, 당신 지금 뉴스에 도배됐어. 사람들이 당신에 대해 별의별 이야기를 하고 있지. 지금 전국적으로 톱뉴스에 오를 정도가 됐는데, 왜 반박하지 않는 거야? 사람들 말로는 당신이 정신병 증세가 있다는 걸 인정했고, 당신이 하는 말은 죄다 헛소리라고 했다던데, 왜 반박하지 않냐고?" 근데 나는 그런 말을 한 적이 전혀 없어요. 그런 말 한 적 없다고요. 그건 거짓말이고⋯⋯.
> 보도를 보면 내가 정신병이 있다고 말했다는 식으로 나오는데 나는 그런 진단을 받은 적도 없고, 그 분야에 전문 지식도 없습니다. 내가 말하고자 한

건, 언론이 거짓말을 너무 많이 하고 그런 거짓말을 듣다 보면, 역사적으로 사람들이 아무것도 믿지 않게 되는 상황이 발생한다는 거고······.

그래서 한쪽에는 지구는 평평하며 달은 치즈로 만들어졌다고 믿는 사람들이 있는데, 그건 정부가 그렇지 않다고 말하기 때문이며, 또 다른 쪽에는 "트럼프 대통령이 러시아 요원이며, 우린 모든 증거를 갖고 있다"라고 말하는 사람들이 있는데, 그러면 언론인 제이크 태퍼가 나와서 "우리는 절대 그런 말 한 적 없다"라고 말합니다. 결국 한쪽은 일부러 거짓말을 해 사람들을 혼란스럽게 만들고, 또 다른 쪽은 뭐가 진실인지 더 이상 알지 못해 헤매는 겁니다.

나는 그저 이런 말을 한 겁니다. 그들이 나를 길들여 마치 스톡홀름 증후군에 걸린 것처럼 그들이 하는 말을 무조건 믿는 게 아니라, "난 당신들의 말을 안 믿습니다"라고 말하며 그 반대 방향으로 간 거죠. 그리고 그건 거짓말쟁이로 알려진 사람들에겐 당연한 것이고 일종의 정신병 같은 겁니다. 쓰레기 같은 정보만 주어지다보면 문화적, 역사적, 시간적으로 사물에 대한 이해가 흐려지는 거 아니겠습니까? 쓰레기가 들어오면 쓰레기가 나가는 법이니까.[16]

만약 알레스 존스가 실제 정신병에 걸린 상태라면 1장에서 정의한 임상적 망상 같은 것에 빠진 상태라는 것을 뜻한다. 그러나 존스가 자신에게 '일종의' 정신병 증세가 있었다고 말했다는 것은, 이 책에서 내내 다룬 다른 유형의 잘못된 믿음 이른바 '망상 비슷한 믿음'(실제 정신질환과는 거의 무관한)에 빠졌었다는 걸 그도 자각하고 있었음을 시사한다. 그러나 내가 드러먼드 부부처럼 직접 존스를 만나 인터뷰를 해보지 않는 한, 그가 자신의 주장대로 불신과 허위 정보로 인해 어느 정도 잘못된 길로 가게 됐는지는 알 길이 없다.

미국의 대중문화 및 정치 잡지 〈롤링 스톤Rolling Stone〉이 내놓은 존스에 대한 호의적인 특집 기사에 따르면, 존스는 자신에게 가장 오랫동안 영향을 준 일은 10대 시절이었던 1971년, 베스트셀러 《누구도 감히 그걸 음모라 부르지 않는다None Dare Call It Conspiracy》를 읽은 거라면서 그 책을 '새로운 세계 질서에 대한 입문서'라 불렀다.[17] 이로 미루어볼 때 그는 어린 시절에는 잘못된 정보를 수동적으로 받아들였으나 이후 그는 허위 정보 산업 복합체 내에서 최상위 포식자이자 기회주의적인 잘못된 정보 유포자로 변모한 것으로 보인다. 그는 즉흥적으로 새로운 콘텐츠를 만들고 근거 없는 음모론을 퍼뜨리고 있으며, 그 과정에서 권위 있는 지식 관련 기관에 대한 불신을 부추기며 거짓된 정보를 유통한다. 그가 자신이 방송에서 하는 말을 실제로 믿든 그렇지 않든 관계없이 '일종의 정신병 증세'가 있었다는 그의 주장은 정신 질환이 아닌 불신과 잘못된 정보에 근거한 잘못된 믿음이었다. 이를 통해 우리는 청취자들의 내적 심리 상태는 물론 그의 상업적 성공 요인도 미루어 짐작할 수 있다. 그의 말처럼 쓰레기가 들어오면 쓰레기가 나가는 법이니까.

본질적으로 존스가 활동 중인 허위 정보 산업 복합체는 진실을 희생시켜 돈을 버는 수익 모델과 '아무도 믿을 수 없지만 나는 믿어라', '그 누가 하는 말도 믿지 말고 내가 하는 말만 믿어라'라는 일종의 선동에 토대를 둔다. 존스는 자신의 웹사이트에서 영양 보충제와 다가올 종말에 대비한 생존 장비를 판매해 얻는 막대한 수익을 자신의 혁명 자금으로 사용한다고 말해왔지만, 실은 그 반대가 더 정확해 보인다. 사실 그는 엉터리 약을 판매하는 데 필요한 광고를 유치하고 소비자 수요를 만들어내기 위해 고의적인 허위 정보를 퍼뜨리고 있기 때문이다.[18] 존스든 뉴스맥스든 원 아메리카 뉴스 네트워크든 아니면 지구가 평평하다고 주장하는 유튜브 채널 운영자든, 기회주의적 잘못된 정보 유포자들은 '모두에게 속고 있다'라는 말을 계속 들어온 청중에게 거짓을 파는 시장을 통해 돈을 번 것이다.

권위에 대한 불신

몇 년 전, 인터넷에서 새로운 일자리를 찾기 위해 구직 정보를 보고 있었는데, 그때 특히 흥미로운 구인 공고 하나가 눈에 띄었다. 그 구인 공고에는 직책이 '연구 과학자와 프로젝트 매니저'라고 되어 있었으며, 담당 업무는 '브랜드 협력사와 공급업체들 그리고 그들의 각 제품이 자사의 품질 및 거래 기준에 맞는지 확인하는 일'이라고 되어 있었다. 해당 회사는 여배우에서 최고경영자로 변신한 귀네스 팰트로 Gwyneth Paltrow가 운영하는 '건강관리 및 라이프스타일 기업' 굽Goop Inc.이었다.

그 구인 공고는 굽이 자사의 일부 제품에 대해 허위 광고를 한 혐의로 벌어진 소송에서 12만 5,000달러에 합의를 한 뒤 얼마 지나지 않아 올라온 것이었다. 가장 논란이 되었던 제품은 옥으로 만든 66달러짜리 알이었다. 그 제품은 여성의 질 안에 삽입하는 것으로 호르몬 불균형 개선, 오르가슴 강화, 자궁 탈출증 예방, 생리 주기 조절 등에 효과가 있다고 광고했다. 그러나 소송을 제기한 측에서는 '그 주장들을 뒷받침해줄 신뢰할 만한 과학적 증거가 전혀 없다'라고 주장했다.[19] 금전적 합의 외에도, 2017년에 8개월간 굽에서 그 제품을 구매한 사람들은 전액 환불을 받았다.

그 당시의 상황을 지켜보면서 잠시 나는 굽이 정말 자사 제품에 대해 제대로 된 연구를 할 의지가 있는지 의문을 품었다. 혹시 옥 알 제품에 대한 무작위 대조 실험을 계획하고 실행할 만한 사람을 찾아 나선 걸까? 회의적이긴 했지만, 실제로 그 일자리에 지원해보면 어떨까 하는 생각도 들었다. 그러면 그들이 말하는 '연구 과학자'라는 용어가 실제 어떤 의미인지 알 수 있을 것이고 아니면 최소한 글감이라도 얻을 수 있을 테니 말이다. 물론 결국 지원하진 않았지만, 그로부터 1년도 안 돼 〈굽 실험실The Goop Lab〉이라는 제목의 넷플릭스 시리즈가 방영되면서 내 회의적인 생각이 맞았음을 확인할 수 있었다. 공교롭게도 그 시리즈가 방영될 무렵 굽이 다시 화제가 됐는데, 이번에는 '이건 내 질 냄새야This Smells Like My Vagina'라는 이름이 붙은 75달러짜리 향초 마케팅에 대한 것이었다. 그 6부작 시리즈에서는 여성의 성 문제와 정신 의학 분야에서의 환각제 이용에 대한 실질적인 연구에서부터 '에너지 치유energy healing'*와 죽은 사람과의 대화같이 과학적 근거도 없는 관행에 이르는 다양한 주제를 다뤘다. 그 시리즈에 출연한 이른바 '전문가들'은 척추 지압사, 현재 '기능 의학(의과 대학 학위 없이도 개업할 수 있는 일종의 대체 의학)' 분야에서 일하고 있는 전직 응급실 의사, 심령술 연구로 〈초심리학 저널〉에 논문을 게재한 약학 및 독성학 박사였다. 그 시리즈는 뉴에이지New Age** 식 헛소리를 과학의 모습으로 그럴듯하게 포장한 채, 유사 과학(7장에서 다시 다룰 것이다)의 전형적인 형식과 외양을 적나라하게 드러냈다. 그러나 소송에서 교훈을 얻었는지, 시리즈의 각 에피소드는 '이 프로그램은 의학적 조언을 제공하려는 게 아니라 오락 및 정보 제공을 위한 것입니다'라는 면책 문구로 시작됐다. 주간 종합지 〈뉴요커The New Yorker〉는 이 프로그램을 '정보와 오락의 정점 혹은 밑바닥'이라 불렀고, 〈롤링 스톤〉은 귀네스 팰트로를 '2020년의 가장 뛰어난 도발자the most effective troll of 2020'라 불렀다.[20]

- • 눈에 보이지 않는 에너지 또는 기를 이용해 병을 고친다는 치료법.
- •• 1970년대에 서구에서 유행한 영적 자기 계발 운동.

2008년에 소규모로 시작된 건강관리 전문 브랜드 굽은 의심할 여지 없이 금전적 성공의 공식을 터득한 듯했다. 2016년 팰트로는 벤처 자본가들로부터 1,000만 달러의 투자를 유치했다고 주장했으며, 수익은 전년 대비 세 배나 증가한 것으로 알려졌다.[21] 비즈니스 전문 잡지 〈CEO 매거진〉에 따르면, 2021년 기준으로 굽의 기업 가치는 2억 5,000만 달러에 달했다.[22] 굽의 판매 수익은 옥 알과 묘한 향이 나는 초를 비롯해 향수, 메이크업 제품, 의류, 보석류, 가구, 생수, 바이브레이터 그리고 영양 보충제 등 다양한 제품군에서 나온다. 각종 허브와 비타민이 혼합된 영양 보충제는 알렉스 존스의 영양 보충제와 크게 다르지 않지만, '슈퍼 남성 정력제Super Male Virility' 같은 이름 대신 '마담 오베리Madame Ovary', '더 마더 로드The Mother Load', '왜 이렇게 졸라 피곤한 거야?Why Am I So Effing Tired?' 같은 브랜드명을 붙여 여성 소비자들을 겨냥했다.

비싼 영양 보충제 외에도, 팰트로의 굽과 존스의 인포워즈는 사업 계획 측면에서 더욱 근본적인 공통점이 있는데, 그건 둘 다 불신에 찬 소비자들을 상대로 잘못된 정보를 팔아 수익을 올린다는 것이다. 인포워즈의 시청자들은 대개 정부 지도자들을 향해 불신을 드러내는 데 반해, 건강관리를 중시하는 굽의 고객들은 질병 자체에 초점을 맞추는 서구식 의료 제도에 환멸을 느껴 보다 나은 무언가를 찾는 사람들로, 양쪽 모두 수가 상당하고 그 규모는 계속 늘고 있다. 퓨 여론 조사에 따르면, 정부에 대한 믿음의 경우와 마찬가지로 의료 제도에 대한 미국인의 믿음 또한 1970년대 이후 점차 줄어왔으며 2018년 기준으로 미국 성인의 단 37퍼센트만 의료 제도에 대해 '매우 신뢰한다'라고 응답했다.[23] 자신의 아버지가 암 진단을 받은 뒤 건강관리에 관심을 두게 됐다는 팰트로는 거대한 시장에 뛰어들어 여성 고객들을 끌어들이는 데 성공했다. 그 여성들은 대개 건강에 좋다고 알려져 있지만 과학적 근거가 부족한 제품에 상당한 돈을 지불할 수 있는 여성들이다. 그리고 과학에 대한 불신이야말로 굽의 뉴에이지 식 매력의 핵심이기 때문에 검증할 수 있는 증거가 부족하다는 것은 굽의 성공에 별 장애가 되지 않는다.

굽의 제품들은 상당히 비싸지만, 경제적 여유가 있는 사람들 입장에선 그리 비싼 게 아니라고 주장할 만하다. 그건 굽이 실제 파는 건 단순한 제품이 아니라 여성들이 오랫동안 누리지 못한 건강하고 독립적인 삶 그 자체였기 때문이다. 더 나아가 스트레스가 많은 오늘날의 세상에서 누릴 수 있는 소소한 심리적 자기 돌봄의 기회이기도 했다. 그리고 만일 그게 옥 알이나 향초 또는 영양 보충제를 사용해 얻을 수 있는 유일한 효과라면, 설사 그 제품들이 그저 값비싼 플라세보, 즉 위약에 불과하다 해도 그건 구매하는 사람들 입장에서 별로 중요하지 않을 것이다. 그래서 옥 알과 유사 과학을 내세운다는 비판과 조롱 앞에서 굽은 바로 이 논리로 자신을 변호했다.

우리는 언제든 대화를 환영합니다. 그것이야말로 우리가 하려는 일의 핵심입니다. 우리가 환영하지 않는 건 질문하는 게 문제라는 생각입니다. 대화를 무시하거나 환자의 질문을 무시하거나 여성들이 권리를 찾거나 치유책을 찾는 관행이나 방법을 무시하거나 오랫동안 고수해온 믿음에 의문을 제기하는 걸 무시하는 것이야말로 그 무엇보다 위험한 태도라고 생각합니다. 우리가 여전히 오르가슴의 평등 대신 여성의 히스테리를 믿는다면? 흡연이 폐암을 유발하지 않는다고 믿는다면? 오늘날 모든 영양학자가 예전의 식품 피라미드를 복음처럼 여긴다면 어떻게 될까요?[24]

그럼에도 불구하고, 맨해튼에 있는 굽 매장에서 구매한 1,279달러 상당의 제품들(속에 수정 결정이 하나 들어 있는 80달러짜리 생수 포함)을 직접 사용해보고 그 경험을 미국 시사 잡지 〈애틀랜틱The Atlantic〉에 기고한 어맨다 멀Amanda Mull이 말했듯, '그냥 물어보는 것'이라는 말은 음모론자들의 전형적인 방어 논리이다.[25] 실제로 '그냥 물어보는 것'과 그와 관련된 '직접 조사해보라'라는 말은 현재 상황과 권위 있는 지식 관련 기관을 믿을 수 없다는 걸 암시하는 불신의 선언이다. 굽이 말하는 '질문하라'에는 기존 의료계나 의료 전문가, 의료 종사자들은 신뢰할 수 없고, 굽과 뜻을 같이하는 '의료 전문가'와 '연구자'가 더 나은 답을 줄 수 있다는 뜻이 숨어 있다. 이는 존스가 활용하는 허위 정보 산업 복합체의 전략과 같다.

분명히 말하자면, '그냥 물어보는 것'과 '직접 조사해보는 것'은 올바른 정보와 잘못된 정보가 공존하는 세상에서 적절한 회의주의를 건전하게 드러내는 방법이라 할 수도 있다. 그러나 불신이 확증편향과 동기화된 추론을 부추기는 상황에선 사람들이 허위 정보 먹이사슬 맨 위에서 거짓을 퍼뜨리는 최상위 포식자의 먹잇감이 되기 쉽다. 굽의 주장처럼 의료계가 과거에 잘못한 적이 많은 데다가 오랜 세월 의료 분야에서 여성들을 홀대해온 역사가 있다는 데에는 의심의 여지가 없다. 그러나 물론 그렇다고 해서 옥 알과 80달러짜리 생수로 건강이 더 좋아진다는 이야기는 아니다.

허위 정보를 퍼뜨리는 사람들

2021년 일부 소비자들이 '이건 내 질 냄새야' 향초가 폭발했다는 신고를 하면서 굽은 또 다른 집단 소송에 직면했다. 그러나 폭발 사고나 지갑을 털리는 것도 문제지만, 그보다 더 큰 문제는 굽이 판매하고 홍보하는 영양 보충제, 커피 관장, 질 스티밍vaginal steaming*, 에너지 치유 같은 제품과 요법 때문에 일부 사람들이 과학적으로 효과가 입증되고 부작용이 명시된 의학적 치료법 대신 이런 대체 수단을 선택할 가능성이 있다는 데 있다. 굽의 넷플릭스 시리즈를 접한 호주의 외과 의사 니키 스탬프Nikki Stamp 박사는 〈워싱턴포스트〉에 기고한 칼럼에서 굽을 '허위 정보와 특권 그리고 반과학적인 정보를 퍼뜨리는 플랫폼'이라고 비판하면서 '건강관리 업체들이 판매하는 건 결코 무해하다고 할 수 없다'라고 덧붙였다.[26] 그녀는 2018년, 미국 의사협회 종양학JAMA Oncology 연구를 인용했는데, 그 연구에 따르면 거의 200만 명의 치료 가능한 암 환자들 가운데 '대체 의학'을 활용한 환자들은 전통적인 치료법을 거부할 우려가 더 컸고, 사망 위험 또한 두 배나 더 높았다.[27]

굽 직원들이나 팰트로 자신이 누군가가 아플 때 전통적인 의학적 치료를 포기하라고 조언했다는 증거는 찾아보기 어렵다. 그러나 2018년, '굽 건강 서밋'(가장 비싼 1,500달러짜리 티켓이 매진되기로 유명한 연례행사)에서 '믿을 만한 전문가'로 홍보된 켈리 브로건Kelly Brogan 박사의 경우는 다르다. 브로건은 대학 시절 MIT에서 뇌 및 인지 과학을 전공했고, 나처럼 의대를 나온 뒤 정신과 레지던트 과정까지 마쳤지만, 그 이후 그녀와 나의 길은 완전히 갈렸다. 2009년, 그녀는 맨해튼에 소규모의 개인 맞춤형 정신과 진료소를 개원했으나 곧 정신 질환은 약물로 치료하는 게 옳다는 생각을 거부하게 되었고, 주류 정신 의학 및 제약 업계를 공포의 대상으로 묘사했다. 그녀는 자신을 '홀리스틱 정신과 의사'로 부르면서 정신 약물치료 대신 커피 관장과 쿤달리니 요가, 자연식 식단 그리고 영양 보충제를 이용하자고 주장했다. 이

* 여성의 질에 따뜻한 허브 증기를 쐬는 대체 요법.

런 치료법은 '바이털 마인드 리셋Vital Mind Reset'이라는 44일짜리 온라인 집중 프로그램을 통해 구독 서비스 형태로 제공되었다.[28] 그녀는 심지어 약탈적 저널이라는 평가를 받아온 오픈 액세스 학술지 〈큐어러스Cureus〉에 무작위 대조 실험 결과를 게재했는데, 주요 우울장애 병력이 있는 사람들에게 자신이 고안한 '온라인 커뮤니티 중심의 여러 가지 생활 방식 변화'를 주었더니 아무 치료를 받지 않은 사람들에 비해 우울 증상들이 눈에 띄게 줄었다는 내용이었다.[29]

브로건의 이런 경력과 지금까지 이룬 성과는 굽이 추구하는 건강한 생활 방식 및 건강관리 철학과도 일맥상통해 상당히 인상적으로 보인다. 그러나 그녀는 자신이 받은 의학 교육과 결별하며 더 해로운 주장들을 받아들였고 진료 방식까지 바꾸었으며, 그 과정에서 점점 더 악명을 떨치게 되었다. 2014년에는 HIV, 즉 인간면역결핍바이러스가 에이즈를 유발한다는 걸 부정하고 또 항바이러스제가 질병 그 자체보다 더 많은 사람을 죽인다고 주장해 거센 비판을 받았다.[30] 나아가 2020년에는 코로나19 발생 초기 몇 달 동안 "어쩌면 애초 코로나바이러스라는 게 존재하지 않을 수도 있다"라고 했고, 심지어 자신은 '세균에 의한 전염'을 믿지 않는다는 말까지 함으로써 세균이 감염병을 유발한다는 기본적인 사실까지 부정하는 듯한 모습을 보였다.[31]

몇 년 전 브로건에 대한 이야기를 처음 들었을 때, 나는 12년간 기본적으로 내가 받은 것과 동일한 고등 교육을 받은 사람이 어떻게 세균이 질병을 유발하는 게 아니라고 믿게 되었는지 의아했다. 브로건의 자전적 이야기와 온라인 출판 플랫폼 미디엄Medium에 실린 매튜 렘스키Matthew Remski의 탐사 보도에 몇 가지 단서가 들어 있다. 팰트로가 아버지의 암 투병을 계기로 건강관리에 관심을 두게 된 것처럼 브로건 역시 개인적인 질병 경험을 통해 기존 의학과 결별하게 되었다. 첫 아이를 가졌을 때 하시모토 갑상샘염 진단을 받고 약물 치료를 받았지만, 그녀는 "평생 약을 먹고 싶진 않았으며, 남에게 그런 약을 처방하는 위선자가 될 순 없었다"라고 했다.³² 브로건의 병력에 대해선 더 아는 바가 없지만, 산후 하시모토 갑상샘염은 늘 그런 건 아니더라도 대개 일시적으로 나타나며 출산 후 자연적으로 회복되기도 한다. 표준 치료법은 체내 갑상샘 호르몬 부족을 천연 갑상샘 호르몬 보충제로 보완해주는 단순한 호르몬 대체 요법이다. 그럼에도 브로건은 자연 요법 전문가를 찾아가 전통적인 의학적 치료법 대신 식단 변화와 영양 보충제를 처방받았고, 그 과정에서 완전 치유가 되어 이후 자신의 정신과 진료에도 같은 접근 방식을 택하게 됐다고 주장했다. 한편 브로건은 오랫동안 '대체 의학'과 반 백신 허위 정보를 퍼뜨려온 세이어 지Sayer Ji와 결혼했는데, 매튜 렘스키에 따르면 두 사람은 서로 사업적 이해관계가 잘 들어맞는 '웰니스 파워 커플wellness power couple'로, 극우 음모론자들과 뉴에이지 건강관리 인플루언서들의 기묘한 결합인 이른바 '음모론적 영성conspirituality'*이라는 새로운 정치 종교 운동을 이끌고 있다. 브로건은 자신의 웹사이트에 올린 '바이털 마인드 리셋' 홍보 동영상에서 잠재 고객들에게 이런 조언을 한다. "정부 당국에 넘겨줬던 힘을 되찾으십시오. 그들은 우리를 무기력하고 의존적인 피해자로 만들고 있습니다." 한편 렘스키는 그녀와 그녀의 남편 둘 다 '해방'과 '주권'이라는 개념을 '주권 시민운동'을 연상케 하는 기이한 방식으로 홍보하고 있다고 지적했다.

브로건이 의대에서 배운 것들을 포기한 이유에 대해선 보다 단순하면서도 냉소적인 설명도 있는데, 그것은 그녀와 그녀의 남편이 존스나 펠트로처럼 불신과 허위 정보를 팔아 이름도 알리고 돈도 버는 성

* '음모'라는 뜻의 conspiracy와 '영성'이란 뜻의 spirituality가 합쳐진 말.

공 공식을 활용하려 했다는 것이다. 2018년에 렘스키와 인터뷰를 했던 한 고객에 따르면, 브로건은 처음엔 3시간짜리 상담에 4,187달러를 청구했는데 이후 2018년에는 45분짜리 상담에 시간당 570달러 비율로 비용을 청구했다. 그러나 그녀는 다음 해에 자신의 개인 진료소를 폐쇄했고, 정신과 전문의 자격 인증이 만료된 상태에서 현재 '켈리 브로건 MD'*라는 말을 굽처럼 하나의 브랜드로 이용하고 있다. 그러면서 그녀는 소식지를 내고, 유튜브 채널을 운영하는 등 활발한 소셜 미디어 활동을 하며, 대중 매체에 기사를 기고하고 〈뉴욕타임스〉 베스트셀러 한 권을 비롯해 두 권의 책을 출판했다. 또한 〈조 로건 익스피어리언스The Joe Rogan Experience〉같은 팟캐스트에 수시로 출연하고, 보다 집중적이고 비싼 '단계별 영양 및 생활 방식 프로그램'인 자칭 '바이털 마인드 리셋' 프로그램과 함께 '바이털 라이프 프로젝트Vital Life Project'라는 구독제 온라인 '치유 커뮤니티'도 운영하고 있다.

'홀리스틱 정신 의학'의 장점이라든가 비의료 행위를 정당화하려는 'MD' 타이틀 사용 문제는 차치하고라도, 브로건은 점점 커지는 자신의 유명세(안 좋은 의미에서의)를 이용해 백신 관련 허위 정보를 퍼뜨려 왔다. 아니면 그 반대 이야기가 맞는지도 모른다. 존스와 팰트로의 사례에서 보듯 논란의 소지가 있는 거짓 정보를 퍼뜨리면 사람들의 관심을 끌게 되며, 그 결과 허위 정보 산업 복합체에서 활동 중인 사람들이 정말 팔고자 하는 것들을 사줄 고객을 만들어내게 된다. 어쨌든 비영리 단체인 '디지털 증오 대응 센터CCDH'는 브로건과 그녀의 남편을 소셜 미디어에서 백신 관련 허위 정보를 퍼뜨린 데 가장 책임이 큰 인물 12명, 즉 '허위 정보 12인' 명단에 각각 8위와 9위로 올렸다.[33] CCDH 조사에 따르면, 2021년 초 두 달 동안 페이스북에 올라온 약

---

* MD는 doctor of medicine의 줄임말로 여기선 '의학박사'를 뜻함.

70만 개의 반 백신 콘텐츠가 이 12명의 소셜 미디어 인플루언서들에게서 비롯된 것으로 나타났다. 페이스북과 트위터를 합산해보면 전체 반 백신 콘텐츠 가운데 최대 65퍼센트가 그들로부터 나온 것이었다.

브로건이 백신과 관련된 거짓을 퍼뜨리는 허위 정보 산업 복합체 안에서 떠오르는 별인지는 모르지만, CCDH의 '허위 정보 12인' 목록에서 그녀보다 위에 있는 사람들의 활동과 성공에는 아직 한참 미치지 못한다. 예를 들어, 타이Ty와 샬린 볼린저Charlene Bollinger 부부는 암과 코로나19 그리고 백신과 관련된 허위 정보를 만들어 판매하는 반 백신 사업가로 활동하며 허위 정보 12인 목록에서 3위에 올라 있는데, 이들은 빌 게이츠가 백신을 이용해 사람들의 몸에 마이크로칩을 심어 위치 추적을 하려 한다는 주장도 했다. AP통신에 따르면, 이 부부가 자신들의 허위 정보를 마케팅하고 유통하는 회사 'TTAC 퍼블리싱 LLC'는 2014년 이래로 고객 거래에서 2,500만 달러의 수익을 올렸다.³⁴

그런데 이것도 CCDH가 백신 관련 허위 정보의 최대 유포자로 꼽은 조지프 머콜라Joseph Mercola 박사에 비하면 아무것도 아니다. 정골의학 전문의인 머콜라는 한때 전통 의료 체계 안에서 활동했으나 어느 날 '자연 의학' 접근법 쪽으로 방향을 틀어 백신의 효과를 부정할 뿐 아니라 자신이 운영하는 머콜라 마켓 온라인 매장에서 적외선 체열 진단, 영양 보충제, 식물성 왁스로 코팅된 치실, 공기 청정기와 정수기, 풀 먹여 키운 가축의 고기, 유기농 탐폰 및 면 속옷, 반려동물용 유산균, 선탠 베드 등 각종 생활용품을 홍보하고 판매한다. 적외선 체열 진단이 암 조기 진단에 효과가 있다거나 비타민 보충제로 코로나19를 치료할 수 있다는 그의 근거 없는 주장에 미국 식품의약청FDA는 경고장을 보냈고, 또 그의 선탠 베드는 '암 발병 위험을 대폭 줄여준다'라는 입증되지 않은 주장 때문에 260만 달러의 벌금을 내기로 연방거래 위원회와 합의한 이후, 제품 단종 및 환불 조치까지 이뤄졌지만 별 소용이 없었다.[35] 옥 알에 대한 허위 광고로 12만 5,000달러의 벌금을 물었던 굽의 경우와 마찬가지로, 머콜라가 낸 벌금은 그가 거둬들이는 막대한 수익에 비하면 새 발의 피였다. 1997년 이후 운영해온 그의 웹사이트는 소셜 미디어 팔로워 수가 수백만에 이르고, 매월 약 200만 명의 신규 방문자를 끌어들이고 있다. 게다가 그는 〈닥터 오즈 쇼The Dr. Oz Show〉 같은 프로그램에 여러 차례 출연하여 대중적 인지도를 쌓았다. 머콜라는 '우리 건강은 우리가 책임져야 한다고 주장하는 사람'이라 불리면서 동시에 '21세기의 약장수'라 불리기도 한다.[36] 존스의 경우와 마찬가지로, 머콜라는 자신의 수익은 '대중을 교육해 변화를 이끌어낼 정보를 제공하는 우리 직원들의 급여를 지불하는 데' 쓰인다고 주장해왔다.[37] 실상은 그 반대이다. 허위 정보 먹이사슬의 최상위 포식자들은 허위 정보라는 미끼를 이용해 진짜로 팔고 싶은 상품을 내놓는다. 그리고 이들은 불신과 음모론을 양분 삼아 억만장자가 되었다. 물론 인정하지 않지만.

허위 정보 비즈니스의 비밀

이제 분명해졌을 것이다. 허위 정보를 퍼뜨려 수익을 올리는 비결은 아주 단순하면서도 뻔하다. 존스든 팰트로든 브로건이든 머콜라든, 그들의 성공 비결은 거의 똑같다. 첫째, '가짜 뉴스'는 신뢰할 수 있는 정보보다 더 멀리, 더 빨리 퍼진다는 점을 기억하자. 이 최상위 포식자들은 도발적인 허위 정보를 이용해 언론의 관심을 끌고 추종자들을 끌어모은다. 둘째, 그들은 '그냥 물어보는 것'뿐이라는 식의 말로 권위 있는 정보 출처들과 전문가들에 대한 불신을 조장하고, 청중들에게 직접 조사해보라고 권하며 주도권을 잡고 권리를 되찾으라고 부추긴다. 마지막으로, 그들은 전문가를 믿지 않는 사람들에게 자신이 진짜 전문가라고 믿게 해 신뢰를 얻고('사기꾼'이라는 말이 '신뢰를 얻는 기술자'라는 뜻이라는 걸 떠올려보라), 진실과 건강에 이르는 길은 자신들이 파는 영양 보충제와 각종 기적의 치료제에 있다고 설득한다. 그런 의미에서 최상위 포식자들은 종종 양의 탈을 쓴 늑대와 같아 기득권에 맞서 싸우는 약자인 양 자신을 포장하지만 실제로는 허위 정보 먹이사슬의 맨 꼭대기에 편히 자리 잡고 앉아 있다.

이 같은 경제적 성공 모델은 카리스마 넘치는 말솜씨와 각종 판매용 비타민 보충제에 기반한 것이지만, 허위정보 수익에는 그런 요소가 필수는 아니었다. 2016년 미국 대선 당시 마케도니아 벨레스의 청년들은 우연히 새로운 돈벌이 수단을 발견했다. 그들은 웹사이트와 소셜 미디어 계정을 여럿 만들어 주로 그 당시의 트럼프 지지자들에게 먹힐 만한 '선정적이고 완전히 날조된 가짜 뉴스'를 끝없이 퍼뜨렸고, 이는 엄청난 조회 수와 광고 수익으로 이어져 '디지털 골드러시'라는 말이 나올 정도였다.[38] '독학한 입소문 마케팅 전문가'라는 미르코 체셀코스키Mirko Ceselkoski와 그의 온라인 강의 '페이스북 마케팅 유니버시티'의 지침에 따라 그의 '제자들'은 '가짜 뉴스를 퍼뜨려 월 1,000만 달러 이상을 벌어들였다'라고 전해진다.[39] 말 잘하는 사람도 비타민도 필요 없었다.

심지어 허위 정보로 수익을 올리는 소셜 미디어 환경에서는 진짜 사람의 도움 없이도 게시물을 대거 쏟아내는 자동화된 컴퓨터 프로그램 '봇bot'들이 허위 정보를 퍼뜨려 수익을 창출한다. 2018년, 조지워싱턴대학교의 교수 데이비드 브로니아토프스키David Broniatowski와 그의 동료들은 2014년부터 2017년까지 3년간 게시된 약 200만 건의 트윗을 분석했다. 그 결과, 봇으로 판단되는 트위터 계정들이 사람의 계정보다 반 백신 콘텐츠를 올릴 가능성이 훨씬 더 높다는 사실이 밝혀졌다.[40] 그런 현상은 특히 '콘텐츠 오염자'로 분류된 봇 계정에서 더 흔히 나타났는데 그들은 반 백신 메시지를 '클릭 유도 미끼'로 활용해 악성 소프트웨어와 원치 않는 다른 상업용 콘텐츠를 퍼뜨려 수익을 올리고 있었다. 후속 연구에 따르면, 봇이 만들어내는 백신 관련 콘텐츠를 보거나 공유하는 트위터 사용자의 수는 아주 적을 수도 있지만, '백신에 비판적인 콘텐츠를 자주 접하는 커뮤니티'에서 활동 중인 사람들 사이에선 그 비율이 비정상적으로 높았다.[41] 더 최근의 연구에서 트위터 사용자들은 백신 안전성, 진화, 코로나19, 기후 변화 같은 다양한 주제에 대한 트윗을 인간이 작성했는지 아니면 인공지능AI 텍스트 생성기가 작성했는지 정확히 구분하지 못했다.[42] 게다가 트윗이 실제 사용자가 아니라 텍스트 생성기로 작성된 경우, 사용자들은 그것이 거짓임을 정확히 가려내기 어려웠다.

이런 연구 결과를 종합하면, 앞으로는 봇이 작성한 트윗 형태든, 인공지능이 작성한 '가짜 뉴스' 기사 형태든, 아니면 3장에서 잠시 언급한 '딥페이크' 동영상 형태든 기계가 대량 생산한 허위 정보를 훨씬 더 많이 접하게 되리라는 걸 미루어 짐작할 수 있다. 이렇게 컴퓨터가 만들어낸 허위 정보 생성기들은 허위 정보 산업 복합체 안에서 최상위 포식자들이 벌이는 체스 게임 속 '졸pawn'이라 할 수 있다. 그렇다면 우리가 계속 던져야 할 질문은 하나다. "그 졸은 누가 조종하는가?"

정치 선전과
진실 착각 효과

―― **4** ――

　앞서 나는 최상위 포식자들이 허위 정보를 퍼뜨리는 주된 동기가 금전적 이익이나 정치적 권력을 얻기 위한 것이라 설명한 바 있다. 물론 이익과 권력은 대개 상호 배타적인 목표가 아니라는 점을 인정한다. 이 장에선 이제 정치적 동기에 의한 허위 정보 사용에 대해 중점적으로 살펴보려 한다. 정치적 동기에 의한 진실 왜곡은 워낙 흔한 일이어서 우리는 그런 유형의 허위 정보에 대해 이야기할 때 따로 '선전propaganda'이란 용어를 쓴다. 이 용어는 적어도 1700년대부터 쓰여왔지만, 제1차, 제2차 세계대전을 거치며 지난 한 세기 동안 특히 정치적 목적을 달성하기 위한 허위 정보를 가리키는 용어가 되었다.

　아돌프 히틀러Adolf Hitler는 자신의 저서 《나의 투쟁Mein Kampf》에서 'große Lüge' 즉 '큰 거짓말'이라는 용어를 만들어냈는데, 이는 너무도 '거대하고' 기괴해 설마 누가 그렇게 대담한 거짓말을 하겠느냐는 생각에 오히려 사람들이 믿게 되는, 그런 거짓말을 의미한다. 물론 이는 히틀러가 자기 자신을 빗대 한 이야기는 아니었지만, 나치당 선전부 장관 요제프 괴벨스Joseph Goebbels 역시 비슷한 맥락에서 "거짓말도 자꾸 하면 사람들이 결국 그걸 믿게 된다"라는 유명한 말을 남겼다.

'등 뒤에 칼 꽂기Stab in the Back' 신화로도 알려진 나치당의 큰 거짓말은 독일이 제1차 세계대전에서 패한 이유가 전장의 패배 때문이 아니라, 사회주의자와 유대인 같은 내부 반역자에게 배신당했기 때문이라는 근거 없는 주장이었다. 히틀러와 나치당의 위대함에 대한 다른 주장과 함께 이 같은 선전·선동은 결국 대중의 지지를 이끌어내 권력을 장악하고, 유대인과 소수 집단 학살 계획을 실행에 옮기며 폴란드를 침공해 제2차 세계대전을 일으키는 데 결정적 역할을 했다.

"거짓말도 자꾸 하면 결국 사람들이 믿게 된다"라는 괴벨스의 주장은 심리학에서 말하는 이른바 '진실 착각 효과illusory truth effect'에 대한 수십 년간의 연구로 사실임이 입증됐다. 이 효과는 1977년, 미국 템플대학교의 심리학자 린 해서Lynn Hasher와 그녀의 동료들이 발견한 것으로, 어떤 말을 반복해서 들으면 설사 그게 거짓이라 해도 점점 더 사실로 믿게 된다는 것이다.⁴³ 이후 연구들은 이 효과에 대해 더 많은 사실을 밝혀냈다. 우선, 이 효과는 반복해서만 나타나는 것이 아니라, 어떤 말에 대한 익숙함이나 뇌에서 그 말이 처리되는 과정의 용이함, 그러니까 이런 상황에서 심리학자들이 말하는 이른바 '유창성fluency'을 통해서도 나타날 수 있다. 예를 들어, 글로 표현된 말은 굵고 명확한 글꼴로 써지거나 경구가 운율감 있게 표현될 때 더 진실처럼 느껴진다.⁴⁴ 실제로 진실 여부와 관계없이 대담한 제품 광고 문구와 기억에 남는 슬로건 또는 노래는 상업 광고에서 자주 사용되는 효과적인 요소이다. 특히 광고업계에서 쓰이는 '퍼핑puffing'과 '퍼퍼리puffery'라는 용어는 제품에 대한 근거 없는 광고를 뜻하며, 그런 광고 덕에 기업은 허위 광고 소송에 휘말릴 위험에도 불구하고 장기적으로는 수익을 올리게 된다.

맞는 말과 틀린 말 모두에 적용되는 좀 더 일반적인 '진실 착각 효과'에 대한 2010년도 메타 분석 연구에 따르면, 어떤 말의 출처가 신뢰할 만하다고 인식될 때 진실로 여겨질 가능성도 더 높아지지만, 심지어 출처가 신뢰할 수 없고 특히 출처가 불명확할 때도 반복된 노출은 진실 효과를 지속시켰다.[45] 다시 말해, 우리는 대개 어떤 말의 진실성을 그 출처의 신뢰도를 기준으로 판단하지만, 앞서 언급했듯 올바른 정보든 허위 정보든 반복해서 노출되다 보면 출처의 신뢰도와 관계없이 그것이 진실이라는 인상이 더 강해질 수 있다. 진실 착각 효과는 특히 어떤 말이 우리가 잘 안다고 믿는 주제와 관련된 것일 때[46] 또는 얼핏 보기에 확실히 맞는 말인지 틀린 말인지 알기 힘들 때 가장 흔히 나타난다. 진실 착각 효과는 "오바마 대통령은 무슬림인가?" 같은 질문 형태일 때도 나타나는데, 그건 '암시 효과innuendo effect'라는 현상 때문이다.[47] 나는 4장의 상당 부분을 테드 코펠과 함께 뉴스 미디어의 허위 정보 유포 문제를 비판하는 데 할애했지만, 진실 착각 효과의 이런 특성 때문에 객관적인 보도를 하는 기자들조차 거짓된 말을 해대는 정치인들을 취재할 때 곤혹스러운 상황에 직면하게 된다. 그런 거짓된 말들 역시 합법적인 뉴스거리로 다뤄지며 신문 제목으로 등장하고, 뉴스 미디어 전반에 걸쳐 반복 인용되며 무료 광고 효과를 누리게 된다. 결국 본의 아니게 허위 정보에 대한 믿음 확산에 일조하게 되는 것이다. 진실 착각 효과와 관련해 알려진 사실들을 고려할 때, 설사 언론이 그 말이 사실이 아니라고 밝힌다 해도 이런 현상이 발생할 가능성은 여전히 높다.

 허위 정보와 특히 관련이 있는 진실 착각 효과의 또 다른 특징은, 어떤 말이 거짓이란 것을 이미 아는 상황에서도 이 효과가 나타날 수 있다는 것이다.[48] 또한 진실 착각 효과는 사람들이 생각해 보면 거짓이라는 걸 알만한 현실 세계에서의 '가짜 뉴스', 그러니까 '완전히 조작된 이야기'에서도 나타날 수 있다.[49] 앞 장에서 언급한 가짜 뉴스에 대한 믿음과 관련된 연구를 진행한 고든 페니쿡에 따르면, 진실 착각 효과는 자신이 지지하는 정당의 의견에 반하는 가짜 뉴스 제목들을 이미 반복해서 접한 경우에도 나타날 수 있다. 예를 들어, '오바마가 카스트로 장례식에 가려 했지만 트럼프가 말렸다'라는 식의 가짜 뉴스 제목을 접할 때 공화당 지지자들뿐 아니라 민주당 지지자들도 그게 진실이라고 더 믿게 된다는 것이다. 결국 좋은 의미에서든, 나쁜 의미에서든 진실 착각 효과는 동기화된 추론보다 더 강력해질 수도 있다는 점을 시사한다.

괴벨스의 말처럼 진실 착각 효과를 악용한 정치 선전은 오늘날 매우 흔하고 강력한 전략이 되었고 그만큼 우리는 이 현상에 대해 훨씬 더 큰 경각심을 가져야 한다. 정보 소비자인 우리는 항상 다음과 같은 사실을 잘 알고 있어야 한다. 반복해서 접하든 그렇지 않든 허위 정보에 익숙해질수록 그것이 진실이라는 인식 또한 더 강해지게 된다는 사실 말이다. 이런 현상은 우리가 어떤 말의 출처가 신뢰할 수 없다는 걸 알 때나 그 정보가 거짓이라는 걸 이미 알 때나 심지어 그 정보가 우리 자신이 속한 정치 집단의 방침에 반할 때도 나타날 수 있다. 4장에서 나는 잘못된 정보를 퍼뜨리는 것보다 더 사람들의 관심을 끌 수 있는 방법은 없을 것이라 말했다. 그리고 진실 착각 효과에 비춰볼 때, 사람들로 하여금 잘못된 정보를 믿고 진실을 불신하게 만드는 데 반복해서 계속 그 정보를 들려주는 것보다 좋은 방법은 없다.

거짓 소방 호스 전략

조지 오웰George Orwell은 자신의 소설 《1984》에서 스탈린 치하의 소련에서 영감을 받은 가상의 디스토피아를 묘사했다. 이 작품에서 전체주의 정당은 '전쟁은 평화이고, 자유는 예속이며, 무지는 힘이다'라는 모순된 구호로 대변되는 '이중사고doublethink' 선전을 통해 대중을 억압한다.⁵⁰ 오웰은 "이중사고란 명백한 사실에 반해 뻔뻔하게도 습관적으로 검은 것을 흰 것이라 우기는 것으로…… 검은 것을 흰 것이라 믿을 수 있는 능력 그리고 심지어 검은 것이 흰 것이라는 걸 알고 있으며, 한때 그 반대로 믿었던 기억마저 잊어버리는 능력"이라고 적었다. 《1984》의 이야기 속에서 이런 현상은 사실들의 끊임없는 모순과 역사 수정을 통해 일어나며, 그 결과 사람들은 다음과 같이 모든 걸 체념하고 당의 선전을 받아들이는 것 외엔 다른 선택지가 없는 상황에 이르게 된다. "당은 당신에게 눈과 귀로 직접 확인한 증거를 부정하라고 했다. 그것이 그들이 내린 최종적이고 가장 본질적인 명령이었다." 2장에서 살펴봤던 '잘못된 정보 효과', 즉 각종 암시를 통해 기억을 조작하는 것을 상기해보면, 이런 종류의 심리적 '세뇌'는 결코 터무니없는 이야기가 아니다.

오늘날 doublethink, 즉 '이중사고'라는 개념은 오웰이 《1984》에서 소개한 국가 통제 언어 '뉴스피크Newspeak'와 합쳐져 지금 우리에게도 익숙한 '더블스피크doublespeak'라는 합성어로 발전했는데, 이는 정치 분야에서 의도적으로 진실을 흐리고 왜곡하는 화법을 뜻한다. 기만적인 더블스피크는 소련 선전의 대표적인 특징이었다. 아이러니하게도 소련 공산당 공식 신문은 거의 한 세기 동안 '프라우다Pravda', 즉 '진실'로 불렸는데, 이러한 전략은 오늘날의 러시아에서도 여전히 이어지고 있다. 2016년 랜드 연구소의 크리스토퍼 폴Christopher Paul과 미리엄 매슈스Miriam Matthews는 러시아 선전 모델을 '거짓 소방 호스 전략firehose of falsehood'이라 불렀는데, 이는 러시아가 '부분적인 진실이나 명백한 허구를 부끄러움도 모른 채 빨리 지속적으로 반복해서 뿌려대는 것'을 핵심 전략으로 삼기 때문이다.⁵¹ 그러면서 두 사람은 이런 전략이 어째서 놀라울 만큼 큰 효과가 있는지를 설명하면서 진실 착각 효과를 언급했는데, 그건 끝없이 쏟아붓는 허위 정보와 '선제 타격식' 사고방식이 사람들에게 익숙함과 잘못된 신뢰감을 준다고 봤기 때문이다.

러시아의 정치 선전 시스템의 중심에는 IRA, 즉 인터넷 리서치 에이전시Internet Research Agency가 있다. 크렘린의 지원을 받는 이 기관은 허위 정보 외에 소셜 미디어의 힘까지 이용해 러시아의 정치적·경제적 이익에 따라 전 세계의 여론을 조작하려 한다. IRA의 핵심 전략은 문자 그대로 인터넷 '트롤' 군대, 즉 가짜 소셜 미디어 계정을 동원해 갈등을 조장할 목적으로 온갖 콘텐츠를 퍼뜨리는 것이다. 이른바 '러시아 웹 여단'과 '트롤 농장'에서 일했던 사람들의 증언에 따르면, IRA는 러시아 국내외에 다양한 임무를 수행하는 여러 '부서'를 거느리고 있는데, 그중 특히 '도발 부서'의 목표는 미국인들로 하여금 자국 정부에 대항하게 만들고 불안과 불만을 조장하는 것이다.[52] 이들은 가짜 뉴스나 거짓말 형태의 잘못된 정보를 퍼뜨리는 데 그치지 않고, '우파 트롤'과 '좌파 트롤', 즉 정치적으로 상반된 양 진영의 가짜 인물을 동원해 논란이 되는 주제나 정치적 논쟁에서 양쪽 입장을 대변하기도 한다.[53] 지난 몇 년간 IRA가 즐겨 다룬 콘텐츠는 2016년과 2020년 미국 대통령 선거, 경찰의 폭력성, '흑인 생명도 소중하다Black Lives Matter' 운동, 성소수자LGBTQ 권리, 이민 관련 문제 그리고 백신 등, 하나같이 미국 내 정치적 양극화를 부추기고 사회를 분열시키려는 목적을 띤 민감한 주제들이었다.

IRA나 마케도니아 트롤 농장들이 정치적 양극화를 얼마나 심화시켰는지, 미국 선거 결과에 결정적인 영향을 미쳤는지는 아직 불분명하다. 여러 연구에 따르면, 러시아 트롤이 올린 콘텐츠에 대한 온라인상에서의 참여는 아주 제한적이며, 실제 참여한 사람들 대부분은 이미 정치적으로 아주 심한 양극화를 거친 사람들이다.[54] 그러나 '온라인 선전 활동 연구 프로젝트Computational Propaganda Research Project' 보고에 따르면, 2013년부터 2018년까지 페이스북과 트위터, 인스타그램에서 수천만 명의 미국인들이 IRA가 만든 콘텐츠에 노출되었으며, 2015년부터 2017년까지 3년간 약 3,000만 명의 미국인들이 온라인에서 그 콘텐츠를 공유했다.[55] 2017년 한 해 동안 IRA는 트위터에 거의 월 6만 건의 게시물을, 페이스북에는 월 541건의 유료 광고를 게시했다. 그리고 IRA는 허위 정보를 산업화하는 데 가장 적극적인 기관 중 하나지만, 이들이 유일한 존재인 것은 아니다. 2019년 기준으로, 미국을 비롯한 약 70개 국가가 비슷한 허위 정보 유포 캠페인을 운영 중이다.[56]

허위 정보는 허위 정보 먹이사슬을 따라 트롤에서 일반인에게 전해지기 때문에 그 출처를 쉽게 파악하기 어렵다. 돈세탁과 마찬가지로, 이 같은 '정보 세탁'의 경우 결국 허위 정보가 신뢰할 만한 정보와 뒤섞이면서 구분하기 힘들어지는 경우가 많다.[57] 이와 아주 유사하게, 정보 세탁으로 인해 정치적인 '가짜 풀뿌리 운동astroturfing'도 등장했다. 겉으로는 대중의 자발적인 지지를 받는 듯한 착각을 불러일으키지만 실상은 그렇지 않다. 이는 사회적 대의명분에 대한 관심을 불러일으키고 심지어 집회와 시위에 사람들을 끌어모으기도 하지만, 그 배후에는 사실 그 운동에 자금을 대는 사람들의 기득권이 숨겨져 있다.[58] 따라서 온라인에서 정보를 소비하는 우리는 늘 명심해야 한다. 인터넷에서 접하는 콘텐츠가 실은 우리의 열정을 자극하고 믿음에 대한 확신을 키워주며, 권위 있는 지식 관련 기관에 대한 신뢰를 약화시키고 이웃들과 다투도록 부추기는, 음지의 인물들에 의해 만들어졌을 수도 있다는 점을 말이다.

탈진실 세계에서의
대안적 사실들

── 5 ──

지난 수십 년간, 정치적 허위 정보 전략은 단순히 거짓을 퍼뜨리는 것에서 사실 및 전문가에 대한 불신을 조장해 진실이라는 개념 자체를 약화시키는 것으로 바뀌었다. 그래서 어떤 사람 사람들은 그 결과로 우리가 이른바 '탈진실post-truth' 세계에 살게 되었다고 주장한다.

이런 변화를 처음 관찰한 사람은 소련 출신 언론인이자 《이것은 선전이 아니다: 현실과의 전쟁에서의 모험This Is Not Propaganda: Adventures in the War Against Reality》의 저자인 피터 포메란체프Peter Pomerantsev이다. 그는 2001년부터 2010년까지 10년간 소련 해체 이후의 러시아에 나타난 허위 정보 전략의 변화를 목격했다.

이는 뭔가를 입증하는 게 아니라 의심을 뿌리는 것이 목적으로…… 이 새로운 선전 방식은 과거와 다르다. 푸틴은 멋진 공산주의 미래를 선전하려는 게 아니다. 그는 말한다. 우리는 어두운 세상에 살고 진실은 알 수 없으며, 늘 주관적이다. 그게 무언지 절대 알 수 없으며, 당신같이 미천한 사람은 결코 그 모든 걸 이해할 수 없으니 강력한 지도자를 따라야 한다고.[59]

현재 런던에 사는 포메란체프는 이와 똑같은 선전 방식의 변화가 미국을 포함한 전 세계로 퍼지는 걸 지켜보고 있다.

정치인들은 지금 합리적인 주장을 하려 하기보다는 이처럼 대단한 행위예술가가 되어 터무니없는 행동을 일삼고, 사실에는 관심 없다는 걸 드러내며……
내가 수년 전 러시아에서 봤던 것과 똑같은 정치가 지금 영국과 브라질, 필리핀 그리고 미국에서 보인다. 그리고 이 모든 걸 떠받치는 핵심적인 도구가 바로 인터넷과 디지털 미디어 기술이다.

공식적으로 정치에 뛰어들기 전인 2011년, 도널드 트럼프는 이른바 '출생지 음모론 운동birther movement'의 대변인으로 입지를 굳히며 주목받았다. 그는 각종 토크쇼에 나가 버락 오바마 대통령이 미국에서 태어난 게 맞느냐며 의문을 제기했다. 그해 실시된 전국 여론 조사에서 응답자의 24퍼센트가 오바마가 미국에서 태어나지 않았다고 믿었고, 24퍼센트는 그런 주장에 동의도 반대도 하지 않았다.[60] 돌이켜보면, 이는 단지 진실 착각 효과가 어떤 식으로 작동되는지 보여준 아주 좋은 사례였을 뿐 아니라, 앞으로 벌어질 일들을 예고하는 사례이기도 했다. 2016년, 미국 대통령 선거 선거인단 투표에서 큰 차이로 승리한 뒤 트럼프는 일반 투표에서도 이겼다고 트윗을 올렸는데, 이는 객관적인 사실과 정면으로 배치되는 주장으로, 그는 사실 280만 이상의 표 차이로 패배했다. 그 거짓 주장에 대한 비판에 대해 트럼프 선거 캠프의 대변인이자 자칭 '언론인 겸 애국자'인 스코티 넬 휴스Scottie Nell Hughes는 이렇게 트럼프를 옹호했다.

이번 선거 캠페인 시즌 내내 흥미로웠던 점 하나는, 사람들은 사실은 사실이라고 말하지만, 실은 사실이 아니라는 겁니다. 모두가 자기 나름의 방식이 있죠. 그러니까 지지율을 본다거나 물이 반쯤 찬 컵을 볼 때처럼 말이죠. 모두가 그걸 자기만의 방식으로 진실이라거나 진실이 아니라고 해석하는 거예요. 안타깝게도 이제 '사실'이라는 건 더 이상 존재하지 않아요.
그래서 트럼프 대통령의 트윗은 특정 집단, 즉 상당수의 미국인에겐 진실인 겁니다. 그가 수백만 명이 불법 투표했다고 말할 때, 그의 지지자들은 그것을 사실로 받아들이고, 그걸 뒷받침해줄 사실이 있다고 믿는 겁니다. 그런데 트럼프 대통령을 좋아하지 않는 사람들은 그것들이 다 거짓이며 뒷받침해줄 사실이 없다고 말하죠.[61]

이후에도 트럼프 대통령은 자신의 취임식에 참석한 군중의 규모를 자랑하며 "150만 명은 온 것 같다"고 했고, 그의 새로운 대변인 숀 스파이서Sean Spicer는 "현장에서 직접 그리고 전 세계에서 역대 최대 규모의 군중이 취임식을 지켜봤습니다"라고 주장했다.[62] NBC의 정치 시사 인터뷰 프로그램인 Meet the Press에서 척 토드Chuck Todd가 그 과장된 주장에 대해 반박하자, 대통령 수석 고문 켈리앤 콘웨이Kellyanne Conway는 스파이서의 주장이 '대안적 사실'이라고 주장했고, 그에 대해 토드는 "대안적 사실은 사실이 아닙니다…… 그건 거짓입니다"라고 했다.[63]

트럼프 대통령은 재임 4년 내내 줄곧 '가짜 뉴스 미디어'는 '국민의 적'이라며 비난했고, 〈워싱턴포스트〉는 그의 임기 동안 거짓과 오해를 유도한 주장이 총 3만 573건이나 되었다고 집계했다.[64] 예를 들어, 그는 자신의 행정부가 '재향 군인 선택' 프로그램을 통과시켜 재향 군인들이 재향 군인 의료국VHA 이외의 곳에서도 치료받을 수 있게 했다는 주장을 150회 넘게 반복했지만, 실제 '재향 군인 진료 접근성·책임성·투명성 법'은 이미 2014년, 오바마 행정부 시절에 제정된 것이었다.⁶⁵ 그런 다음 많은 사람이 예상했던 대로, 2020년 선거에서 조 바이든에게 패한 트럼프는 '큰 거짓말'을 주장하며 요란하게 퇴장했다. 선거는 조작됐고 바이든에게 간 표들은 사기이며, 실제 자신은 패하지 않았다는 것이었다. 물론 이 주장을 뒷받침하는 증거는 전혀 없었고 60여 건의 부정 선거 소송은 기각되거나 취하됐는데도 그랬다. 2021년 1월 6일, 트럼프가 지지자들에게 "우리는 절대 포기하지 않을 것이며 절대 승복하지 않을 것이다…… 더 이상 참지 않을 것이다…… 도둑질을 중단시킬 것이다…… 우리는 자유롭고 공정한 선거를 치르지 못하고 있다"라고 말한 뒤,⁶⁶ 이 '큰 거짓말'을 믿은 분노한 군중이 미국 국회의사당을 습격했는데, 그건 시위이자 폭동이며 반란이었다. 6개월 후에도, 미국인들의 무려 3분의 1과 공화당 지지자들 중 3분의 2가 여전히 선거를 도둑맞았다고 믿었다.⁶⁷ 시간이 흘러 그런 주장을 뒷받침할 증거가 없다는 걸 인정하는 사람들이 늘고 있음에도, 수치는 거의 달라지지 않았다.⁶⁸

미국 대통령이 선거가 자유롭고 공정하지 못하다고 선언하고, '미국인들이 자신들의 정부에 대항하게 만드는' 계획이 실현되는 모습을 보며, 정치적 허위 정보의 최상위 포식자인 블라디미르 푸틴은 임무를 완수했다는 만족감 속에 의기양양해 있을 게 불 보듯 뻔하다. 어쩌면 푸틴은 트럼프 행정부가 러시아의 '거짓 소방 호스 전략'을 흉내 내 판단 가능한 객관적인 사실을 계속 의심하게 만들고 그 과정에서 진실이라는 개념 자체를 무너뜨리는 듯한 모습을 보며 부모의 자부심 같은 것을 느낄지도 모른다. 실제로 트럼프 대통령의 임기 초반에, 켈리앤 콘웨이가 '대안적 사실'이란 말을 언급하면서 1949년에 쓰인 오웰의 소설 한 권*이 갑자기 아마존 베스트셀러 1위에 오르기도 했다. 이후 의미를 말해보라는 압박에, 콘웨이는 '대안적 사실'은 '추가적인 사실과 대체 정보'라고 설명하면서 다음과 같이 덧붙였다.

2 더하기 2는 4다. 3 더하기 1도 4다. 일부 흐리고 일부 맑다. 컵이 절반 찼고 절반 비었다. 이런 것이 바로 대안적 사실입니다.⁶⁹

충격적일 만큼 오웰의 소설을 연상케 하는 이런 이중언어와 사실과 진실은 주관적인 것이며, 아예 존재하지 않을 수도 있다는 생각은 러시아 선전 전략에서 그대로 가져온 것이다. 그래서 트럼프가 2020년 선거에서 패한 뒤, '진실'을 뜻하는 소련 공산당 기관지 '프라우다'를 떠올리게 하는 자신의 소셜 미디어 플랫폼 Truth Social** 출범에 모든 에너지를 집중한 사실은 무시하려야 무시할 수가 없다.

물론 선거를 도둑맞았다고 믿는 사람들은 거짓말을 퍼뜨리는 주체가 민주당과 진보 진영이라고 믿는다. 이는 펠트로의 굽과 머콜라의 '자연 의학'을 지지하는 사람들이 허위 정보 먹이사슬의 최상위 포식자는 거대 제약회사들과 결탁한 의료계라고 주장하는 것과 비슷하다. 어쨌든 그들은 모든 정치인과 대통령은 소속 정당이 어디든 거짓말을 한다고 주장한다. 1988년 조지 H. W. 부시 대통령은 미국 국민에게 "잘 들어요. 새로운 세금은 없습니다"라고 약속했다. 그의 아들 조지 W. 부시 대통령은 이라크 전쟁을 정당화하기 위해 토니 블레어 영국 총리와 함께 사담 후세인이 대량의 살상 무기를 갖고 있다고 주장했다. 1998년 빌 클린턴 대통령은 "나는 그 여성과 성관계를 갖지 않았

• 《1984》를 가리킴.
•• '진실' 소셜 미디어 정도의 뜻.

습니다"라고 주장했다. 오바마 대통령은 관타나모만에 있는 수용소를 폐쇄하고 자신의 보편적 의료법을 통해 모든 사람이 주치의를 계속 유지하면서 의료비도 늘지 않게 하겠다고 약속했다. 큰 거짓말을 이용해 기업 이익을 도모하는 건 거대 제약회사인데 왜 귀네스 팰트로 같은 사람을 비난하는가? 퍼듀 제약이 어떻게 마약성 진통제 오피오이드 중독을 유도했는지를 보면 알 수 있는데 말이다.

이 같은 반대 주장은 그 자체로 더없이 타당하다. 이 장에서 선정한 최상위 포식자들의 몇 가지 사례는 우리 민주주의 제도의 신뢰성을 훼손하고 정치적 폭력을 선동하며, 심지어 적절한 의료 서비스 접근마저 위협할 수 있는 심각한 사례다. 그러나 솔직히 말해 사실 이는 허위 정보라는 깊은 바닷속 몇 방울의 물에 지나지 않는다. 그와 동시에, '누구나 거짓말을 한다'라는 결론으로 몰아가는 '그러는 너는?' 식의 물타기 전략은 정직한 정보 출처와 사실 자체에 동의하기보다, 허위 정보 산업 복합체의 탈진실 신념을 그대로 드러내는 방식이다. 현대 전체주의 정권의 출현과 관련해 가장 권위 있는 전문가요 정치 이론가인 한나 아렌트Hannah Arendt는 탈진실 정치의 목적을 이렇게 요약했다.

> **만일 모든 사람이 늘 거짓말을 해댄다면, 결국 그 거짓말을 믿게 되는 게 아니라 모두가 더 이상 아무것도 믿지 못하게 된다……. 그리고 더 이상 아무것도 믿지 못하게 된 사람들은 결정을 내릴 수 없게 된다. 행동할 능력뿐 아니라 생각하고 판단할 능력까지 박탈당하는 것이다. 그런 사람들의 경우 뭐든 마음 내키는 대로 할 수 있다.[70]**

만일 우리가 설득에 넘어가 사실이란 늘 해석의 여지가 있으며 끝없이 논쟁할 거리라고 믿게 된다면, 불편한 진실들은 '가짜 뉴스'로 무시될 수도 있다. 또 한 사회가 누가 거짓말을 하고 누가 진실을 말하는지에 대해 합의하지 못한다면, 거짓이 증거로 인용될 수도 있고 객관적인 진실은 우리 손이 닿지 않는 곳으로 밀려나게 된다. 그리고 만일 진실이 존재하지 않는다면, 서로 공감대를 형성하고 공동 목표를 위해 함께 노력하기보다는 서로 논쟁하고 싸우는 일이 정당화된다.

■

2017년, 웨스턴오스트레일리아대학교의 심리학자 스테판 레반도프스키Stephan Lewandowsky와 울리히 에커Ullrich Ecker 그리고 조지 메이슨대학교의 심리학자 존 쿡John Cook은 탈진실 세계를 묘사한 다음과 같은 학술 논문을 발표했다.

전문가들에게 질려버린 세상을 상상해보라. 그 세상에선 지식을 '엘리트주의'로 여긴다. 새로 나타난 조류인플루엔자 변종이 실제 인간에게 전염되는지, 온실가스 배출이 실제 지구 온난화를 유발하는지 등을 판단할 때, 그 분야 전문가의 97퍼센트가 그렇다고 말하는데도 그들의 지식보다는 트위터상의 의견 시장에 의존하는 그런 세상을 상상해보라. 그 세상에선 소셜 미디어에서 가장 목소리가 크고 영향력도 큰 이들이 권력을 쥔다. 유명인과 대기업들 그리고 수백만 개의 트윗봇이나 '삭 퍼펫sock puppet'[*]을 동원할 수 있는 봇넷 조종자들botnet puppeteers[**] 말이다. 그런 세상에서 전문가들은 그들이 말한 사실이 권력자의 이익이나 무지한 대중의 편견을 위협할 때마다 신뢰할 수 없는 사람 혹은 엘리트주의자로 조롱당한다.[71]

- [*] 원래 손에 끼고 움직이는 양말 인형을 뜻하는 말로, 여론 조작에 활용되는 가짜 계정들을 뜻함.
- [**] 봇넷, 즉 자동화된 계정을 조종하는 사람들.

의견 벼룩시장과 트롤, 봇, 풀뿌리 운동astroturfing*** 그리고 허위 정보 산업 복합체. 이제 이런 것들이 낯설지 않은 이유는, 내가 그것들로부터 아주 큰 영향을 받았기 때문이다. 지금 다시 읽어보니, 그것들은 경각심을 일깨우는 일종의 경고이자 이 책을 쓰게 만든 결정적인 이유였던 것 같다. 그런데 레반도프스키와 울리히 그리고 쿡은 5년 전만 해도 '탈진실'이라는 용어는 거의 들어본 적도 없었고 논문을 쓰던 때만 해도 우리가 아직 그런 세상에 살고 있지 않았을지도 모른다고 말했다. 그러나 감히 장담하건대, 2017년에는 아직 그런 세상이 아니었는지 몰라도 지금은 분명 그런 세상이다. 부정할 수 없는 이 결론은, 4장에서 언급했던 랜드 연구소의 제니퍼 캐버노와 마이클 리치의 분석 결과와도 일치한다. 다시 말해, 오늘날 각종 사실 자체에 대한 근본적인 견해차는 150년간의 미국 역사상 전례가 없었을 만큼 심각하다는 것이다.

2021년 1월에 실시된 입소스Ipsos 여론 조사에 따르면, 응답자의 86퍼센트가 허위 정보의 확산에 대해 '다소' 또는 '매우' 우려했고, 76퍼센트는 소셜 미디어에서 접하는 정보의 정확성을 의심했으며, 77퍼센트는 앞으로 4년간 정치적 폭력이 발생할 가능성에 대해 걱정했다.[72] 놀랍게도 이런 수치는 민주당 지지자들과 공화당 지지자들은 물론 무당파들 사이에서도 고루 나타났다. 우리가 허위 정보에 대해 우려한다는 건 고무적인 일이지만, 무엇이 허위 정보이고 무엇이 아닌지에 대한 합의는 없다는 딜레마를 동시에 드러낸다.

앞서 한나 아렌트가 경고했듯, 진정한 '탈진실'의 세계에서라면 사실들이 사라진다는 건 곧 우리가 더 이상 아무것도 믿지 못한다는 것

••• 인조 잔디 브랜드인 AstroTurf에서 유래된 말로, 이익 집단이 특정 목적을 위해, 일반 대중이 자발적으로 만든 운동이나 여론인 것처럼 꾸미는 행위.

을 뜻한다. 그러나 적어도 아직은 그런 지경까지 이르진 않았다. 우리는 모두 무언가를 믿고 싶어 하고, 무언가를 믿어야 한다. 그래서 더 이상 사실을 믿지 못하게 되면, 대신 허위 정보와 거짓말을 믿게 된다. 미국 해군대학 교수이자 '네버 트럼프' 보수주의자Never Trump conservative* 인 톰 니콜스Tom Nichols는 2017년에 출간된 자신의 저서 《전문성의 죽음: 지식에 대한 공격과 그 의미The Death of Expertise: The Campaign Against Knowledge and Why It Matters》에서 오늘날 우리가 사실 자체에 합의하지 못하는 것은 근본적으로 전문가와 권위 있는 지식 관련 기관에 대한 신뢰가 교묘하게 그리고 종종 의도적으로 잠식되기 때문이라고 주장했다.[73] 이 장에서 내내 주장해왔듯 우리가 허위 정보 먹이사슬의 최상위 포식자들에게 쉽게 조종당하는 것 역시 신뢰 잠식 때문이다. 권위 있는 지식 관련 기관에 대한 신뢰가 회복되기 전까지는, '탈진실' 세계에 사는 우리 시민들은 여전히 허위 정보에서 발생하는 잘못된 믿음에 쉽게 넘어갈 것이고, 증거 및 사실 확인을 통해 고쳐주어도 잘 받아들이지 않을 것이며, 결국 사실과 대안적 사실을 둘러싼 끝없는 논쟁으로 계속 더 분열하게 될 것이다.

우리는 오늘날 비록 '탈진실' 세계에 살고 있지만, 이 모든 걸 피할 수 없는 현실로 받아들여서는 안 된다. 이는 의도된 선전 전략의 결과이기 때문이다. 우리는 굳이 자청해서 그 희생자가 될 필요는 없다. 희망이 있다면, 우리는 그 희망을 지금 어떤 일이 벌어지는지 그리고 허위 정보 먹이사슬에서 누가 그 모든 걸 조종하는지 이해하는 데서 찾아야 한다. 이 장에서 주로 허위 정보에 대해 살펴보고 있지만, 레반도프스키와 울리히 그리고 쿡은 앞서 언급한 콜린 세이퍼트와 함께 우리의 '탈진실' 세계는 '머릿속의 허위 정보'와 '세상의 허위 정보' 양쪽 모

---

* 공화당 지지자이지만 트럼프 대통령의 정책 등은 절대 지지하지 않는 보수주의자

두에 그 뿌리를 둔다는 것을 분명히 한다. 허위 정보에 대한 믿음을 제대로 이해하려면, 이 두 뿌리가 어떻게 얽혀 있는지를 이해해야 한다. 그렇기에 우리는 해로운 허위 정보에 대한 책임이 어떻게 분산되어 있는지 자각할 필요가 있다. 그 예가 2022년, 배심원이 샌디 훅 참사 유족에게 9억 6,500만 달러의 손해 배상금을 지불하라는 평결을 내린 알렉스 존스 사건이다. 이는(그가 돈을 지불하게 된다는 가정하에) 올바른 방향으로 나아가는 첫걸음이었다. 2023년, 폭스 뉴스가 도미니언 보팅 시스템Dominion Voting Systems이 2020년 미국 대통령 선거를 조작했다는 거짓 보도로 7억 8,700만 달러를 배상하기로 한 예도 있다.

우리가 탈진실 정치의 위험에서 벗어나려면, 사실에 반하는 잘못된 믿음을 쉽게 포기하지 못하는 허위 정보 피해자들을 보다 깊은 연민의 시선으로 포용해야 한다. 허위 정보에 넘어가는 사람들은 우리의 적이 아니다. 공통의 적은 우리의 인지적 취약성을 이용해 서로 적대하게 만드는 거짓을 퍼뜨리는 허위 정보 산업 복합체 안의 최상위 포식자들이다.

6

통제 불가능한 음모론들

Conspiracy Theories
Gone Wild

음모론은
공상과학 소설의 한 장르로,
대부분의 조직이
분명한 목표를 추구하는
유능한 사람들에 의해
비밀리에 운영된다는 식의
주장을 펼친다.

작가 번 호바트

평평한 지구론
신봉자들

──── 1 ────

　2017년 뉴올리언스에서 열린 NBA 올스타 주말 경기 당시, 클리블랜드 캐벌리어스는 전년도 결승전 7차전에서 골든스테이트 워리어스를 제친 디펜딩 챔피언이었다. 팬들은 투표를 통해 캐벌리어스의 '빅쓰리' 간판스타인 르브론 제임스LeBron James와 카이리 어빙 그리고 케빈 러브Kevin Love를 동부 콘퍼런스 올스타 팀으로 뽑았다. 양팀은 모두 평소보다 훨씬 더 공격에 치중해, 최종 점수 192대 182로 NBA 올스타 게임 사상 최고 득점 기록을 경신했지만, 클리블랜드는 패배의 쓴맛을 맛보아야 했다.
　그러나 그 주말에 치러진 어떤 농구 경기도 며칠 전부터 퍼진 뉴스만큼 큰 관심을 끌진 못했다. 어빙과 그의 팀 동료들은 팟캐스트 로드 트리핀Road Trippin에 출연했다. 어빙과 동료들이 외계인에 대해 이야기하다가 지구의 모양에 관한 이야기로 흘러갔다. 그때 어빙은 이렇게 답했다.

　이건 음모론도 아니에요…… 지구는 평평하고…… 한 집단을 꼭 집어 말하진 않겠지만, 특정 집단들이 이런 교육을 하고 있어요. 우리가 살아가는 동안 우리 역사에 너무나 많은 구멍과 너무도 많은 틈이 있다는 사실이…….

지구가 평평한지, 둥근지? 나는 그걸 조사해볼 필요가 있다고 생각해요……. 바로 우리 앞에 있잖아요. 바로 우리 눈앞에. 그들은 우리에게 거짓말을 하고……

내가 배운 건 지구가 둥글다는 거예요……. 그런데 내 말은, 우리가 여행하고 움직이고 하는 것에 대해 곰곰이 생각해 본다면, 우리가 태양 주위를 돌고 모든 행성이 정렬되어 특정한 날짜에 맞춰 돌고 행성들이 서로 수직을 이루고, 이런 걸 정말 믿을 수 있겠어요?……

그들이 우리에게 주는 정보 말고는 구체적인 정보도 없어요. 그들은 특히 무얼 믿고 무얼 믿지 말아야 하는지 방향을 정해 주죠. 진실은 바로 거기 있어요. 그저 직접 조사해보면 돼요. 난 한동안 그렇게 했어요.

내게 정말 중요한 건 내 앞에 던져진 모든 것에 대해 "좋아. 이 모든 건 허울일 뿐이야" 식으로 받아들이는 거였어요. 그러니까 이 모든 게 결국 그들이 내게 믿게 만들고 싶은 거란 거죠.[1]

어빙은 이렇게 '평평한 지구론 신봉자'로 나서면서 시사 토크쇼 〈더 뷰The View〉의 진행자 셰리 셰퍼드Sherri Shepherd, 래퍼 밥B.o.B* 그리고 리얼리티 TV 쇼 스타 틸라 테킬라Tila Tequila와 함께, 역사 속에서 되풀이해 나타나는 회의론자들의 흐름에 동참한 또 한 명의 유명인이 되었다. 지구가 평평하다는 믿음은 중세 시대 내내 이어지다가 1492년, 크리스토퍼 콜럼버스Christopher Columbus가 우리에게 진실을 알려줬다고 전해진다. 그러나 1,000년도 더 전에 이미 계몽된 문명사회에서는 피타고라스와 유클리드, 프톨레마이오스 같은 천문학자와 수학자의 관찰과 계산 덕에 지구가 둥글다는 사실을 받아들였다. 그럼에도 불구하고

---

* '비오비'라고도 함.

그 이후 가끔 과학적 사고에 대한 저항처럼 보이는 소규모 현실 부정 집단들이 반복적으로 나타났다. 1956년 사무엘 셴튼Samuel Shenton은 '국제 평평한 지구 연구 협회International Flat Earth Research Society'를 설립했으며, 1969년 달 착륙 당시 우주비행사들이 둥근 지구 사진을 찍었음에도 이 협회의 공식 회원 수는 1990년대에 최대 약 3,500명에 달했다.[2] 이후 인터넷상에서 같은 생각을 하는 사람끼리 서로 연결되면서, 서로 다른 여러 '평평한 지구 협회'가 온라인상에서 수십만에 이르는 추종자들을 확보하게 되었다. 최근 몇 년 사이에 미국뿐 아니라 영국, 이탈리아, 브라질 등지에서 평평한 지구 컨벤션이 몇 차례 열리기도 했으며,[3] 미국에서는 전체 인구의 16퍼센트 그리고 밀레니얼 세대에 이르러서는 34퍼센트가 지구가 둥글다는 사실을 확신하지 못했다.

그런데 대체 어떻게 사람이, 그것도 듀크대학교에서 신입생 시절을 보낸 어빙 같은 사람까지 이렇게 기본적인 과학적 사실을 믿지 않으려 하는 걸까? 간단히 떠올릴 수 있는 답 하나는 1장에서 설명한 순진한 현실주의, 즉 '지각하는 것이 현실이다' 또는 '보는 것이 믿는 것이다' 식의 사고방식이다. 실제로 밥과 틸라 테킬라는 둘 다 지평선에서 보면 지구가 평평하다는 이유로 자신들의 주장을 옹호했다.[4] 그러나 지금은 인공위성이나 국제우주정거장에서 찍은 사진과 동영상을 쉽게 접할 수 있는 시대여서 지구가 둥글다는 걸 분명히 알 수 있기 때문에 단순히 시각적 인상만으로 지구가 평평하다고 주장하는 것은 설득력이 없다. 어빙은 음모론이 아니라고 주장했지만, 지구가 평평하다고 믿는 사람들을 이해하려면 그 믿음을 요즘 점점 더 흔해지는 음모론의 한 유형으로 봐야 한다.

음모론이란 현실에 대한 권위 있는 설명은 믿지 않고 대신 악의적인 의도를 가진 집단이 대중에게 교묘히 숨기는 음모를 믿는 것이다.[5] 이 정의에 따르면, 지구가 평평하다는 음모론은 단순히 지구 형태에 대한 별난 믿음과 그 믿음에 반하는 방대한 증거에 대한 무시에 머무는 게 아니라(그 자체만으론 음모론이 되지 않는다), 그와 관련된 믿음, 즉 미국 항공우주국NASA이 우리에게 거짓말을 하고 있고 우주 프로그램을 진행 중인 다른 모든 나라는 물론, 전 세계의 천문학자와 천체물리학자까지 뚜렷한 합리적 동기도 없이 진실을 숨기기 위해 서로 공모한다는 믿음으로까지 확대된다. 조작된 미국 항공우주국의 사진들과 수학적 증명들 그리고 지구가 둥글지 않다면 어떻게 세계 일주를 할 수 있는지에 관한 논쟁은 차치하고라도, 음모론자들은 기본적인 과학적 사실조차 부인하고 또 불가능할 정도로 광범위한 은폐가 이뤄진다고 주장하고 있다. 정신과 의사인 나로선 지구가 평평하다는 음모론은 정말 믿기 어려우면서도 흥미롭기까지 하다.

■

이 책의 전반부에서 우리는 순진한 현실주의, 과도한 자신감, 확증 편향, 동기화된 추론, 불신 그리고 잘못된 정보 노출 등, 잘못된 믿음의 핵심 구성 요소에 대해 간략히 살펴보았다. 다음 장에서는 그런 요소가 특정 유형의 잘못된 믿음과 어떤 관련이 있는지를 집중적으로 살펴볼 예정이다. 먼저 이번 장에서는 망상 비슷한 믿음의 한 예로 음모론에 대해 살펴본다. 음모론은 망상 비슷한 믿음과 비슷하지만, 놀랄 만큼 흔하게 나타나며 정신 질환이나 지능 또는 교육과는 거의 관련이 없다(설사 관련이 있다고 해도). 오히려 불신 및 잘못된 정보에 빠지기 쉬운 경향의 부산물로 이해하는 게 나으며, 오늘날의 세계에 지대한 영향을 미치는 믿음의 형태다.

음모론 심리를 좀 더 깊이 파고들기에 앞서 먼저, 1장에서 언급했듯 믿음에 대한 확신이 양극단의 연장선에서 생겨난다는 개념을 다시 상기할 필요가 있다. 우리의 믿음은 흑백 논리처럼 절대적인 확신의 근거가 되기 힘든 확률 판단이기 때문에, 먼저 어빙 같은 사람들이 지구가 평평하다는 걸 얼마나 믿는지 물어볼 필요가 있다. 그의 첫 발언 이후 반론이 제기되었고, 지구가 둥글다는 걸 인정하게 해줄 우주에서 찍은 사진들을 본 적 있냐는 질문을 받자 어빙은 이렇게 답했다. "내가 받은 교육 시스템에선 진짜라고 했지만 알고 보니 완전히 거짓이었던 경우를 많이 봐왔기 때문에, 난 사람들의 믿음과 반대되는 믿음을 갖는 데 거리낌이 없습니다."[6] 그러나 2년 뒤 고등학교 교사들이 그의 발언이 학생들에게 악영향을 끼친다고 불평하자, 그는 '내 말이 어떤 영향을 줄지 깨닫지 못했다'라며 사과를 해,[7] 그가 일부러 도발했거나 아니면 무엇을 믿어야 할지 몰랐던 게 아닌가 하는 생각이 들었다.

모르겠어요. 나는 결코 누군가를 설득해 지구가 평평하다는 걸 믿게 하려 한 게 아니에요. 지구가 완전히 평평하다는 걸 옹호하려는 것도 아니고요. 아니, 모르겠어요. 정말 모르겠어요. 근데 그런 생각을 하는 건 재미있어요. 그런 주제로 대화하는 것도 재미있고요. 사람들이 너무 흥분하고 화를 내니 정말 재미있죠. 보통 이렇게 말하거든요. "이봐, 그런 걸 믿으면 안 돼. 그건 종교야, 친구. 그냥 과학이라고. 그 외에 다른 건 믿을 수 없어, 알겠어?" 좋아요, 그럼 내게 설명해봐요. 당신이 지구에 대해 알아온 것과 연구해온 것에 대해 이야기해봐요. 난 그게 좋아요. 그런 이야기하는 게 좋아요.
……우리가 배워온 모든 것이 거짓이라고 확신하는 건 아니에요. 하지만 세월이 흐르면서 역사의 많은 부분이 왜곡됐다는 것도 알아요. 내가 늘 인식하는 건 그래요.[8]

미국인의 16퍼센트와 밀레니얼 세대의 34퍼센트가 지구가 둥글다는 사실을 확신하지 못한다는 설문 조사를 좀 더 자세히 살펴보면, 각기 2퍼센트와 4퍼센트만이 실제 지구가 평평하다는 확고하고도 지속적인 믿음을 지지했다.[9] 그 나머지는 지구가 평평하다는 것에 회의적이거나 무엇을 믿어야 할지 확신하지 못했다. 밀레니얼 세대의 34퍼센트가 지구가 둥글다는 걸 확신하지 못한다는 사실은 그 자체로 여전히 놀랍고 우려스럽지만, 최소 1960년대부터 젊은 사람들 사이에서 '서른 살 넘은 사람은 믿지 마라'라는 말이 유행해왔다는 걸 고려하면 이해 못 할 일도 아니다. 오늘날에는 모든 연령대의 사람이 탈진실 세계에 살고 있다. 정치 지도자와 시대의 아이콘인 유명인조차 누구도 믿지 말고 모든 사실을 의심하며, 진실을 알기 위해 전문가들의 말을 듣기보다는 '직접 조사하라'라고 말한다. 그러니 '그냥 물어만 볼 뿐', 무엇을 믿거나 누구를 믿어야 할지 판단할 나침반 없이 질문만 하는 사람들이 많은 것은 결코 놀랍지 않다.

음모론이 판치는 암흑기

— 2 —

수천 년간 널리 받아들여져온 기본적인 과학적 사실마저 부정하는 평평한 지구론 신봉자들 외에 오바마 출생지 음모론자들, 반反백신론자들, 샌디 훅 부정론자들도 있고, '큐아논' 음모론자들까지 주변에서 계속 음모론자들이 나타나는 듯하다. 그래서 많은 이가 지금은 '음모론 황금기'라고 말한다. 음모론에 대한 믿음이 많은 사람이 생각하는 것보다 더 흔하다는 건 분명 사실이다. 지난 수십 년간의 설문 조사에 따르면, 미국을 비롯한 전 세계의 여러 국가에서 인구의 약 절반이 적어도 한 가지 이상의 음모론을 믿는 것으로 나타났다.[10] 2019년 여론조사 기업 유고브가 다른 여러 구체적인 음모론에 대한 믿음을 조사한 바에 따르면, 놀랍게도 음모론 신봉자의 비율은 일본 72퍼센트, 프랑스 77퍼센트, 영국 79퍼센트, 미국과 호주, 캐나다 80퍼센트, 스페인 85퍼센트였으며, 멕시코는 무려 91퍼센트에 달했다.[11] 게다가 심리학 연구에 따르면, 한 가지 음모론을 믿으면 다른 음모론들도 믿을 가능성이 높다. 이는 대부분의 사람이 심리학자가 '음모론적 사고방식'이라 부르는 음모론적 사고나 음모론적 이야기를 선호하는 경향이 어느 정도 있다는 걸 보여준다.[12]

그러나 현재 드러난 증거로는 음모론의 전성기에 살고 있다는 믿음을 뒷받침하기 어렵다. 음모론과 실제 음모는 인류 문명이 시작된 이래 계속 존재해왔다. 중세 시대에는 템플 기사단을 무너뜨리는 데 이용됐고, 1700년대에는 '일루미나티Illuminati'의 세계 지배 음모설로, 19세기에서 20세기로 넘어올 때는 가짜 문서인 〈시온 장로 의정서The Protocols of the Elders of Zion〉가 해묵은 반유대주의의 형태로 나타났다. 지난 80년간 발생한 로즈웰 사건*, 달 착륙, 존 F. 케네디 암살, 다이애나 영국 왕세자비의 죽음, 9·11 테러 등과 관련된 음모론은 모두 대중의 인식 속에 뿌리내렸다.

마이애미대학교 정치학자 조지프 우신스키Joseph Uscinski와 조지프 패런트Joseph Parent는 2014년에 출간된 자신들의 저서《미국 음모론들 American Conspiracy Theories》에서 1890년부터 〈뉴욕타임스〉에 실린 10만 통 넘는 독자 편지를 검토해, 오늘날 음모론적 믿음이 1세기 전보다 더 흔해졌다는 주장을 검증하려 했다.[13] 전체 편지 중에서 음모론과 관련된 편지 635통(2010년까지 연평균 5통)을 토대로, 두 사람은 세월에 따라 기복은 있었지만(거대 기업 독점에 대한 반발이 일어났던 1890년대와 미국 상원의원 조셉 매카시 주도의 공산주의 '붉은 공포'가 몰아쳤던 1950년대에는 음모론이 특히 더 급증했었음), 음모론이 다른 시기에 비해 오늘날 더 많이 퍼져 있는 건 아니라는 결론에 도달했다. 우신스키와 그의 동료들이 실시한 최근 연구에서도 1966년부터 2020년까지 미국 내에서 특정 음모론적 믿음이 전체적으로 늘어났다는 증거는 없었으며, 2012년부터 2021년까지 일반적인 음모론적 사고가 늘어났다는 증거도 없었다.[14] 이 두 연구가 이 분야에선 유일한 연구이기 때문에, 현재 우리가 '음모론 황금기'에 살고 있다는 믿음을 정당화하기는 어렵다.

* 미군이 로즈웰에서 추락한 비행접시와 외계인을 회수했다는 일종의 음모론.

실제로 저널리스트들은 적어도 1960년대부터 '음모론의 해'라고 선언해왔지만, 우신스키는 '지금은 음모론의 시대'라는 주장은 '계속 반복되는 가장 큰 음모론 관련 신화'라고 조롱한다.[15]

그러나 음모론적 믿음에 대한 확신을 시간에 따라 측정하는 신중하면서도 일관된 설문 조사가 없다 보니, 음모론에 대한 사람들의 믿음 정도가 계속 증가할 가능성은 여전히 남아 있다. 하지만 설령 그렇지 않다고 해도, 지난 몇 년간의 여론 조사 데이터를 살펴보면 여전히 걱정할 만한 이유가 있다. 4장에서 언급했듯 코로나19 팬데믹으로 인해 2021년 가을까지 전 세계적으로 450만 명 이상이 사망했고, 미국에서는 500명 중 한 명이 목숨을 잃었다. 백신 접종자의 사망률이 11배나 낮음에도 불구하고, 미국인의 약 절반은 여전히 백신 접종을 하지 않았는데, 이는 백신 접종이 시작된 이후 접종 수용 여부가 낮음을 보여주었던 여론 조사 결과와 일치한다.[16] 상황은 유럽도 크게 다르지 않았다. 이같이 백신 접종을 망설이는 현상은 오래전부터 있던 해묵은 문제지만, 반 백신 및 코로나19 음모론에 대한 믿음이 그에 일조한다는 점은 분명하다.[17] 2021년 7월, 〈이코노미스트〉와 여론 조사 기업 유고브가 실시한 여론 조사에 따르면, 미국 대중의 40퍼센트는 코로나19의 위협이 정치적 이유로 과장됐다고 믿었다.[18] 미국 정부가 코로나19 백신을 이용해 사람들 몸에 마이크로칩을 심었다고 믿는 사람들도 다섯 명 중 한 명꼴이었다. 백신이 자폐증을 유발한다고 믿는 사람들 수도 거의 그와 맞먹었고, 앞서 실시된 한 설문 조사에서도 응답자의 20퍼센트가 '의사와 정부'가 이 위험을 뻔히 알면서도 수년간 대중에게 숨겨왔다는 음모론을 믿는다고 응답했다.[19]

2018년 영국의 유럽 연합 탈퇴에 찬성표를 던진 사람들은 잔류에 찬성한 사람들에 비해 국민투표 제도의 공정성 및 이민과 관련된 음모론을 믿는 경우가 훨씬 더 많았다.[20] '브렉시트Brexit[*]'가 극히 근소한 차이로 통과되었다는 걸 고려하면, 음모론에 대한 믿음이 유권자들의 행동에 어느 정도 영향을 미쳤을 가능성이 크다. 그렇지 않았다면 이 중대한 지정학적 사건은 아마 일어나지 않았을지도 모른다.[21]

미국의 경우, 역사상 가장 치열한 대선 중 하나가 끝난 뒤인 2021년 여름, 국민의 40퍼센트가 개표 과정에서 수백만 표의 불법 투표가 있었다고 믿었다. 그리고 전체 미국인의 거의 3분의 1과 공화당 지지자의 3분의 2는 바이든 대통령에게 선거를 도둑맞았다는 음모론을 믿었다.[22] 또한 70퍼센트가 넘는 미국인들이 선거 결과 때문에 향후 최소 어느 정도의 폭력이 일어날 거라 믿었으며, 공화당 지지자의 40퍼센트는 그 폭력이 정당화될 수 있고 어쩌면 필요할 수도 있다고 믿었다.[23]

또한 15퍼센트는 미국 정부가 아동 성 착취 범죄 조직을 운영하는 사탄 숭배 소아성애자들에 의해 지배된다는 큐아논 음모론을 믿었고, 20퍼센트는 곧 '폭풍'이 몰아쳐 '권력을 쥔 엘리트들을 쓸어내고 다시 정당한 지도자들로 채워 넣을 것'이라 믿었다.[24] 그리고 큐아논 음모론은 미국에서 시작되었지만, 곧 미국 정치를 뛰어넘어 정부 권위와 엘리트 및 전문가들에 대한 전 세계적인 반발의 하나로 해외로까지 퍼져나갔다. 마지막으로, 이 모든 정치적 혼란 속에서도 지난 10여 년간 과학계 전문가들은 강력한 합의를 통해 인간 활동에 의한 기후 변화의 현실에 대해 경고해왔다. 하지만 기록적인 폭염이 이어지는 상황에서도 2021년 미국인의 거의 절반은 기후 변화가 인간 활동의 결과라는 걸 믿지 않았고, 27퍼센트에 달하는 미국인들은 이를 사기극이라고 믿었다(기후 변화 문제에 대해선 9장에서 다시 다룰 것이다).[25]

* Britain과 exit의 합성어로, 영국의 유럽연합 탈퇴를 뜻함.

그래서 오늘날 음모론이 과거에 비해 더 많이 퍼진 건 아니라 해도, 그 영향력만큼은 우리가 살아온 시기보다 더 커졌다는 데는 이견이 없을 것이다. 물론 어떤 음모론적 믿음은 해를 끼치진 않는다. 예를 들어, 지구가 평평하다는 음모론은 과학 교육을 퇴보시킨다는 점을 제외하면 별다른 해를 끼치지 않는 특이한 믿음이다. UFO나 달 착륙 관련 음모론은 물론 심지어 존 F. 케네디 암살 관련 음모론도 마찬가지다. 그러나 백신 접종, 민주 선거의 공정성, 기후 변화 등과 관련된 오늘날의 음모론에 대한 믿음은 우리의 일상생활과 훨씬 더 밀접해 더 큰 피해를 초래할 수 있다. 앞의 두 장에서 언급한 것처럼 우리 시대의 이 중대한 문제와 관련해 허위 정보를 퍼뜨리는 음모론적 믿음은 적절한 의료 조치를 도외시하게 만들고 지구 온난화를 멈추거나 되돌리는 조치를 취하지 못하게 함으로써 이미 사람들의 생명을 앗아가는 데 한몫하고 있다. 그런 의미에서 내가 서문에서 주장했듯, 우리는 지금 잘못된 믿음에 의한 자살로 죽어가고 있다. 그리고 이러한 믿음을 부추기는 음모론에 대한 집단적인 집착이야말로 이 문제의 핵심이다.

■

지난 10년간 여론 조사 및 설문 조사 데이터를 토대로 한 일련의 연구(그중 상당수는 노섬브리아대학교의 사회심리학자 대니얼 졸리에 의해 수행되었음)를 보면, 음모론이 초래할 수 있는 많은 잠재적 해악을 알 수 있다. 연구에 따르면, 음모론적 믿음은 백신 접종같이 건강에 필요한 행동의 기피, 정치적 무관심과 극단주의, 분노, 인간관계의 붕괴, 탄소 발자국을 줄이려는 동기의 약화, 범죄 의도, 폭력의 정당화 등과 관련이 있다.[26]

한편 연구실 밖의 현실 세계에서도 음모론적 믿음이 공격성과 물리적 폭력을 유발한 사례가 놀라울 만큼 자주 보고되고 있다. 앞 장에서 언급했듯 2012년에 발생한 샌디 훅 초등학교 총기 난사 사건으로 20명의 어린이와 6명의 교직원이 사망한 뒤, 음모론자들은 "총기 난사는 절대 발생하지 않았다"라며 슬픔에 잠긴 유가족을 괴롭히고 위협했을 뿐 아니라, 유가족에게 '위장 연기자'라 조롱하고 아이들은 존재한 적도 없다는 주장까지 했다.

2016년에는 에드거 매디슨 웰치가 피자게이트 음모론에 영향을 받아 코멧 핑퐁이라는 피자 가게를 혼자 습격했다. 코로나19 팬데믹이 터진 첫해인 2020년에는 한 열차 기관사가 팬데믹 지원 목적으로 로스앤젤레스 항에 정박한 미 해군 병원선 USNS 머시 호가 실은 다른 사악한 목적으로 왔다는 음모론을 믿고 이에 항의하기 위해 고의로 열차를 탈선시켰다. 캐나다 오타와에서는 캐나다군 예비역 병사 하나가 쥐스탱 트뤼도Justin Trudeau 총리를 체포하겠다며 총기와 탄약을 실은 자신의 픽업트럭을 몰고 총리 관저의 정문을 들이받았다. 이는 빌 게이츠를 비롯한 글로벌 엘리트들이 '이벤트 201Event 201'이라는 팬데믹 대비 훈련 중에 코로나19를 조작했다는 음모론에 영향을 받았기 때문이었다. 영국에서는 5G 통신망이 코로나19를 유발한다는 음모론 때문에 방화범들이 77곳의 휴대전화 기지국에 불을 지르고 이동통신사 직원들을 수차례 공격하는 일이 벌어졌다. 그런 다음 2021년에는 미국 대통령 선거를 도둑맞았다는 음모론 때문에 분노한 군중 수천 명(그중 일부는 정치 지도자들을 인질로 잡기 위한 용도로 보이는 케이블 타이까지 소지하고 있었다)이 미 국회의사당을 포위하는 반란 행위를 벌였으며, 그 결과 3,000만 달러 상당의 피해가 발생하고 수많은 부상자와 여러 명의 사망자까지 발생했다.

마지막으로, 큐아논 음모론은 2020년부터 2022년 사이에 신문 헤드라인을 장식한 여러 건의 배우자 살해 및 영아 살해 사건과 관련이 있었다. 몇 안 되는 이 같은 음모론 관련 폭력 사례들은 비교적 드물게 일어나는 일이라고 주장할 수도 있다. 하지만 우려할 만한 이유는 충분했다. 실제로 2019년에 미국 연방수사국FBI은 '음모론에 휘둘리는 극단주의자들'을 점증하는 위협으로 선언했으며, 내부 문서에서 이렇게 밝히기도 했다. "이런 음모론은 현대 정보 시장에서 계속 생겨나 퍼지고 진화해갈 가능성이 아주 크고, 때론 극단주의 집단이나 개인이 범죄나 폭력 행위를 저지르게 될 것이다."[27]

한편 지난 몇 년간 이런 사건과 다른 음모론 관련 사건들이 벌어지면서, 음모론은 주류 언론 매체에 의해 널리 보도되고 확산되었다. 그리고 앞 장에서 언급한 진실 착각 효과를 고려하면, 이런 음모론은 실제 진위와는 상관없이 주류 인식을 파고들었고, 그 과정에서 대중의 의식 속에 뿌리내리게 되었다. 정치 지도자들 역시 선거에서 이기거나 책임을 회피하거나 정치적 반란을 부추기기 위해서 등 다양한 목적을 위해 음모론을 공개적으로 지지하고 조장해왔다. 음모론의 확산만을 근거로 지금을 '음모론의 황금기'라 단정하기는 어렵지만, 그 영향력과 잠재적 해악을 고려할 때 '음모론의 암흑기'라 불러도 지나치지 않을 것이다. 코로나19와 정치적 폭력 그리고 기후 변화라는 실존적 위협이 우리를 위협하고, 세계의 운명이 평생 그 어느 때보다 더 음모론적 믿음을 억누를 수 있는 우리의 능력에 달린 상황에서, 이 모든 이야기는 그리 과장된 게 아니다.

음모론적 믿음의 심리학

3

　왜 일부 사람들 그리고 왜 그렇게 많은 사람이 음모론에 끌리는 걸까? 한 가지 이유를 꼽자면 음모론이 특별할 것 없는 평범한 진실보다 훨씬 더 흥미롭고 극적인 사건 설명이 될 수 있기 때문이다. 이는 앞서 4장과 5장에서 살펴봤던 허위 정보의 경우와 아주 비슷하다. 실제로 할리우드에서는 수년간 음모와 관련된 첩보물 같은 이야기를 영화 소재로 잘 활용하고 있다. 프랭크 시나트라와 앤절라 랜즈베리 주연의 1962년작 영화 〈맨츄리안 켄디데이트〉는 그 당시 큰 인기를 끌었으며, 40년 뒤 덴젤 워싱턴과 메릴 스트립 주연의 영화로 리메이크되어 성공을 거두기도 했다. 케빈 코스트너가 주연을 맡은 올리버 스톤 감독의 영화 〈JFK〉와 멜 깁슨과 줄리아 로버츠가 주연을 맡은 리처드 도너 감독의 영화 〈컨스피러시〉는 둘 다 1990년대의 대 히트작으로, 지금까지 수억 달러의 흥행 수익을 올렸다. 외계인 음모론을 다룬 TV 시리즈 〈X파일〉은 10년 넘게 방영되었으며, 두 편의 극장판 영화로도 제작되면서 배우 데이비드 듀코브니와 질리언 앤더슨은 일약 슈퍼스타가 되었다.

　음모론의 매력은 망상이나 본질적으로 거짓인 허위 정보와는 달리,

적어도 어느 정도 있을 법한 이야기라는 점에 있다. 다시 말해, 어쩌면 사실로 밝혀져 이론으로 끝나지 않을 수도 있는 설명이라는 것이다. 게다가 음모론 신봉자들이 가끔 상기시키는 이야기지만, 그리 멀지 않은 과거에 실제 음모가 있었던 적도 있다. 1950년대부터 1970년대까지 진행된 미국 중앙정보국CIA의 마인드 컨트롤 프로젝트 엠케이-울트라MK-Ultra나 FBI의 감시 프로그램 코인텔프로COINTELPRO가 대표적이다. 따라서 음모론적 믿음을 옹호하는 측에서는 음모론이 통제되지 않는 권력 및 권위 남용에 맞서는 아주 중요한 민주적 메커니즘이라고 주장해왔다. 어떤 사람들은 심지어 '음모론'이라는 용어가 존 F. 케네디 암살에 대한 워렌 보고서Warren Report의 결론에 반대하는 해석을 깎아내리기 위해 CIA가 만들어낸 용어라고 주장하는데, 아이러니하게도 그 역시 근거 없는 음모론이다.[28]

지난 수십 년간 심리학 연구자들은 음모론의 인기를 수용자 관점에서 살펴보았으며, 음모론에 끌리고 믿는 사람들은 어떤 차이가 있는지 규명하려 했다. 그 과정에서 그들은 특정 음모론에 대한 지지 형태로 나타나는 '음모론적 믿음'이나 '음모론적 관념'과 관련된 심리적 특징이 나열된 긴 목록을 작성했는데, 그런 특징은 "세상에선 아주 중요한 일들이 많이 일어나지만 세상 사람들은 결코 알지 못한다"거나 "우리는 민주주의 국가에 살지만 늘 소수의 사람이 모든 걸 좌지우지한다"거나 "우리 삶의 상당 부분이 은밀한 곳에서 꾸며진 음모들에 의해 통제된다" 같은 말에 동의하는 형태로 나타나는 보다 일반화된 '음모론적 사고'나 '음모론적 성향'과도 관련이 있다. 영국 켄트대학교의 사회심리학자 카렌 더글라스Karen Douglas를 비롯한 세계적인 음모론 연구자들은 음모론 신봉자의 심리적 특징을 이른바 '인식적' 욕구, '실존적' 욕구, '사회적' 욕구라는 세 가지 주요 '욕구'(또는 동기) 그룹으로 분류

했다.[29]

　인식적 욕구는 사건의 인과 관계에 대한 설명을 듣고자 하는 욕구와 관련이 있고, 실존적 욕구는 안전함을 느끼고자 하는 욕구와 관련이 있다. 내가 3C라고 부르는 확실성certainty, 종결closure, 통제control가 필요한 인식적 욕구와 실존적 욕구는 사회적 불안과 사회적 위기 상황에서 특히 강해지는 경향이 있는데, 그건 우리가 그런 상황에서 사건에 대한 설명이 불만족스럽거나 부족하게 느껴지면 위협을 느끼기 때문이다.[30] 또한 음모론적 믿음은 '목적론적 편향' 및 '과민한 행위자 감지'와도 관련이 있다. 음모론 신봉자는 어떤 사건을 무언가 더 높은 목적이나 '궁극적인 원인'과 연결 지으려 한다는 것이다. 이 같은 심리적 욕구와 인식적 편향은 존 F. 케네디같이 사랑받는 정치 지도자나 다이애나 왕세자비 같은 유명 인사의 갑작스러운 죽음과 관련된 음모론에 빠지기 쉬운 이유를 설명해준다. 단독 총격범 사건이나 불행한 차량 충돌 사고 같은 무작위적인 사건에 관한 이야기는 비극 앞에서 느끼는 우리의 공포와 무력감을 덜어주지 못한다. 9·11 테러나 총기 난사 사건 또는 코로나19도 마찬가지다. 그저 우연히, 막을 수도 없이 일어난 것이라는 말을 듣는 것은 공포스러운 일이 아닐 수 없다. 심리학자에 따르면, 음모론은 이처럼 트라우마를 안겨줄 사건에 대해 보다 명확한 원인이 있는 대안적인 설명을 해줄 뿐 아니라 이론적으로는 무언가 할 수 있는 게 있다는 안도감까지 느끼게 해준다. 그러나 예상하겠지만, 세상을 지배하는 강력한 배후의 은밀한 음모와 사악한 의도가 개입됐다는 설명을 듣는다고 해서 불안감이 사라진다거나 더 안전하다고 느끼게 되는 것은 아니다.[31]

　음모론적 믿음과 관련된 또 다른 심리적 욕구는 '특이성 욕구'다.[32] 이 사회적인 욕구를 통해, 우리는 음모론이 일부 추종자에게 매력적으로 보이는 이유를 알 수 있다. 음모론자들은 자신들이야말로 '진짜 진실'에 다가갈 특권이 있고 그 나머지는 눈가리개를 한 채 이리저리 몰려다니는 '양 떼'에 불과하다는 것이다. 앞서 4장과 5장에서 살펴봤듯, 소셜 미디어 인플루언서들은 잘못된 정보와 음모론을 퍼뜨리면서 부를 축적하고 그 과정에서 유명 인사가 될 수도 있다. 사회심리학자들은 사회적 차원에서 볼 때 음모론은 '외부 집단', 즉 이민자나 다른 국가에게 사회적 위기의 책임을 떠넘김으로써 '집단적 자기애' 감각을 유지하는 데 도움이 될 수 있다는 사실을 밝혀냈다.[33] 이 같은 희생양 만들기는 'SARS-CoV-2 바이러스는 중국이 고의로 만든 생물 무기'라는 코로나19 실험실 유출 음모론의 인기를 설명해준다. 코로나19 팬데믹 초기에 트럼프 대통령과 다른 미국 정치 지도자들이 확산시킨 이 주장은 2020년 3월 당시 미국인의 23~31퍼센트가 지지했다.[34] 그러자 중국 관리들은 SARS-CoV-2 바이러스는 코로나19 팬데믹 발생 몇 달 전, 우한에서 열린 세계 군인 체육 대회 기간에 미국으로부터 중국에 유입됐다는 역 음모론을 제기했다.[35] 그리고 그런 음모론은 러시아 국영 미디어와 심지어 미국 내 몇몇 소셜 미디어 인플루언서들의 지지를 받으며 힘을 얻었다.[36]

연구자들은 음모론적 믿음이 심리적 욕구는 물론 이 책에서 지금껏 살펴본 인식적 특징과도 연관이 있다는 걸 발견했다. 여기에는 1장~2장에서 살펴본 객관적인 증거보다는 직감을 더 신뢰하는 경향, 믿음 형성 과정에서 과도한 자신감이 생겨나는 경향, 2장에서 설명한 두 사건이 동시에 일어날 가능성을 과대평가하는 일종의 확률적 추론 오류인 '결합 오류'에 취약한 경향 그리고 4장에서 살펴본 고든 페니쿡과 데이비드 랜드 교수가 가짜 뉴스에 빠지지 않게 해줄 수 있다고 본 분석적 사고가 상대적으로 부족한 경향이 포함된다.[37] 물론 동기화된 추론 역시 음모론적 믿음에서 핵심적인 역할을 한다. 한편으로는, 음모론이 음모론적 사고방식이나 음모론적 이야기를 선호하는 사람들에게 매력적으로 느껴진다는 생각은 한 음모론을 믿으면 다른 음모론도 믿게 된다는 사실로 뒷받침되며, 심지어는 그 음모론이 서로 모순되는 상황에서도 동시에 믿기도 한다. 그러나 다른 한편, 정치적인 음모론적 믿음은 대개 정당의 경계를 넘지 못하는데, 그건 음모론적 이야기에 빠지는 사람들이 자신의 정치 성향과 일치하는 음모론적 이야기만 받아들이고 반대되는 이야기는 거부하기 때문이다.[38]

보수주의자와 진보주의자 가운데 누가 더 음모론에 잘 빠지는가는 여전히 끝없는 논쟁거리다. 정치 성향과 잘못된 믿음의 관계에 대해선 8장과 9장에서 다시 다룰 예정이지만, 여기서는 일단 이 정도만 짚고 넘어가도록 하자. 일부 연구자들이 보수주의자 사이에서 음모론적 믿음이 더 흔하다는 증거를 발견했지만,[39] 이는 아마 연구자들이 질문한 음모론이 어떤 음모론이냐에 따른 인위적인 결과일 가능성이 크다.

보수주의자들이 오바마 대통령이 미국에서 태어나지 않았다는 '출생지 음모론' 같은 특정 음모론을 지지할 가능성이 더 높다는 건 의심의 여지가 없다. 하지만 한발 물러나 보다 큰 그림을 객관적으로 보면, 음모론적 믿음의 사례는 정치적 스펙트럼 양쪽 모두에서 쉽게 찾을 수 있다.

실제로 2016년 대통령 선거 이후, 미국인 대부분이 두 음모론 중 하나를 믿는 듯했다. 진보주의자들은 트럼프가 블라디미르 푸틴과 공모했거나 아니면 심지어 그의 첩자라는 '러시아게이트Russiagate'에 힘을 실었고, 보수주의자들은 허구에 가까운 스틸 문건Steele dossier* 과 '마녀

- 전직 영국 정보요원 크리스토퍼 스틸이 작성한 문건으로, 트럼프가 러시아와 공모했다는 주장 등이 담겨 있음.

사냥'이나 다름없는 로버트 뮬러Robert Mueller 특별 검사의 수사야말로 진짜 음모라고 주장했다. 민주당 지지자들은 2016년, 힐러리 클린턴Hillary Clinton의 대선 패배가 선거 부정(그리고 러시아의 개입) 때문이라고 주장했고, 4년 후 공화당 지지자들은 트럼프의 대선 패배도 그 때문이라고 주장했다. 코로나19 이전까지만 해도 백신 음모론은 부유한 진보 성향의 부모를 떠올리게 했고, 또한 오랫동안 민주당 소속이었다가 무소속이 된 로버트 F. 케네디 주니어Robert F. Kennedy Jr.의 선거 운동 주제이기도 했다. 하지만 지금은 보수주의자들이 백신 음모론을 더 많이 믿는 편이다. 만일 이러한 일화만으로도 잘 납득이 가지 않는다면, 루이빌대학교의 정치학자 애덤 엔더스Adam Enders와 우신스키Uscinski를 비롯한 그의 동료들이 실시한 최근의 한 연구를 살펴보는 게 도움이 될 것이다. 그들이 지난 10여 년간 미국과 해외에서 진행된 40개 설문 조사 결과를 분석한 바에 따르면, 특정 음모론은 특정 정치 성향을 보인 집단에서 더 흔히 나타났지만, 전체적으로 음모론적 믿음은 보수와 진보 모두에서 거의 비슷하게 나타났다.[40] 그뿐만 아니라, 똑같은 음모론이라 해도 그 음모를 꾸민 쪽이 상대 진영이라고 조작할 경우, 양 진영 모두 똑같이 그 음모론을 믿을 가능성이 높았다. 이런 연구 결과는 음모론적 믿음을 정치적 반대자들의 피해망상적 헛소리 정도로 치부해선 절대 안 된다는 점을 보여준다. 현실은 어떤 음모론적 믿음이 우리의 세계관과 맞아떨어질 때, 우리는 너 나 할 것 없이 다 그 믿음에 빠져들기 쉽다는 것이다.

다시 돌아온
불신과 허위 정보

---- **4** ----

9·11 테러 몇 년 후, 나는 망상과 망상 비슷한 믿음 사이의 회색 지대에 대한 강의를 하다가 두 의대생에게 색다른 과제를 냈다. 한 명에게는 9·11 테러가 내부 소행이었다는 일명 '트루서truther'* 음모론을 옹호할 증거를, 다른 한 명에게는 그걸 반박할 증거를 찾으라 하면서, 둘 다 유튜브를 이용하라고 지시했다. 두 학생이 과제를 냈을 때, 우리는 그 주제를 놓고 간단한 토론을 진행했다. 트루서 음모론을 옹호하기로 한 마틴은 점화된 제트 연료의 온도가 세계무역센터의 강철 기둥을 녹일 정도는 아니었으며, 이후 발생한 연쇄 폭발이 계획된 건물 폭발 같고, 납치된 비행기에서 세계무역센터와 펜타곤으로 미사일이 발사됐으며, 동영상 화면 속에서는 빌딩 7이 아직 멀쩡히 서 있는데 무슨 이유에선지 BBC가 건물 붕괴를 미리 보도했다는 등 자신이 찾은 정보를 제시했다.

반면에 이를 반박하기로 한 홀리는 미국 국립표준기술연구소NIST 보고서를 인용했다. 보고서에 따르면, 연소된 제트 연료가 강철 기둥

- 원래는 truth, 즉 '진실'을 추구하는 사람의 뜻이지만, 여기선 9/11 테러가 미국 정부에 의해 조작된 사건이라고 믿는 음모론자를 뜻하는 말.

을 녹이진 않았지만 붕괴될 만큼 약화시켰고, 납치된 비행기에서 미사일이 발사되는 동영상은 조작된 것이었다. 또 빌딩 7은 낙하하는 잔해에 의해 손상되고 불길에 휩싸여 붕괴했으며 뉴스에서 미리 보도된 것은 단순 오보였음을 분명히 했고, 테러 희생자 중 유대인은 없었다는 주장은 사실이 아닌 걸로 밝혀졌다고 했다. 각자의 주장을 발표한 뒤, 마틴과 홀리는 모두 자신이 찾아낸 증거가 어느 정도 이해됐다고 말했고, 상대의 주장을 들은 뒤에도 각자의 입장을 고수했다. 결국 마틴은 진짜 '트루서'가 되진 않았을지 몰라도, 적어도 카이리 어빙이 평평한 지구론 신봉자인 정도만큼은 트루서가 된 듯한 모습을 보였다.

이제 여러분은 이렇게 주장할지도 모르겠다. 마틴과 홀리 두 학생과 함께한 내 실험의 조건은 너무 인위적이어서 현실 세계의 음모론 신봉자에 대해 어떤 것도 설명해줄 수 없다고 말이다. 당시 두 학생은 각기 '찬성'과 '반대' 입장에서 생각해보라는 과제를 받았는데, 이는 내가 3장에서 불만을 토로했던 고등학교 시절의 토론 수업과 다를 바 없었기 때문이다. 그러나 내가 준 과제 방식은 우리의 문화적 믿음을 결정하는 '우연히 주어지는 출생 조건'과 크게 다르지 않았고, 역시 3장에서 언급했듯 우리가 에코 체임버 속에 갇히는 다른 새로운 방식과도 크게 다르지 않았다. 게다가 그 과제는 내가 아무 생각 없이 배정한 것도 아니었다. 나는 마틴에겐 트루서의 주장을 옹호하도록 했고 홀리에게는 그걸 반박하도록 했는데, 그건 그 두 학생에 대해 내 나름의 직감이 있었기 때문이다. 마틴은 다른 학생들과 생각이 다른 '반항아'에 더 가까운 듯했고, 홀리는 규칙대로 하는 '원칙주의자'에 더 가까운 듯했다. 어쩌면 당시 나는 마틴이 독특함에 대한 욕구가 있다는 걸 감지했거나, 아니면 일반적인 통념에 맞서려 한 카이리 어빙처럼 일부 음모론 연구자들이 말하는 이른바 '권위 있는 정부 기관들의 악의성과

기만성'을 믿는다는 걸 알아챘는지도 모른다. 어쨌든 마틴은 정부의 공식적인 설명을 액면 그대로 받아들일 것 같지 않았다.

심리적 특성에 어떤 차이가 있었든, 마틴과 홀리의 사례에서 얻은 진짜 교훈은 그들이 정말 비슷한 게 많았다는 것이다. 둘 다 최고 대학에서 교육받았고 뛰어난 분석적 사고 능력을 갖춘 훌륭한 의대생이었다. 둘 다 자신이 정치적으로 진보 성향이라고 믿었다. 둘 다 증거를 찾는다든지 유튜브에서 발견하거나 토론 과정에서 상대에게 들은 반대 증거를 무시할 때 확증편향과 동기화된 추론 성향을 드러냈다. 그리고 마틴의 경우 다소 반항적인 기질이 있었는지는 몰라도, '은박지 모자를 쓴 편집광적 괴짜'*라는 '음모론자'의 전형적인 이미지와는 거리가 멀었다. 평평한 지구론 신봉자들은 지구가 둥글다는 주장에 맞서기 위해 3C, 즉 확실성, 종결, 통제가 필요하지만, 당시 마틴은 9·11 테러와 관련해 특별히 그런 것들이 필요하다고 느끼지 않았다.

이 같은 개인적 현실 때문에 음모론 신봉자들에 대한 보다 일반화된 심리학 연구 결과는 한계가 있다. 음모론적 믿음과 관련 있는 것으로 밝혀진 심리적 욕구와 인식적 특이성은 모든 음모론 신봉자에게 나타나는 건 아니며, 특히 어떤 특정한 음모론적 믿음과 더 깊은 연관을 보이기도 한다. 심리학자들이 음모론 신봉자들에게 대개 특정한 심리적 특징이 있다고 말할 때, 그것은 질적인 차이가 아니라 양적인 차이를 뜻한다. 다시 말해, 우리에게는 모두 음모론 신봉자들처럼 똑같은 심리적 욕구와 인식적 특이성이 있다. 거의 모든 사람이 확실성과 통제에 대한 욕구가 있으며, 마찬가지로 대부분이 자신이 독특하거나 특별하다고 느끼고 싶어 한다. 그리고 대부분의 사람은 분석적 사고 능력이 썩 완벽하지 않다. 따라서 이런 욕구와 특이성이 음모론 신봉자와

- 정부의 뇌 조작을 막기 위해 머리에 은박지를 써야 한다고 믿는 극단적인 음모론자.

밀접한 관련이 있다고 할 때, 연구에서 드러난 차이는 음모론적 사고를 하지 않는 사람들에 비해 조금 더 두드러진다는 의미일 뿐이며, 그 차이는 대체로 미미하다.

이러한 미미한 차이가 누가 음모론을 믿는지 믿지 않는지에 영향을 줄 수는 있겠지만, 음모론에 관한 심리학적 연구는 잘못 해석되는 경우가 많다. 무지하다거나 편집증적이라거나 잘 속는다거나 진보적이거나 보수적이라거나 또는 이런 특징 중 일부를 갖고 있다는 등, 음모론 신봉자를 흑백 논리식 결함이 있는 사람으로 보는 우를 범하는 것이다. 이처럼 음모론 신봉자들에게 결함이 있다는 주장은 종종 경멸의 의미로 사용되며, 음모론 신봉자들이 정신 질환을 앓거나 일종의 '집단 망상' 내지 '집단 정신병'에 빠져 있다는 식으로 해석되기도 한다.

하지만 1장에서 내가 강조했듯, 음모론처럼 망상 비슷한 믿음이 겉보기에 터무니없이 들리더라도, 그것이 자기중심적 망상이 아니라 사회 속에서 학습되고 공유되는 믿음이라면 망상과 동일시되어서는 안 된다.[41] 물론 음모론은 분명 불안, 고통, 불쾌감, 분노 같은 여러 부정적인 감정과 관련되어 있을 수 있어 오랜 시간 거기에 빠져 있는 것은 그다지 정신 건강에 유익하지 않다. 하지만 그렇다고 해서 음모론 신봉자가 정신 질환을 앓고 있다고 주장할 수는 없다. 오히려 국제적인 설문 조사 응답자의 상당수가 적어도 한 가지 음모론을 믿는다는 걸 고려하면, 지금까지의 심리학 연구가 우리에게 주는 핵심 메시지는 우리는 너 나 할 것 없이 음모론적 믿음에 빠지기 쉽다는 것이다.

따라서 음모론적 믿음이 왜 이렇게 널리 퍼져 있는지를 제대로 이해하려면, 단순히 심리적 욕구나 인식적 특이성에 대해 생각하는 걸 넘어, 보다 정상적이고 인간적인 이해의 관점이 필요하다. 내가 가장 유용하다고 생각하는 관점은 앞 장에서 언급했던 것과 같다. 즉, 음모론에 대한 믿음은 우리를 잘못된 정보와 고의적인 허위 정보에 빠지기 쉽게 만드는 불신에서 비롯된다고 이해하는 게 최선일 수 있다. 이런 관점을 갖게 되면, 음모론적 믿음을 '머릿속에서만' 존재하는 좁고 배타적인 공간에서 끄집어내 다른 사람들과의 사회적 교감과 세상의 정보 속에서 볼 수 있게 된다. 이런 관점에서 보면, 우리가 어떻게 음모론 암흑기에 살게 되었는지 더 잘 이해할 수 있다.

아무도 믿지 말라

이 책에서 나는 내내 좋든 싫든 타인의 증언에 대한 신뢰가 우리의 믿음에 결정적인 영향을 준다는 주장을 해왔다. 같은 맥락에서, 불신 또한 우리가 누구를 그리고 또 무엇을 믿지 않을지 결정하는 데 똑같이 중요한 역할을 한다. 앞서 제시한 음모론의 정의에 따르면, 음모론은 권위 있는 주장에 대한 부분적인 부정이며 음모론 성격을 띤 반대 주장에 대한 부분적인 긍정이다. 그 같은 부정의 뿌리에는 앞서 5장에서 언급한 이른바 '인식적 불신'이 놓여 있는데, 그것은 권위 있는 설명, 관료 집단, 인정된 해석, 일반적인 지혜 등에 대한 불신을 의미한다.

인식적 불신은 수많은 변형과 원인을 갖고 있지만, 편의상 크게 세 가지 범주로 나눌 수 있다. 첫 번째는 근거 없는 편집증의 연장선에 있는 범주로, 극단적인 경우에는 정신 질환 증상일 수 있다. 예를 들어, 3장에서 나는 자신이 쫓기고 감시받고 괴롭힘을 당하거나 박해당한다는 편집증적 망상에 빠진 일부 사람들이 자신의 주관적 경험을 정당화해 줄 수 있는 일반화된 '조직 스토킹' 음모론에 빠진다고 이야기했었다. 또한 5장에서는 '인식적 경계'는 편집증의 연장선에서 건전한 쪽 끝에 있는 일종의 정상적인 회의주의를 나타낸다고 했었다. 그 중간 어디쯤에는 '편집증적 성격'과 관련이 있고 심리학자와 정신과 의사들이 '편집증적 성향'이라 부르는 일종의 광범위한 불신이 있다. 이런 유형의 불신을 가진 사람들은 '모든 사람이 거짓말을 한다'라거나 '그 누구도 믿을 수 없다'와 같은 흑백 논리식 인지 왜곡을 지지하는 경우가 많은데, 이는 권위 있는 정보 출처를 죄다 거부하는 현실 부정주의에 해당한다. 이처럼 정신 질환까지는 아니지만 망상 비슷한 세계관이 종종 음모론적 믿음과 연관이 있는 걸로 밝혀진다는 건 놀랄 일도 아니다. 그것은 음모론 자체에 은밀한 음모와 음흉한 배후 집단에 대한 이야기가 담겨 있기 때문이다. 이 같은 연관성은 동어반복적이기도 하다. 음모론적 믿음과 편집증이 상관관계를 보이는 것은 둘 다 불신이라는 한 개념의 서로 다른 측면이기 때문이다.

음모론적 믿음의 토대가 될 수 있는 인식적 불신의 두 번째 범주는 개인적인 정신 병리나 성격 유형보다는 사회 집단과 그 상호작용의 특성에 더 가깝다. 심리학자와 정치학자들이 '집단 간 음모론'이라 부르는, 다른 사회 집단에 대한 한 집단 내 음모론은 종종 사회적 위기에 대한 책임을 회피하는 전략이기도 하며, 그 책임을 '내부의 적'이나 소외된 외부 집단 또는 외국 적대 세력에게 돌리는 전략으로 사용된다. 이는 대체로 오랜 정치적 갈등이나 인종차별 또는 배타적인 태도와 관련이 있다. 앞서 언급했듯, 사회적 격변기에는 어떤 집단이 자신들의 집단적 자기애와 사회적 결속력이 위협받는다고 느끼면, 확실성과 종결, 통제에 대한 욕구가 높아지며 다른 사회 집단을 그 위협의 근원으로 삼음으로써 불안을 완화하기도 한다.[42]

이처럼 다른 집단을 희생양으로 만드는 데 이용되는 집단 간 음모론은 정치 지도자들이 그런 음모론을 의도적으로 선전 수단화함에도 불구하고 신봉자들은 알아채지 못하는 경우가 많다. 앞서 살펴봤듯, 코로나19가 중국에 의해 고의로 생물 무기로 만들어졌다는 실험실 유출 음모론은, 코로나19를 '중국 독감'이라 부르는 것과 마찬가지로, 팬데믹 관리 실패에 대한 국가적 책임을 외국 적대 세력에게 전가하기 위한 목적이 있었다. 2022년, 러시아가 우크라이나를 침공한 이래, 푸틴은 서방의 지원을 받는 나치들이 생물 무기를 통해 집단 학살을 계획하고 있다는 음모론적 주장을 근거로 전쟁을 정당화해왔다. 이와 아주 유사하게, 음모론은 수천 년간 유대인들을 비방할 목적으로도 사용되었다. 현대판 음모론은 로스차일드 가문이나 조지 소로스와 관련된 음모론은 물론 심지어 '유대인들이 우주에서 레이저를 쏴 산불을 일으킨다'라는 식의 황당한 음모론까지 있다. 이는 1세기 전의 반유대주의 문서인 〈시온 장로 의정서〉에서 제기된 음모론과 서기 3세기까지 거슬러 올라가는 '피의 중상모략Blood libel' 음모론*의 반복으로, 음모론자들은 이 모든 것을 이른바 '신세계 질서'를 구축하려는 노력의 하나로 본다. 불신과 집단 간 음모론 간의 관계는 서로 영향을 주고받는다. 외부 집단에 대한 불신이 음모론적 믿음으로 이어지고, 그 믿음이 다시 더 큰 불신을 낳아 결국 이민자와 소수 민족 집단에 대한 더 큰 편견과 차별로 이어지게 된다.[43]

　마지막으로, 인식적 불신은 때론 현실 세계에서의 신뢰 훼손으로 인해 완전히 합리적이고 정당한 불신이 되기도 한다. 미국의 경우, 아프리카계 미국인 사이에서는 에이즈에 관한 음모론적 믿음, 그러니까 HIV 바이러스가 CIA에 의해 소외된 지역 사회 안에서 의도적으로 만들어지고 퍼졌다는 믿음이 과도할 만큼 많이 나타난다.[44] 이런 믿음의 토대가 된 근본적인 문화적 불신은 미국 의료계가 오랜 세월 흑인들에게 저질러온 신뢰 훼손의 역사에서 비롯됐다고 여겨진다. 이 같은 신뢰 훼손 사례로는 1932년부터 1979년까지 과학이라는 이름 아래

---

* 유대인들이 기독교계 어린이들을 납치해 의식에 사용하거나 그 피를 마신다는 등의 음모론.

흑인 미국인들에게 적절한 의료 서비스를 제공하지 않은 '터스키기 매독 실험'부터 식민지 시대까지 거슬러 올라가는 훨씬 더 많은 조직적인 윤리 위반 사례를 꼽을 수 있다. 후자의 사례는 해리엇 워싱턴Harriet Washington이 2007년 출간한 저서 《아메리칸 아파르트헤이트American Apartheid》에 자세히 기록되어 있다.[45] 이 사례를 생각해보면, 사회적 차원의 부패에 대한 객관적 증거가 있는 나라일수록 음모론적 믿음이 더 많이 생겨나는 것은 놀랄 일이 아니다.[46]

코로나19 팬데믹이 시작된 지 수년이 지난 지금, 신뢰 훼손으로 인해 생겨난 정당한 불신 때문에 코로나19 팬데믹이 거짓이라는 음모론과 백신이 거대 제약회사들의 사기라는 음모론은 계속 확산 중이다. 코로나19 팬데믹 초기 몇 개월간 신종 바이러스 출현에 대한 불확실성이 더 커졌는데, 그건 세계보건기구와 미국 질병통제예방센터 그리고 미국 공중보건국장의 잘못된 발언과 어쩌면 고의적이었을 수도 있는 잘못된 지시 때문이었다. 그들은 우리에게 마스크를 쓰지 말라고 했었는데, 어쩌면 최일선 의료인들에게 마스크를 공급하기 위해서였을지도 모른다. 미국 질병통제예방센터는 몇 달 후 입장을 바꿨지만 이미 신뢰가 깨진 상태였고, 결국 불신은 곧바로 음모론을 믿게 만드는 계기가 되었다. 처음에는 SARS-CoV-2 바이러스가 공기를 통해 전파되지 않는다고 잘못 말했다가 그걸 나중에 번복한 것도 도움이 되지 않았다. 2020년 말에 국립알레르기·감염병연구소 소장 앤서니 파우치Anthony Fauci가 집단 면역 달성에 필요한 미국인 비율에 대한 기준을 바꿨다고 인정한 것도, 미국 질병통제예방센터가 백신 접종자 사이에서도 델타 변이 바이러스가 '돌파' 감염되고 전파됐다는 것을 보여주는 내부 문서를 숨겼다가 나중에 유출된 것도 사태를 더 악화시켰다.[47]

위기 순간에 신뢰할 만한 정보를 갈구하는 소비자에게 신뢰를 얻으려면 무엇보다 먼저 권위 있는 지식 관련 기관이 신뢰할 만해야 한다. 설사 공익을 위한 선의에서라 하더라도, 투명성 부족과 조직적인 호도는 십중팔구 신뢰를 무너뜨리고 음모론 및 다른 잘못된 정보의 확산 가능성을 높인다. 오늘날 음모론 전문가들과 권위 있는 지식 관련 기관들은 음모론적 믿음의 핵심에 자리 잡은 불신 문제를 해결하는 데 더욱 적극적으로 임해야 한다.

■

음모론적 믿음과 관료 집단 및 권위 있는 정보에 대한 불신 사이엔 연관성이 있다는 사실은 여러 연구로 뒷받침된다. 그러나 인식적 불신의 원인이 다양하듯 불신의 대상 또한 다양해, 한 사람이 정확히 누구를 불신하는지를 보면 어떤 종류의 음모론에 빠지기 쉬운지도 예측할 수 있다. 따라서 정부와 정치 지도자들에 대한 불신과 연관된 정치 관련 음모론적 믿음은 정파적 동기화된 추론 범위 안에서 발생하리라는 것을 예상할 수 있다. 음모론적 믿음은 대개 정치 진영 양쪽에서 다 흔히 나타나지만, 정치권력에서 밀려난 '패자'가 음모론에 빠질 가능성이 더 높다는 증거도 있다. 또 다른 연구에서는 이른바 '집권 대통령 효과'라 불리는 현상이 확인되었는데, 이는 현직 대통령이 자신과 반대되는 정당 소속일 때 정부를 덜 신뢰하고 정치적 음모론을 더 믿게 된다는 것이다.[48] 지금까지 26개 국가에서 실시된 음모론적 믿음 설문조사에서도, 음모론적 사고방식은 자신이 지지하는 정당이 집권에 실패한 유권자 사이에서 더 많이 나타난다는 점이 확인됐는데, 이는 정치 성향의 양극단인 극우와 극좌 유권자의 경우도 마찬가지였다.[49]

좌우의 정치 구도보다 더 지속적으로 관찰된 경향은 음모론적 믿음과 포퓰리즘populism* 간의 연관성이다. 최근 실시된 여러 연구 및 여론조사에 따르면, 좌우를 초월하는 포퓰리즘적 태도와 신념은 코로나19, 백신, 기후 변화 등과 관련된 음모론적 믿음과 깊은 연관이 있는 것으로 나타났다.⁵⁰ 이는 마치 편집증과의 관계가 서로를 강화하는 관계와도 비슷하다. 결국 포퓰리즘은 '국민'과 권력을 쥔 '엘리트' 간의 대립으로 정의되는 정치적 움직임으로, 대개 선과 악의 싸움이라는 구도를 띠는데, 이는 음모론 안에서 흔히 묘사되는 이분법적 구도와 같다. 이 같은 연관성에서 한 걸음 더 나아가, 애덤 엔더스와 우신스키는 음모론적 사고와 포퓰리즘 그리고 이분법적 이야기 선호 등을 모두 그들이 말하는 이른바 '반 정서'라는 더 넓은 범주에 포함시켰다.⁵¹

역사적으로 포퓰리즘과 반체제적 사고방식은 진보 정당과 보수 정당 양쪽 모두에서 나타났다. 마찬가지로 진보주의자든 보수주의자든 과학자들에 대한 불신은 그들이 하는 말에 따라 달라지며, 양측 모두 과학을 자신들의 입맛에 맞게 해석하려는 경향이 있다.⁵² 최근 몇십 년간 과학적 전문성에 대한 불신을 부추기는 포퓰리즘적 사고방식이 보수 및 우익 정치와 더 밀접한 연관성을 갖게 됐다면, 그건 특정한 문제들과 관련된 과학계의 합의들로 인해 이른바 '불편한 진실들'이 만들어졌기 때문일 가능성이 크다. 불편한 진실이란 2006년, 미국 부통령 앨 고어Al Gore가 했던 말로, 보수 진영의 세계관이나 관심 사항 또는 정치적 의제와 상충하는 진실을 뜻한다.⁵³ 이는 특정한 정치 성향이 음모론적 믿음에 더 취약하다는 주장보다 더 설득력 있으며, 오늘날 정치 분야에서 왜 보수주의자들이 기후 변화나 코로나19, 백신의 효능 및 안전성처럼 중요한 과학 문제들과 관련해 권위 있는 기관들에 반

* 기득권층보다는 국민의 뜻을 대변하려 하는 정치 이념으로, 흔히 '대중주의'라고 함.

발하는지를 설명하는 데 도움이 된다.

　미국의 정치 분열에 대해선 8장에서, 정치 성향에 따라 달라지는 기후 변화에 대한 믿음에 대해선 9장에서 다시 다룰 예정이며, 여기서는 잠시 정치 이야기에서 한발 물러나 더 큰 그림을 그리려 한다. 간단히 말해, 음모론적 믿음은 개인과 사회 전반의 인식적 불신에 뿌리를 둔다고 해도 과언이 아니다. 불신은 카이리 어빙과 내 학생 마틴 그리고 권위 있는 사람들의 말에 음모론에 기반한 주장으로 반박하는 모든 사람에게서 공통으로 나타나는 특징이다. 그러므로 공공 정책 결정에 영향을 미치는 '음모론 암흑기'가 권위 있는 지식 관련 기관들에 대한 광범위하고 점점 심화되는 불신의 현재 시대와 일치하는 것은 결코 우연의 일치가 아니다. 2018년, 유고브 여론 조사에 따르면, 미국인과 유럽인 가운데 52~85퍼센트가 적어도 한 가지 음모론을 믿었고, 51~84퍼센트가 언론인을 불신하고 있었으며, 66~92퍼센트가 미국의 고위 관료를, 52~83퍼센트가 유럽연합 고위 관료를, 42~83퍼센트가 대기업 경영주를, 27~66퍼센트가 '흔히 만나는 사람'을 불신했다. 신뢰 붕괴는 엘리트들과 정치 지도자 그리고 과학 분야 전문가의 지혜에 대한 포퓰리즘적 반란에 대한 지지가 점점 늘어간다는 걸 보여주며, 그 결과 우리는 지금 우신스키와 엔더스가 말하는 '반체제 정서', 아이작 아시모프가 말하는 '반지성주의', 랜드 연구소의 제니퍼 캐버노와 마이클 리치가 말하는 '진실 붕괴', 톰 니콜스가 말하는 '전문성의 죽음' 그리고 스테판 레반도스키의 '탈진실 세계' 쪽으로 나아가고 있다. 그리고 이제는 이 같은 사회적 병폐 목록에 음모론 암흑기를 추가해야 할 것 같다.

포퓰리즘적 사고방식

TV 시리즈 〈X-파일〉에서 주인공 폭스 멀더와 데이나 스컬리는 각 에피소드에서 음모론과 초자연적 현상이라는 이름의 미궁 속에 빠져드는 FBI 요원들이다. 내 학생인 마틴과 홀리처럼, 멀더는 음모론을 믿는 인물 역을 맡았고 스컬리는 과학적 근거 없이 잘 믿지 않는 대조적인 인물 역을 맡았다. 비전통적인 수사를 벌이다 쫓겨난 멀더는 자신의 지하 사무실에 흐릿한 비행접시 사진과 '나는 믿고 싶다'라는 말이 굵은 글씨로 쓰여 있는 포스터를 자랑스레 걸어놓고 있었다.

앞서 나는 불신과 음모론적 믿음은 서로를 강화하는 방식으로 상호작용을 한다고 말했었다. 또한, 폭스 멀더 같은 음모론 신봉자들이 무언가를 믿고 싶어 하고 또 믿어야 할 필요가 있다는 생각은 이 역학 관계에서 핵심적인 부분으로, 이는 권위 있는 정보 출처를 불신하는 사람들이 단순히 그 무엇도 믿지 않으려 하는 인식론적 허무주의자에 그치지 않는 이유를 설명해준다. 이들에게 음모론은 엘리트와 권위 있는 인물들을 나쁜 짓을 일삼는 거짓말쟁이로 보는 세계관이 옳다는 걸 입증해주는 아주 매력적인 이야깃거리를 제공해준다. 온라인 토론 포럼에서 음모론이 퍼지는 현상을 분석한 연구에 따르면, 사람들이 그런 이야깃거리를 찾아 스스로 미궁으로 들어가는 것은 바로 이처럼 뭔가를 믿고 싶어 하는 욕구가 주요 원인임을 나타낸다.[54] 일반적인 정보 탐색의 경우도 그렇지만, '그냥 물어보는 것'과 '직접 조사해보는 것'은 3장과 4장에서 살펴본 바와 같이 강화된 확증편향과 동기화된 추론을 따르는 능동적인 과정이다. 잘못된 정보와 의도적인 허위 정보가 난무하는 오늘날의 미디어 환경 속에서는 이처럼 적극적으로 원하는 설명을 찾는 일이 많으므로, 우리에게 익숙한 '음모론자'라는 용어가 꼭 정확하지 않을 때가 많다. 음모론을 믿는 사람은 대개 실제로 이론을 구성하기보다는, 음모론을 받아들여 불신하는 자신의 세계관을 정당화하는 증거로 삼으려 한다. 이 설명은 통제된 방식으로 가설을 실제로 검증하는 과학적 연구와 확증편향 및 동기화된 추론으로 권위 있는 정보 출처에 대한 불신을 강화하는 '직접 조사하기' 간의 차이를 부각시켜준다.

4장에서 살펴본 바와 같이, 의견 벼룩시장 내에서 온라인 미디어 출처들은 음모론적 세계관을 강화하는 데 핵심적인 역할을 한다. 텍사스 공과대학교의 심리학자 애슐리 랜드럼Asheley Landrum과 그녀의 연구팀이 2017년에 열린 평평한 지구 국제회의에 참석했을 때, 참석자들은 그들에게 '유튜브에서 동영상을 본 후에야 지구가 평평하다는 걸 믿게 되었다'라고 말했다.[55] 평평한 지구론을 널리 알리는 일로 생계를 유지 중인 유명한 소셜 미디어 인플루언서 마크 사전트Mark Sargent 역시 유튜브가 없었다면 오늘날의 지구 평면설 운동은 '존재하지 않았을 것'이라고 주장했다. 소셜 미디어 플랫폼에서 우선순위가 밀리기 전까지만 해도, 사전트의 유튜브 동영상들은 에릭 듀베이Eric Dubay의 악명 높은 '지구가 회전하는 구가 아니라는 200가지 증거' 동영상과 마찬가지로 수백만에 이르는 시청자들을 끌어들였다. 카이리 어빙도 아마 그 시청자 중 하나였을 것이다.

이러한 사례 외에도, 2007년에 나온 한 연구에 따르면 9·11 테러 음모론에 대한 믿음은 사람들이 '정통한 미디어 출처'가 아니라 식료품점에서 파는 타블로이드 신문이나 온라인 블로그를 보는 것과 깊은 관련이 있음을 보여주었다.[56] 온라인 정보 출처와 소셜 미디어가 음모론적 믿음 확산에 일조한다는 증거는 지난 몇 년 사이에 더 분명해졌다. 2019년, 유고브 설문 조사에 따르면, 포퓰리즘적 사고방식을 가진 사람들은 페이스북과 트위터, 유튜브, 왓츠앱WhatsApp 같은 소셜 미디어 출처에서 뉴스를 접할 가능성이 더 높았고 음모론을 믿을 가능성도 거의 두 배나 높았다.[57] 정치학자 도미니크 스테쿨라Dominik Stecula와 마크 픽업Mark Pickup 역시 유튜브와 페이스북에서 뉴스를 접할 때 음모론적 믿음을 갖게 될 가능성이 더 높다는 설문 조사 결과를 발표했다.[58] 별도의 연구에서, 두 사람은 보수적인 뉴스 매체를 이용하는 사람들 사이에서 포퓰리즘적 사고방식과 음모론적 믿음 간 연관성이 더 강하다는 사실도 밝혀냈다.[59] 또한 코로나19 팬데믹 기간에 실시된 한 국제 설문 조사에서도, 신문이나 라디오, 텔레비전 같은 전통적인 매체보다 디지털 미디어 매체를 더 자주 접하고 신뢰하는 사람들이 코로나19와 관련된 음모론과 잘못된 정보를 더 잘 믿는다는 사실이 밝혀졌다.[60] 음모론적 믿음 확산에 대한 모든 책임이 소셜 미디어에 있는 건 아니라는 점을 강조하는 우신스키와 엔더스조차도, 자신들이 2020년에 실시한 설문 조사에서 소셜 미디어에서 뉴스를 접하는 사람들이 음모론적 믿음을 지지할 가능성이 더 높다는 사실을 발견했다.[61]

소셜 미디어가 존재하기 훨씬 전에도 사람들은 음모론을 믿었지만, 오늘날 '직접 조사해보라'라고 말하는 건 주로 온라인에서 정보를 찾아보라는 의미이다. 그러나 우신스키와 엔더스의 말처럼 대부분의 사람이 아무 생각 없이 무심코 인터넷에서 음모론의 미궁에 빠지는 것은 아니다. 앞서 설명했듯, 음모론적 믿음을 받아들이는 일은 주로 인식적 불신과 음모론적 사고를 하는 사람들이 적극적으로 정보를 찾는 과정에서 일어난다. 권위 있는 정보 출처를 불신하는 사람들로서는, 세상에 널린 잘못된 정보가 그런 불신을 정당화하고 강화할 뿐 아니라 그런 불신에 편승하게 한다. 우리가 음모론 암흑기에 살고 있다면, 그건 단지 불신이 너무 흔하다거나 잘못된 정보가 많아서만이 아니라, 불신과 잘못된 정보가 모든 곳에 존재하고 서로를 강화하기 때문이기도 하다.

허위 정보와 돈의 흐름

2000년대 초, 나는 지치고 흥분한 상태로 병원에 입원한 한 청년을 치료한 적이 있다. 당시 그는 메스암페타민Methamphetamine* 약기운에서 서서히 벗어나는 중이었다. 그는 병원 복도를 왔다 갔다 하면서 자신은 정신과에 강제 입원됐다며 풀어달라고 요구했고, '자신이 아는 일' 때문에 정부의 표적이 되어 병동 안이 안전하지 않다고 호소했다. 내가 대체 정확히 뭘 아느냐고 묻자, 그는 자신이 '정부 은폐 공작'의 일환인 '심리전' 때문에 감시당하고 있다는 등 두서없는 이야기를 했다. 며칠간 맑은 정신 상태를 유지해 급성 편집증의 자기중심적인 증상이 누그러지자 그는 더 이상 자신이 개인적인 위험에 처해 있다고 주장하지 않았다. 그러나 그는 모든 미국인이 '신세계 질서'로 인해 위협받고 있다는 이야기를 계속 해댔다. 내가 믿지 않는다는 걸 알고 그는 "인포워즈에 들어가보면 진실이 보일 거예요"라며 양손으로 '악마의 뿔' 모양을 만들어 보였다. 많은 병원 직원은 그가 여전히 망상에 빠져 있다고 생각했지만, 나는 그의 조언대로 인포워즈에 들어가봤다. 아마 그때가 처음이었을 것이다. 그리고 곧 그가 '알렉스 존스'라는 남자의 말을 그대로 따라 하고 있다는 걸 알게 됐는데, 그때만 해도 알렉스 존스가 누구인지 아는 사람이 없었다. 결국 나는 그 청년을 퇴원시켰다.

우신스키와 엔더스는 소셜 미디어의 역할에서 한발 더 나아가, '여론 형성은 본질적으로 위에서 아래로 내려오며 이뤄지는 일'이라는 점을 상기시킨다.[62] 앞서 5장에서 살펴봤듯, 허위 정보 먹이사슬의 최상위 포식자들이 자신들의 정치적 목적과 기득권을 토대로 음모론적 믿

---
* 강력한 중추신경계 흥분제로 마약의 일종. 흔히 히로뽕 또는 필로폰이라고 함.

음을 조장하고 퍼뜨릴 때, 엄청난 영향력을 행사한다는 사실은 아무리 강조해도 지나치지 않다. 그러나 음모론의 아이러니는 음모론 신봉자들이 너무 자주 인식적 불신에 눈이 멀어 바로 앞에 숨어 있는 진짜 음모는 보지 못한 채 허위 정보의 희생양이 된다는 데 있다. 음모론적 믿음을 옹호할 때는 '돈의 흐름을 따르라'는 조언을 종종 듣게 되지만, 음모론 주장을 퍼뜨리는 데 필요한 자금은 누가 대고 누가 금전적 또는 정치적 이득을 보는지는 고려되지 않는다.

정치 분야에서 음모론은 정적을 비방하는 데 효과적인 전술로 활용되는 경우가 많다. 트럼프가 2014년에 오바마를 상대로 '출생지 음모론'을 퍼뜨리고, 2016년에 텍사스 상원의원 테드 크루즈Ted Cruz의 아버지가 존 F. 케네디 암살범 리 하비 오스월드Lee Harvey Oswald와 관련 있다는 주장을 한 것이 그 좋은 예이다. 음모론은 정치 지도자들이 대중의 관심을 딴 데로 돌리는 데 편하게 써먹는 전략이기도 한데, 트럼프가 코로나19와 관련해 '실험실 유출 음모론'을 편 것이 그 좋은 예이다. 2020년에 트럼프가 자신의 코로나 팬데믹 대처에 대한 민주당의 비판을 '사기'라고 했을 때, 많은 진보주의자는 그건 그가 코로나19 자체를 사기라고 주장한다는 의미로 해석했다. 물론 그 해석이 트럼프의 진의가 반영된 게 아닐 수도 있다.[63] 그러나 1년 넘게 지나서도 코로나19의 위협이 정치적 이유로 과장되었다는 음모론을 믿을 가능성이 70퍼센트 대 16퍼센트로 보수주의자가 진보주의자보다 네 배나 더 많아, 트럼프의 모호한 발언 한마디조차도 그의 지지자들에게는 깊은 인상을 남겼다는 것을 보여준다. 정치학자 낸시 로젠블럼Nancy Rosenblum과 러셀 뮤어헤드Russell Muirhead가 2019년에 출간한 저서 《많은 사람이 말한다: 새로운 음모론과 민주주의에 대한 공격At People Are Saying: The New Conspiracism and the Assault on Democracy》[64]에서 주장하듯, 탈진실 시대의 암시하는 말(앞 장에서 언급했던 '암시 효과'를 기억해보라)과 일반적인 음모론 신봉자들이 흔히 말하는 '그냥 물어보는 것'이란 말이 합쳐져 결국 '이론 없는 음모'가 되며, 그런 음모가 허위 정보 먹이사슬의 꼭대기에서 전해져 내려올 때 음모론적 믿음을 부추기기에 충분하다.

앞 장에서 언급했던 허위 정보로 경제적 이익을 챙기는 최상위 포식자들의 사례로 돌아가보자. 백신이 자폐증을 유발한다는 오늘날의 음모론은 한때 위장병 전문의였으나 훗날 의사 면허를 박탈당한 앤드루 웨이크필드Andrew Wakefield가 내놓은 조작된 연구 결과에서 생겨났다. 이후의 탐사 보도는 웨이크필드가 연구 조작을 했을 뿐 아니라 심각한 이해 충돌 논란에도 휘말렸음을 밝혀냈다. 그는 대체 백신 개발을 위해 특허를 출원한 뒤, 백신 제조사를 상대로 집단 소송을 벌이고 있던 법률 회사에 백신 피해를 입었다는 환자들을 연결해주는 대가로 거액을 챙겼다.[65] 그 스캔들에는 '지난 100년간 최악의 의료 사기'[66]라는 오명이 붙었음에도, 웨이크필드는 반 백신 운동에서 메시아 같은 인물로 떠올랐다. 오늘날 그는 백신 음모론을 퍼뜨리고 사람들에게 의사와 제약회사들을 믿지 말라고 주장하는 등 반 백신 운동의 핵심 인물 중 하나로 활동하며 돈을 벌고 있다.

비슷한 성격의 탐사보도는 코로나 팬데믹 기간 중 벌어진 시기적절하고 교훈을 주는 또 다른 사례를 밝혀냈다. 2020년 7월, 트럼프는 흰 가운을 걸친 자칭 '미국의 최전선 의사들AFD'이 코로나 19에 대한 '진실을 밝힌다'며 미국 연방대법원 건물 계단 위 연단 뒤에 서 있는 온라인 동영상을 리트윗했다. 그들은 코로나19가 독감보다 덜 치명적이며 마스크는 코로나19 전파를 막는 데 도움이 되지 않는다는 등 여러 가지 허위 주장을 펼쳤을 뿐 아니라, 하이드록시클로로퀸(주로 말라리아와 루푸스 치료에 쓰이는 약물)이 코로나19 '치료'에 효과가 있다면서,

그 약물이 효과가 없다는 연구 결과는 '가짜 제약회사'가 후원한 '유사 과학'이라 불렀다.⁶⁷ 그 영상은 소셜 미디어에서 삽시간에 퍼져, 트럼프의 리트윗 이후 단 9일 만에 하이드록시클로로퀸에 대한 트윗 270만 건 중 84퍼센트가 잘못된 정보를 담고 있었다.⁶⁸

뒤에 나온 시사 잡지 〈워싱턴 스펙테이터The Washington Spectator〉는 '미국의 최전선 의사들'은 '보수 성향의 거액 기부자, 정치 공작원, 언론 매체 소유자 간의 활동을 통합 조정하는 연합체'인 국가 정책위원회가 벌인 '아주 조직적인 작전'의 일부였다고 보도했다. 의사에 대한 미국인의 신뢰를 악용해 코로나19에 대한 우려를 불식시키고 봉쇄 조치를 끝내고 정상적인 사회 활동을 재개하려고 '극단적인 친트럼프 성향'의 의사 집단을 동원한 것이다.⁶⁹ 미국의 최전선 의사들은 2021년 내내 반 백신 허위 정보와 음모론을 퍼뜨렸고, 사람보다는 가축 치료에 더 자주 쓰이는 구충제 이버멕틴을 자칭 '안전하고 효과적인' 또 다른 코로나19 치료제라고 주장했다. 2021년 8월 말에 나온 시사 주간지 〈타임〉 보도에 따르면, 미국 국회의사당 폭동 가담 혐의로 기소돼 유죄 판결을 받은 응급실 의사이자 '미국의 최전선 의사들'의 설립자이기도 한 시몬 골드Simone Gold는 그해 초부터 캠핑카로 전국 투어를 하며 VIP '만남 및 인사' 티켓을 장당 1,000달러에 팔았지만, 사전 통보도 없이 예정됐던 일정을 취소했다.⁷⁰ 한편 '미국의 최전선 의사들'은 조직 성격을 전국적인 원격 진료 네트워크로 바꾼 뒤 90달러의 상담료를 받고 하이드록시클로로퀸과 이버멕틴을 처방해주었지만, 이후 수백 명의 고객들이 약을 받지 못한 채 방치되었다. 온라인 탐사 보도 매체 〈디 인터셉트The Intercept〉가 2021년 9월 유출된 자료를 토대로 내놓은 보도에 따르면, '미국의 최전선 의사들'은 단 두 달 만에 상담료로 거의 700만 달러를 벌어들였고, 래브쿠Ravkoo라는 온라인 약국과 제휴해 2020년 11월부터 2021년 9월까지 이버멕틴과 하이드록시클로로퀸은 물론 아연과 비타민 C 같은 일반 의약품까지 부풀린 가격에 팔아 추가로 850만 달러의 약 판매 수익을 올렸다.[71] 2022년 말, 60일의 형기 대부분을 복역한 골드는 '미국의 최전선 의사들' 이사회로부터 고소를 당해 소송에 휘말렸다. 고소 내용에는 그녀가 회사 공금으로 10만 달러짜리 전세기 여행을 하고, 360만 달러짜리 플로리다 대저택을 구매했으며, 개인적인 이유로 월 5만 달러의 지출을 한 혐의 등이 포함되었다.[72]

마지막으로 훨씬 더 광범위한 차원에서 보면, 기후 변화가 세계주의자들이 꾸민 음모의 하나로 조작된 사기극이라는 음모론이 있다. 이 음모론은 금전적으로 화석 연료 산업과 깊은 연관이 있는 여러 집단에 의해 여러 해째 확산되었다. 수십억 달러 규모의 기업 코크 인더스트리Koch Industries를 운영하는 미국의 억만장자 코크 형제는 석유 정제 및 유통 등 많은 사업에 관여하는데, 그들은 지난 20년간 기후 변화를 부정하는 단체들에 무려 1억 2,700만 달러를 지원해온 걸로 알려져 있다.[73] 엑손사Exxon Corporation 역시 기후 변화 음모론을 조장하는 허위 정보 캠페인에 수백만 달러를 투자해왔으며, 인간 활동이 기후 변화의 원인이라는 사실을 보여주는 자사 내부 연구 결과를 1970년대 이후 계속 숨겨왔다.[74] 2012년에 《최대 사기극: 지구 온난화 음모론이 어떻게 당신의 미래를 위협하는가The Greatest Hoax: How the Global Warming Conspiracy Threatens Your Future》라는 책을 쓴 미국 상원의원 제임스 인호프James Inhofe는 2015년 겨울에 지구 온난화가 말도 안 되는 믿음이라는 걸 입증하겠다며 상원 본회의장에 눈덩이를 들고 나타나 악명을 떨쳤다. 그는 정계에 몸담은 이후 내내 화석 연료 업계로부터 수백만 달러의 선거 후원금을 받아왔다(기후 변화 부정에 대해선 9장에서 다시 살펴보겠다).[75]

음모론 뒤에 숨겨진 실제 음모에 대한 이 같은 몇 가지 사례는 '음모론자'가 아닌 탐사 보도로 알려졌으며, 5장에서 살펴본 사례들은 허위 정보의 먹이사슬 꼭대기에 앉은 최상위 포식자들이 불편한 진실을 공격하고 거짓으로 바꿔 불신을 악용하고 퍼뜨린 사례들을 떠올리게 한다. 음모론 신봉자들이 우리에게 '직접 조사해보라'라고 권할 때, 그들이 실제 권하는 것은 결국 자기처럼 하라는 것인 경우가 많다. 즉 자신들처럼 직접 미궁 속으로 뛰어들어 그 과정에서 이익을 얻는 사람들이 의도적으로 세상에 흘려보낸 허위 정보를 찾아보라는 것이다. 우리가 관료 집단을 불신해 다른 해답을 찾을 때, 그런 종류의 허위 정보는 자연스레 우리 품 안으로 들어온다.

하나가 가면
모두가 간다

___ 5 ___

  2021년 1월 6일, 미국 국회의사당에서 촬영된 동영상의 가장 상징적인 장면 중 하나는 건물 안으로 진입한 폭도들이 계단을 따라 올라갈 때 국회의사당 경찰관 유진 굿맨Eugene Goodman이 혼자 뒤로 물러서는 장면이었다. 폭도들을 이끌던 남자는 수염을 기르고 챙 없는 니트 모자를 썼으며 앞쪽에 커다란 'Q' 자와 '계획을 믿어라Trust The Plan'라는 문구가 새겨진 티셔츠를 입고 있었다. 나중에 더글러스 젠슨Douglas Jensen이라는 인물로 확인된 그는 그날 언젠가 자신의 동영상을 소셜 미디어에 올렸는데, 그 동영상 속에서 그는 "납니다. 지금 빌어먹을 백악관을 손보고 있어요…… 이러려고 여기 왔죠"라며 자랑했다. 자신이 어디에 있는지조차 정확히 모르고 있었던 그는 이틀 뒤 체포됐고, 그다음 주 월요일에는 '국회의사당 내 폭력적 난입 및 무질서 행위'와 '시민 폭동 중 법 집행관 방해' 등 일곱 건의 연방법 위반 혐의로 기소되었다.

  FBI 보고서에 따르면, 처음에 젠슨은 자신이 의도적으로 다른 사람들과 함께 국회의사당에 제일 먼저 진입하려 했다고 진술했는데, 그건 자신이 'Q' 자가 적힌 티셔츠를 입고 있었고 그게 동영상에 찍혀야

'Q'를 세상에 알릴 수 있었기 때문이라고 했다.[76] 그러고는 이어서 자신이 4년간 큐아논QAnon을 추종해왔고 깨어 있는 시간과 일하지 않는 시간 대부분을 그걸 추종하는 데 보내며 '디지털 병사'와 '맹신자'가 되었다는 걸 인정했다.[77] 그러나 6개월 후 그의 변호사는 "젠슨은 지금 자신이 속았고 새빨간 거짓말들을 믿게 되었으며, 아주 교활한 인간들이 인터넷상에 올리는 많은 음모론의 희생자가 되었다고 느끼고 있습니다"라고 주장하며 이런 말을 덧붙였다. "결국 젠슨은 지금 자신조차 이해하지 못하는 이유로 큐아논 음모론의 '열혈 신봉자'가 된 것입니다."[78] 그 직후 젠슨은 구금 전 석방을 허가받아 가택 연금되었다. 조건은 다음과 같았다. 워싱턴 DC 안에 머물지 말 것, 1월 6일 폭동에 연루된 그 누구와도 접촉하지 말 것, 총기를 소지하지 말 것, 술을 마시지 말 것 그리고 인터넷에 접속하거나 인터넷 접속이 가능한 기기를 사용하지 말 것 등이었다. 그러나 석방된 지 불과 2주 만에, 젠슨은 자신의 차고 안에서 마이필로My Pillow* 최고경영자 마이크 린델Mike Lindell이 주최하는 '사이버 심포지엄'을 시청하다 법원 감독관에게 적발되었다. 린델은 그 심포지엄을 통해 2020년 미국 대통령 선거가 선거 부정으로 도둑맞았다는 음모론을 퍼뜨리고 있었다. 결국 젠슨은 다시 구금됐고, 그의 변호인들은 그가 석방 조건을 지키지 못한 걸 '중독'에 비유했다.

큐아논을 요약하자면, 민주당 지도자들이 이른바 '딥스테이트Deep State'의 일원이라는 음모론에 근거를 둔 정치 운동으로, 큐아논 추종자들은 딥스테이트를 국제적인 아동 성 착취 밀매 조직을 운영하고 세계 지배를 꿈꾸는 사탄 숭배 소아성애자 집단으로 보며, 트럼프 대통령은 그 악으로부터 우리를 구원해줄 구세주로 선택받은 인물이라고

* 미국의 침구류 회사

생각한다. 이 믿음은 피자게이트 음모론에서 비롯된 것으로, 그 과정에서 뿌리 깊은 반유대주의와 기독교 복음주의가 뒤섞인 '신세계 질서'에 대한 해묵은 음모론적 클리셰가 되살아났다. 2017년 가을, 큐아논은 자칭 '최고 기밀 정보에 접근할 수 있는 정부 고위 관계자'라는 익명의 인물 'Q'가 웹사이트 4chan에 포스팅하기 시작하면서 Q라는 새로운 이름의 운동으로 탈바꿈했다. Q의 활동 방식은 그가 'Q-드롭' 또는 '빵부스러기 breadcrumbs'로 알려지게 된 암호 같은 메시지들을 자칭 '빵 굽는 사람들 bakers', '아논들 Anons', 'Q-애국자 Q-patriots'라는 추종자들에게 남기면, 그들이 주어진 단서를 토대로 그 메시지를 해독하는 식이었다. 그 단서들은 마치 정교한 퍼즐 조각처럼 트럼프가 딥스테이트를 상대로 승리하는 미래를 보여줬으며, 그 모든 게 곧 일어날 '대각성 Great Awakening'이니 '폭풍 Storm'이니 하는 말로 압축되었다. '폭풍이 온다 The Storm Is Coming'와 '하나가 가면 모두가 다 간다 Where We Go One, We Go All'는 큐아논 음모론 신봉자 사이에서 인기 있는 구호가 되었으며, 언제부턴가 그들은 'Q' 글씨가 쓰인 팻말을 들거나 티셔츠를 입고 트럼프 집회에 나타나기 시작했다. 그 결과 큐아논은 주류 언론에 보도되기 시작했고, 2020년쯤에는 누구나 아는 이름이 되었으며, 코로나 팬데믹 기간에는 전 세계로 확산되었고, 이내 포퓰리즘 정치로 이어졌을 뿐 아니라 정부의 봉쇄 정책, 마스크 착용 정책, 백신 접종 정책 등에 대한 저항 운동으로도 이어졌다.

 실제로 얼마나 많은 사람이 큐아논 음모론 교리를 믿게 되었는지는 그리 명확하지 않다. 2020년 3월에 나온 여론 조사에서는 미국 인구의 단 24퍼센트만 큐아논에 대한 이야기를 듣거나 읽어본 적이 있다고 했지만, 9월에는 그 수치가 거의 50퍼센트로 뛰었다.[79] 그해 말, 트럼프가 대선에서 패배하고 국회의사당 폭동이 일어나기 전까지, 미국인들의 39퍼센트는 트럼프의 힘을 꺾기 위해 활동 중인 '딥스테이트'가 실제 존재한다고 믿었고, 17퍼센트는 '아동 성매매 조직을 운영하는 사탄 숭배 엘리트 집단이 우리의 정치와 언론을 통제하려 한다'라는 큐아논의 핵심 교리를 믿었다.[80] 그러나 이 수치를 자세히 들여다보면, 그 응답들이 믿음의 강도 측면에서 차이가 있다는 걸 알 수 있었다. 다시 말해, 카이리 어빙이 지구가 평형하다는 음모론을 지지하고 내 학생 마틴이 9·11 테러가 내부 소행이었다는 일명 '트루서' 음모론을 지지한 것처럼, 조사 결과 역시 큐아논에 대한 깊은 맹신이라기보다는 보다 일반적인 공감 정도였다는 것이다. 젠슨은 FBI 심문 당시 Q가 예고했던 부패 정치인들의 대규모 체포가 벌써 일어났냐고 물었었는데, 그처럼 큐아논 음모론을 철저히 믿는 사람들은 아주 드물다. 그런 점에서 큐아논 음모론에 대한 믿음은 성경에 대한 믿음과 비슷하다. 즉, 문자 그대로 믿는 사람들과 그냥 비유적으로 믿는 사람들이 모두 큐아논 음모론 추종자에 속한다고 볼 수 있다.

실제로 그간 큐아논은 새로운 종교나 사이비 종교에 비유되곤 했는데 서사 구조가 메시아이자 구세주인 트럼프와 악을 대표하는 사탄 같은 딥스테이트 간에 벌어지는 종말론적 전쟁이라는 이분법적 이야기로 구성되어 있어, 트럼프 지지자와 기독교 복음주의자 같은 사람들의 마음을 사로잡는 것은 당연한 일일지도 모른다.[81] 그러나 큐아논 음모론을 단순히 극우 소수 집단의 음모론으로 간주해서는 안 된다. 사실 큐아논 음모론은 다양한 이념 집단으로부터 폭넓은 지지를 받고 있다. 그러니까 복음주의자들과 트럼프 지지자들은 물론, 앞서 5장에서 언급했던 로버트 드러먼드 같은 주권 시민들과 대중주의자들, 자유지상주의자들, 코로나 팬데믹 당시 생겨난 '백신 접종 반대자들'과 '마스크 착용 반대자들', 소셜 미디어상에서 SaveTheChildren 해시태그를 통해 큐아논을 알게 된 아동 인신매매를 걱정하는 사람들, 다음 장에서 다룰 예정인 '건강 관리'에 관심 있는 사람들 그리고 심지어 미국 정치에 별 관심이 없는 외국인들까지 다양한 이념 집단에 포함된다. 게다가 큐아논은 단순한 정치 이념이나 음모론 또는 종교가 아니다. 온라인 가상 공간에서 이루어지는 '빵 굽는 사람들'과 '빵부스러기들' 간의 상호작용 덕에, 큐아논은 대체 현실에서 펼쳐지는 롤플레잉 게임이자 반체제 정서를 공유하는 이들이 모이는 온라인 커뮤니티 공간이기도 하다. 큐아논은 이처럼 사방에 '미끼들'을 흩뿌려놓아, 굶주린 사람이라면 거의 다 그 미끼를 덥석 물게 되어 있다.[82]

우리가 기억해야 할 것은, 사람들은 특히 여론 조사에 응할 때 음모론적 믿음에 지지 의사를 표명하기도 하지만, 그런 믿음을 뒷받침하거나 반박하는 증거는 제시하지 못하는 경우가 많다는 것이다. 이런 사실은 2020년의 한 설문 조사에서 분명히 드러났다. 일부 응답자들이 큐아논 음모론을 지지한다고 하면서도, 큐아논 음모론의 터무니없는 주장은 잘 모르는 경우가 많았고, 특정한 큐아논 음모론 관련 주장은 처음 접하는 것임에도 불구하고 '사실'이라고 답했던 것이다.[83] 예를 들어, 응답자의 22퍼센트는 '전 세계적인 조직이 사탄 의식을 통해 아이들을 상대로 고문 및 성적 학대를 하고 있다'라고 믿었고, 18퍼센트는 '트럼프가 비밀리에 정부 관리와 유명 인사들을 대거 체포할 준비를 하고 있다'라고 믿었다. 그러나 설문 조사 당시 그런 이야기를 처음 들은 사람들을 빼면 그 수치는 각기 12퍼센트와 6퍼센트로 크게 떨어졌다. 이는 사람들이 설문 조사 과정에서 음모론적 믿음에 대한 질문을 받을 때, 그 세부 내용은 알지 못하거나 중요하게 생각하지 않는 경우가 많다는 걸 보여준다. 트럼프는 2020년 대통령 선거를 앞두고 큐아논에 대한 질문을 받았을 때, 이렇게 말했다. "그 사람들은 나를 아주 좋아해요…… 듣자니 우리나라를 사랑하는 사람들이라고 하더군요."[84] 그러면서 그는 이런 말을 덧붙였다. "큐아논에 대해 아는 게 전혀 없지만…… 듣기론 그들이 소아 성애에 강력히 반대한다던데, 그건 나도 동의해요…… 동의하고 말고요."[85] 만일 사람들이 큐아논에 대해 아는 게 소아 성애에 맞서 싸운다는 사실뿐이라면, 설문 조사 때 누가 과연 그걸 비난하겠는가?

■

"광기는 광적인 사회에 대한 정상적인 반응이다"라는 말은 사회학자 에밀 뒤르켐Emile Durkheim이 한 말이라고도 하고, 정신과 의사 R. D. 랭R.D. Laing과 토머스 사스Thomas Szasz가 한 말이라고도 알려져 있다. 이 유명한 말은 조현병 같은 정신 질환의 하나인 병적 망상의 생물학적 토대를 설명하기엔 부족하지만, 음모론적 믿음을 설명하기엔 아주 적절하다. 음모론적 믿음이 개인적인 정신 병리라기보다는 불신과 허위 정보라는 이중 질병에 시달리는 병든 사회의 증상이기 때문이다.

나는 지난 몇 년간 음모론과 큐아논에 대한 글을 써왔으며, 그 과정에서 왜 큐아논이라는 미궁 속에 빠져든 사람들이 다시는 거기서 빠져나오고 싶어 하지 않는지 그 이유에 대해 살펴봤다. 그러면서 나는 젠슨 같은 '아논들'의 가족이나 다른 지인으로부터 많은 연락을 받았다. 그간 나는 그들의 이야기를 읽고 뉴스에서 비슷한 사람들의 이야기를 찾아왔으며, 미국 국회의사당 폭동과 관련된 협박 혐의로 기소된 한 열성 지지자를 변호하기 위해 법률 자문까지 제공했다. 내가 들은 큐아논 지지자들의 이야기, 특히 세세한 큐아논 교리까지 꿰차고 있는 문자 그대로 열렬한 큐아논 신자들의 이야기를 관통하는 한 가지 공통점이 있다면, 그들이 2020년 대통령 선거를 앞두고 인터넷상에서 점점 더 많은 시간을 보냈다는 것이다. 그들은 코로나 팬데믹 기간 중 해고되거나 집 안에 갇힌 채, 큐아논이라는 온라인 세계에 더 깊이 빠져들었고, 그러면서 자신의 예전 삶과 인간관계로부터 점점 더 멀어져 갔다. 젠슨의 변호인은 자기 의뢰인의 몰락을 이렇게 설명했다.

> 어쩌면 중년의 위기 때문이었을 수도 있고 코로나19 팬데믹 때문이었을 수도 있고 아니면 큐아논 메시지가 자신의 평범한 삶을 고귀한 목표를 가진 숭고한 삶으로 끌어올려준 것처럼 느껴졌기 때문일 수도 있습니다. 어쨌든 그는 인터넷상에 쏟아져 나오는 정보의 홍수 속에 빠져 미국 대통령의 지시로 국회의사당으로 와 자신이 '진정한 애국자'임을 증명하려 한 것입니다.[86]

우리는 지금의 음모론 암흑기를 오래된 '편집증적 극단주의'가 더 극단적으로 나가면서 생긴 결과로 치부해서는 안 된다. 우리는 모두 음모론에 빠질 가능성이 있다. 최근 몇 년 사이에 달라진 게 있다면, 그건 음모론적 믿음에 빠지기 쉬운 심리적 나약함을 악화시키는 사회적·구조적 요인들이 합쳐져 초대형 위기가 만들어진 것이다. 통제와 확실성, 특이성에 대한 심리적 욕구가 비대해진 전 세계적 위기 말이다. 권위 있는 정보 출처에 대한 불신으로 인해 사람들이 널리 퍼진 잘못된 정보와 고의적인 허위 정보에 빠지기 쉬워졌다. 또한 반체제적 세계관을 가진, 생각이 비슷한 사람들은 강요된 사회적 고립으로부터 구원을 찾으려 몸부림친다. 그리고 정치 지도자들이 분노한 군중을 선동하기 위해 음모론을 이용한다는 걸 알지 못한 채, 무작정 선과 악의 이분법적 대결에 끌린다. 정신적으로 건강한 사회는 잘못된 믿음과 음모론에 근거해 중요한 결정들을 내리지 않는다. 그런 사회는 음모론적 믿음 때문에 민주주의의 기반이 무너지거나 세상 사람들이 죽어가게 내버려두지도 않는다. 그럼에도 불구하고 우린 여기에 있다.

  하나가 가면 모두가 간다. 정말 그렇다.

7

헛소리에 속아 넘어가기

Falling for Bullshit

누군가에겐 헛소리가
다른 누군가에겐
절대적인 진리일 수 있다.

―― 닐 포스트

헛소리의 한 사례

1

 나는 망상이나 망상 비슷한 믿음이 관련된 법적 사건에서 법의학 자문가 혹은 전문가 증인으로 참여할 때, 내 역할을 누군가의 유죄를 입증하거나 무죄를 주장하는 것으로 생각하지 않는다. 그런 건 검사와 변호사가 할 일이다. 어느 쪽에 고용됐든 상관없이, 내 역할은 사람들이 무엇을 믿는지, 왜 그것을 믿는지, 그것이 그들의 행동에 어떤 영향을 주는지를 분석하고, 그 전 과정을 배심원들에게 설명하는 것이다. 그래서 5장 도입부에서 언급한 주권 시민 로버트 드러먼드에 대해 증언하려고 증인석에 섰을 때, 내 목표는 우선 그가 믿는 음모론의 특성을 설명한 뒤, 그에게 망상이나 정신 질환이 없었는데도 왜 그런 잘못된 사실을 진실로 받아들이게 되었는지 그 이유를 세 가지로 간단히 설명하는 것이었다.

 첫 번째 이유는 앞의 두 장에서 살펴본 바 같이 불신과 잘못된 정보의 결합이었다. 드러먼드 씨는 연방 정부에 대한 원한 섞인 불신이 있어 수년간 주권 시민 교리를 선전해온 여러 엉터리 정보 출처를 곧이곧대로 믿고 따르게 되었다. 두 번째 이유는 그가 유난히 심한 '음모론적 성향'을 갖고 있어 다른 사람들보다 음모론에 빠지기 더 쉬웠다는 건데, 이는 그가 작성한 설문 조사 결과, 다음과 같은 항목에 동의한 것으로 드러났다.

- 소수의 비밀 집단이 전쟁을 비롯해 세계적으로 중요한 모든 결정을 내리고 있다.
- 정부는 자국 영토 내에서 테러 행위를 허용하거나 직접 저지르면서도 자신들이 연루됐다는 사실을 숨기고 있다.
- 모르는 사이에 사람들의 정신을 조종할 수 있는 기술이 사용되고 있다.
- 외계인과 접촉했다는 증거가 대중에게 은폐되고 있다.[1]

그리고 세 번째 이유는 내가 쓸 거친 말에 대해 판사에게 미리 양해를 구한 뒤 설명한 것이지만, 드러먼드는 평균적인 사람보다 음모론뿐 아니라 다른 '헛소리bullshit'도 더 쉽게 믿는 편이었다. 그렇다. 나는 진지한 표정으로 배심원들에게 말했다.

"이 사건은 말하자면…, 바로 헛소리 사건입니다."

헛소리, 헛소리꾼들 그리고 속는 사람들

―――――― 2 ――――――

지난 수십 년간 '헛소리'라는 말은 단순한 욕이나 속어의 수준을 넘어 심리학자들이 연구하는 하나의 중요한 현상이 되었다. 이 장에서는, 앞에서 살펴본 바와 같이 잘못된 믿음의 중심에는 불신과 잘못된 정보, 그리고 동기화된 추론이 자리 잡고 있다는 사실을 토대로, 헛소리라는 이야기 방식이 어떻게 근거 없는 신뢰를 만들어내는 데 사용되는지 살펴볼 것이다. 물론 다른 사람들에 비해 헛소리에 더 잘 속아 넘어가는 사람들이 있긴 하지만, 헛소리는 종종 꽤 설득력이 있어 신뢰할 만한 정보 출처로부터 우리를 멀어지게 한다. 헛소리는 유사 과학, 포스트모던 철학, 정치 등 어디에서든 가리지 않고 널리 퍼져 있으며, 그 결과 우리는 종종 그 헛소리에 빠져 허우적거린다.

헛소리를 학문적으로 처음 진지하게 탐구한 사람은 프린스턴대학교의 철학자 해리 프랑크푸르트Harry Frankfurt로, 그는 1986년에 출간한 철학 에세이 《헛소리에 대해On Bullshit》에서 다음과 같이 말했다.

우리 문화의 가장 눈에 띄는 특징 중 하나는 헛소리가 너무 많다는 것이다. 모두가 그걸 알고 있다. 그리고 모두가 한몫 거든다. 그러나 우리는 대개 이런 상황을 당연하게 여긴다. 대부분의 사람은 자신이 헛소리를 알아채고 거기에 속아 넘어가지 않을 수 있다고 자신한다. 그래서 이런 현상은 진지한 관심을 불러일으키거나 지속적인 탐구를 이끌어내지 못했다. 그 결과, 우리는 헛소리가 무엇인지, 왜 그렇게 많은지 또는 어떤 기능을 하는지 명확히 이해하지 못한다. 그리고 헛소리가 우리에게 어떤 의미를 갖는지에 대한 깊이 있는 인식도 부족하다. 다시 말해, 우리에겐 헛소리 현상에 대한 이론조차 없다. 따라서 나는 이에 대한 철학적 분석을 통해 헛소리를 이론적으로 이해해볼 것을 제안한다.[2]

35년에 걸친 학문적 연구 끝에 심리학자들은 이제 헛소리에 대한 실용적인 개념 이론을 정립했다. 무엇보다 먼저, 헛소리는 전문 용어로 '진실, 증거 또는 확립된 의미론적·논리적·체계적·경험적 지식에 대해 관심이 거의 또는 전혀 없는 말'로 정의될 수 있다.[3] 좀 더 간단히 말하자면, 헛소리는 '얼핏 보면 적절한 의미나 진실이 담긴 것 같지만 실은 그렇지 못한 말'[4]이다.

헛소리는 단순히 말도 안 되는 말이나 말장난은 아니다. 헛소리는 일종의 의도적인 말로, 표면적으로는 의미 있어 보이지만 실제로는 아무 의미도 없는 말이다. 그리고 헛소리는 거짓말과는 다르다. 거짓말쟁이는 진실을 뻔히 알면서도 거짓을 믿게 만들려고 의도적으로 자신의 말을 조작한다. 반면에 헛소리를 하는 사람은 진실 여부에는 별 관심 없으며, '정보를 전하기보다는 상대 마음을 움직이기 위해' 마치 자신이 무슨 말을 하는지 잘 아는 것처럼 보이길 바란다. 이런 점에서, 헛소리는 2장에서 살펴본 더닝-크루거 효과의 언어 버전이라 볼 수 있다. 다시 말해, 사람들이 실제로는 아는 게 거의 없으면서 마치 많은 걸 아는 양 과도한 자신감을 갖고 말할 때, 헛소리가 나오는 경우가 많다는 뜻이다.

2018년 웨이크포레스트대학교의 심리학자 존 페트로첼리John Petrocelli는 자신의 연구에서 헛소리는 더닝-크루거 효과 외에도, 의견을 내라는 사회적 압력과 그런 압력에 대응해 헛소리를 해도 그냥 넘어가는 '사회적 용인' 때문에 더 자주 나온다고 주장했다. 또한 해리 프랑크푸르트는 1986년에 출간한 철학 에세이 《헛소리에 대해》와 2005년에 출간한 동명의 베스트셀러에서[5] 당시 헛소리가 만연했던 것은 페트로첼리의 설명처럼 사람들이 모든 일에 대해 의견을 내는 걸 의무까지는 아니더라도 일종의 권리처럼 느끼고 또 열정적으로 개인 의견을 표명하는 과정에서 객관적 현실을 부인하는 것이 미국 문화의 중요한 특징이기 때문이라고 주장했다. 앞서 설명했듯, 의견과 뉴스가 수시로 뒤섞이고 사실과 전문성이 죽었다고 선언되며, 객관적 증거가 늘 부정되는 오늘날과 같은 탈진실 세상에선, 헛소리가 자라나기에 이보다 더 좋은 조건은 없다고 주장하고픈 유혹에 빠지기 쉽다. 실제로 아일랜드 벨파스트에 있는 퀸즈대학교의 교육 전문가 앨리슨 매켄지Alison MacKenzie와 이브라르 바트Ibrar Bhatt는 2018년에 이미 이런 주장을 했었다.

소셜 미디어 생태계가 폭넓게 퍼져 있는 데다 사분오열되어 있고 인터넷 의존도가 높아지면서, 30년 전엔 상상도 하지 못했을 규모로 헛소리와 거짓말을 할 수 있는 기회가 많아졌다.[6]

음모론 경우와 마찬가지로, 정크푸드 수준의 정보(4장 참조)에 대한 우리의 집단적 욕구나 헛소리가 과거에 비해 정말 엄청나게 늘어났는지는 논란의 여지가 있지만, 적어도 그 어느 때보다 훨씬 더 다양한 종류의 헛소리를 더 쉽게 접할 수 있게 됐다는 점은 부인하기 어려울 것이다.

■

1991년 이래로 매년, '처음에는 웃기고 다음에는 생각하게 만드는 업적'을 기리기 위한 풍자적인 상 '이그노벨상Ig Nobel Prize'*이 수여되고 있다.⁷ 역대 수상자로는 '자석을 이용해 개구리를 공중에 띄운' 실제 노벨상 수상자이자 물리학자인 안드레 가임Andre Geim, '소똥에서 바닐라 향료를 추출한' 화학자 마유 야마모토, 자신들의 이름을 딴 더닝-크루거 효과를 입증한 심리학자 데이비드 더닝과 저스틴 크루거 등을 꼽을 수 있다. 그러나 이 상은 정말 조롱하는 뜻으로 주어지기도 했다. '태평양에서의 핵폭탄 실험으로 히로시마 원폭 투하 50주년을 기념한' 자크 시라크Jacques Chirac 프랑스 대통령과 '각종 실수와 무지로 과학 교육의 필요성을 몸소 보여준' 댄 퀘일Dan Quayle 미국 부통령 등이 그 좋은 예다. 2016년, 이그노벨 평화상은 4장과 5장에서 언급했던 가짜 뉴스에 대한 연구를 진행한 고든 페니쿡과 워털루대학교와 셰리든대학교에 재직 중이던 그의 공동 연구자들에게 돌아갔는데, '심오해 보이지만 무의미한 헛소리의 수용과 탐지'라는 학술 연구를 진행한 공로를 인정받은 것이었다.

헛소리와 헛소리 해대기에 대한 학문적 연구를 처음 시작한 사람은 해리 프랑크푸르트였는지 몰라도, '헛소리 수용자들', 즉 헛소리에 속아 넘어가기 쉽고 실제로 속아 넘어가는 사람들에 대한 우리의 이해를 발전시킨 사람은 페니쿡과 동료들이라 해도 과언이 아니다. 두 사

* 이때의 Ig는 '천박한'의 뜻을 가진 영어 ignoble의 줄임말임

람은 '가짜 심오한 헛소리', 즉 '얼핏 보기엔 심오하고 의미 있는 것 같지만 실은 공허한 말'에 얼마나 속아 넘어가는지를 수치화할 수 있는 설문지를 개발했다. 페니쿡의 '헛소리 수용 척도BRS'는 설문 응답자에게 온라인 사이트 wisdomofchopra.com에서 만든 10가지 문장이 얼마나 진실해 보이는지를 평가해보라고 요청하는데, 그 사이트는 인도 출신의 의사 디팍 초프라Deepak Chopra의 트윗에서 가져온 단어와 '뉴에이지 헛소리 생성기'라는 또 다른 웹사이트에서 가져온 유사한 '심오해 보이는 단어'를 무작위로, 그러나 문법적·구문적으로 올바르게 잘 조합해 다음과 같은 문장을 만들어낸다.

- 숨겨진 의미는 비할 데 없는 추상적 아름다움을 변화시킨다.
- 인식된 현실은 미묘한 진실을 초월한다.
- 의식은 일관성과 우리 모두의 성장이다.
- 미래는 비합리적인 사실을 설명한다.
- 오늘날 과학은 우리에게 자연의 본질이 기쁨이라고 말한다.

페니쿡과 그의 동료들은 '헛소리 수용 척도'에 대한 응답 집계를 토대로, 가짜 심오한 헛소리 수용 성향이 개인마다 지속적이고 정량화할 수 있는 심리적 특성으로 나타남을 입증했다. 다시 말해, 이전 장에서 살펴본 다른 많은 특성 및 인지 편향의 경우와 마찬가지로, 정도의 차이는 있겠지만 우리는 너 나 할 것 없이 모두 가짜 심오한 헛소리에 속아 넘어가기 쉽다. 이는 '믿느냐, 안 믿느냐'가 아니라 '얼마나 믿느냐'의 문제다.

나는 배심원단을 향해 드러먼드 씨가 특히 헛소리에 속아 넘어가기 쉽다고 말했었는데, 그건 그가 '헛소리 수용 척도' 설문지 작성 당시 개별 항목들에 대한 응답들과 총점 모두에서 평균 이상의 점수를 받았기 때문이었다. 나는 가짜 심오한 헛소리 수용 성향과 음모론 믿음 간에 연관성이 있다는 걸 보여주는 연구를 근거로,[8] 배심원단에게 드러먼드 씨가 헛소리에 속아 넘어가기 쉬워 주권 시민 음모론이라는 복잡한 거짓 주장을 더 쉽게 믿게 된 것이라고 말했다. 그 결과, 그는 허위 정보 먹이사슬의 한가운데에 놓이게 되었고 다른 사람들에게 헛소리를 퍼뜨리기만 했을 뿐 아니라 자신도 속아 넘어가게 된 것이다.

드러먼드 씨의 사례는 "헛소리를 하는 사람은 헛소리에 속지 않는다"라는 말과는 달리 헛소리를 퍼뜨리는 사람도 헛소리의 희생양이 될 수 있다는 걸 보여준다. 이는 워털루대학교의 심리학자 셰인 리트렐Shane Littrell과 그의 동료들이 헛소리 수용 척도로 측정한 헛소리 수용 성향과 자신들이 헛소리 성향을 측정하기 위해 개발한 또 다른 설문지 '헛소리 빈도 척도BFS'의 점수 간의 연관성을 조사하는 과정에서 알게 된 사실과도 일치했다.[9] 그들의 연구 결과 '설득력 있는 헛소리'라는 특정 유형의 헛소리가 거짓 심오한 헛소리 수용 성향과 관련이 있었는데, 그들이 말하는 '설득력 있는 헛소리'의 정의는 '자신의 지식이나 아이디어, 태도, 기술 또는 능력을 과장하거나 꾸미거나 왜곡해 다른 사람들을 감동하게 하거나 설득하기 위한 또는 다른 사람들에게 맞추기 위한 헛소리'였다. 그러니까 설득력 있는 헛소리를 퍼뜨리는 사람들은 다른 사람들의 마음을 움직이기 위해 허풍을 떨 뿐 아니라 다른 사람이 허풍을 떨 때 자신의 마음도 움직일 가능성이 높은 것이다. 5장에서도 이야기했고 드러먼드 씨 재판의 배심원단에게도 설명했듯, 허위 정보 먹이사슬 내 중간 포식자들은 의도하지 않게 또는 심지어 아무것도 모른 채 헛소리를(일반적으로는 허위 정보를) 퍼뜨리는 경우가 많다. 이는 일종의 '인식적 순진함'이 있는 것으로 볼 수 있다. 게다가 리트렐과 그의 동료들의 다른 연구에 따르면, 설득력 있는 헛소리를 퍼뜨리는 사람들은 3장에서 언급했던 '일상생활에서 결함이 안 보이는 사각지대' 같은 '헛소리 사각지대'에 희생되는 경우가 많다. 그래서 자신이 헛소리를 퍼뜨린다는 사실을 모를 뿐 아니라 자신에게 헛소리를 가려낼 능력이 있다는, 근거 없이 과도한 자신감을 보이기도 한다.[10] 이는 앞서 내가 이야기했던 사실을 뒷받침하는 것으로, 자신은 헛소리에 속아 넘어가지 않는다고 가장 자신하는 사람들이 실은 헛소리에 가장 쉽게 속아 넘어간다는 '더닝-크루거 효과'의 영향을 받은 것이다.

하나의 독립된 성향으로 볼 때, 가짜 심오한 헛소리 수용 성향은 얼핏 보기엔 심오하고 의미 있는 것 같지만 자세히 들여다보면, 공허한 말에 속아 넘어가는 성향으로 요약할 수 있다. 당연하게도, 페니쿡을 비롯한 여러 연구자는 이렇게 잘 속아 넘어가는 성향이 '직감적 인지 스타일'과 관련 있다는 사실을 알아냈다.[11] 이는 1장과 6장에서 언급한 '직감에 대한 믿음', 2장에서 언급한 '빠른 모드', 그리고 4장에서 언급한 스티븐 콜베어의 '트루시니스'와 일맥상통한다. 직감적 인지 스타일은 어떤 주장이 어떻게 들리는지 또는 어떤 느낌을 주는지를 토대로 믿음을 형성한다. 이처럼 이성이나 증거보다 직감을 우선시하는 직감적 인지 스타일은 분석적 사고와는 대조되는데, 분석적 사고는 헛소리에 속는 성향과 반비례 관계에 있다. 또한 4장에서 언급했듯 가짜 뉴스나 기타 다른 허위 정보를 믿는 걸 막아주는 효과가 있다고 알려져 있다. 실제로 페니쿡은 헛소리에 속아 넘어가는 성향이 음모론에 대한 믿음과 관련 있을 뿐 아니라, 잘못된 뉴스나 가짜 뉴스를 사실로 받아들여 소셜 미디어상에서 공유하려는 경향과도 관련 있다는 증거를 제시했다.[12] 다른 연구 역시, 헛소리에 잘 속아 넘어가는

성향과 초자연적인 현상, 대체 의학, 유사 과학 사이에 연관이 있음을 발견했다.[13]

이제 우리는 이 책에서 다뤄온 근거 없는 과도한 자신감, 직감에 대한 믿음, 확증편향, 동기화된 추론, 인식적 불신 그리고 세상에 넘쳐나는 수많은 잘못된 정보와 고의적인 허위 정보에 대한 노출 같은 인지적 함정들 목록에 '헛소리에 속아 넘어가기 쉬운 성향'을 추가하게 됐다. 이제 우리는 거짓 믿음을 향해 모여드는 복잡한 미로 안에서 이 모든 요소가 어떻게 서로 연결되어 있는지 이해할 수 있다. 이제 이 장의 뒷부분에서는, 헛소리가 난무하는 영역에서 헛소리에 속아 넘어가기 쉬운 성향이 어떻게 악용되어 믿을 수 없는 출처에 대한 신뢰를 조작하는지 살펴볼 것이다.

과학적 헛소리와 유사 과학

―――― 3 ――――

디팍 초프라는 거의 모든 대중적 기준에서 볼 때 성공의 상징이라 할 만하다. 1970년대에 인도에서 미국으로 이민 온 뒤 내과 전공의 과정을 수료한 그는, 임상 내분비학 전문의에서 초월 명상 및 뉴에이지 운동 분야에서 가장 인지도 높은 사람들 중 하나로 변신했다. 오프라 윈프리의 홍보와 마이클 잭슨, 엘리자베스 테일러 같은 유명인들의 친구이자 영적 조언자라는 명성 덕이었다. 그는 명상과 요가, 아유르베다 의학을 건강한 삶의 열쇠라 주장하며 1990년대에 초프라 웰빙 센터를 설립했고, 2006년에는 비영리 재단인 초프라 재단을 세웠으며, 2019년에는 자신의 모든 사업을 국제적인 브랜드인 초프라 글로벌Chopra Global이란 이름 아래 통합했다. 추정 자산이 1억 7,000만 달러에 달하며 자신의 이름을 상표로 등록하기도 했다. 또한 그는 결혼 생활을 50년 넘게 이어오고 있으며, 현재 자녀 둘과 손주 셋이 있다. 게다가 그는 살아오면서 단 하루도 아픈 적이 없다고 주장해왔다.[14]

초프라의 재산 중 일부는 알렉스 존스, 켈리 브로건, 조지프 머콜라 등의 전철을 따라 노화 방지 효과가 있다는 약초 보충제를 팔아 축적된 것이지만, 그는 다른 사람들은 습득하지 못한 방식으로 엉터리 건강식품보다는 자신의 말 자체를 상품화하는 데 성공했다. 또한 지금까지 〈뉴욕타임스〉 베스트셀러에 오른 21권을 포함해 총 90권 이상의 소설과 논픽션 도서를 출간한 그는 1회에 최대 3만 5,000달러의 강연료를 받으며 이른바 '초프라 마스터 교육자들'이 이끄는 1주일짜리 수련회를 개최해 참석자들에게서 하루 약 1,000달러를 받는다. 겉보기에는 그의 메시지가 더욱 폭넓은 지지를 받는 이유가 그가 음모론에 빠지지 않고 또 과학과 서구 의학을 싸잡아 비난하지 않기 때문으로 보인다. 그는 여전히 미국 내과학회 같은 의학 전문 단체의 정회원이며, 컬럼비아 경영대학원과 캘리포니아대학교 샌디에이고 캠퍼스에서 교수직을 맡고 있다. 그는 백신 접종에도 찬성하며, 전통적인 동양 의학과 서양 의학을 통합해 전인 의학 및 건강을 추구하려 한다. 2008년에 시사 주간지 〈타임〉에서는 초프라를 '뉴에이지 시대의 위대한 현자New Age Supersage'이자 '신비주의 영혼을 가진 과학자'라 칭하면서, 그가 '동양의 신비에 믿을 만한 서구식 의상을 입혀' 성공 공식을 찾아냈다고 평가했다.[15] 실제로 초프라 글로벌의 광고 문구에는 이런 자부심이 담겨 있다.

> 우리의 건강 관리 제국은 과학과 영성이 교차하는 지점에서 독보적인 입지를 구축하였으며, 그 대표 프로그램들은 임상학적 측면에서 많은 건강 지표들에 영향을 주어 신체적·정신적·영적 건강 개선에 도움을 준다. 지금 초프라 글로벌은 오랜 세월 이어져온 옛 지혜와 최첨단 과학에 기반하며, 디지털 명상 앱들에서부터 온라인 고급 강좌, 라이브 이벤트, 초프라 센터의 맞춤형 수련회에 이르는 다양한 제품과 서비스를 제공한다.[16]

초프라의 엄청난 인기는, 그가 늘 우리의 손이 닿지 않는 곳에 있는 듯한 최상의 것들, 즉 '스트레스 없는 삶', '완벽한 건강', '양자 치유 quantum healing *', '초월적 인간으로서의 무한한 잠재력 발현', '죽음 이후의 삶' 같은 것들에 이르게 해준다는 약속을 하기 때문인지도 모른다. 내가 이 책 서문에서 언급했듯, 이런 주장은 베스트셀러가 되기 위한 모든 걸 갖추고 있다. 그러나 초프라의 말을 좀 더 자세히 들여다보면, 그가 그저 불가능해 보이는 것을 성취하는 데 필요한 열쇠 그 이상을 파는 것이 아님을 알 수 있다. 그의 가장 유명한 베스트셀러 책인《성공을 위한 7가지 영적 법칙 The Seven Spiritual Laws of Success》에 나오는 다음 문장을 보라.

물질세계란 다름 아닌 자아가 그 자신 안으로 돌아 들어가, 그 자신을 영혼과 마음, 물질로 경험하는 것이다.[17]

또는 2014년에 초프라가 올린 이 두 개의 트윗을 보라.

**주의와 부주의는 보이지 않는 무언가가 현실화하는 방식이다.
자연은 스스로 조절되는 '의식 생태계'다.**[18]

또는 1989년에 나온 그의 동명 저서《양자 치유》의 주제이기도 한 '양자 치유'에 대한 다음 설명을 보라.

우리 몸은 결국 정보와 지능과 에너지의 장이다. 양자 치유란, 잘못된 생각을 바로잡기 위해 행해지는 에너지 정보의 장에 변화를 주는 것이다.[19]

* 몸 속 에너지의 변화를 통한 치유.

그리고 마지막으로, 2013년 미국 시사 잡지 〈애틀랜틱〉과의 인터뷰에서는 이렇게 말했다.

생체장, 그러니까 인체를 둘러싼 에너지 장은 분명 존재한다. 우리 몸의 모든 부분, 모든 세포는 자기장을 방출한다. 우리의 생체장들은 서로 간섭하는데…… 이제 우리는 그걸 생물학적으로 측정할 수 있다. 우리는 수학적 알고리즘을 이용해 의식 상태와 생물학적 상태를 연관할 수 있고, 다시 그것을 범죄율이나 병원 입원율, 교통사고, 사회 불안, 리더십의 수준 등과도 연결시킬 수 있다.[20]

수백만에 이르는 초프라 추종자들은 페니쿡의 헛소리 수용 척도 설문지의 설문과 구분하기도 어려운 이런 말들을 위대한 뉴에이지 현자의 심오한 생각으로 받아들인다. 이는 초프라의 진짜 성공 비결이 무엇인지 잘 보여준다. 결국 그는 단어 하나하나, 강연 하나하나 그리고 책 한 권 한 권으로 전 세계에 '가짜 심오한 헛소리'를 믿게 만들어 수백만 달러 규모의 제국을 건설한 것이다.

초프라가 수많은 사람으로부터 존경을 받는다는 사실에서 우리는 정말 많은 사람이 적어도 어느 정도는 헛소리에 속아 넘어가기 쉽다는 걸 알 수 있다. '가짜 심오한 헛소리'라는 용어가 만들어지기 몇 년 전, 사회 및 인지 과학자 댄 스퍼버Dan Sperber는 모호한 말로 경외심을 자아내는 사람들에게 맹목적인 신뢰를 보내는 현상을 '구루 효과guru effect'* 라 불렀다. 그는 "우리는 우리가 이해하지 못하는 것을 심오하다고 판단하는 경우가 너무 많다"고 지적했다.[21] 이후 페니쿡의 연구는 어떤 사람들이 이 효과에 더 취약한지 더 명확하게 보여주었다. 실

---

* 산스크리트어에서 온 guru는 '지도자' 또는 '영적 스승' 정도의 뜻임.

제로 초프라는 대중적인 인기를 누리면서 동시에 적잖은 비판도 받고 있다. 2017년, 온라인 뉴스 매체 〈쿼츠Quartz〉의 한 기사에 따르면 초프라는 '사랑받는 인물이면서 동시에 혐오의 대상'이어서, 어떤 사람들에겐 '영적인 지도자', '구루', '예언자'로 여겨지고 또 어떤 사람들에겐 '사기꾼', '가짜 과학자', '헛소리 제조기'로 여겨진다. 그리고 페니쿡과 마찬가지로, 초프라 역시 1998년 이그노벨상을 수상했는데, '양자역학을 묘하게 해석해 삶과 자유 그리고 경제적 행복 추구에 적용했다'는 게 수상 사유였다. 물론 초프라는 이런 비판을 전혀 다른 관점에서 본다. 양자물리학 및 진화와 관련된 그의 불확실한 주장에 대해 물리학자 브라이언 콕스Brian Cox, 생물학자 리처드 도킨스Richard Dawkins와 제리 코인Jerry Coyne 같은 유명 과학자들이 강하게 비판했음에도, 초프라는 헛소리라며 자신을 비판하는 사람들을 '구시대적 세계관 안에 얼어붙은 직업적 회의주의자'라며 무시해버린다.

∎

의대생 시절에 나는 조현병을 앓는 한 환자의 치료를 도왔다. 그는 자신이 불과 얼음의 상호작용을 통해 냉융합cold fusion** 비슷한 새로운 에너지 생성 방식을 알아냈다고 확신했다. 그가 '핵 촉매', '발열 반응', '중수소', '상전이' 같은 전문 용어들을 쓰는 데다 지역 커뮤니티 칼리지community college***에서 물리학을 배우고 있다는 사실 때문에, 나는 그가 정말 우연히 일종의 과학적 돌파구 같은 걸 발견한 건 아닐까 하는 생각도 잠깐 했었다. 조현병 같은 정신병적 장애가 있는 사람들이 실

** 낮은 온도에서 핵융합이 일어날 수 있다는 가설.
*** 영어권 국가의 2년제 공립대학.

제로는 숨겨진 천재일 수도 있다는 낭만적인 신화를 뒷받침하는 증거 같기도 했다. 그러나 그가 연필로 종이에 써놓은 몇 장의 수학 방정식을 훑어보니 도무지 말이 안 되는 것 같았다. 당시 나는 물리학 수업을 들은 지 여러 해 지난 상태였기 때문에 이해를 못하는 게 아닌가 하는 생각이 들었다. 그래서 물리학 대학원 과정을 마친 MIT 친구들에게 다시 확인해봤는데, 그들 역시 내 말에 동의했다. 그건 말도 안 되는 소리였다. 솔직히 말해, 조금 실망스러웠다.

네덜란드 틸뷔르흐대학교의 사회심리학자 앤서니 에반스Anthony Evans와 그의 동료들은 '과학적 헛소리'는 '가짜 심오한 헛소리'와 구분되는 별개의 변종으로 봐야 한다고 주장한다. 그들에 따르면, 과학적 헛소리는 '이해하기 어려운 과학 전문 용어를 써서 중요하거나 의미 있는 것처럼 잘못된 인상을 주려는 의사소통 방식으로, 심오하다기보다는 진짜인 것처럼 들리게 하려는 데' 그 목적이 있다.[22] 그들은 과학적 헛소리 수용 성향을 측정하기 위해 '과학적 헛소리 수용 척도SBRS'를 개발했는데, 거기에는 '기존 물리 법칙에서 뽑아낸 핵심 단어를 물리학 용어집에서 무작위로 뽑아낸 단어로 바꿔 만든 문장' 10개가 포함되어 있다. 말도 안 되는 다음 문장이 그 좋은 예이다.

- 에너지는 비 초점 장치의 폐회로 반복을 토대로 열화될 수 있다.
- 강성 광자를 통한 전체 자기 승화가 그 산란 행렬과 같을 때 횡파는 존재하지 않는다.
- 전자기장 내에서 유도된 용해도는 그 안에 포함된 이중 초저주파음의 감쇠 진동에 비례한다.

에반스의 연구에 따르면, 과학적 헛소리 수용 척도 점수는 개인마다 차이가 있었고, 페니쿡의 헛소리 수용 척도 점수와 상당한 관련이 있었으며, 헛소리 수용 척도 점수와 과학적 헛소리 수용 척도 점수 모두 직감에 대한 믿음이라는 인지적 성향과도 관련이 있었다. 그런데 다소 놀라운 점은, 가짜 심오한 헛소리 수용 성향과 과학적 헛소리 수용 성향 모두 '과학에 대한 믿음'과 관련이 있었다는 건데, 여기서 '과학에 대한 믿음'이란 '과학의 가치와 지식의 원천으로서 과학의 우월성에 대한 믿음'을 뜻한다. 크로아티아 자그레브대학교의 심리학자들이 실시한 또 다른 연구에서도, 과학에 대한 믿음이 '반과학적 주장'에 근거한 코로나19 음모론에 대한 믿음을 예측하는 중요한 변수임이 밝혀졌다.[23]

직관에 반하는 이 같은 연구 결과는 흥미로운 사실을 보여준다. 우리는 과학에 대한 믿음 덕에 헛소리에 속지 않을 거라 예상한다. 그러나 실제로는 과학에 대한 믿음 때문에 오히려 더 쉽게 헛소리에 속아 넘어갈 수 있다는 점이 드러났다. 가짜 심오한 헛소리 수용 성향이 유사 과학에 대한 믿음과 관련 있다는 연구 결과까지 고려한다면, 초프라의 말이 물리학적 돌파구를 발견했다고 확신하던 내 환자의 경우와 마찬가지로 왜 얼핏 들었을 때 그럴듯하고 의미심장하게 들리는지 그 이유가 더 명확해진다. 유사 과학은 '일종의 모방 또는 사기로, 겉모습은 그럴듯한 과학 형태를 띠지만 실은 바보의 금 fool's gold•처럼 아무짝에도 쓸모없다'고 정의되어왔다.[24] 결국 헛소리를 과학 전문 용어들로 포장해 억지로 정당성을 부여하려 하는 것으로, '그럴듯한 말로 꼬드긴 뒤 딴소리하는' 것과 다름없다. 초프라는 동양의 신비주의에 믿을 만한 서구식 옷을 입히고 있다. 말하자면 동양의 신비주의에 '양자'나 '광자' 또는 '의식' 같은 용어들을 입혀 '과학처럼' 들리게 만드

• 생긴 건 금 같지만 가치 없는 광물.

는 것이다.

　이런 접근 방식은 새로운 것도 아니고 초프라만의 것도 아니다. 그는 자칭 '대체 의학', '보완 의학' 또는 '통합 의학' 전문가로, 앞서 1장에서 언급한 과학 및 서구 의학의 한계를 이용해 유사 과학적 주장을 과학적 주장과 대등한 위치 또는 그 이상의 위치로 올려놓으려는 거대한 흐름에 편승한다. 앞서 5장에서 살펴본 것처럼, 이는 귀네스 팰트로의 브랜드 굽을 수백만 달러짜리 제국으로 만든 방식과 동일한 전략이자 비즈니스 모델이다. 다만 차이가 있다면 팰트로는 자신을 초프라처럼 구루로 마케팅하기보다는 '그냥 물어보는' 프로슈머로 칭하는 경우가 더 많다는 것뿐이다. 그러나 어느 쪽이든, 진짜 과학적인 개념 대신 '과학적인 듯한' 말을 쓰는 것은 '진실' 대신 '진실인 듯한' 말을 쓰는 허위 정보 전략을 그대로 모방한 것이다. '대체 의학'이 타당하다는 주장은 진짜 사실 대신 '대체 사실'을 믿어도 좋다는 주장이나 다름없다. 그러나 요즘 유행하는 밈처럼 "대체 의학이 정말 효과가 있다면 우리는 그냥 의학이라 불렸을 것이다."

■

　분명히 말하지만, 연구 결과에 따르면 명상이나 요가 같은 몇 가지 형태의 대체 의학은 건강에 긍정적인 효과를 준다. 그러나 대체 의학이라는 넓은 범주에 속한 다른 치료법의 근거는 더 면밀한 과학적 검증으로 무너졌다. 예를 들어, 초프라가 '양자 치유'의 연장선에서 '생체장'에 대한 이야기를 한다면, 그건 우리 몸에서 나오는 미약한 전자기 에너지(주로 적외선 형태의)가 어떤 식으로든 치유 목적으로 활용되거나 변화될 수 있다고 이야기하는 것이다. 일부 대체 의학 전문가들은 이러한 장의 존재가 동양 의학 전통의 핵심 요소인 '프라나$_{prana}$'* 나 '기$_{chi}$'** 같은 '생명력' 개념을 과학적으로 입증해준다고 주장한다. 이 같은 '인체 내 에너지장'은 다시 '촉수 치료$_{Therapeutic Touch, TT}$'라는 대체 의학 치료법의 토대가 되었는데, 촉수 치료는 이름과 달리 실제 치료에서 어떤 접촉도 하지 않는다. 촉수 치료 분야의 선구자 중 한 사람으로 지금은 고인이 된 뉴욕대학교의 간호학 교수 돌로레스 크리거$_{Dolores Krieger}$에 따르면, 이 치료에서는 전문가가 환자의 몸에서 손을 약간 뗀 채 '막연한 예감이나 스쳐 지나가는 인상, 비현실적인 상 또는 드물게 찾아오는 통찰력이나 직감' 형태를 띠는 '감각 신호들'을 토대로 '눈에 보이지 않는 인간 에너지'의 불균형 상태를 감지하게 된다.[25] 일단 그렇게 감지된 에너지장들은 '막힌 걸 풀고 고갈된 부위들을 보충하며, 흐름이 막힌 부분을 매끄럽게 다듬는 방식'으로 균형을 맞추거나 구조를 짜고 조정된다.[26] 이 촉수 치료는 1990년대에 정점에 이르며 전미간호사연맹이나 미국 간호사협회 같은 단체의 지지를 받았고, 많은 대학 및 간호대학에서 수만 명에게 교육되었다고 한다.

1996년 9살 소녀 에밀리 로사$_{Emily Rosa}$는 4학년 과학 전시회에 낼 실험 아이디어를 구상하다가 동영상을 통해 알게 된 촉각 치료의 효과를 테스트해보기로 했다.[27] 그녀는 촉각 치료 전문가들이 정말 인체 내 에너지장을 감지할 수 있는지 확인하기 위한 간단한 테스트를 고안했다. 로사는 직접 환자 입장이 되어 서로를 볼 수 없게 설치된 판지 칸막이를 사이에 놓고 경험 많은 촉각 치료 전문가들의 맞은편에 앉았다. 촉각 치료 전문가들은 칸막이에 난 구멍 사이로 두 팔을 내민 채 손바닥을 위로 향하게 했고, 그녀는 동전 던지기로 결정해 자신의 한

* 인도 전통 의학에서 말하는 인체 내 '에너지' 또는 '생명력'.
** 중국에서 말하는 인체 내 에너지 또는 생명력. 인도의 프라나와 비슷한 개념.

손을 상대의 오른손이나 왼손 위로 올린 뒤 어느 쪽 손이 자기 손에 더 가까운지를 물었다. 어쨌든 촉각 전문가들이 그들의 주장대로 정말 그녀의 에너지장을 감지할 수 있다면, 그 실험에서처럼 시야를 가린 상태에서도 감지할 수 있어야 했다. 그러나 21명의 전문가를 상대로 280번 시도해본 결과, 그들이 정확히 답을 맞힌 건 44퍼센트에 불과했다. 결국 일반적인 때려 맞추기 수준에 지나지 않았던 것이다.

로사는 엄마를 제1 저자로 삼아 자신의 연구 결과를 미국의학협회지 JAMA에 발표했고 그 결과 전국적인 매스컴의 주목을 받았다. 또한 그 당시 의학 저널에 논문을 실은 최연소 저자로 기네스북 세계 기록에도 등재되었다. 1998년 돌로레스 크리거가 '간호사들이 환자와의 물리적 접촉을 조심스레 피하면서 환자의 에너지장을 조작하는 치료법인 촉각 치료의 장점들을 증명한 공로'로 과학교육 분야 이그노벨상 수상자로 선정됐으나 수상을 거부하자, 로사가 대신 시상식에 초대되어 그 상을 받았고 또 기조연설까지 했다. 로사는 어린이 잡지 〈주니어 스켑틱 Jr. Skeptic〉에 실린 한 기사에서 자신의 업적을 겸손하게 평가하며 이렇게 말했다. "저는 그저 기본적인(또한 값싸고 아주 쉬운) 촉각 치료를 연구했을 뿐입니다. 간호사들이 내가 태어나기 훨씬 전에 해야겠다고 생각해야 했을 연구였죠."[28]

로사는 이런 말도 했다.

> 촉각 치료 같은 유사 과학을 파는 사람들은 대개 자기 이론을 시험해보는 걸 중요하게 생각하지 않고, 어른 과학자들은 그럴 시간이 없는 경우가 많습니다. 우리 아이들은 유사 과학을 시험해보면서 과학을 배울 수 있어, 가끔은 아이들을 속이는 게 그리 쉽지 않다고 생각합니다. 유사 과학을 가만히 들여다보면, 여러분도 간단한 시험 방법을 알아낼 수 있을 거라 장담합니다. 여

러분은 어른들이 어리석고 바보 같고 심지어 범죄 행동을 하는 걸 잡아낼 수도 있고, 아니면 뭔가 진짜를 발견할 수도 있습니다.

초프라는 촉각 치료와 생체장에 근거한 다른 형태의 '에너지 치유법'이 서구 의학에서 '아주 논란이 많다'는 건 인정하지만, 그럼에도 불구하고 '공인된 과학적 방법을 활용하는 과학 연구'에 기반한 것이라 주장하며 옹호해왔다. 그러나 이상하게도 그는 '생체장 치유'를 옹호하기 위해 쓴 한 논문에서 촉각 치료의 한 종류인 '에너지 킬레이션energy chelation'* 치료와 '모의 치유'라는 위약 대조placebo control** 사이에 차이가 없다는 단 하나의 연구만 인용했다.²⁹ 이에 반해, 로사는 미국 의학협회지에 실린 논문에서 촉각 치료에 대한 임상시험 데이터를 훨씬 더 자세히 검토한 끝에 '이 연구의 방법, 신뢰성, 중요성은 심각하게 의문시된다'고 지적했다. 이는 촉각 치료에 위약 효과 이상의 효과가 있다는 신뢰할 만한 근거를 거의 제시하지 못한다고 결론 내린 최근의 검토 결과와도 일치한다.³⁰

대체 의학과 관련된 위약 효과를 보고 촉각 치료가 추가 연구 가치가 있을 만큼 안전하고 효과적인 임상 치료라고 주장할 수도 있겠지만, 손 움직임을 통한 촉각 치료의 잠재적 위약 효과는 생체장이 치료 수단으로 작용한다는 전제를 입증하진 못한다. 게다가 5장에서 언급했듯, 이런 치료법을 정당화할 경우 몇 가지 위험이 따른다. 첫째, 사람들이 의학적 질환에 대해 효과가 의심스러운 대체 치료법을 찾게 되면서 효과적인 의학적 치료를 받지 못하게 되는 경우가 많다. 둘째, '대체 뉴에이지 영성'은 우려스럽게도 지난 몇 년간 음모론적 믿음과

* 중금속 해독과 혈관 건강 개선을 위한 기능 의학인 chelation 앞에 energy를 붙인 것.
** 약이나 치료법의 효과를 검증하기 위한 실험 방식.

결합했으며, 이 같은 결합은 '음모론적 영성conspirituality'*이라 불린다.[31]

네덜란드 암스테르담대학교 심리학자들의 최근 연구에 따르면, 코로나19 음모론에 대한 믿음은 앞 장에서 살펴본 '3C'(확실성, 종결, 통제) 같은 심리적 욕구나 특이성에 대한 욕구로 인해 생겨난 게 아니었다. 오히려 분석적인 사고 수준이 낮고 영성 수준은 '내 내면의 영혼에 다가가기 위해 명상한다' 같은 말에 공감할 만큼 높을 때 생겼다.[32] 실제로 코로나19 팬데믹 기간에 영성과 요가 그리고 대체 의학에 헌신하던 사람들을 비롯해 건강 관리 운동에 참여하던 많은 사람이 이른바 '파스텔 큐아논'이라는 온건한 뉴에이지 주장을 펼치며 뛰어들었다. 그러나 그들은 이후 서구 의학 및 과학 제도에 대한 불신이라는 공통된 주제와 헛소리에 속아 넘어가기 쉬운 성향을 통해 점점 더 강경한 음모론으로 옮겨갔다.[33] 영성 및 건강 관리에 관심 있는 사람들은 대개 전인적 건강을 추구하지만, 이 영역에서 유사 과학과 헛소리 수용 성향이 합쳐질 때 너무 자주 잘못된 믿음이라는 어두운 세계에 빠져들게 된다. 초프라가 암시하는 것과 달리, 잘못된 믿음과 헛소리는 우리를 괴롭히는 문제의 해결책이 아니다. 오히려 그 원인이다.

지금까지 살펴본 잘못된 믿음 근저에 깔린 여러 인지적 편향과 달리, 페니쿡을 비롯한 사람들은 헛소리 수용 성향이 표준화된 여러 시험에서 측정된 낮은 인지 능력 및 지능과 일관된 연관성이 있다는 사실을 발견했다. 그 결과, 페니쿡에게 이그노벨상을 안겨준 연구와 관련된 언론 보도에는 다음과 같은 제목이 달렸다.

'현명해 보이는' 말들을 좋아하는가? 놀랍게도 당신은 아마 멍청할 것이다.[34]
과학적 관점에서, 페이스북에 감동적인 글을 올리는 사람들은 바보들이다.[35]

---

* 음모라는 뜻의 conspiracy와 영성이란 뜻의 spirituality가 합쳐진 말.

그러나 이런 제목은 '낮은 인지 능력'이 실제로 의미하는 바를 잘못 해석한 것이다. 사실 인지 능력은 불변의 특성이라기보다는 변화할 수 있는 상태에 훨씬 더 가깝다. 10장에서 더 자세히 설명하겠지만, 헛소리 수용 성향과 잘못된 정보에 대한 믿음에 대해 해독제 역할을 하는 분석적 사고는 '느린 모드'의 사고처럼 우리가 습득할 수 있는 기술이다. 한편 알베르토 브란돌리니Alberto Brandolini의 이름을 따 '브란돌리니의 법칙'이라고도 불리는 '헛소리 비대칭 원칙'에 따르면, '헛소리를 반박하는 데 필요한 에너지는 그걸 만드는 데 필요한 에너지보다 훨씬 더 크다'. 하지만 에밀리 로사는 그럼에도 불구하고 반박이 가능하다는 걸 우리에게 보여주었다. 아홉 살 난 어린 소녀도 헛소리에 휘둘리지 않는데, 우리라고 못 할 것 없지 않은가.

대학 캠퍼스 내에서의 탈근대적인 헛소리

--- **4** ---

1996년 뉴욕대학교의 물리학자 앨런 소칼Alan Sokal이 쓴 논문 〈경계를 넘어서: 양자 중력의 변혁적 해석을 향해Transgressing the Boundaries: Toward a Transformative Hermeneutics of Quantum Gravity〉가 미국 문화연구 학술지 〈소셜 텍스트Social Text〉에 게재되었다. 과학자가 쓴 과학에 대한 비판으로 알려진 그 논문에서 소칼은 탈근대주의(포스트모더니즘), 탈구조주의(포스트구조주의), 페미니즘 연구, 비판이론 같은 철학적 전통과 문학적 전통에 근거해 물리과학의 사회적 상대성을 주장했다. 다시 말해, 물리적 현실이나 객관적 진실 같은 것이 존재한다는 믿음(이를 소칼은 자신의 논문에서 '허울'이라 부름)에 반대한 것이다. 그 논문의 첫 문단은 이렇게 시작한다.

지금도 많은 자연과학자, 특히 물리학자들은 계몽주의 시대 이후 오랜 기간 서구 지성인의 사고방식을 지배해온 교리를 고수 중인데, 그 교리는 다음과 같이 요약할 수 있다. 외부 세계는 엄연히 존재하며, 그 특성들은 그 어떤 개별적인 인간뿐 아니라 인류 전체로부터 독립되어 있다. 또한 그 특성은 '영원한' 물리 법칙으로 표현된다. 그리고 또 인간은 (이른바) 과학적 방법에 의해 규정된 '객관적인' 절차와 인식론적 규범을 따름으로써, 이 법칙에 대해 불완전하고 잠정적이지만 신뢰할 만한 지식을 얻을 수 있다.36

각주와 참고 문헌이 빼곡히 달린 그 논문에서, 소칼은 아인슈타인의 상대성 이론이 인문학 분야의 여러 학문적 이론을 뒷받침하는 증거를 제공해줄 뿐 아니라 정치와 철학 그리고 문학비평 분야에도 지대한 영향을 끼치고 있다고 주장했다. 예를 들어, 해체주의 철학자 자크 데리다Jacques Derrida가 언급한 '아인슈타인의 상수'와 '가변성'이라는 말은 다음과 같은 물리학적 세계관을 반영한다고 주장한 것이다.

시공간상의 모든 지점은, 만일 그런 게 존재한다면, 다른 어떤 지점으로도 변환될 수 있다. 이런 방식으로, 무한 차원의 불변성 그룹은 관찰자와 관찰 대상 간의 구분을 흐릿하게 만든다. 그래서 한때 불변하는 보편적인 것으로 여겨졌던 유클리드의 원주율 파이(π)와 뉴턴의 중력 상수 G는 이제 시대에 따라 달라질 수 있는 개념으로 인식된다. 그리고 이른바 관찰자라는 사람은 이제 더 이상 중심적인 역할을 하지 못하며, 기하학만으로 정의될 수 없는 시공간상의 한 지점과의 인식론적 연결 고리로부터도 단절된다.

같은 맥락에서 소칼은 자신의 논문에서 정신 분석가 자크 라캉Jacques Lacan의 말들은 유형론 수학mathematics of typology*에 의해 뒷받침되고 페미니스트 뤼스 이리가레Luce Irigaray의 말은 끈 이론string theory**에 부합한다고도 했다. 소칼의 논문은 마지막으로 물리학과 수학의 미래를 추측하는 다음과 같은 말로 마무리된다.

* 어떤 대상이나 개념을 수학적 구조나 공식으로 유형화하는 수학.
** 점 입자가 아닌 일차원적인 끈이 우주의 기본 구성 요소라는 이론.

해방적 과학liberatory science*은 수학의 기본 체계에 대한 깊은 재검토 없이는 완성될 수 없다. 아직 그런 해방적 수학은 존재하지 않으며, 우리는 그 최종적인 내용을 추측만 할 수 있을 뿐이다. 그리고 다차원적이고 비선형적인 퍼지 시스템 이론의 논리에서 그 실마리를 찾을 수 있다. 그러나 이 접근 방식에는 후기 자본주의 생산관계의 위기에서 생겨난 흔적이 여전히 많이 남아 있다.

연속성과 불연속성, 급격한 변화와 점진적인 변화같이 서로 대립하는 개념에 중점을 두는 '격변 이론catastrophe theory'은 미래의 수학에서 분명 중요한 역할을 하게 될 것이다. 그러나 이 접근 방식이 진보 정치 구현에 확실한 도구가 되려면 여전히 많은 이론적 작업이 필요하다. 마지막으로, 어디에나 존재하면서도 신비로운 현상인 비선형 현상을 더없이 깊게 통찰할 수 있게 해주는 '혼돈 이론chaos theory'은 미래에 모든 수학의 중심이 될 것이다.

소칼의 논문은 학계 전반에 충격을 안기며 전 세계 언론의 주목을 받았지만, 〈소셜 텍스트〉 편집자들이 기대한 방식은 아니었다. 왜냐하면 이 모든 것이 일종의 속임수라는 게 드러났기 때문이다. 불과 몇 주 뒤 미국 학술 문화 잡지 〈링구아 프랑카Lingua Franca〉에 게재된 관련 논문에서 소칼은 자신의 〈소셜 텍스트〉 논문이 '근본적으로 어리석은' 논문이었다고 토로했다. 그러면서 '양자물리학이 탈근대적인 인식론과 아주 훌륭한 조화를 이룬다'거나 '탈근대적인 과학으로 인해 객관적 현실이라는 개념이 사라져버렸다'는 등의 자기주장이 '문자 그대로 말도 안 되는 소리로 차고 넘친다'고 했으며, 또한 '권위 있는 인용과 말장난, 억지스러운 비유, 근거 없는 단정만 있을 뿐 논리적인 사고의 흐름 같은 건 전혀 없었다'고도 했다. 그는 또 자신의 방식은 '풍자적

• 사회의 진정한 자유와 평등을 추구하는 과학.

인' 패러디였지만 동기는 '정말 진지했다'면서 다음과 같은 말을 했다.

단순히 터무니없는 말과 허술한 사고방식 자체만 널리 퍼지는 것이 아니다. 그 외에 객관적 현실을 부정하는 사고, 즉 특정 유형의 헛소리와 허술한 사고도 퍼지는 것이다. 오늘날 학문적 이론화는 분명한 진실을 모호하게 만들려 하며 터무니없는 주장은 난해하고 허세 가득한 언어로 교묘히 감춰진다.

'급진적 상대주의', 즉 현실이 사회적 구조에 불과하다는 탈근대적 전제에 격앙된 반응을 보이며 소칼은 이렇게 덧붙였다. "진실과 거짓이라는 개념을 부정하고서는 역사와 사회학, 경제학, 정치학에 만연한 잘못된 생각에 맞서 싸울 수 없다."

소칼은 정확히 무슨 말을 하려 한 걸까? 간단히 말해, 그는 학계의 문화 연구 분야에 만연해 있다고 생각한 헛소리에 맞서기 위해 과학적이며 설득력 있는 헛소리를 이용하고 있었다. 그러니까 〈소셜 텍스트〉 편집자들이 자신의 헛소리와 의미 있는 통찰력을 구분하지 못한다면, 결국 그 학술지에 게재되는 다른 모든 글과 당시 문화 연구 분야에서 나오는 많은 글들 역시 헛소리일 가능성이 크다는 걸 보여주려 한 것이다.

■

소칼 사건에서 우리는 헛소리의 중요한 여러 측면을 알 수 있다. 우선, 헛소리는 우리 주변 어디에나 있다는 사실을 다시 일깨워준다. 헛소리는 디팍 초프라나 귀네스 팰트로 같은 인물들이 퍼뜨리는 오늘날의 뉴에이지 유사 과학의 주장들 속에서 발견될 뿐 아니라, 역사가 훨씬 더 길어 거의 한 세기 동안 이어져오는 탈근대주의와 탈구조주의라는 학문적 전통의 핵심 요소이기도 하다. 이 두 지적 운동은 과학과 이성이 지배하던 계몽주의 시대는 물론 산업화와 기술 발전으로 인류 문명을 두 차례의 세계대전으로 몰아넣은 모더니즘에 대한 일종의 반발로 시작되었다.

탈근대주의는 현실을 과학적으로 또는 객관적으로 설명하려는 노력은 신뢰할 만하다는 추정에 대한 반작용으로 정의된다. 본질적으로 탈근대주의는 현실은 단순히 인간의 이해 속에 거울처럼 비치는 것이 아니라, 인간 정신이 특별하고도 개인적인 자신의 현실을 이해하려는 과정에서 형성된다는 인식에서 출발한다. 그 때문에 탈근대주의는 모든 집단이나 문화, 전통 또는 인종에 적용되는 설명에 대해 아주 회의적이며 대신 각 개인의 상대적인 진실에 주목한다. 탈근대주의의 관점에선 해석이 가장 중요하며, 현실은 우리 각자가 세상을 어떤 의미로 해석하는지에 따라 달라진다. 또한 탈근대주의에서는 추상적 원칙보다는 구체적 경험이 더 중요해 우리 경험의 결과가 필연적으로 확실하고 보편적이기보다는 오류 가능성도 있고 상대적일 수밖에 없다는 사실을 항상 인식한다. 탈근대주의에 '탈'자가 붙는 건 탈근대주의에서는 궁극적인 원칙의 존재를 다 부정하고, 동시에 모두에게 통하는 과학적이고 철학적이며 종교적인 진리가 존재한다는 낙관주의조차 없기 때문이다.[37]

소칼이 논문을 냈던 1990년대는 과학이 다시 부상하고 탈근대주의는 쇠퇴하던 시기였다. 하지만 특정 학문 분야에서는 여전히 탈근대주의의 불씨가 남아 있었다. 미국 철학자 대니얼 데넛Daniel Dennett은 이렇게 말했다.

'진리는 없고 오직 해석만 있다'고 선언한 탈근대주의는 어처구니없는 종말을 맞았지만, 진리라는 개념 자체에 대한 불신과 증거에 대한 경시로 무력해진 인문학 분야에는 여전히 탈근대주의적 사고를 하는 학자 세대가 남아 있다. 그들은 누구도 틀리지 않고 아무것도 검증되지 않는, 그리고 각자 어떤 스타일로든 그저 자기주장만 하는 '대화' 방식에 안주하고 있다.[38]

소칼은 생물학자 폴 그로스Paul Gross와 수학자 노먼 레빗Normal Levitt이 1994년에 출간한 책《고등 미신: 학문적 좌파와 그들의 과학과의 논쟁 Higher Superstition: The Academic Left and Its Quarrels with Science》을 읽고 깊은 우려를 느꼈다. 아니, 어쩌면 짜증까지 났을지도 모른다. 그 책에선 과학에 대한 탈근대주의의 비판에는 과학적 발견이 그저 사회적 합의에 불과하다거나 객관적 진리라는 건 존재하지 않는다는 등의 주장이 담겨 있었기 때문이다. 소칼은 학술 문화 잡지 〈링구아 프랑카〉에 게재한 논문에서 이렇게 말했다. "누구든 물리학 법칙이 사회적 관례일 뿐이라 믿는 사람은 우리 아파트(21층) 창문에서 뛰어내려 그 관례를 초월해보라고 권하고 싶다."[39]

기억하겠지만, 이 책 서문에서 나는 색깔 간의 범주 구분은 자의적이거나 상대적인 문제라기보다는 신호등 앞에서 어떻게 해야 할지 결정할 때처럼, 아주 현실적인 문제가 된다는 말했었는데, 그와 아주 비슷한 경우이다. 또한 소칼 사건은 내가 앞서 언급했던 사실, 즉 헛소리 수용 성향이 흔히 말하듯 그저 '멍청이'나 '바보'의 인지적 특성이 아니라는 사실을 재확인해준다. 소칼의 논문을 검토하고 출판한 편집자 네 명은 각자의 분야에서 고등 학위를 받은 고학력 학자들이었고, 따라서 그들이 헛소리에 속아 넘어간 건 지능이나 인지 능력 부족 탓이 아니었다. 이는 헛소리를 하는 사람들 자신도 헛소리에 속아 넘어가는

'헛소리 사각지대'의 실제 사례로 볼 수도 있지만, 편집자들이 왜 속아 넘어갔는지를 이해하려면 논문의 내용뿐 아니라 그것이 어떤 맥락에서 검토되었는지도 고려해야 한다.

소칼의 논문에는 과학적 헛소리와 탈근대주의적 헛소리가 잔뜩 들어 있었고, 〈소셜 텍스트〉 편집자들은 소칼의 과학적 주장을 검토할 정도의 역량도 없는 데다 소칼이 물리학자라는 사실을 액면 그대로 받아들였을 가능성이 높다. 5장에서 언급했듯, 우리가 다른 사람들에게서 들은 정보를 믿기로 결정할 때는 '출처의 신뢰성'에 대한 평가가 그 근거가 된다. 연구에 따르면, 출처의 신뢰성은 헛소리에 대한 수용 성향에 지대한 영향을 끼치며, '구루 효과'에 따라 출처로 알려진 사람이 유명하거나 다른 이유로 주목받는 사람일 경우 헛소리를 알아채지 못할 가능성이 커진다.[40] 소칼의 학문적 이력이 분명 〈소셜 텍스트〉 편집자들에게 아주 큰 영향을 주었을 것이다.

아이러니하게도, 소칼의 논문이 게재된 학술지 이름이 '소셜 텍스트'라는 걸 고려하면, 그의 논문이 발표됐을 당시의 사회적 분위기가 논문의 내용이나 출처만큼, 아니 어쩌면 더 중요했을 수도 있다. 소칼의 논문이 발표됐을 때, 논문 검토자 중 한 명은 아니었지만 〈소셜 텍스트〉 편집자였던 브루스 로빈스Bruce Robbins는 2017년에 이렇게 설명했다. "그 논문이 좋게 받아들여진 건, 소칼이 과학자임에도 불구하고 과학에 비판적인 탈근대적 입장을 확실히 취해 당시 진행 중이던 문화 전쟁에서 편을 바꿨기 때문입니다."[41] 소칼의 논문은 과학과 탈근대주의 간의 오랜 긴장 관계를 다룬 〈소셜 텍스트〉 특별호 '과학 전쟁 The Science Wars'의 마지막 논문으로 소개되었다. 산타크루즈대학교의 역사학 교수 바버라 엡스타인Barbara Epstein은 이렇게 말했다. 당시 편집자들이 소칼의 논문을 읽고 학술지 게재를 승인했던 것은, 그들이 단순히 헛소리 수용 성향 때문에 눈이 멀었기 때문이 아니라, 과학자가 탈근대주의를 옹호하는 워낙 충격적인 '쿠데타'를 일으켜 '아예 논문을 꼼꼼히 읽어볼 생각조차 하지 않았기 때문'이었다.[42] 이는 헛소리에 속아 넘어가는 일이 빠른 모드의 직관적 사고방식은 물론 동기화된 추론이 포함된, 느린 모드의 사고방식에서도 일어날 수 있다는 걸 시사한다. 알고 보니 이는 소칼이 속임수를 쓴 이유이기도 했다. 다시 말해, 그는 일부 학자들이 자신들의 아이디어가 인정받길 너무 간절히 원해 설사 그 인정이 헛소리 형태에서 오더라도 상관없다는 걸 입증하려 했다. 그래서 1996년에 문학 부문 이그노벨상은 소칼이 아닌 〈소셜 텍스트〉 편집자들에게 수여되었다. '자신들은 이해하지도 못하고 저자가 무의미하다고 말하는 데다 현실은 존재하지 않는다고 주장하는 연구를 열정적으로 출판한' 공을 인정받은 것이다.

이 모든 일은 우리에게 헛소리의 딜레마를 남긴다. 우리가 이해하지 못하는 전문 용어 및 고급 개념이 실제로는 중요한 통찰일지도 모르는데, 이를 어떻게 헛소리와 구분할 수 있을까? 그 답은 누구에게든 같아야 한다. 그리고 무엇이 진실인지 확신이 서지 않을 때, 우리는 우리보다 해당 분야에 대한 전문 지식이 더 많고 편견 없는 비판을 해줄 수 있는 사람들에게 의견을 구해야 한다. 내 환자가 획기적이고 새로운 에너지 생성 방법의 토대가 된다고 믿은 이론과 수학 방정식을 보고 의구심이 들었을 때, 나는 나보다 훨씬 그 분야를 잘 아는 물리학자 친구들에게 물었고 그들의 말을 귀담아들었다. 브라이언 콕스, 리처드 도킨스, 제리 코인 같은 각 분야 전문가가 우리에게 디팍 초프라가 양자물리학과 진화에 대해 떠들어대는 말은 과학적 헛소리에 불과하다고 말할 때, 우리도 그들의 말을 귀담아들어야 한다. 그러나 〈소셜 텍스트〉 편집자들이 소칼의 논문을 읽었을 때 일어난 일은 뭔가 달랐다.

앞서 4장에서 언급했듯, 학술지에서 논문 심사를 할 때 거쳐야 할 객관적인 익명의 동료 평가 과정을 전혀 거치지 않았던 것이다. 대신 그 논문에서 회의적으로 인용되고 이해관계까지 얽혀 있던 편집자들끼리만 읽었다. 결국 그들은 헛소리에 무방비 상태로 노출됐고, 결국 그들은 헛소리 전달 통로가 되고 말았다.

회피적 헛소리와 정치

---- 5 ----

 소칼은 한때 니카라과에서 산디니스타 민족해방전선을 지원하기 위해 수학을 가르친 적도 있는 자칭 '좌파이자 페미니스트'지만, 미국 학술 문화 잡지 〈링구아 프랑카〉에 쓴 폭로성 글에서 그는 1990년대 학계의 '인식론적 상대주의'와 '애매모호한 말장난'은 주로 '자칭 좌파라는 사람들에게서 비롯된 것'이라는 점을 분명히 했다. 그 이후에도 그는 주로 자유주의 학계 내의 탈근대적 사상을 집중적으로 비판해왔는데, 이는 그가 자신이 믿는 '좌파적이고 페미니스트적인' 이상은 '증거와 논리'에 의해 뒷받침되고, 그 증거와 논리는 '자기 만족적인 헛소리' 없이도 명확하게 설명될 수 있다고 보기 때문이다.[43]
 그는 지금까지 이 장에서 다룬 두 가지 형태의 헛소리인 탈근대주의와 유사 과학이 서로 비슷하다며 연관 지어 답했다. 그리고 또 그는 유사 과학자들은 자신들의 주장을 방어하기 위해 탈근대적 논리를 활용하고 탈근대주의자들은 그들을 지지하는 경우가 많다면서, 이 둘은 '여행 동반자' 관계에 있다고 말했다. 나아가 그는 탈근대주의와 유사 과학이 '정치 운동과 결합할 때 가장 위험하다'라고 결론 내렸다. 그러나 그는 이번엔 진보적인 학계를 지목하지 않고 나치 독일과 인도의

힌두 민족주의 안에서 탈근대주의와 유사 과학, 그리고 정치 세 요소가 결합한 역사적 사례를 인용했다. 그러니까 진보적인 탈근대주의에 바로잡아야 할 문제가 있다는 건 인정하면서도, 정치 분야에서 이런 헛소리가 위험한 건 보수적인 운동 경우에도 마찬가지라는 걸 분명히 한 것이다.

그러나 소칼은 동료 인문학자들의 문제를 바로잡으려던 자신의 초기 시도가 오늘날의 탈진실 정치 분야에 광범위한 파급 효과를 일으키리라고는 전혀 예상하지 못했던 것 같다. 물론 그런 걸 의도했던 것도 아니지만. 소칼 사건이 일어난 직후, 조지 윌George Will과 러시 림보Rush Limbaugh 같은 보수 평론가들은 이 사건을 본보기 삼아 진보주의 지식인의 가식적 허영과 지나친 허세를 맹렬히 비난했다. 마치 소칼의 폭로성 글에 자극받은 듯, 보수주의에서 포퓰리즘으로 바뀐 그 관점은 오늘날 훨씬 더 광범위하고 위험한 형태로 확산되었다. 이제는 지식인, 엘리트, 전문가, 과학자를 한데 묶어 깎아내리며, 인문학이라는 학문의 한계를 벗어나 정치적·학문적 연관성까지 따져 비난의 화살을 겨누고 있다. 아이러니하게도, 탈근대적 헛소리를 폭로해 과학을 옹호하려던 소칼의 시도가 어쩌면 지금 우리를 괴롭히는 새로운 변종 형태의 탈근대주의 세계, 즉 모든 게 그리고 심지어 과학적인 증거조차 '대안적 사실'이라는 이름 아래 수시로 부정당하는 탈진실의 세계로 가는 길을 닦아준 꼴이 되었는지도 모른다.

■

오늘날의 탈진실 정치는 본질적으로는 탈근대적이지만, 이해하기 힘든 탈근대주의의 주장 뒤에 숨지는 않는다. 오히려 그와는 반대로,

현대의 정치적 주장은 함정에 빠지지 않고 피해 가려 애쓴다. 영국 총리 보리스 존슨Boris Johnson과 도널드 트럼프, 힐러리 클린턴 같은 인물들이 '헛소리의 대가'로 불릴 때, 아무도 그들이 가짜 심오한 헛소리를 내뱉는다고 비난하지 않고, 마찬가지로 아무도 그들의 말이 특별히 심오하다고 생각하지도 않는다. 따라서 오늘날 탈진실 정치에 헛소리가 차고 넘친다는 주장은, 헛소리와 거짓말을 혼동하거나 다른 헛소리를 이야기하는 것이다.

앞서 언급한 워털루대학교의 심리학자 셰인 리트렐은 헛소리를 잘하는 사람일수록 그 자신 또한 헛소리에 속아 넘어가기 쉬울 수 있다면서, 헛소리를 내용보다는 그 의도에 따라 구분할 때 가장 잘 구분할 수 있다고 주장한다. 헛소리 성향을 수치화한 그의 헛소리 수용 척도에서는 앞서 살펴본 '설득력 있는 헛소리'와 '무지를 덮거나 진실을 숨기기 위한 일종의 전략적 회피 또는 허세 부리기'로 정의되는 '회피성 헛소리'를 구분한다. 정치인들은 자신을 돋보이게 하려고 아주 종종 설득용 헛소리를 해대지만, 적어도 정치 분야에서는 질문에 솔직히 답하는 걸 피하거나 아는 척하기 위한 회피형 헛소리가 설득용 헛소리만큼이나 흔히 쓰인다. 선거 토론에서든 기자회견에서든, 정치인들이 공개 석상에서 질문에 답할 때 늘 보게 되는 광경이다.

리트렐과 그의 동료들은 연구 과정에서 설득력 있는 헛소리와 회피성 헛소리를 비교하고 다른 변수들과 연관 지어 살펴보다가, 몇 가지 중요한 차이점을 발견했다. 설득력 있는 헛소리를 하는 사람들은 대개 자신감이 지나쳤고 인지 능력이 낮은 반면, 회피성 헛소리를 하는 사람들은 그 반대였다. 게다가 설득력 있는 헛소리를 하는 사람들과는 달리, 회피성 헛소리를 하는 사람들은 가짜 심오한 헛소리나 과학적 헛소리에 대한 수용 성향과 연관되지 않았으며, 오히려 그런 헛소리에 속아 넘어갈 가능성이 더 낮았다. 만일 회피성 헛소리를 하는 사람들이 인지 능력도 더 높고 설득력 있는 헛소리를 하는 사람들이 종종 갖고 있는 '헛소리 사각지대'도 갖고 있지 않다면, 그들은 순진한 것이 아니라 오히려 더 계산적이고 교활하다고 보는 것이 타당하다.

어떤 종류의 헛소리든 거짓말과는 다른 것으로 정의되지만, 진실이든 거짓이든 상관없다는 태도를 취한다고 해서 헛소리가 거짓말보다 덜 해롭다는 이야기는 아니다. 그 반대로, 프린스턴대학교의 철학자 해리 프랑크푸르트는 1986년, 헛소리에 대한 글을 쓰면서 "헛소리는 거짓말보다 훨씬 더 위험한 진실의 적이다"라고 했다. 탈근대주의와 유사 과학이 정치 운동과 결합될 때의 위험성에 대해 언급한 소칼의 말을 떠올리게 한다. 그간 정치 분야에서는 오래전부터 헛소리가 거짓말보다 더 해롭다는 주장이 있었다. 왜냐하면 헛소리는 본질적으로 모호하고 실체가 없어 반박도, 사실 확인도 불가능하기 때문이다. 다시 말해, 회피성 헛소리에 능한 정치 지도자들에게는 책임을 묻기 어렵다. 셰익스피어가 말했듯, '말은 한낱 바람일 뿐'이며, 그 말이 회피성 헛소리일 경우 그 영향은 더욱 크다. 그래서 정치인들이 무슨 말을 하든 이제는 더 이상 중요하지 않게 느껴지곤 한다. 우리는 정말 우리가 뽑은 공직자들에게 이렇게 낮은 기준을 적용하려는 걸까?

헛소리
간파하기

―― 6 ――

 의대생 시절, 환자들이 종종 증상에 대해 거짓말을 하거나 증상을 지어낸다고 배운 기억은 없다. 그러나 정신과 수련 과정, 특히 법의학적 정신 의학 수련 과정에서는 사람들이 육체적·정신적 질환 증상이 있는 척하거나 '꾀병'을 부릴 수 있다는 사실이 잘 알려져 있다. 장애 수당을 받는다거나 병원에 입원한다거나 범죄 책임을 피하고자 꾀병을 부리는 것이다. 꾀병을 알아내는 것, 즉 누군가가 자신의 증상에 대해 거짓말을 하는지 아닌지를 알아내는 건 어려운데, '환청이 들린다'라고 말하거나 '공황발작이 왔다'같이 주관적이고 내면의 정신과적 경험을 이야기할 때 더욱 그렇다.[44] 다른 의학 전문가와 달리 정신과 의사들은 혈액 검사나 뇌 스캔 같은 걸로 진단하기보다는 모든 걸 신중한 정신과 면담을 통해 진단해야 한다. 그 면담 과정에서, 실제로 정신 질환 관련 경험이나 증상이 있는 환자들은 대개 그 경험이나 증상을 조리 있고 일관된 방식으로 말로 설명할 수 있다. 반면에, 꾀병이라는 걸 알려주는 전형적인 '낌새'는 자칫 증상과 관련된 질문을 받을 때 모호하고 회피적이며 일관성 없는 대답을 하는 것이다. 면담 진행자가 좀 더 자세한 걸 물어볼수록 얻을 수 있는 정보는 오히려 줄어든다. 다시 말해, 꾀병을 부리는 사람의 경우 그 거짓말을 방어하거나 감추기 위해 회피성 헛소리를 하는 경향이 있다.

한때 꾀병은 정신 질환의 한 형태로 여겨졌지만, 지금은 점점 더 사회적 환경과 압력 때문에 비롯된 잠재적 적응 행동으로 여겨진다. 예를 들어, 요즘엔 입원할 수 있는 병상수가 계속 줄어들어 입원 기준이 점점 더 까다로워져, 응급실에 와서 단순히 '우울하다'라고 말하는 환자보다는 '자살 충동이 든다'라거나 '환청이 들린다'라고 말하는 환자가 입원 허락을 받을 가능성이 더 커지고 있다. 그래서 만일 환자가 정말 입원하길 바란다면, 예를 들어 노숙 생활에서 벗어나 잠시라도 쉴 곳을 찾기 바란다면, 사실이 아니더라도 '나를 죽이라고 말하는 음성이 들린다' 같은 말을 해야 한다는 걸 안다. 의사들의 경우 이런 식의 거짓말을 들을 때 모욕감을 느끼거나 불쾌할 수도 있지만, 나와 내 동료들은 2003년에 '의인성 꾀병iatrogenic malingering'•이란 용어를 만들어, 환자들이 그처럼 진실을 왜곡하는 건 그들의 잘못이 아니라 우리 의사의 잘못이라는 점을 강조했다. 병원 시스템 전반에 걸쳐 의료 서비스 배분이 잘못되어 있어, 그 같은 진실 왜곡 행동을 부추기고 강화하는 건 결국 우리 의사이기 때문이었다.[45] 마찬가지 논리로, 꾀병이 '의인성'이라면, 즉 의료 개입 때문에 생긴 거라면, 그건 그 문제를 해결할 최선의 방법은 그런 행동을 유발하는 조건 자체를 바꾸는 것이다. 만일 환자들이 원하는 도움을 받기 위해 거짓말을 해야 한다고 느낀다면, 의사들과 의료계는 환자들이 거짓말을 하지 않고도 필요한 도움을 받을 방법을 알아내야 한다.

런던대학교의 조직 행동학 교수 앙드레 스파이서Andre Spicer는 기업 조직 같은 특정 '언어 공동체' 안에 헛소리가 그렇게 난무하는 이유를

• 의인성이란 '의사로 인해 생겨나는' 정도의 뜻임.

비슷한 방식으로 설명했다. 헛소리를 '특정 공동체 안에서 용인되거나 심지어 권장까지 되는 일종의 사회적 상호작용'이라고 말한 것이다.⁴⁶ 이는 이 장의 서두에서 존 페트로첼리가 말했던 내용을 연상시킨다. 즉, 사람들이 헛소리에 의존하게 되는 것은 의견을 내야 한다는 사회적 압력이 있는 데다 누군가가 말도 안 되는 헛소리를 해도 그냥 넘어갈 수 있다는 '사회적 용인'이 있기 때문이라는 것이다. 결국 의인성 꾀병의 경우와 마찬가지로, 세상에 이렇게 많은 거짓말과 헛소리가 난무하는 것 역시 우리가 그걸 조장하고 허용하기 때문이다.

실제로 거짓말과 헛소리가 가장 심하게 조장되고 허용되는 건 정치 분야인지도 모른다. 2016년부터 2019년까지 실시된 퓨 여론 조사에 따르면, 많은 공직자의 신뢰 수준을 물었을 때, 선출직 공직자에 대해 신뢰한다고 답한 사람은 25~35퍼센트로, 기업 리더와 뉴스 미디어보다 약 10퍼센트 낮은 수치였다.⁴⁷ 이는 아마 우리가 애초부터 정치인들에게 높은 수준의 진실한 언행을 기대하지 않기 때문일 것이다. 오늘날 정치 토론을 보면서 우리는 현실에 대한 서로 다른 두 가지 주장을 듣는 데 익숙해졌으며, 토론이 끝난 뒤 사실 확인을 하는 게 꼭 필요한 일처럼 되었다.

온라인 정치 사실 확인 매체 〈폴리팩트PoliFact〉의 편집장 앤지 드롭닉 홀란Angie Drobnic Holan이 2007년부터 2015년 사이에 미국 대통령 후보가 발언한 내용의 정확성을 집계한 결과, 모든 후보가 거짓말과 반쪽짜리 진실을 말한 것으로 드러났다. 또한 민주당 후보들이 대개 공화당 후보들에 비해 진실에 더 가까운 발언을 했지만, 그중 가장 정직했던 후보조차 진실한 발언을 한 비율은 50퍼센트 수준에 그쳤다.⁴⁸ 벤 카슨Ben Carson과 도널드 트럼프가 가장 거짓말을 많이 한 정치인으로 분류됐고 가장 거짓말을 덜한 사람은 빌 클린턴이었지만, 그가 거짓말 때문에 탄핵당했다는 점은 아이러니하다. 우리가 설득력 있는 헛소리든 회피성 헛소리든, 아니면 명백한 거짓말이든 정치적인 '언론 공동체' 안에서는 진실을 자기 입맛대로 왜곡하는 일이 너무 흔해 이제는 그런 말을 들어도 아무렇지 않다.

정치 분야에서 왜 헛소리가 만연하는지 알려면 다시 '헛소리 수용 성향' 얘기로 돌아가야 한다. 페니쿡의 연구에 따르면, 직감에 의존하는 정도와 분석적 사고 능력에 따라 헛소리를 간파하는 데도 차이가 난다. 그 결과 어떤 사람들은 멀리서도 헛소리 냄새를 맡지만 어떤 사람들은 뭔지도 모른 채 그대로 헛소리를 받아들인다. 한편 다른 연구에서는 헛소리 수용 성향이 정치적 이념과 연관이 있는지 살펴보았는데, 지금까지 최소 다섯 건의 연구에서 정치적 보수주의와 연관이 있다는 게 밝혀졌다.[49] 그중 한 연구에 따르면, 헛소리 수용 성향은 2016년 대통령 후보였던 테드 크루즈Ted Cruz, 마르코 루비오Marco Rubio, 도널드 트럼프에 대한 호의적인 시선과는 연관이 있었지만 힐러리 클린턴이나 버니 샌더스Bernie Sanders와는 연관이 없었다.[50]

그러나 그렇다고 해서 보수주의자가 진보주의자보다 헛소리 수용 성향이 더 높다고 섣불리 주장해선 안 되는 이유도 있다. 우선, 헛소리 수용 성향은 사회 문제에 대한 보수적 사고와는 일관된 연관이 있지만 경제 문제에 대한 보수적 사고와는 연관이 없다. 게다가 미국보다 정당 수가 훨씬 더 많은 스웨덴에서 발표된 한 연구에 따르면, 헛소리 수용 성향과 보수적 사고와는 분명 연관이 있었지만, 실제로 헛소리 수용 성향이 가장 높은 집단은 오히려 좌파 성향의 녹색당 지지자 집단이었다. 그들은 점성술, 대체 의학, 달 착륙 음모론, 전자기 알레르기 같은 근거 없는 여러 믿음까지 믿는 경향이 있었다.[51] 소칼 사건도 그렇고 디팍 초프라의 팬이라고 해서 꼭 보수주의자인 건 아니라는 점을 고려하면, 헛소리 수용 성향이 있다고 해서 특정 정치 성향을 보인다고 단정 짓는 우는 범하지 않는 게 좋을 것 같다. 헛소리 수용 성향과 정치적 이념의 관계는 그보다 더 복잡하다.[52]

　전반적으로는 헛소리 수용 성향과 보수적인 사고는 서로 연관이 있었지만, 자신을 진보주의자로 생각하든 보수주의자로 생각하든 상관없이 실험 참가자들은 자신이 지지하는 정당 지도자의 말이 제시될 땐 보다 쉽게 헛소리에 속아 넘어갔지만, 같은 말이라도 반대하는 정당 지도자의 말로 제시될 땐 헛소리라는 걸 간파하는 경우가 더 많았다. 페트로첼리는 이를 다음과 같이 설명했다. "자신이 지지하는 정당 지도자가 했다고 알려진 말은 상대적으로 심오하다고 여기지만, 똑같은 말도 반대하는 정당 지도자가 했다고 하면 헛소리라고 여기는 겁니다." 이 같은 결론은 앞서 언급한 헛소리 수용 성향과 출처 신뢰성 간의 상호 관계뿐 아니라, 앞 장에서 설명한 음모론적 믿음에서 동기화된 추론이 하는 역할과도 일맥상통한다. 정치적 헛소리의 경우, 헛소리 수용 성향은 어떤 말인가보다는 누가 한 말인가에 의해 더 크게 좌우된다. 다시 말해, 헛소리가 우리가 존경하는 사람들이나 우리의 믿음과 가치관에 부합해 보이는 사람들에게서 나올 때 우리는 오히려 그 헛소리를 부추기고 더 강화하는 역할을 하는 셈이다. 그것이 양자치유를 주장한 디팩 초프라든 학술지 〈소셜 텍스트〉에서 탈근대주의를 옹호한 앨런 소칼이든, 아니면 질문을 피하고 얼버무리려 하는 정치인들이든, 그들이 자꾸 헛소리를 해대는 이유는 자신의 추종자들이 그 헛소리를 곧이곧대로 믿어주기 때문이다.

∎

잘못된 믿음을 갖게 만드는 다른 인지적 함정과 마찬가지로, 헛소리 수용 성향 역시 특정한 개인, 예를 들어 정치적 또는 이념적으로 반대편에 있는 사람들에게만 존재하는 '전부 아니면 전무'식 특성은 아니다. 그러나 우리 모두 어느 정도는 헛소리에 취약하다. 하지만 마음만 먹는다면 우리에겐 그 헛소리에 저항할 힘이 있다. 그렇다면 어떻게 해야 할까? 우선, 절대 헛소리에 속아 넘어가지 않는다고 생각하는 사람들이 실은 헛소리에 가장 취약한 경우가 많다는 점을 명심하면서, 스스로 헛소리를 경계하고 또 우리에게도 헛소리에 속아 넘어갈 성향이 있다는 걸 인정하는 법을 배울 수 있다. 그다음에는, 에밀리 로사처럼 약간의 분석적 사고를 활용해 헛소리를 간파해 속아 넘어가지 않게 훈련할 수 있다. 4장에서 살펴봤듯, 분석적 사고를 통해 인지적 게으름에 맞서면 가짜 뉴스를 더 잘 간파할 수 있게 된다는 연구 결과도 있다. 또한 셰인 리트렐과 그 동료들은 최근 연구를 통해 어떤 말이 왜 심오하게 들리는지 자문하는 이른바 '설명적 성찰'이 가짜 심오한 헛소리에 속는 일을 줄일 수 있다는 사실을 발견했다.[53] 이는 아마 우리가 도무지 이해도 안 되는 말을 쉽게 아는 척하는 걸 막아주기 때문일 것이다.

그런데 안타깝게도, 이 간단한 접근 방식은 과학적 헛소리에는 효과가 없었으며, 가짜 심오한 헛소리든 과학적 헛소리든 전문가의 말이라고 제시될 때 속아 넘어가는 경우가 많았다. 이는 앞서 언급한 출처 신뢰성을 연구한 결과와도 일치한다. 이는 구루나 다른 자칭 전문가들에 대한 잘못된 믿음의 영향을 막기 위해서는 단순한 분석적 사고나 설명적 성찰 이상의 것이 필요하다는 걸 시사한다. 10장에서 더 자세히 다루겠지만, 헛소리 문제와 잘못된 믿음을 유발하는 허위 정보라는 더 큰 문제를 해결하기 위해서는 사회 차원에서의 개입이 필요할 수 있다. 그러기 위해선 먼저 진리가 상대적이거나 정치적이라거나 끝없는 해석 및 논쟁거리가 될 수 있다는 탈근대적 주장에 집단으로 맞서야 하며, 대신 헛소리에 반대되는 생각, 즉 '진리는 존재하며 중요하다'는 생각은 받아들여야 한다. 그리고 그다음으로는, 헛소리를 부추기는 것을 없애고, 정치 및 학문, 과학, 종교 분야 지도자들이 '우리 편'이든 아니든 관계없이 증거로 뒷받침되는 주장만 하도록 요구하며, 그 주장이 사실 확인과 동료 평가 결과 잘못된 걸로 밝혀질 경우 책임을 지게 해야 한다.

2017년 워싱턴대학교의 칼 버그스트롬Carl Bergstrom과 제빈 웨스트 Jevin West는 헛소리를 더 넓게 정의해 '진실과 논리적 일관성을 대놓고 무시하면서, 독자나 청자를 감동시키고 압도해 설득하려는 언어나 통계, 데이터 그래픽 그리고 다른 표현 방식'이라 했다. 두 사람은 학생들에게 '디지털 세계에서의 데이터 추론'을 가르치는 '헛소리 간파하기Calling Bullshit'라는 대학 강의를 개설했다.[54] 과학자로 훈련받은 버그스트롬과 웨스트는 수학과 과학의 언어를 이용하며 숫자, 도표, 통계, 데이터 그래픽 등으로 그럴듯하게 포장해 정당성을 부여하려 하는 '신종 헛소리'에 주로 관심을 둔다.'[55] 두 사람은 사람들로 하여금 이 새로운 형태의 과학적 헛소리와 그것이 정치적 목적을 이루는 데 어떻게 사용되는지를 알 수 있게 하려는 자신들의 사명을 이렇게 설명한다.

> 우리에겐 시민으로서 사명감 같은 게 있는데…… 이는 좌파냐 우파냐 하는 이념 문제가 아니다. 양쪽 모두 헛소리를 만들어내고 퍼뜨리는 데 능하다는 게 이미 입증됐기 때문이다. 과장된 말처럼 들릴 위험이 있지만, 오히려 헛

소리를 제대로 간파하는 능력은 자유민주주의의 생존에 꼭 필요하다고 생각한다. 민주주의는 늘 비판적으로 사고하는 유권자들에게 의존해왔지만, 소셜 미디어상에서의 선전 활동을 통한 국제적인 선거 개입과 가짜 뉴스가 판치는 오늘날과 같은 시대에는 특히 더 그래야 할 것 같다.

'헛소리 간파하기' 강의는 한 가지 유형의 헛소리에 초점이 맞춰져 있고 현재 한 대학교에서만 개설된 강의지만, 버그스트롬과 웨스트는 공개 강의 개요가 포함된 웹사이트를 개설했으며 《헛소리 간파하기 Calling Bullshit》란 같은 제목의 책도 출간했다. 그래서 우리에겐 아직 희망이 있다. 헛소리에서 벗어나는 길을 안내할 청사진이 이미 나와 있으며, 더 크고 더 넓은 현실에 맞춰 적용할 준비가 되어 있으니까. 이제 우리는 그저 다른 사람들이 가야 할 길이라 생각하지 말고, 그냥 그 길을 따라가기만 하면 된다.

8

분열된 국가들

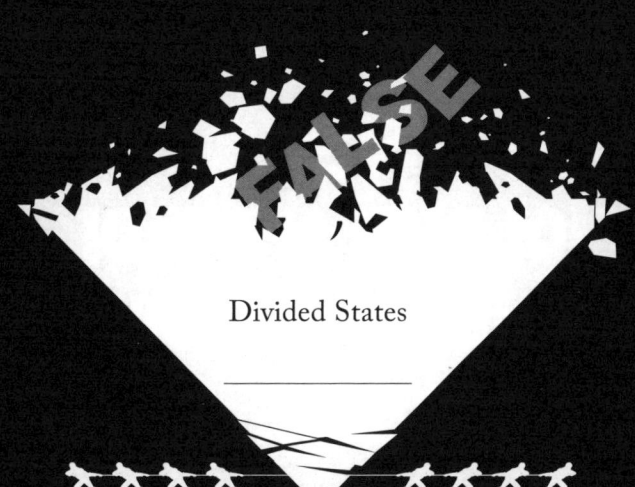

Divided States

정치의 목적은
의견이 다른 사람들이
함께 살아갈 수 있게
해주는 데 있다.

— 밥 워터먼

타협의 여지가 없는 신념들

―――― 1 ――――

 스테파니가 내게 연락했을 때, 그녀는 자신의 결혼 생활에 대해 더 이상 어떻게 해야 좋을지 알 수 없는 상태였다. 그녀는 내가 6장 말미에서 언급했던 많은 독자 가운데 한 사람이었다. 사랑하는 이가 큐아논 음모론에서 벗어나게 하려면 어떻게 해야 할지를 다룬 3부작 시리즈를 보고 조언을 구하러온 것이다.[1] 스테파니와 그녀의 남편 닉은 약 8년간 함께했는데, 결혼 초기부터 두 사람은 정치 성향이 달랐다(그녀의 남편은 보수 성향이며, 그녀는 자신을 '중도'라고 말했다). 둘은 흥미로운 대화를 나누기도 했고 가끔 격렬한 논쟁을 벌이기도 했다. 그녀는 자신과 닉의 관계가 수년간 쌓여온 의견 차이에도 불구하고 잘 해나갈 수 있을 만큼 돈독하다고 느꼈지만, 도널드 트럼프가 대통령 선거에 출마하면서부터 상황이 달라지기 시작했다. 스테파니는 '여성의 성기를 움켜쥔다' 운운하는 트럼프의 성희롱성 발언에 혐오감을 느꼈고, 닉은 힐러리 클린턴의 이메일 스캔들, 그녀의 제프리 엡스타인과 관련된 의혹, 민주당의 아동 성매매 조직 연루설 등에 점점 더 격앙된 반응을 보였다. 스테파니가 닉에게 피자게이트를 믿는 건 말도 안 된다고 말하거나 트럼프 자신도 엡스타인과 관련이 있다는 걸 지적하게 되면서, 두 사람은 그냥 웃어넘기기가 점점 힘들어진다는 걸 깨닫게 됐다.

트럼프가 승리했을 때, 스테파니는 닉이 더 행복해질 거라 기대했다(닉은 트럼프에게 투표했고 그녀는 그러지 않았다). 하지만 닉은 기뻐하기는커녕 점점 더 예민해지는 듯했다. 그의 분노는 불법 이민을 막기 위한 '장벽 건설'이나 '마녀사냥'이라 불리는 뮬러 특검 수사 같은 정치적 문제들에서 끝나지 않고, 스테파니를 향했다. 서로 의견이 맞지 않을 때, 닉은 전보다 훨씬 더 예민하게 반응했다. 그러다 2020년 봄, 코로나19 팬데믹 기간에 두 사람 모두 재택근무를 하게 되면서 갈등은 더 깊어졌다. 닉은 벤 샤피로Ben Shapiro와 프래거유PragerU, 스테판 몰리뉴Stefan Molyneux 등의 유튜브 콘텐츠를 보는 시간이 더 많아졌으며, 스테파니가 그 방송을 함께 보지 않고 주류 언론만 보는 걸 못마땅해했다. 여름이 되어 조지 플로이드George Floyd* 사망 이후 시위와 폭동이 미국 전역으로 확산되자, 닉은 '흑인 생명도 소중하다' 운동을 테러라고 맹비난하면서 트럼프가 주 방위군을 보내 안티파Antifa**를 '제거해야 한다'라고 주장했다. 그리고 스테파니가 시위대에 대한 공감을 표하자 닉은 그녀를 '사회주의자'라 부르며 '세뇌된 양'이라고 비난하기 시작했다. 어느 날 말다툼 중 스테파니는 닉에게 그가 점점 자신을 '적'처럼 대하는 것 같다고 했고, 닉은 자신은 그저 그녀가 '진실에 눈을 떠' 자기편이 되어주길 바랄 뿐이라고 했다. 결국 2020년 대선을 앞두고, 스테파니는 조 바이든에게 투표할 계획이었고, 닉은 아큐논 음모론 이야기를 점점 더 많이 하게 되면서 두 사람은 막다른 길에 다다랐다. 두 사람 모두 결혼생활을 지속하려면 둘 중 하나가 정치적 신념을 바꿔야 한다고 느끼게 된 것이다.

---

* 경찰의 과잉 진압으로 사망한 흑인 미국인 남성.
** Anti-Facist. 즉, '반파시스트'의 줄임말로, 극우와 인종차별에 저항하는 사람들의 연대.

스테파니는 내게 편지를 보내, 어떻게 하면 자신의 결혼생활을 구하고 남편을 되찾을 수 있을지 알고 싶어 했다. 그러나 나는 내가 그 주제에 대해 썼던 글들을 다시 읽어보라고 하거나 몇 가지 다른 자료를 알려주는 것 말고는 달리 뾰족한 답을 줄 수 없었다. 무엇보다 먼저 스테파니와 닉은 내 환자가 아니었고, 나는 독자에게 개인적인 조언을 하지 않는다는 원칙이 있었다. 그러나 설사 조언을 해준다 해도, 스테파니의 딜레마는 이런 질문을 떠올리게 했다. "전구 하나를 바꾸는 데 얼마나 많은 정신과 의사가 필요할까?" 그 답은 "단 한 명이면 되지만, 전구가 정말 바뀌고 싶어 해야 한다"이다. 닉이 잘못된 정보에 속아 넘어가 미궁에 빠졌다고 믿는 스테파니는 닉이 거기서 빠져나오길 바랐지만, 닉은 나오고 싶어 하지 않았다. 오히려 그 안에서 무언가 아주 중요한 걸 찾았다고 느껴 그녀도 자신과 함께 그 안으로 들어오길 바랐다. 둘 다 자신의 정치적 신념을 바꾸고 싶어 하지 않았고, 상대가 바뀌기를 바랐다. 나는 스테파니와 닉의 결혼이 어떻게 될지 전혀 알 수 없었지만, 두 사람의 이념 차가 좁혀질 여지는 별로 없었다.

정체성 정치

―――――― 2 ――――――

 지난 몇 년간 스테파니 부부처럼 큐아논 음모론 때문에 갈라선 가족에 대한 다른 많은 이야기뿐만 아니라, 정치적·이념적 분열이 만연한 새로운 시대에 가족과의 관계를 어떻게 유지해야 할지에 대한 조언(그중 일부는 요청받고 내가 해준)도 언론에 보도됐다.[2] 그러나 오늘날 미국 전역에서 가족과 인간관계를 갈라놓는 이 분열은 단순히 큐아논이나 음모론 자체의 이야기가 아니다. 이는 주류 정치의 양극화와 함께 이념적으로 반대되는 사람들이 갈수록 서로 간의 공통점을 찾지 못하고 또 공동체 정체성을 지키기 위해 최소한의 노력조차도 하지 못하게 되는 문제에 대한 이야기이다.
 앞선 여러 장에서 나는 우리가 에코 체임버에 갇혀 있는 데다 확증 편향과 동기화된 추론 때문에, 잘못된 믿음과 정치적 태도가 서로 뒤얽혀 돌아가는 경우가 많다고 했었다. 또한 나는 '가짜 뉴스'에 대한 믿음이나 음모론적 사고, 헛소리 수용 성향 같은 것들이 보수 성향의 사람들 사이에서 더 자주 나타난다는 연구 결과를 인정해왔다. 그러면서도 어느 한쪽 정치 집단만이 잘못된 믿음을 갖고 있다는 식의 단정적인 결론도 내려선 안 되며, 이를 보여주는 명백한 반대 증거도 있음을 강조해왔다. 보수주의자들과 마찬가지로, 진보주의자들 역시 근거 없는 과신, 주관적인 감정이나 생각에 대한 믿음, 더닝-크루거 효과, 확증편향, 동기화된 추론, 음모론적 믿음, 헛소리 수용 성향 등에서 자유롭지 못하다. 자신은 편향되지 않다고 착각하는 성향 때문에 반대편의 믿음만 비난할 때, 우리는 결국 잘못된 믿음을 이해해볼 기회도 없이 그 믿음을 가진 사람들을 비방하게 된다. 이렇게 누구나 잘못된 믿음을 가질 수 있다는 사실을 인식하지 못할 때, 우리는 잠재적인 해결책도 보지 못하게 된다.

모든 것이 분명해진 상황에서 오늘날의 정치적 논쟁은 특정한 주요 믿음과 세계관에 대한 견해차로 이해할 수 있다. 이 장에서 나는 정치적 양극화 문제를 좀 더 깊이 들여다보겠다는 약속을 지키려 한다. 구체적으로는 견해차 중심에 놓여 극심한 증오가 판치는 정치 환경을 만들어낸 '개인 정체성을 결정짓는 믿음'을 탐구할 것이다. 그러나 이 민감한 주제에 들어가기에 앞서, 음모론에 대한 믿음과 헛소리에 대한 수용 성향의 경우에 그랬던 것처럼, 우리는 오늘날 우리가 전례 없는 분열의 시대에 살고 있다는 주장을 한발 물러나서 생각해볼 필요가 있다. 하버드 경영대학원 교수 데이비드 모스David Moss, 퓰리처상 수상자 콜린 우다드Colin Woodard, 브루킹스연구소 조너선 라우시Jonathan Rauch 같은 이들은 미국은 역사적으로 상당 기간 분열해 있었고, 현재의 정치적 분열 상태 또한 남북전쟁 시기나 1960년대와 비교하면 그다지 심한 수준이 아님을 상기시킨다.[3] 그리고 여럿이 있는 자리에서 정치나 종교 이야기를 꺼내지 말라는 익숙한 금기 사항 역시 새로운 게 아니어서, 그 뿌리를 좇아가보면 적어도 1879년에 출간된 토마스 E. 힐Thomas E. Hill의 에티켓 책 《힐의 사회 및 비즈니스 양식 안내서Hill's Manual of Social and Business Forms》까지 거슬러 올라가게 된다.

그럼에도 불구하고, 미국 내 진보주의자와 보수주의자가 지난 수십 년간 정치적 문제들을 둘러싸고 실제로 점점 더 양극화되어왔음을 분명히 보여주는 증거가 있다. 2017년 퓨 여론 조사에 따르면 환경, 이민, 국제 외교, 인종차별, 정부의 빈곤층 지원 등과 관련된 정책들을 둘러싸고 양 진영의 입장 차는 더 크게 벌어졌으며, 보수적 관점과 진보적 관점을 모두 가진 사람들의 비율 또한 현저히 줄어들었다.[4] 1990년대만 해도 자칭 민주당 지지자와 공화당 지지자 간에는 정치적 견해가 겹치는 경우가 꽤 많았다. 서로 다른 10가지 정책 문제에 대한 입장을 토대로 한 '이념적 일관성' 지표에 따르면, 민주당 지지자의 70퍼센트는 평균적인 공화당 지지자보다 더 진보적인 견해를, 공화당 지지자의 64퍼센트는 평균적인 민주당 지지자보다 더 보수적인 견해를 갖고 있었다. 그러나 2017년에는 민주당 지지자의 97퍼센트가 평균적인 공화당 지지자보다 더 진보적인 관점을, 공화당 지지자의 95퍼센트가 평균적인 민주당 지지자보다 더 보수적인 관점을 갖고 있었다. 다시 말해, 진보주의자는 더 진보적으로, 보수주의자는 더 보수적으로 변해 양측 간의 '이념적 거리'는 지난 수십 년간 점점 더 벌어져왔고, 이는 스테파니와 닉이 불과 몇 년 사이에 겪은 일과도 다르지 않다.

점점 심해지는 유권자들의 이념적 양극화는 정치인들의 양극화를 그대로 따라가는 듯하다. 2018년 존 매케인(John McCain)* 이 세상을 떠났을 때 뉴스 기사는 그의 죽음을 애도했을 뿐 아니라 '정치적 타협의 기술이 사라지고 초당적 협력 또한 사실상 멸종됐다'며 탄식했다.[5] 조 바이든 대통령이 자신의 오랜 초당적 협력 경력을 활용해 좌우 진영 간 간극을 메우겠다는 대선 공약을 지키지 못해 지지율이 급락

* 필요하다면 민주당과의 협력도 마다하지 않았고, 당론과 다른 목소리를 낼 때도 많았으며 트럼프 대통령과도 극심한 갈등을 빚었음.

하는 상황에서, 2022년 정치 문화 사회 잡지 〈더 뉴 리퍼블릭The New Republic〉에 실린 한 기사는 '초당적 협력은 죽었다'고 선언했을 뿐 아니라 그게 '조 바이든에겐 아주 반가운 소식'이라고 평가했다.[6] 기사를 쓴 사람은 자신이 '아주 반가운 소식'이라고 썼던 것은 바이든이 이제 반대 진영인 공화당과 협력하려는 헛된 시도를 포기할 수 있게 되었기 때문이라고 주장했다. 즉, 바이든은 이제 초당적 협력이라는 무거운 짐을 내려놓고 지금은 고인이 된 보수 논객 러시 림보가 "잘 지내는 게 목적이 아니며…… 나와 견해가 다른 사람들을 정치적으로 꺾는 게 오늘날의 중요한 과제다"라고 선언하며 타협과의 전쟁을 시작한 뒤 확산된 전형적인 정파 정치로 되돌아갈 수 있게 됐다는 것이었다.[7]

감정적 양극화

――― 3 ―――

 이념적 양극화가 심화되고 공동 목표를 위한 협력 의지가 사라졌다는 점은 오늘날의 정치적 분열의 한 측면이다. 지난 10년간 정치학자들이 연구한 바에 따르면 그 외에도 중요한 측면이 존재한다. 2012년 스탠퍼드대학교 정치학 교수 샨토 아이엔가Shanto Iyengar와 그의 동료들은 미국의 정치적 양극화 현상을 정책 문제에 대한 우리의 입장 차라는 관점이 아니라 정치적으로 반대편에 있는 사람들에 대한 '감정'의 문제로 접근했다.[8] 수십 년간의 설문 조사 데이터를 토대로 실시된 연구에 따르면, 민주당 지지자들과 공화당 지지자들이 서로에 대해 느끼는 감정은 점점 더 부정적으로 변해왔고, 마침내 혐오와 증오 수준에까지 이르렀다. 2019년까지의 데이터에 따르면, 반대 진영에 속한 사람들에 대해 얼마나 따뜻하게 또는 차갑게 느끼는지를 0도에서 100도 사이의 온도로 측정한 '감정 온도 평가'는 1970년대의 48도에서 2000년대에는 30도 대로 떨어졌고, 2019년에는 냉랭한 20도까지 떨어졌다.[9]

 아이엔가의 연구에 따르면, 이처럼 전반적으로 증오가 늘어나는 양상은 1960년대 이후 점점 더 벌어지고 있는 양 진영의 '사회적 거리'

에 대한 더 구체적인 다른 지표와도 일치한다. 반대 진영 사람에 대해 '편협하다', '위선적이다', '이기적이다', '못됐다'처럼 부정적인 고정 관념을 갖는다거나 자녀가 반대 진영 사람과 결혼하는 걸 반대하는 경우 등이 그 좋은 예이다. 예를 들어, 1960년의 설문 조사에 따르면, 자칭 민주당과 공화당 지지자들 가운데 자기 아들이나 딸이 반대 진영 사람과 결혼한다면 '못마땅할 것'이라고 답한 비율은 불과 5퍼센트 정도였다. 그러나 2010년에는 '속상하거나 아주 속상할 것'이라고 답한 비율이 민주당 지지자의 경우 30퍼센트를 넘었고, 공화당 지지자의 경우 거의 50퍼센트에 달했다. 좀 더 최근인 2020년, 〈이코노미스트〉와 유고브가 시행한 여론 조사에서는 민주당 지지자의 38퍼센트와 진보주의자의 46퍼센트가 자녀가 공화당 지지자와 결혼하면 '속상할 것'이라고 답했고, 각각 41퍼센트와 34퍼센트만이 '전혀 속상하지 않을 것'이라고 답했다.[10] 공화당 지지자와 보수주의자 중에서는 각각 38퍼센트와 36퍼센트가 자녀가 민주당 지지자와 결혼하면 속상할 것이라고 답했고, 절반 정도만 '전혀 속상하지 않을 것'이라고 답했다. 즉, 1960년대에는 정치적 갈등이 심했음에도 불구하고 자신의 자녀가 반대 진영 사람과 결혼하는 일이 아무 문제가 되지 않았었는데, 오늘날에는 자칭 공화당 지지자와 보수주의자, 민주당 지지자와 진보주의자의 절반이 우려를 표하고 있다. 그 이유를 물었을 때, 대부분의 응답자는 피치 못할 갈등으로 자녀의 결혼생활에 마찰이 생길 게 우려된다고 답했으며, 일부 응답자는 정치 성향이 다른 사람 간의 결혼은 '불가능하다'라고까지 말했다.

놀랍게도, 지난 수십 년간 우리 사회는 인종 간 결혼이나 동성 간 결혼에 대해선 눈에 띌 만큼 더 관대해졌으면서도 지지 정당이 다른 사람 간의 결혼에 대해선 오히려 덜 관대해졌다. 한편, 지지 정당이 다른 사람 간의 사회적 거리감과 반감, 그러니까 이른바 '반대 정당 혐오'는 '지지 정당 애정'보다 투표 행동을 예측하는 강력한 요소가 되었다. 이를 통해 우리가 알 수 있는 오늘날 우리 정치가 처한 냉엄한 현실은, 투표를 하는 이유가 특정 후보나 특정 정책을 지지하기 때문이 아니라 반대 진영 사람들이 내세우는 것이 마음에 들지 않기 때문이라는 것이다. 이런 현상은 유권자들이 최근 대통령 선거에서 '차악'을 선택했다는 주장과 같은 맥락이다. 결국 우리 중 상당수는 원하는 사람이나 정책에 표를 던지는 게 아니라 원치 않는 사람이나 정책을 피하고자 표를 던지는 경우가 훨씬 더 많다.

메릴랜드대학교의 정치학 교수 릴리아나 메이슨Lilliana Mason의 최근 연구는 감정적 양극화가 '무슨' 문제인지보다는 어느 진영에 속한 '누구'인지와 더 깊은 연관이 있다는 아이엔가의 결론을 뒷받침해준다. 2019년에 발표된 연구에서 메이슨은 정치적 이념을 특정 문제에 대한 믿음으로 정의되는 '문제 기반 이념'과 소속 정당으로 정의되는 '정체성 기반 이념'으로 나누었다.[11] 그녀가 2016년 설문 조사를 분석한 결과, 사회적 거리감을 보다 정확히 예측할 수 있게 해주는 것은 '문제에 대한 일관된 입장'이 아니라, 자칭 민주당 지지자, 진보 성향, 공화당 지지자, 보수 성향으로 정체화하는 '정체성 기반 이념'이었다. 따라서 오늘날의 정치적 양극화는 우리가 어떤 '팀'에 속해 있는지가 훨씬 더 중요해 보인다. 메이슨은 이를 '문제에 관심 없는 이념가'라고 표현했다. 다른 연구 결과에 따르면, 이러한 정체성 기반 양극화는 단순한 감정적 반감뿐 아니라 혐오와 반감 같은 신체적 반응까지 포함한다.[12] 실제 아이엔가는 우리의 정치적 성향과 호불호가 이성적인 것보다는 '본능적인' 것에 훨씬 더 가깝다고 말한다.[13]

정치적 믿음과 관련해, 다트머스대학교의 정치학자 D. J. 플린D.J.

Flynn과 브렌던 니한Brendan Nyhan 그리고 엑시터대학교의 제이슨 라이플러Jason Rifler는 이 같은 정체성에 기반한 정파적 사고가 확증편향과 '자신이 믿고 싶은 대로 사실을 추론하는 경향', 반증편향, 동기화된 불신, 동기화된 무지의 주된 원인이라 주장한다. 내가 이 책에서 내내 말해왔듯, 이 때문에 우리는 이념적 반대편 사람들을 불신하게 되고 또 사실과 다르거나 왜곡된 반대 주장을 받아들이게 된다.[14] 한편, 토론토대학교의 심리학자 키스 스타노비치Keith Stanovich는 많은 정치적 논쟁 밑에 깔린 확증편향과 동기화된 추론의 특별한 하위 유형을 가리키는 '내 편 편향myside bias'이라는 용어를 즐겨 쓰는데, 이는 이미 개인적으로 믿는 정보뿐 아니라 자기 '편'이나 '팀'이 믿는 정보까지 선호하는 성향을 뜻한다.[15] 실제로 2020년에 실시된 한 연구에 따르면, 감정적 양극화 정도가 심할수록 민주당 지지자와 공화당 지지자 모두 '자신이 지지하는 정당의 입장과 일치하는 잘못된 정보'를 믿는 경우가 더 많았다.[16] 이는 우리가 문제에 관계없이 원초적 본능에 따라 움직이는 이념가라는 메이슨과 아이엔가의 결론을 뒷받침한다. 다시 말해, 3장에서 언급했듯 우리의 정치적 신념이나 다른 문화적 신념은 우리가 속한 진영에 따라 형성된다는 주장을 다시금 확인시켜 준다.

뉴욕대학교의 철학 및 법학 교수 콰메 앤서니 아피아Kwame Anthony Appiah는 이 내용을 훨씬 더 간결하게 요약한다. "사람들은 자신이 원하는 것에 표를 던지는 게 아니라 자신의 정체성, 즉 자신이 속한 진영에 표를 던진다."[17] 그러면서 그는 이렇게 주장한다. "모든 정치는 정체성 정치다."

파벌주의의 위험들

정책 문제에 대한 유권자의 태도가 충분한 정보에 기반한 의견보다

소속 진영에 따른 동기화된 추론에 더 좌우된다는 사실은 오늘날 정치 현실의 여러 문제를 설명하는 데 도움이 된다. 우선, 앞 장에서 언급한 것처럼 우리가 정치인들의 거짓말과 헛소리에 '사회적 면죄부'를 주고 또 그들과 정당들의 위선 및 이념적 모순에 대해 오랜 세월 계속 관용을 베푸는 것을 이해하는 데 도움이 된다.[18]

스포츠 팬이라면 아마 거의 다 심판의 반칙 판정에 대한 우리의 반응에서 자신의 이중잣대를 인지할 수 있을 것이다. 심판이 우리 팀에 유리한 반칙 판정을 하지 않을 때는 터무니없이 부당한 판정이라 느끼지만, 반칙 판정을 하지 않는 것이 우리 팀에 유리할 때는 못 본 척한다. 이 같은 '내 편 편들기'는, 우리가 객관적으로 바라본다면 우리 자신의 정치적 '반칙 판정'에서도 그대로 재연된다. 로저 클레멘스Roger Clemens, 톰 브래디Tom Brady, 르브론 제임스LeBron James 같은 라이벌 팀 슈퍼스타들을 몇 년간 아주 싫어하다가도 막상 그들이 우리 팀에 합류하면 바로 두 팔 벌려 환영하는 것처럼, 우리는 우리 편이기만 하다면 정치인들의 죄를 바로 용서해주고 평소라면 절대 용납하지 못할 모든 종류의 행동까지 참아 넘기는 것이다. 정계에 입문하기 전 도널드 트럼프는 자신이 '민주당 쪽에 더 가깝고', '낙태 선택권을 지지한다'고 말한 바 있다.[19] 그러나 그런 말에 가장 반발할 법한 복음주의 보수주의자들은 그가 공화당 후보로 대통령에 당선되자 가장 열렬한 지지자가 되었다. 또한 2018년, 브렛 캐버노Brett Kavanaugh 대법관 인준 청문회 때 진보주의자들은 그에게 성폭력을 당했다는 크리스틴 블레이지 포드Christine Blasey Ford를 비롯한 여성들의 증언을 신뢰했다. 그러나 2020년, 타라 리드Tara Reade가 같은 이유로 조 바이든을 고발했을 때는 그녀를 지지하지 않았다. 그리고 민주당 지도자들은 한때 불법 이민의 위험성에 대해 목소리를 높였고, 공화당 정치인들은 1980년대부터

1990년대까지 러시아를 심각한 위협으로 간주했었지만, 지금은 아무도 그런 주장을 하지 않고 유권자들은 눈 하나 깜빡이지 않고 그에 따른다. 이 같은 변덕은 워낙 흔한 일이 되어버렸다. 아이엔가의 지적처럼 이는 우리가 지지 정당의 정책 입장을 열정적이고 본능적으로 지지해도, 사실 그 입장과 관련된 세부 사항에 대해선 제대로 알지 못하는 경우가 많기 때문이다.

정치에 대한 우리의 접근 방식이 이성적이고 문제 기반이라기보다 본능적이고 정체성 기반이라는 사실은, 3장에서 언급한 것처럼 정치적 논쟁이 왜 순식간에 분노와 무례가 난무하는 '치열한 전쟁'으로 전락하는지 그 이유를 설명해준다. 정체성 기반 이념이 문제 기반 이념보다 영향력이 더 크다는 메이슨의 연구 결과는, 우리가 반대 진영에 대한 혐오로 움직일 때, 설사 그들의 주장이 검증된 사실이라 해도 믿으려 하지 않을 것이며 특히 우리 사이에 공통분모가 존재할 수 있다는 사실을 인정하기 더더욱 힘들 거라는 사실을 보여준다. 그리고 불신과 혐오를 부추기는 것은 비단 '반사회적 미디어'뿐이 아니다. 아이엔가에 따르면, 지난 수십 년간 정치 캠페인에 줄곧 부정적인 주장이 등장했으며 그 주장이 정치 중계를 마치 스포츠처럼 소비하는 문화가 확산하면서, 감정적 양극화는 한층 더 심화됐다.

스포츠 경기에서, 아니면 더 나아가 전쟁에서 이기려 할 때, 우리는 상대의 말에 귀 기울이거나 배우거나 협력하거나 타협하고 싶어 하지 않는다. 러시 림보가 말했던 것처럼 우리는 이기고, 그 과정에서 상대팀이나 적이 무너지길 바란다. 그러니 오늘날 우리의 정치적 담론들이 대개 '우리' 대 '그들'의 전투, 즉 민주당 지지자와 공화당 지지자, 진보 진영과 보수 진영, 좌파와 우파 또는 '블루 팀'과 '레드 팀'의 전투로 규정되는 것도 이상할 게 없다. 이러한 담론에서 오가는 말들이 '멍청한 진보 진영', '파시스트들', '급진주의자들', '사회정의 전사들', '한심한 인간들', '유리 멘탈들', '멍청이들', '극단주의자들', '미친놈들', '광신도들', '사이비들', '나치들' 같은 모욕적인 낙인찍기인 것도 놀랍지 않다.[20] 그리고 또 내가 1장과 6장에서 분명히 밝혔듯, 온 국민의 절반이 나머지 절반을 향해 '집단 망상' 내지 '집단 정신병'에 걸린 것이 분명하다고 잘못 판단하는 것도 낯설지 않다.[21] 심지어 이제는 폭력을 조장하는 정치적 표현까지 주류 담론에 스며들었는데, 그 대표적인 예가 2021년 11월에 공화당 하원의원 폴 고사르Paul Gosar가 애니메이션 캐릭터로 등장해 민주당 하원의원 알렉산드리아 오카시오-코르테스Alexandria Ocasio-Cortez를 살해하는 영상을 올린 사건이다. 그 폭력적인 영상 때문에 비판을 받았음에도 불구하고 고사르 의원실은 '진실을 위한 투쟁'이라고 일축하며 '모두가 진정할 필요가 있다'라는 반응을 내놓았다.[22]

공동의 목표를 위한 생산적인 대화 대신 반대 진영 사람들을 '비인간화dehumanize'* 하고 '타자화other'** 하며 모욕적인 언어를 쏟아낼 때, 사람들이 반대 진영 사람을 문자 그대로든 비유적으로든 '사탄을 숭배하는 소아성애자'나 '도마뱀 인간lizard people'***으로 보는 음모론적 사고에 빠지는 것은 쉽게 이해할 수 있다. 그러나 반대 진영 사람을 '타자화'하는 것의 악영향은 그보다 훨씬 더 깊은 데까지 미친다. 2020년에 발표된 한 논평에서, 아이엔가와 메이슨, 니한, 노스웨스턴대학교의 엘리 핀켈Eli Finkel과 신시아 왕Cynthia Wang, 캘리포니아대학교 어바인 캠퍼스의 피터 디토Peter Ditto, MIT의 데이비드 랜드David Rand, 뉴욕대학

---

* 인간성을 부정하는 것.
** 자신과 다른 이질적인 존재로 여기는 것.
*** 파충류 모습의 외계인들. 음모론자들은 이 외계인들이 인간으로 변신해 인류를 지배하려 한다고 주장함. Reptilians, 즉 '렙틸리언'이라고도 함.

교의 조슈아 터커Joshua Tucker와 제이 밴 바벨Jay Van Bavel 등, 정치학과 심리학, 조직학 분야를 아우르는 각 분야 최고의 권위자들은 정치적 편 가르기는 '배척, 혐오, 도덕적 판단이 뒤섞인 독성 혼합물'로 규정하며 미국 민주주의에 심각한 위협이 된다고 경고했다.

정치적 편 가르기가 대개 정치적 견해 때문이 아니라는 걸 고려하면, 단지 정체성만을 근거로 반대 진영 사람들을 경멸하는 태도는 혁신적인 초당적 해결책과 서로에게 이로운 타협을 불가능하게 만든다. 공통분모가 여전히 많은 상황에서 이는 심히 유감스러운 일이 아닐 수 없다. 실제로 양측이 서로를 더 경멸하게 되었다는 명확한 증거에도 불구하고, 정책 선호 측면에서 양극화되고 있다는 확실한 증거는 없다.

어쨌든 이런 상황 속에서 정책에 대한 호불호와 정당 충성도 간의 인과 관계는 왜곡되었고, 정당 지지자들은 자신의 정당 충성도에 맞춰 정책에 대한 호불호를 조정한다. 전반적으로, 정책에 대한 견해차가 얼마나 큰가와는 관계없이 정치적 갈등이 갈수록 심화되는 것이다.

정치적 편 가르기는 세 가지 핵심 요소로 이루어진다. 반대 정당 지지자를 본질적으로 자신과 다른 혹은 이질적인 존재로 보는 경향인 '타자화', 반대 정당 지지자를 싫어하거나 불신하는 경향인 '반감', 반대 진영 사람들을 부도덕하다고 보는 경향인 '도덕화'가 바로 그것이다. 이 세 가지 요소가 합쳐질 때 정치적 편 가르기는 정치 영역에서 파괴적인 힘을 발휘하게 된다. 그들을 다르다고 보거나 심지어 불쾌하다거나 부도덕하다고 보는 것은 개별적으로는 문제가 아닐 수도 있다. 그러나 이 세 가지 요소가 한데 모이면, 정치적 패배는 어떤 대가를 치르더라도 반드시 막아야 하는 실존적 위협처럼 느껴질 수 있다.

저자들이 주장하는 그 대가 중 가장 우려되는 것은 '선거에서의 승리나 정치적 승리를 추구할 때 민주주의에 반하는 전술을 구사하며 부수적 피해는 기꺼이 감수하겠다'는 태도다. 이미 전 세계의 여러 민주주의 국가가 그 같은 대가를 치르고 있다는 증거가 점점 쌓이고 있다. 예를 들어, 위스콘신대학교 밀워키 캠퍼스의 정치학 대학원생 유누스 오르한Yunus Orhan은 1996년부터 2020년까지 53개 국가에서 실시된 170건의 선거 여론 조사 데이터를 분석했다. 그는 '민주주의의 후퇴'나 자유선거와 법 앞의 평등 같은 '민주적 통치 방식의 질적 저하'와 연관이 있는 건 이념적 양극화가 아니라 감정적 양극화라는 결론을 내렸다.[23] 카네기국제평화기금 연구진 또한 1950년대 이후 민주주의 국가 안에서 나타난 '파괴적 양극화'의 흔한 결과가 민주주의의 후퇴, 민주주의의 붕괴, 독재 체제로의 전환 같은 심각한 민주주의의 쇠퇴라는 사실을 밝혀냈다.[24] 지금 민주주의가 정착된 국가 중 미국만큼 오랜 기간 양극화 상태에 머문 국가가 없다는 점에서, 미국의 민주주의는 갈수록 후퇴할 수도 있다.

민주주의 쇠퇴 위험도 문제지만, 루이지애나주립대학교 정치학 교수 네이선 칼모어Nathan Kalmoe는 지난 10여 년간 꾸준히 경고해왔다. 아무리 비유라 해도, 정치 분야에서 난무하는 '싸움'이니 '전투'니 '전쟁'이니 하는 폭력적인 정치 표현들이 분노와 정치적 양극화를 더 부채질할 뿐 아니라 실제 공격성과 폭력으로 가는 길을 다질 수 있다고 말이다.[25] 칼모어와 메이슨은 공동 연구를 통해, 개인이 '공격적인 성향'과 '정당과 자신을 너무 동일시하는 성향' 그리고 '정파적인 도덕적 판단 회피 성향'(반대 정당 지지자를 '악하고 인간 이하이며, 국가에 대한 심각한 위협'으로 보는 성향)을 가질 때 정치적 폭력이 가장 잘 예측된다는 결론을 내렸다.[26]

다음 장에서 살펴보겠지만, 이처럼 위험한 세 가지 성향의 결합은 개인 사이에서뿐 아니라 이념 집단 안에서도 발생할 수 있다. 실제로 지난 몇 년간 감정적 양극화가 심화되고 반대 진영 사람들을 적으로 간주해 비인간화하는 일이 늘어나면서, 우리는 사회적 혼란이 대규모 폭력으로 이어지는 사례를 수도 없이 봐왔다. 2020년, 포틀랜드와 시애틀에서 시위대가 폭도로 변해 경찰서를 비롯한 정부 건물에 불을 질렀으며, 2021년에는 수천 명이 미국 국회의사당을 습격했는데 그중 일부는 "마이크 펜스를 목 매달아라!"라고 외치고, 정치인들을 인질로 잡을 계획까지 세웠다. 이 혼란스러운 사건 이후 대다수의 미국인은 앞으로 정치적 폭력 사태가 빈번하게 발생할 수 있다는 우려를 표했다. 하지만 이러한 걱정과 동시에 더 심각한 문제가 수면 위로 떠오르고 있다. 바로 폭력이 정당화될 수도 있다는 인식이 점점 더 널리 받아들여지고 있다는 사실이다. 2010년에 실시된 여론 조사에 따르면, 미국인의 16퍼센트 정도만 특정한 상황에서의 정치적 폭력을 용인했으나, 2015년에는 그 비율이 23퍼센트로 조금 늘었고, 2020년부터 2022년 사이에는 34퍼센트에서 40퍼센트까지 늘었다.[27] 정치적 폭력이 점점 더 정당화되고 있는 데다 심지어 위협이라 생각되는 것으로부터 자신을 지키기 위한 대응이라고 여겨지는 지금, 미국이 더 많은 폭력 사태뿐 아니라 또 다른 내전까지 겪을 수 있다는 상상은 결코 과장이 아니다.

인종 정치

---- **4** ----

 몇 년 전, 한때 미국 초등학교 교사였다가 인종차별 반대 운동가가 된 제인 엘리엇Jane Elliot이 대부분이 백인으로 구성된 청중 앞에서 강연을 했다. 그녀는 이렇게 말했다. "만일 백인인 여러분이 이 사회에서 흑인 시민과 같은 대우를 받는 게 행복할 거라 생각한다면, 자리에서 일어나 보십시오." 아무도 일어나지 않자 그녀가 말했다. "제 말을 잘 못 이해하신 거 같네요. 만일 여러분이 이 사회에서 흑인과 같은 대우를 받기 원한다면 자리에서 일어나 보십시오!" 그래도 아무도 움직이지 않자, 그녀는 결론지었다. "아무도 일어나지 않는군요. 그러니까 여러분은 지금 이 사회에서 어떤 일이 일어나는지 뻔히 아는 겁니다. 여러분 자신은 그런 걸 원치 않는다는 걸 아는 거지요. 나는 여러분이 왜 그런 일이 다른 사람들에게 일어나는 건 기꺼이 용인하고 그냥 내버려두는지 알고 싶습니다."

 청중은 뒤늦게 깨닫게 된 사실이지만, 가정이든 이상이든 그들이 백인과 흑인이 똑같이 대우받아야 한다고 믿는다면 자리에서 일어났어야 한다는 게 그녀의 요지였다. 그러나 그런 인종 평등은 존재하지 않는다는 걸 알았기에, 청중은 그대로 자기 자리에 앉아 현 상태에 순응하고 있었던 것이다.

이 장에서 언급된 정치학자들은 미국에서는 감정적 양극화가 이념적 양극화를 압도한다고 주장하면서, 의지만 있다면 중간 지점을 찾을 가능성이 충분하다고 했다. 그런데 앞서 언급한 2017년 퓨 여론 조사를 통해, 인종과 관련된 문제를 좀 더 자세히 들여다보면 약간 다른 양상이 드러난다는 걸 알 수 있다. 민주당을 지지하는 유권자와 공화당을 지지하는 유권자 간의 이념적 양극화는 실제로 상당히 심한 데다 갈수록 더 심해지고 있으며, 다음 세 가지 주장에 동의하는 비율 측면을 보면 특히 더 그렇다.

- "이 나라에서 성공하지 못하는 흑인은 대개 자신이 처한 상황 때문이다."
  ⇒ 1994년에는 민주당 지지자의 53퍼센트, 공화당 지지자의 66퍼센트가 동의했으나, 2017년에는 민주당 지지자의 28퍼센트, 공화당 지지자의 75퍼센트가 동의했다.
- "요즘 많은 흑인이 성공하지 못하는 주된 이유는 인종차별이다."
  ⇒ 1994년에는 민주당 지지자의 39퍼센트, 공화당 지지자의 26퍼센트가 동의했으나, 2017년에는 민주당 지지자의 64퍼센트, 공화당 지지자의 14퍼센트가 동의했다.
- "흑인들에게 백인과 동등한 권리를 주기 위해 이 나라는 계속해서 변화를 꾀해야 한다."
  ⇒ 1994년에는 민주당 지지자의 57퍼센트, 공화당 지지자 30퍼센트가 동의했으나, 2017년에는 민주당 지지자의 81퍼센트, 공화당 지지자의 36퍼센트가 동의했다.

이런 문제에 대한 민주당 지지자들과 공화당 지지자들 사이의 비율 격차는 1990년대 이후 거의 두 배에서 네 배에 이를 정도로 크게 벌어졌다. 2020년의 다른 데이터 역시 오늘날 인종 문제를 둘러싼 정당 간의 심각한 양극화를 보여준다. 비영리 재단 데모크라시 펀드 Democracy Fund와 UCLA의 합동 여론 조사에서는 민주당 지지자의 77퍼센트와 공화당 지지자의 45퍼센트가 흑인들이 '아주 많은' 혹은 '많은' 차별을 겪는다고 믿었고, CBS 뉴스 여론 조사에서는 80퍼센트가 넘는 민주당 지지자와 20퍼센트 조금 넘는 공화당 지지자가 '오늘날의 사회에선 백인이 흑인보다 성공할 가능성이 더 높다'고 믿었으며, 야후yahoo와 유고브가 실시한 또 다른 조사에서는 민주당 지지자의 83퍼센트와 공화당 지지자의 39퍼센트가 '미국에 구조적인 인종차별 문제가 있다'고 믿었다.[28]

이 수치에서 특히 주목할 만한 점은, 일반적으로 이런 문제를 둘러싼 이념적 견해 차이를 예측하는 데 있어 이제 정당 지지 성향이 나이나 성별, 교육 수준 또는 심지어 응답자의 인종 정체성 같은 다른 그 어떤 인구통계학적 차이보다 더 강력한 기준이 되었다는 것이다. 이는 오늘날 미국의 정치 양극화 현상이 인종 문제를 둘러싼 정당 정체성과 이념 정체성의 결합을 집중 조명하지 않고는 제대로 설명될 수 없다는 걸 보여준다. 메이슨에 따르면, 바로 이런 종류의 결합이 정치적으로 서로 반대되는 진영 간의 편견을 부추기고 분노를 야기하는 경우가 가장 많다.[29]

암묵적 편향

오늘날 인종 문제를 둘러싼 정치적 양극화의 뒤에는 무엇이 숨어 있을까? 심리학에서 제시하는 해답은 '사회 정체성 이론'이다. 한때 '부족주의', 즉 우리를 '우리 편'과 '그들 편' 혹은 '우리 팀'과 '그들 팀'으로 나누는 경향은 생존에 유리한 전략이었다. 하지만 규모가 큰 문명 사회에 이르러서는 공동체 생활과 이타주의가 등장하며 제한된 자원을 놓고 벌이는 경쟁을 극복할 수 있게 되었다.[30] 오늘날까지 남아 있는 부족주의의 흔적은 내 집단에 대한 편애와 다른 집단에 대한 편견 및 차별에 기반한 이념적·감정적 양극화 형태로 재연되며, 이는 다문화 사회와 국제 정치에 계속 악영향을 끼치고 있다. 사회 정체성 이론에 따르면, 이 같은 편견은 예를 들어, 뻔뻔한 인종차별처럼 더 노골적이고 공공연하며 의식적인 편견 형태뿐 아니라 더 암묵적이고 은밀하며 무의식적인 편견 형태로도 존재한다.

지난 수십 년간, 1960년대의 시민권 운동 이후 인종 분리 정책 같은 노골적인 인종차별은 줄어들었지만, 암묵적 편향은 미국 같은 국가에서 인종에 따른 불평등이 지속되는 이유를 설명하는 데 중심 요소로 떠올랐다. 암묵적 편향이란 사람 집단에서부터 총과 마약 같은 무생물에 이르는 거의 모든 것에 대해 무의식적으로 보이는 태도 및 고정 관념과 관련된 인지 편향의 한 형태이다. 1998년 워싱턴대학교의 심리학자 앤서니 그린왈드Anthony Greenwald와 그의 동료들은 인종 특유의 성씨 등 다양한 의미 및 언어 범주 간의 연관성을 토대로 암묵적 편향을 측정하는 새로운 '암묵적 연관 테스트IAT' 등의 연구 결과를 발표했다.[31] 이후로 암묵적 연관 테스트는 더 다양하고 구체적인 암묵적 편향을 측정할 수 있게 수정되었으며, 특히 우리가 다른 인종 집단에 대해 자동으로 연상하는 것과 관련된 암묵적 편향을 측정하는 데 주로 쓰인다.

가장 대표적인 테스트인 '흑백 인종과 관련된 암묵적 연관 테스트'는 흑인과 백인의 얼굴 사진을 기쁨, 즐거움, 승리, 즐김, 기쁨, 환희, 행복, 굉장함 같은 '좋은' 단어와 짜증, 독, 성가심, 역겨움, 끔찍함, 경멸,

무서움, 이기심 같은 '나쁜' 단어를 짝지어 반응 속도를 측정하는 테스트이다. 테스트 도중 한 부분에서는 백인 얼굴이나 좋은 단어가 나타나면 한 버튼을 누르고, 흑인 얼굴이나 나쁜 단어가 나타나면 다른 버튼을 누르라는 지시가 주어진다. 또 다른 부분에서는 짝이 뒤바뀌어 백인 얼굴이나 나쁜 단어가 나오면 한 버튼을 누르고, 흑인 얼굴이나 나쁜 단어가 나오면 다른 버튼을 누르라는 지시가 주어진다. 그 결과 만일 백인 얼굴-좋은 단어와 흑인 얼굴-나쁜 단어가 짝지어졌을 때보다 흑인 얼굴-좋은 단어와 백인 얼굴-나쁜 단어가 짝지어졌을 때 반응 시간이 더 느리거나 실수가 더 많다면, 이는 무의식적으로 아프리카계 미국인(흑인)보다 유럽계 미국인(백인)을 더 선호한다는 것을 뜻하거나 그 반대라는 것을 뜻한다.

이게 헷갈린다고 느껴진다면, 직접 테스트를 받아보는 것보다 암묵적 연관 테스트를 더 잘 이해할 방법은 없다. 이 테스트는 2000년부터 하버드대학교의 '암묵적 태도 프로젝트'를 통해 온라인상에서 쉽게 이용할 수 있다. 2007년에는 6년간 수집된 250만 건 이상의 테스트에 대한 연구 결과가 발표되었는데, 전체 응답자의 68퍼센트가 무의식적으로 흑인보다 백인을 선호했으며 백인보다 흑인을 선호한 응답자는 14퍼센트에 불과했다.[32] 다른 인종 집단 간 테스트 결과 비교에서도 백인보다 흑인을 선호한 건 흑인뿐이었다. 이 같은 결과에서 암묵적이고 무의식적인 인종 선호는 자가 보고된 명시적인 인종 태도와 연관성이 있었지만, 다른 연구에서는 그런 연관성이 재현되지 않았다. 따라서 흑인보다 백인을 선호하는 암묵적 편향은 대개 노골적인 인종차별과는 어느 정도 구분되는, 독립적인 현상으로 간주된다. 그럼에도 선호하는 인종에 대한 이 같은 암묵적 편향은 교육, 의료, 치안, 형사 사법 등 사회 여러 분야에서 지속되는 인종 격차의 주요 원천일 뿐 아니라 인종차별에 따른 폭력의 잠재적 원인으로도 언급된다. 이 같은 주장은 명시적이거나 노골적인 인종차별은 시간이 지나면서 줄어들었을지 몰라도, 암묵적이거나 무의식적인 인종 선호는 여전히 널리 퍼져 있고 지대한 영향을 미친다는 걸 시사한다. 다시 말해, 우리 모두 적어도 조금은 인종차별적이며, 그 약간의 편향조차 심각한 차별로 이어질 수 있다는 것이다.

미국에서 흑인이 인종차별의 피해자인지, 그리고 조직적인 인종차별이 정말 존재하기는 하는지에 대해 진영 간에 상당한 견해차가 있기 때문에, 암묵적 연관 테스트와 관련해서도 상당한 이견과 논쟁이 있다는 사실 역시 놀랍지 않다. 비판하는 쪽은 암묵적 연관 테스트가 심리 측정 수단으로서의 특성, 즉 '구성 타당도'(측정하려 하는 걸 얼마나 제대로 측정하는가)나 '검사-재검사 신뢰도'(같은 개인이 여러 차례 테스트를 받았을 때 점수가 얼마나 일관되게 나오는가) 등이 빈약해 그 점수가 상황에 따라 크게 달라질 수 있으며, 따라서 개인 차원의 차별 행위를 예측하는 데 그리 좋은 수단이 되지 못한다고 주장해왔다.[33] 반면에 옹호하는 쪽은(창시자도 포함) 테스트의 타당성, 신뢰성, 예측력을 입증해줄 증거라면 얼마든지 있다며 반박해왔다.[34]

이 같은 주장과 반박을 다 따져 어느 것이 옳은지 결론짓는 건 이 책에서 다룰 내용을 넘어서는 것이다. 대신 암묵적 연관 테스트가 우리에게 무엇을 말해주는지 잘 이해할 수 있도록 돕는, 직관에 반하는 한 가지 흥미로운 결과에 집중하고자 한다. 이를 위해 2015년 퓨 여론조사가 스스로 백인이나 흑인 또는 아시아인이라고 답한 미국인 응답자 3,029명을 상대로 암묵적 연관 테스트를 실시한 결과를 살펴보도록 하자.[35] 연구 결과, 백인의 48퍼센트는 무의식적으로 흑인보다 백인을 선호했고, 50퍼센트는 아시아인보다 백인을 선호했다. 전혀 놀랄 일이 아니다.

그러나 백인의 25퍼센트는 백인보다 흑인을 선호했고, 19퍼센트는 백인보다 아시아인을 선호했으며, 27~30퍼센트는 전혀 선호하는 인종이 없었다. 소수 집단 사이에서는 흑인의 45퍼센트가 백인보다 흑인을 선호했지만, 29퍼센트는 흑인보다 백인을 선호했다. 마찬가지로 아시아인의 42퍼센트는 백인보다 아시아인을 선호했으나, 38퍼센트는 아시아인보다 백인을 선호했다. 예상할 수 있듯이 백인과 흑인 그리고 아시아인 모두 다른 인종보다 자신이 속한 인종을 선호하는 경향을 보였지만, 그 비율은 각 인종 집단의 과반에는 미치지 못했다. 게다가 소수 인종 집단의 경우, 무의식적으로 백인보다 자신이 속한 인종을 선호하는 비율과 자신이 속한 인종보다 백인을 선호하는 비율 간 차이가 비교적 작았다.

소수 인종인 흑인의 29퍼센트와 아시아인의 38퍼센트라는 상당 비율이 백인을 선호하는 반직관적인 결과를 본 노스캐롤라이나대학교 채플 힐 캠퍼스의 B. 키스 페인B. Keith Payne 같은 심리학자들은 암묵적 연관 테스트 결과가 실제로 개인의 무의식적 태도를 나타낸다는 주장에 의문을 제기했다.[36] 페인이 말하는 이른바 '군중의 편향' 모델에 따르면, 암묵적 편향은 문화적 편향과 구조적 인종차별에 대한 일종의 전반적인 사회적 인식으로, 그는 그것을 '개인의 마음속에 머무는 게 아니라 개인의 마음을 스쳐 가는 사회적 현상'이라 부른다.[37] 다시 말해, 흑인의 거의 3분의 1이 무의식적으로 백인을 '선호'하는 것은, 아마 미국에서 백인이 특권적 지위를 누린다는 걸 너무 잘 알기 때문일 수 있다. 결국 '흰'은 '좋은' 또는 '깨끗한' 것으로, '검은'은 '나쁜' 또는 '더러운' 것이라는 식의, 인종이나 사람의 얼굴과는 무관하게 의미상 절로 떠오르는 연관성도 있다.

페인의 설명은 어느 정도 설득력 있는 면피성 설명이지만, 뉴욕대학교 심리학·정치학·데이터 과학 교수인 존 조스트John Jost는 개인 편향을 더 광범위한 사회문화적 고정 관념과 그리 명확히 구분해서 볼 수는 없다고 말한다. 조스트는 암묵적 연관 테스트의 타당성과 신뢰성, 유용성을 지지하면서, 소수 인종 집단 사이에서 자기 인종에 대한 암묵적 편향이 발견되는 현상은 일종의 개인적 '자기혐오'일 가능성이 더 높다고 주장한다. 그러니까 소수 인종 집단의 사람뿐 아니라 가난한 사람, 뚱뚱한 사람, 성소수자 역시 각각 부유한 사람, 뚱뚱하지 않은 사람, 이성애자인 사람을 자연스레 선호하는 경향이 75년간의 사회과학 연구 기간에 반복해서 관찰되었다는 것이다.[38] 조스트는 이를 '체제 정당화 이론'으로 설명할 수 있다고 믿는데, 이 이론에 따르면 현재의 사회 구조는 특권층뿐 아니라 계층 상승의 기회가 제한된 소수 인종 집단의 명시적 태도와 암묵적 태도를 통해 보존되고 정당화된다. 특권층의 경우 암묵적 편향은 노골적인 인종차별과는 별개로 죄책감 없이 특권을 유지하려는 무의식적 욕구를 반영하지만, 소수 인종 집단의 경우 암묵적 편향은 차별의 존재나 부당함을 외면함으로써 감정적 방어 기제로 작용한다.

서로 상충하는 이 두 관점 문제를 해결하고 싶다면, 먼저 페인의 '군중의 편향' 모델과 조스트의 '체제 정당화 이론'이 그리 다르지 않다는 점부터 인정해야 한다. 이 두 모델 모두 암묵적 편향이 기존 사회 구조의 편향을 반영한다는 점에서는 같다. 그러나 개인 편향이 어느 정도 존재하며 그게 문화적 편향으로부터 어느 정도 분리될 수 있는가 하는 점에서는 견해 차이가 있다. 한발 더 나아가, 또한 이 두 모델은 우리가 암묵적 편향에 대해 어느 정도 책임을 져야 하는가 하는 점에서도 다르다. 조스트 같은 연구자들은 암묵적 연관 테스트로 무의식적인 인종 편견을 알 수 있다고 주장하는데, 자신에게 그런 편견이 있을 수 있다는 것을 인정하려는 사람은 거의 없다. 실제로 우리 중 상당수는 심지어 테스트 개발자들까지도, 그 결과를 보고 충격을 받거나 당혹해하며 부정하기도 한다.[39] 페인의 모델은 편견을 문화적 산물로 돌릴 여지를 주지만, 조스트의 모델은 그리 쉽게 빠져나갈 틈을 주지 않는다. 조스트는 이렇게 주장한다. "적어도 일부 개인이 그런 편견에 사로잡혀 있지 않다면 문화적 편견이 어떻게 지속될 수 있겠는가?"

이 모든 논의를 종합하면 개인의 암묵적 연관 테스트 결과와 암묵적 편향을 규정하는 '모두에게 맞는 한 가지 모델'은 없다는 결론에 도달한다. 우리가 인종과 관련된 문화적 태도를 얼마나 많이 흡수하고 내면화하는지, 그리고 실제로 어떻게 행동하는지는 사람에 따라 다르며, 그 차이는 암묵적 연관 테스트 점수에 반영될 수도 있고 반영되지 않을 수도 있다. 그리고 둘 중 어느 경우든, 우리의 무의식적인 편향이 늘 의식적인 믿음이나 명시적인 태도로 이어지는 것도 아니고 차별 행동을 예측하는 것도 아니다. 그러나 편향과 믿음과 행동 간에 이렇게 불완전한 연결 고리가 있다고 해서, 우리 각자에게 암묵적 편향이 있다는 사실과 그 편향이 다른 사람들의 삶에 부정적 영향을 미칠 수 있다는 사실을 부인할 수는 없다.

이제 암묵적 연관 테스트가 우리에게 무엇을 알려줄 수 있는지 더 잘 이해하게 되었으니, 인종 문제를 둘러싼 양 진영 간의 이념적 양극화 논의로 되돌아가도 좋을 것 같다. 일관되게 나타나는 증거들을 토대로, 우리에게 소수 인종에 대한 암묵적 편향이 있는지 없는지, 그리고 또 우리가 그걸 얼마나 인정하는지를 가장 잘 예측해주는 요인 중 하나는 정치 성향이다. 앞서도 언급했지만, 2000년부터 2006년 사이에 수집된 250만 건의 암묵적 연관 테스트 반응에 대한 연구에 따르면, 흑인보다 백인을 더 선호하는 암묵적 편향과 명시적 태도 모두가 진보 진영에 비해 보수 진영에서 더 높게 나타났다. 양 진영 간의 이런 차이는 물론 그 대규모 테스트 표본에서 나타난 암묵적 편향과 명시적 선호 간의 상관관계까지 고려하면, 여론 조사 결과 인종 문제를 둘러싸고 민주당 지지자들 및 진보주의자들과 공화당 지지자들 및 보수주의자들 간에 이념적 양극화 현상이 나타나는 것은, 보수 진영 사람들이 문화적 태도에 대해 더 잘 인식하고 있기 때문이라기보다는 개인적으로 더 큰 인종적 편향을 가지고 있기 때문이라는 걸 보여준다. 더 나아가, 이 같은 보수적 편향은 다수 인종 집단뿐 아니라 소수 인종 집단 사이에서도 볼 수 있다.

이 모든 연구 결과는 시스템 정당화 이론을 뒷받침해주는데, 이 이론에 따르면 보수주의자 사이에서는 인종에 대한 암묵적 편향과 인종 문제에 대한 명시적인 이념적 믿음이 기존 사회 질서를 그대로 유지하려는 의식적이며 무의식적인 욕구를 반영한다.[40] 다시 말해, '보수주의'라는 말 자체의 뜻이 시사하듯, 보수주의의 저변에 깔린 주요 동기는 변화를 거부하고 현 상태, 즉 사회 구조에 깊이 뿌리박힌 차별 정책들에 따른 다수 인종 집단의 특권을 유지하려는 데 있다. 6장에서 살펴봤고 다음 장에서도 다시 살펴보겠지만, 보수주의자들이 기후 변화를 부정하는 경우와 마찬가지로, 동기 부여가 된 부정은 불편한 진실을 믿길 거부함으로써 생기는 인지 부조화를 해소하려는 행위인 경우가 많다. 따라서 암묵적 연관 테스트가 개인 편향을 반영한다거나 구조적인 인종차별이 존재한다는 사실을 반박하려는 사람들은, 사실 그 반대를 인정하는 순간 감춰야 하거나 잃을 게 가장 많은 사람들일지도 모른다.[41] 셰익스피어의 말처럼, 강한 부정은 인정이나 다름없는 것이다.

정체성 위협

2020년 여름, 미국 전역에서 시위가 벌어지고 있을 때, 민주당 지지자도 공화당 지지자도 아닌 친구 하나가 있었다. 그녀의 가족 중 몇몇은 법 집행 기관에서 근무하고 있었는데, 그녀는 조지 플로이드의 죽음이 구조적인 인종차별에 희생된 흑인들의 상징이라 믿으면서도 '흑인 생명도 소중하다'라는 구호에는 거부감을 나타냈다. 그 말을 들을 때마다 '흑인 생명만 소중하다'라는 말로 들렸고, 그래서 '경찰 생명도 소중하다blue lives matter'거나 '모든 생명이 소중하다all lives matter'라고 맞서는 사람들에게 공감이 간다고 했다. 나는 그녀에게 구조적인 인종차별이 존재하는 사회, 그녀 자신도 그 존재를 믿는 사회라면, '흑인 생명도 소중하다'라는 말은 흑인 생명 역시 소중해야 하며 또 실제 소중하다는 뜻이라고 설명하려 애썼다. 그녀가 자기 입장을 고수했기 때문에, 나는 어머니날을 기념한다고 해서 어머니만 소중하다는 뜻은 아니라는 비유를 들었다. 그리고 아이들이 왜 어린이날은 없냐고 물으면, 우리는 종종 "매일매일 어린이날이야"라고 말해준다고 했다. 그러나 어떤 식으로 설명해도 그녀를 설득할 수는 없었다.

그녀만 그런 게 아니었다. 2020년 6월에 나온 〈이코노미스트〉와 유고브의 합동 여론 조사에 따르면, 히스패닉계의 17퍼센트, 무당파 유권자의 21퍼센트가 '흑인 생명도 소중하다' 구호에 부정적인 생각을 가진 것으로 나타났다. 그러나 그 여론 조사에서 응답자가 그 구호를 어떻게 인식하는지를 가장 잘 보여주는 예측 변수는 인종이 아니라 역시 소속 정당이었다. 민주당 지지자와 진보주의자의 77~83퍼센트가 그 구호를 긍정적으로 인식했고, 불과 4~6퍼센트만 부정적으로 인식한 데 반해, 공화당 지지자와 보수주의자의 44~46퍼센트는 부정적으로, 그리고 25퍼센트만 긍정적으로 인식했다.[42]

왜 내 친구는 구조적인 인종차별이 존재한다는 걸 인정하면서도 '흑인 생명도 소중하다'란 말을 '너희 생명은 소중하지 않다'라는 말로만 받아들였을까? 암묵적 편향의 경우와 마찬가지로 사회 정체성 이론이 그 답을 제시해준다. 이는 오늘날 다시 재연되는 부족주의와 다른 인종 집단에 대한 명시적 태도나 암묵적 편향이 모두 위협 인식과 두려움에서 비롯되기 때문이다. 우리는 '우리 편'(그게 우리에게 어떤 의미이든) 주변에 방어선을 구축하고 상상의 경계를 긋는데, 그건 우리가 '타자화'하는 사람들이 자원과 물질은 물론 심지어 우리의 생명과 같은 가장 정당한 권리마저 빼앗아 갈까 두렵기 때문이다. 따라서 사회 정체성 이론은 우리는 '흑인 생명도 소중하다' 같은 구호뿐 아니라 '오늘날 흑인들이 성공하지 못하는 주요 이유는 인종차별이다' 또는 '국가는 흑인에게 백인과 동등한 권리를 주기 위해 계속 변화해야 한다' 같은 주장에 대한 인식 차이가 외부 집단이 내 집단에 가하는 실존적 위협에 대한 우려 때문이라고 본다. 이 같은 결론은 앞서 언급했던 2017년 퓨 여론 조사의 다른 조사 결과와도 일치한다. 즉 민주당 지지자와 공화당 지지자는 흑인에 대한 인종차별을 둘러싸고 이념적 양극화를 겪을 뿐 아니라 '이민자들은 많은 노력과 재능을 통해 나라를 더 부강하게 만든다'라는 주장을 둘러싸고도 더 심한 인식 차이를 보였다. 1994년에는 민주당 지지자의 32퍼센트와 공화당 지지자의 30퍼센트가 그 주장에 동의했던 데 반해, 2017년에는 민주당 지지자의 84퍼센트와 공화당 지지자의 42퍼센트가 그 주장에 동의했다.

우리의 인종적 정체성이 실존적 위협을 받는다고 느끼는 심리를 고려하면, 지난 20년간의 미국 정치의 흐름, 즉 최초의 흑인 대통령 버락 오바마 당선부터 국가주의를 내세운 도널드 트럼프 당선까지의 과정을 더 잘 이해할 수 있다. 2016년, 오바마의 두 차례 임기에 이어 트럼프가 승리하자 많은 사람들이 깜짝 놀랐다. 여론 조사 결과 선거 막바지까지 계속 힐러리 클린턴이 앞서가자, 진보 진영에서는 당연히 민주당이 또다시 승리할 줄 알았다. 트럼프의 개인 변호사 마이클 코언Michael Cohen의 말을 곧이곧대로 믿는다면, 트럼프 본인조차도 승리를 예상하지 못했다고 한다.[43] 그래서 트럼프가 예상을 깨고 승리하자, 정치 평론가들은 그들이 놓친 사실을 설명해줄 단서를 찾느라 분주히 움직였다. 처음 제기된 설명 하나는, 힐러리 클린턴이 선거에서 진 이유가 1992년 그녀의 남편이 승리한 이유와 같았다는 것이다. 즉 경제가 승패를 갈랐다는 것. '소외된 계층 이론left behind theory'에 따르면, 트럼프의 승리는 노동자 계층의 승리였다. 공장 폐쇄와 전 세계적인 외주화 때문에 일자리를 잃은 데다 힐러리 클린턴이 내 편으로 끌어들이는 데 실패한 이른바 '플라이오버 지역flyover country'*의 소외된 유권자들의 승리라는 것이다. 그들의 입장에서, '미국을 다시 위대하게 만들자'는 트럼프의 구호는 미국이 제조업 및 무역에서 선도적 위치를 되찾고 일자리가 회복되며 지역 사회가 다시 활기를 띠게 되리라는 걸 예고하며 결집을 촉구하는 외침으로 다가왔다.

그런데 여론 조사 데이터를 좀 더 자세히 검토해본 결과 곧 다른 사실이 드러났다. 트럼프의 승리는 노동자 계층과 소외된 계층 덕이 아니었다. 연 소득 5만 달러 이하의 유권자들 사이에서는 클린턴이 트럼프를 이겼다. 그러나 그녀는 같은 소득 계층의 백인 유권자 사이에서는 졌으며, 모든 소득 계층의 백인 유권자 사이에서도 졌다. 심지어 백인 여성 사이에서도 근소한 차이로 졌다. 결국 힐러리 클린턴이 패배한 건 일자리를 잃은 노동자 계층의 경제적 고통 때문이 아니었다. 두 차례에 걸친 오바마의 재임 기간을 힘겹게 버텼던 백인 유권자들이

• 비행기를 타고 그냥 스쳐 지나가는 미국 내 시골 지역.

단순한 인종 평등을 넘어 소수 인종 집단을 위한 공정한 경쟁 환경 조성의 필요성에 대한 논의, 민주적 사회주의를 통한 부의 재분배가 이뤄질 거라는 불안감, 2045년에 이르면 소수 인종 집단이 다수 인종 집단이 될 거라는 인구조사 예측 등에 점점 더 큰 위협을 느낀 것이 패인이었다. 그래서 '미국을 다시 위대하게 만들자'는 구호의 매력은 단순히 세계 경제 안에서 미국의 지위를 되찾자는 데 그치는 게 아니라, 미국 내 다수 인종 집단인 백인의 특권적 지위를 지키면서 '문화적 대체'에 저항하자는 데까지 이어져 있었다.

2016년, 선거의 놀라운 결과가 나오기도 전에, 오바마의 8년 재임 기간 이후 경제 불안과 인종적 분노가 서로 뒤얽혀 있다는 생각은 자멜 부이Jamelle Bouie가 미국 온라인 시사 잡지 〈슬레이트Slate〉에 쓴 기사 '트럼프는 어떻게 등장하게 됐는가How Trump Happened'와 데릭 톰슨Derek Thompson이 미국 시사 잡지 〈애틀랜틱〉에 쓴 기사 '도널드 트럼프와 백인 미국의 황혼Donald Trump and the Twilight of White America'에 이미 등장했다.[44] 그러다 트럼프가 취임하자 '소외된 계층 이론'보다 '지위 위협 이론status threat theory'이 더 힘을 얻었고, 그것이 〈애틀랜틱〉, 〈뉴욕타임스〉, 〈복스Vox〉** 등에 실린 비슷한 기사에 그대로 반영됐다.[45] 그리고 이는 이른바 진보 언론의 단순한 이론적 주장이 아니라 연구 결과에 기반한 설명이었다.

예를 들어, 노스웨스턴대학교의 심리학 교수 모린 크레이그Maureen Craig와 제니퍼 리체슨Jennifer Richeson은 2014년, 일련의 실험을 통해 미국에서 소수 인종이 다수가 된다는 이른바 '다수-소수 전환'에 관한 정보를 실험 응답자들에게 제공할 때 그들의 정치적 성향과 입장에 어떤 영향을 미치는지 살펴봤다.[46] 한 실험에선, 지지 정당이 없는 백

** 미국의 온라인 뉴스 매체.

인 응답자가 '캘리포니아에서 소수 인종 집단이 다수가 되었다는 말을 들어본 적 있는가?'라는 질문을 받았을 때 공화당을 지지하게 될 가능성이 더 높았고, 이런 경향은 위협이 더 가깝게 느껴지는 미국 서부 거주자 사이에서 가장 심하게 나타났다. 다른 실험에서는, 미국 전역에서 다수-소수 역전이 예상된다는 정보를 접할 경우, 백인 응답자들은 소수 인종 우대 정책 및 이민 반대 등 인종과 관련된 보수적인 정책은 물론 인종과 관련 없는 보수적인 정책에 대해서도 더 많은 지지를 보내는 경향을 보였다. 결국 크레이그와 리체슨은 백인들의 경우 소수 집단이 될 수 있다는 실존적 위협이 정치 이념의 '보수로의 전환'과 연관 있다는 결론을 내렸다.

한편, 펜실베이니아대학교의 정치학자 다이애나 머즈Diana Mutz는 2012년 대선에서 밋 롬니Mitt Romney가 패하고 2016년 대선에서 도널드 트럼프가 이긴 이유를 분석하기 위해 두 선거 연도 사이에 실시된 전국 설문 조사 결과를 비교했다.[47] 2012년과 비교했을 때, 2016년에는 무역 문제와 중국의 위협 문제에 대한 후보자와 유권자의 입장에 변화가 있었으며, 일반 유권자들은 민주당 후보보다 공화당 후보의 입장에 더 가까워졌다. 게다가 일자리 상실, 소득 감소 문제에 봉착하거나 경제적 박탈감이 아니라, 인종적 지위와 전 세계적 지위에 대한 위협 인식이 커지고 '집단 지배' 또는 '평등보다는 위계'에 대한 지지가 늘어나게 되면서, 2016년에는 부동층 유권자들이 지지 정당을 바꿔 트럼프에게 표를 던지게 된다. 또한 백인과 남성, 기독교인 같은 '고지위 집단'이 '저지위'의 소수 집단보다 더 많은 차별을 겪고 있다는 인식이 트럼프 지지로 연결된 측면도 있었다.

마찬가지로, 듀크대학교의 정치학 교수 애슐리 자르디나Ashley Jardina에 따르면, 외부 집단에 대한 백인의 인종적 반감 외에 백인으로서의 집단 내 정체성, 즉 자신의 인종 정체성을 얼마나 중요하게 여기는지가 2012년, 2016년, 2018년 대선과 중간 선거에서 대통령 후보에 대한 평가와 그에 따른 투표 행태에 지대한 영향을 미쳤다.⁴⁸ 2017년, 공공종교연구소PRRI와 시사 잡지 〈애틀랜틱〉의 합동 여론 조사에서도, 백인 노동 계층 유권자들이 트럼프를 지지하는 이유가 '자기 나라에서 이방인이 된 듯한' 느낌, 이민자 수 증가가 '미국 문화를 위협한다'는 믿음, 그리고 '역차별'이 흑인과 다른 소수 집단에 대한 차별만큼 심각하다는 인식과 관련 있다는 사실이 밝혀졌다.⁴⁹ 마지막으로, 시카고대학교의 정치학 교수 로버트 페이프Robert Pape와 시카고 안보 및 위협 프로젝트의 분석에 따르면, 2021년 1월 국회의사당 난입 사건으로 기소된 377명은 '레드 스테이트red states'* 출신도 있었고 '블루 스테이트blue states'** 출신도 있었지만, 특히 2015년에서 2019년까지 비 히스패닉계 백인 인구가 감소한 카운티 출신인 경우가 아주 많았다.⁵⁰ 같은 연구진의 설문 조사 결과 역시, 2020년 대선을 도둑맞았다고 믿으면서 폭력 시위에 참여할 의사가 있는 사람들에게서 가장 강력한 예측 변수는 바로 흑인과 히스패닉 인구가 머지 않아 백인을 추월하고 더 많은 권리를 갖게 될 것이라는, 이른바 '인종 대체론'에 대한 공포였다.

  모든 걸 종합해볼 때, 우리는 공화당 지지자 및 보수주의자의 정당 정체성과 백인의 인종 정체성 사이에 분명한 연관성이 있다는 걸 알 수 있다. 이러한 현상은 지난 수십 년간 양 정당의 정책과 투표 행태에 영향을 준, 미국 내 흑인과 해외 이민자들이 불러온다고 여겨지는 실존적 위협으로 인해 심화되고 있다. 실제로 지난 수십 년간 보수주의자는 무슬림 테러리스트들과 남쪽 국경을 넘어오는 이민자들, 그리고

*   공화당이 강세인 주.
**   민주당이 강세인 주.

미국 내 비백인들에게 혜택을 주는 '정부 보조 프로그램'에 대해 점점 더 큰 우려를 표해왔다. 반대로 진보주의자는 인종 간의 형평성과 인종적 다양성의 가치를 한층 더 강하게 지지해왔다. 감정적 양극화, 이념적 양극화 그리고 진보 진영과 보수 진영이 더 이상 기본적인 사실조차 합의하지 못 하는 '현실 인식의 양극화'를 포함하는 미국의 정치적 양극화를 제대로 이해하려면, '우리'와 '그들' 간의 인종적 분열뿐 아니라 '그들'을 지지하는 사람과 지지하지 않는 사람 간의 분열도 무시해선 안 된다.[51] 다시 말해, 미국의 정치적 양극화는 미국의 국가 정체성과 '우리'와 '그들'이 정확히 누구인지 또는 누구여야 하는지를 둘러싼 논쟁인 것이다.

좌파, 우파 그리고 중도

―――― 5 ――――

 거의 2세기 반 동안 아메리칸 드림은 '모든 인간은 평등하게 태어났다'는 약속과 함께, 누구나 보편적인 출발선에서 시작해 재능과 노력에 따라 보상받는 능력주의 사회 안에서 행복과 번영을 누릴 동등한 기회를 갖는다는 이상을 제시해왔다. 오늘날 그 약속은 정치적 양극화로 인해 아주 다른 두 관점의 이야기로 바뀌었다. 그중 한 가지 이야기에 따르면, 민주당 지지자들과 진보주의자들은 '비판적 인종 이론'을 내세워 이 꿈이 구조적 인종차별에 대한 사기라고 주장하면서, 그걸 바로잡으려면 소수 인종 우대 정책과 사회복지는 물론 '다양성, 형평성, 포용성'이라는 포괄적인 범주의 다른 여러 프로그램을 통해 기회의 평등을 실현해야 한다고 말한다. 또 다른 이야기에 따르면, 공화당 지지자들과 보수주의자들은 아메리칸 드림은 여전히 건재하지만, 평등은 이른바 '깨어 있는' 움직임과 '인종 대체 이론'(줄 맨 앞에 서 있는 백인을 밀어내고 그 자리에 아프리카계 미국인과 황인종 미국인, 해외에서 들어오는 새로운 이민자를 세우려는)이라는 의도적 음모로 인해 위협받는다고 말한다. 캘리포니아대학교 버클리 캠퍼스의 심리학자 폴 피프가 언급했던 '통제에 대한 환상' 이야기를 상기해보자. 보수주의자의 관점에서는 줄 맨 앞에 있는 백인은 어떤 혜택이나 특권을 받아서가 아니라, 순전히 열심히 노력한 덕에 그 자리에 있는 것이다. 2012년 선거 유세 중 오바마 대통령이 "누군가가 이 놀라운 미국 시스템을 만드는 데 도움을 줬고, 그 덕에 여러분은 성공할 수 있었습니다. 누군가는 도로와 다리에 투자했습니다. 여러분이 사업을 하고 있다면, 그건 여러분 혼자 이룬 게 아닙니다"라고 말했을 때, 많은 보수주의자가 분노했던 것도 바로 그런 이유 때문이었다.[52]

만일 오늘날의 정치적 양극화가 좌파의 비판적인 인종 이론과 우파의 대체 이론이라는 현실에 대한 상반된 두 가지 관점으로 요약될 수 있다면, 과연 어떻게 두 관점을 조화시켜 미국이라는 분열된 나라를 다시 하나로 묶을 수 있을까? 이 질문에 대한 답을 찾고 싶다면, 우리는 우선 문제를 재구성하고 우리의 관점을 바꿔 보다 생산적인 방향으로 나아갈 수 있게 해야 한다. 무엇보다 먼저, 진보 진영과 보수 진영 간의 심리적 차이에 대한 주장을 비판적으로 검토할 필요가 있다. '체제 정당화 이론'이 인종을 둘러싼 정치적 양극화를 설명하는 데 도움이 된다고 주장하는 뉴욕대학교의 심리학자 존 조스트는, 거의 50만 명의 연구 참가자를 상대로 한 거의 300건의 연구를 검토한 끝에 '이념적 비대칭 가설'을 뒷받침할 증거가 충분하다고 결론지었다. 그 가설에 따르면 진보 진영과 보수 진영은 이 책에서 내내 살펴본 특정한 심리적 욕구 및 인지적 특성들 측면에서 측정할 수 있는 차이가 있다.[53] 켄트대학교의 심리학자 카렌 더글러스가 음모론적 믿음과 관련된 심리적 욕구를 분류했듯, 조스트 역시 정치 성향을 결정짓는 욕구를 인식적 욕구, 존재적 욕구, 관계적 욕구로 분류한다. 여기에는 6장에서 언급한 확실성, 종결, 통제라는 3C 욕구, 이 장에서 언급한 위협에 대한 인식과 반응, 반복적으로 언급하는 직감적 사고 및 인지적 경직성 대 숙고하는 사고 및 분석적 사고 간의 균형, 그리고 타협은 배신이라는 정치적 독단성 등도 포함된다. 보수주의자들은 대개 진보주의자들보다 확실성과 통제에 대한 욕구가 더 크고, 위협에 더 민감하며, 인지적으로 더 경직되어 있고, 분석적 사고보다는 직감에 의존하는 경향이 더 많으며, 독단성도 더 강한 편이다. 그 때문에 이념적 비대칭에 대한 이 같은 설명은 이따금 경멸적인 뉘앙스를 담아 '우파의 경직성' 가설[54]이라 불리기도 한다.

존 조스트가 말했듯이 "우파는 전통과 위계를 좋아하고 좌파는 진보와 평등을 좋아한다"[55]라는 사실을 바로 앞에서 살펴본 집단 간 심리적 특성 차이로 설명할 수 있다는 것에는 반박의 여지가 거의 없다. 그러나 설사 그런 차이를 인정한다 해도, 감정적 양극화의 언어, 즉 반대 진영에 대한 모욕이나 정신 질환으로 몰아가는 말 등은 하지 말아야 한다. 예를 들어, '한 정신과 의사, 트럼프 지지자의 뇌에 문제가 있을 수 있다고 설명하다'라는 도발적인 제목으로 2016년 온라인에서 입소문을 탔던 기사처럼 말이다.[56] 또한 우리는 이 책에서 내내 되풀이해서 언급해온 사실, 그러니까 우리는 질적으로 완전히 구분되는 차이에 대해서가 아니라 평균적인 수준에서의 양적 차이에 관한 이야기임을 잊지 말아야 한다. 마치 보수주의자만 이념과 잘못된 믿음이라는 인지적 오류에 빠지는 것처럼 이야기해선 안 된다. 그건 사실과는 거리가 멀다. 또한 보수주의자가 진보주의자보다 자기 합리화된 사고와 '정당 편향'(자신도 모르는 새에 자신이 속한 정당에 유리하거나 자신의 이념적 믿음을 더 낫게 보이는 방식으로 사고하거나 행동하는 경향)에 더 취약하다는 주장에 대해서는 캘리포니아대학교의 심리학자 피터 디토가 반박했다. 그가 1만 8,000명 이상을 대상으로 한 51건의 연구에 대해 메타 분석을 해본 결과, 그런 비대칭 현상은 없었다고 결론지었다.[57]

마찬가지로, 다른 연구에서도 이념적인 반대자나 위협이 된다고 인식되는 집단에 대해 관용을 베풀지 못하는 면에서 좌파와 우파 간 차이는 발견되지 않았다.[58] 마지막으로, 일부 연구에서는 인지적 경직성이 보수주의 그 자체라기보다는 정치적 양극단의 '극단성'과 더 관련 있다는 사실이 밝혀져, '이념적 극단성' 또는 '극단의 경직성'이라는 대체 가설을 뒷받침하는 증거가 되기도 했다. 그런 연구 결과를 받아들인 존 조스트는 이념적 비대칭 현상이 실재한다고 결론지을 만한 충분한 증거가 있다고 보면서도, 그 같은 불균형이 불변이거나 극복 불가능하거나 역사적·문화적 역학 관계에 영향을 받지 않는 것은 절대 아니라는 점을 인정한다.

따라서 정치적 양극화 문제를 다룰 때는 심리적 욕구에 대해 이야기하든 인지적 특성이나 이념적 입장에 대해 이야기하든, 진보주의자는 모두 '이렇고' 보수주의자는 늘 '저렇다'는 식의 '흑백 논리'에 빠지지 않도록 조심해야 한다. 그러지 않을 경우 사물이나 사람을 단순화하고 범주화하고 이분법적 틀에 꿰맞추려는 근시안적 성향인 '이진 편향binary bias'이라는 인지 편향의 함정에 빠지게 된다.[59] 다시 말해, 또 다른 형태의 비생산적인 부족주의tribalism에 빠지게 되는 것이다. 현실 세계에서는 모든 보수주의자가 변화에 저항하거나 '대체 이론'에 대해 걱정하는 건 아니며, 모든 진보주의자가 진보적인 운동가이자 사회 정의 투사인 것도 아니다. 또한 앞서 살펴봤듯, 암묵적 편향과 지배적인 집단에 대한 선호는 다수 인종과 소수 인종 모두에게서 공통으로 나타난다. 따라서 더 계몽적이고 유익한 접근 방식은 세상을 '흑'과 '백'으로 나눠 부족주의를 부추기는 방식이 아니라, 흑과 백 사이에 존재하는 다양한 회색을 인정하는 방식이어야 한다. 솔직히 말해 이 장의 많은 내용도 그렇지만, 정치적 양극화에 대한 논의에서는 미국 및 전 세계에 존재하는 상당한 이념적 다양성과 정치적 다양성을 인정하지 않는 경우가 많다. 모든 사람이 민주당 지지자나 진보주의자인 것도 아니고 공화당 지지자나 보수주의자인 것도 아니다. 사실 그 사이에는 훨씬 폭넓은 중도층, 무당층, 온건층, 포퓰리스트, 정치적 무관심층이 있고, 양극단에는 공산주의자, 사회주의자, 자유 지상주의자, 파시스트, 무정부주의자들이 있으며, 점점 더 많은 미국인이 전통적인 양당 체제 밖에서 자신의 정치적 정체성을 만들어나가고 있다.[60]

마찬가지로 인종과 관련된 정치 문제에 대해 이야기할 때 우리는 5장에서 언급했듯, 러시아 같은 외부 세력이 미국 내 인종 갈등을 부추기는 데 많은 이해관계가 있다는 점도 떠올릴 필요가 있다.[61] 그렇다고 해서 인종 불평등 문제를 등한시하거나 존재하지 않는 척하자는 뜻은 아니다. 단지 사람을 '흑인'과 '백인'으로 나눌 땐 보다 섬세한 인식과 판단이 필요하다는 것이다. 소수 인종의 경우, 자신이 소수 인종이라는 현실을 제대로 아는 것은, 문화적 유산을 소중히 여기고 또 다른 사람들이 자신을 어떻게 보고 어떻게 대하는지를 인정하는 것이기도 하다. 반면에 다수 인종의 경우, 이른바 '색맹주의color-blindness'*에 대한 반박을 통해 인종차별의 현실을 희석하려는 경우가 많다. 그럼에도 다인종 정체성은 점점 더 흔해지고 있다. 오바마가 단순히 미국 최초의 흑인 대통령이 아니었듯 카멀라 해리스도 단순히 미국 최초의 흑인 부통령이 아니었다. 오바마의 어머니는 백인이었으며 카멀라 해리스의 어머니는 인도인이었다. 앞으로 2045년이 되면 백인이 다수 인종이 아닐 수도 있겠지만, 그렇다고 해서 흑인이나 히스패닉, 아시아인 또는 그 어떤 단일 인종 집단도 다수 인종이 되진 못할 것이다. 대신 우리는 점점 더 많은 사람이 인구조사 양식에서 자신의 인종 정체

* 현실적인 인종차별 문제가 안 보이는 척하려는 태도.

성을 밝히기 위해 여러 칸을 선택하거나 아예 어떤 칸도 선택하지 않는, 다인종적이고 다문화적인 국가에 살지도 모른다. 따라서 이러한 다수와 소수의 전환에 불안해할 게 아니라, 미국의 모토인 'E Pluribus Unum', 즉 '다수로부터 하나'를 기억해야 한다. 물론 반대되는 주장도 있지만, 미국이 민주주의 국가로 성공할 수 있었던 건 늘 동질성이 아닌 다양성을 실험해왔기 때문이다.

_# 더 완벽한 결합

―――― 6 ――――

 이제 '교전 원칙'도 정립됐으니, 미국의 양극화에 대한 비유로 스테파니와 닉의 경우를 결혼 상담사의 관점에서 되돌아볼 수 있을 것 같다. 민주주의와 마찬가지로, 건강한 결혼 역시 두 사람이 하나로 결합되면서도 여전히 각자의 독립성과 개성을 유지하는 것이다. 부부 상담 또는 부부 치료의 목적은 꼭 그 결합을 유지하는 데 있는 게 아니라, 두 사람 관계가 어디서 어긋났는지 그리고 이후 어떤 방향으로 나아갈 것인지를 결정하도록 돕는 데 있다. 그 과정에서 때로는 한쪽에서 아니면 양쪽 모두 이혼을 선택하기도 한다. 만일 양쪽 모두 결혼 생활을 유지하고 싶어 한다면, 처음 두 사람을 이어준 것과 두 사람이 아직도 소중히 여기는 것을 지키기 위해 서로 의식적인 노력을 기울일 필요가 있다.
 결혼이든 민주주의든, 결합을 위협하는 것은 의견 차이나 갈등이 아니다. 건강한 부부 관계라면 서로 다른 관점에서 생겨나는 의견 차이를 감내하면서 동시에 공동의 목적을 이루려 함께 노력할 수 있어야 한다. 정치 분야에서는, 경제 정책이나 이민, 총기 규제, 인종 간 형평성, 낙태, 건강보험, 사회복지 제도, 외교 관계 등과 관련된 문제에 대해 합의점을 찾기 위한 이성적인 토론 기회가 많아야 한다. 그러나 우리가 상대를 이해나 협상 또는 타협할 가치도 없는 적으로만 보고 싸움을 위한 싸움을 하는 지경에 이르게 된다면, 관계는 금이 가고 차이는 좁혀지지 않게 된다. 남편과 아내가 서로를 자극하기만 하며 점점 멀어져 상대가 무얼 필요로 하는지 고려하지 않고 타협도 하려 하지 않는다면, 결국 남는 선택지는 두 가지뿐이다. 계속 불행하게 지내든가 결혼 생활이 끝나는 걸 지켜보든가. 마찬가지로 유권자든 정치인이든 정당이든, 대중에게 용인될 수 있는 정책 범위인 '오버턴 윈도우Overton Window'를 한쪽 극단으로 몰고 가는 전략에만 집중한다면 양쪽 모두 만족하는 결과를 얻을 기회는 완전히 사라지게 된다. 수시로 변하는 다수당 지위를 이용해 입법을 강행하거나 행정 명령으로 밀어붙이거나 대법원을 정치적으로 편향된 판사들로 채우는 등의 방해 전략도 마찬가지이다. 러시 림보의 전략처럼 타협이나 협력을 거부하는 접근 방식을 택할 경우, 좌파는 더 왼쪽으로, 우파는 더 오른쪽으로 치닫게 된다. 그 결과, 민주주의는 사라지고 일방적 승리만이 유일한 승리가 되는 권위주의가 들어서게 된다.

그러나 서로 멀어지지 않겠다고 맹세한다고 해서 늘 그 해결책이나 진실이 중간 어딘가에 있다는 뜻은 아니다. 스테파니와 닉의 결혼에서 오버턴 윈도우를 바꾼 건 닉이었으며, 그는 더 오른쪽으로 나아가 음모론 영역까지 들어갔다. 그래서 나는 스테파니가 닉과 함께 더 오른쪽으로 가야 한다고 기대하거나 권하지도 않을 것이며, 닉이 스테파니의 바람과는 달리 개방 결혼open marriage* 상태로 가자고 요구한다거나 그녀에게 폭력을 행사한다면 타협하라고 권하지도 않을 것이다. 결혼 상담사는 대개 가능한 한 어느 한쪽 편을 들지 않으려 하지만, 가끔은 한

---

* 부부가 서로 다른 사람과의 성관계를 허용하는 형태의 결혼.

쪽 배우자가 옳고 다른 배우자가 그르기도 하다. 그런 경우, 지금은 고인이 된 노벨평화상 수상자 데스몬드 투투Desmond Tutu와 엘리 위젤Elie Wiesel의 경고를 되새겨야 한다. 정의롭지 못한 상황에서는 중립은 피해자가 아닌 가해자에게만 도움이 된다. 양쪽이 서로 협력해 공동의 목표를 향해 갈 수 있게 돕는 일은 잘못된 등가성을 인정하거나 근거 없는 '양비론'을 용인하는 일과 명확히 구분되어야 한다.

결혼을 민주주의에 비유하는 건 최상의 비유는 아니라고 주장할 수도 있다. 어쨌든 양극화된 오늘날 미국의 두 진영은 정확히 서로 함께 하겠다고 선택한 게 아니니까. 그러나 '양극화와 사회 분열의 위협에 맞서 더 강하고 회복력 있는 사회를 만들기 위한 국제 운동'인 모어 인 커먼More in Common의 '미국의 숨겨진 집단Hidden Tribes of America' 프로젝트에 따르면, 미국 인구의 3분의 2에 달하는 '지친 다수'는 극단주의자들의 주장으로 심화된 정치적 양극화 현상에 진저리를 치며 또 서로 공통점을 찾아야 한다는 데 동의한다.[62] 모어 인 커먼과 유고브가 실시한 2020년 합동 여론 조사에 따르면, 응답자 2,000명 중 82퍼센트는 '우리를 나누는 차이점들보다는 공통점들이 더 많다'고 믿었고 90퍼센트는 '우리는 모두 같은 배를 타고 있다'고 믿었는데, 이는 2018년의 63퍼센트보다 증가한 수치다.[63] 비록 여론 조사 표본은 작지만, 미국이 '합중국'이라는 이름에 걸맞게 분열이 아닌 결합을 통해 양극화를 완화할 수 있다는 희망을 품게 하는 근거가 된다.

그러나 뭔가를 원하는 것과 그걸 이루는 것은 전혀 다른 일이다. 결혼 상담을 통해 부부가 다시 가까워질 수 있는 공감대를 찾게 도와주려면, 누가 옳고 누가 그른지를 가리는 것보다는 양쪽 말을 잘 듣고 결혼과 서로에 대한 인식이 왜 그리 다른지 이해하는 게 더 중요한 경우가 많다. 이 장에서 지금껏 노력해왔듯, 정치 분야에서는 감정적 양극화와 이념적 양극화 밑에 깔린 동기화된 추론의 본질을 파악하는 게 중요하다. 그러나 싸움으로 점철되어온 관계를 회복하려면 갈등을 대체할 수 있는 다른 협력 경험들이 필요하며, 그래야 부부가 다시 함께하는 시간을 즐길 수 있는 여지가 생긴다. 이러한 전제에 부합하는 연구가 최근 독일 코블렌츠-란다우대학교의 심리학자 에밀리 쿠빈Emily Kubin과 미국 노스캐롤라이나대학교 채플 힐 캠퍼스와 와튼 경영대학원의 동료 연구원들에 의해 실시되었다. 이 연구에서는 사실들을 놓고 논쟁하기보다는 서로의 개인적 경험들, 즉 '살면서 경험한 주관적인 일화들'을 공유할 때, 그리고 의견 일치까지는 아니더라도 상호존중을 통해 정치적 분열이 완화될 수 있다는 증거가 발견되었다.64 쿠빈은 말한다. "경험은 사실보다 더 진실하게 느껴진다."

그래서 나는 우리 모두가 마음에 새길 가치가 있는 두 사람의 개인적인 경험에 대해 이야기하는 걸로 이 장을 끝맺으려 한다. 첫 번째는 2016년, 자칭 진보주의자로 한때 미국의 비영리 공영 라디오 방송국 NPR의 최고경영자였던 켄 스턴Ken Stern이 '보수적인 미국'을 더 잘 이해하기 위해 전국 여행에 나선 이야기이다. 그는 여행 중에 '복음주의 교회에 가보고 텍사스에서 멧돼지를 사냥하고, NASCAR 자동차 레이스에서 피트 로우pit row*에도 서 보고 티파티Tea Party** 모임에도 참석'했다. 그러고는 미국인들이 우리 생각만큼 심하게 분열되어 있지 않다는 결론에 도달했다. 그 여행을 자세히 기록한 자신의 책 《공화당원 같은 나: 어떻게 진보의 거품에서 벗어나 우파를 사랑하게 됐는가Republican Like Me: How I Left the Liberal Bubble and Learned to Love the Right》에서, 스턴은 "별로 호감 가지 않는 부류의 사람도 만났지만, 거의 늘 생각했

- • 자동차 레이스 도중 차량 정비가 이루어지는 구역.
- •• 보수 성향의 정치 운동이자 운동 단체.

던 것보다 훨씬 더 많은 합의점과 공통점을 찾아낼 수 있었다"라고 썼다.[65] 여행이 끝난 후 스턴은 민주당 지지 입장을 철회하고 스스로 무당파라고 선언했다. 미국의 정치적 분열을 메우고 중간 지대를 찾고자 한다면, 특히 너무도 많은 사회적 삶을 온라인에서 보내는 오늘날과 같은 세상에서, 이처럼 직접 사람들을 만나는 경험은 우리와 이념적으로 반대되는 사람들을 이해하고 감정적 양극화를 완화하며 폭력적 갈등의 벼랑 끝에서 발길을 돌리는 데 필수적이다.

두 번째 이야기는 존 하워드 그리핀 John Howard Griffin이라는 백인 남성이 스턴과 비슷한 여행에 나선 1959년으로 거슬러 올라간다. 스턴과는 달리, 그는 머리를 밀고 피부과 전문의의 도움으로 피부를 흑인으로 속을 만큼 거무튀튀하게 만든 뒤, 인종 분리 정책이 시행 중이던 미국 남부 지역을 6주 동안 자동차로 여행했다. 그는 여행 중에 직접 겪은 '증오의 시선'이라는 보다 미묘한 '침묵의 언어'를 비롯한 각종 신체적 위협과 '10등 시민' 취급 같은 노골적인 인종차별을 자신의 회고록인 《흑인이 된 나 Black Like Me》에 자세히 기록했다.[66] 그리핀의 경험은 스턴의 경험과는 근본적으로 달랐는데, 그건 그가 자기 자신에게 '직접 흑인이 되어보지 않고서야 어찌 진실을 알 수 있을까?'라는 질문을 했기 때문이다. 결국 직접 흑인이 되어봄으로써 그는 흑인으로 살아가는 현실에 최대한 더 가까이 다가갔다. 물론 그의 경험은 거의 60년 전의 경험이어서 스턴의 경험과는 완전히 달랐지만, 그런 그의 경험을 구시대적이라며 일축하기에 앞서, 그리핀의 실험을 오늘날 다시 해본다면 어떤 의미를 가질지 생각해볼 필요가 있다. 진정한 공감에 이르기 위해선 다른 사람의 신발을 신고 한참을 걸어보는 것이 최선이다. 아니, 어쩌면 다른 사람의 피부로 살아보는 게 더 나을지도 모른다.

9

우리의 믿음이
우리는 아니다

We Are
Not
Our Beliefs

순교는 언제나
어떤 믿음이 굳건하다는
증거일 뿐
결코 그 믿음이
옳다는 증거는 아니다.

——— 아서 슈니츨러

진실을 찾는 이들

━━━ 1 ━━━

대학 1학년 시절 어느 맑고 쌀쌀한 뉴잉글랜드의 가을날 오후에 나는 룸메이트 마이크와 애덤과 함께 신입생 물리학 수업의 과제인 '문제 세트problem set'를 풀고 있었다. 이건 내가 원하는 식의 기억이겠지만, 당시 나는 특히 까다로운 한 문제를 놓고 세 사람의 리더가 되어 그 문제를 한 단계씩 풀어나갔다. 그리고 20년쯤 후에 애덤이 노벨 물리학상을 받았기 때문에, 나는 가끔 내가 미래의 노벨상 수상자의 숙제를 도와준 적이 있다는 식으로 혼자 되뇌곤 한다.

그러나 마이크의 말에 따르면, 내가 답을 못 구하고 헤매자 애덤이 분필을 집어 들고 방 안에 있던 작은 칠판 쪽으로 가 결국 답을 찾게 해준 일련의 정확한 등식을 써 내려갔다고 한다. 애덤이 노벨상을 받았다는 사실과 2장에서 살펴본 기억의 불완전성을 떠올리면, 마이크의 말이 사실에 더 가까울 거라는 점은 인정해야겠다.

현재 존스홉킨스대학교 크리거 인문과학대학의 블룸버그 명예 석좌 교수*이자 토머스 J. 바버Thomas J. Barber 우주학 석좌 교수**인 애덤 리

* 한때 뉴욕 시장이었던 억만장자 Michael Bloomberg가 기부한 돈으로 만들어진 명예 석좌교수직.
** 우주 연구 및 물리학에 대한 기여를 기념해서 생긴 명예 석좌교수직.

스Adam Riess는 허블 우주망원경을 활용한 박사 후 연구로 과학 분야 최고상을 받았다. 그와 동료들은 먼 우주의 Ia형 초신성에서 방출된 빛을 관측하던 중, 기존의 예측과는 전혀 다른 현상을 발견했다. 빅뱅 이후 점점 느려지고 있으리라 여겨졌던 우주의 팽창 속도가 오히려 빨라지고 있다는 사실을 발견한 것이다. 애덤은 처음 데이터를 봤을 때 그 당시의 기존 모델과 맞지 않아 오류일 거로 추정했다고 한다. 그러나 반복적인 분석과 관측을 통해 도달한 연구 결론이, 같은 시기에 로런스 버클리 국립연구소에서 비슷한 연구를 진행한 다른 팀의 연구 결과와도 일치하자, 그들은 자신들의 데이터가 틀린 것이 아니고 기존 모델을 수정해야 한다는 걸 알게 되었다. 그래서 오늘날에는 우주의 팽창 속도가 점점 빨라진다는 사실이 과학계의 정설로 받아들여지는데, 이는 '암흑 에너지'라 불리는 어떤 힘 때문인 걸로 여겨진다. 이 암흑 에너지의 본질은 여전히 미스터리로 남아 있어, 지금도 애덤을 비롯한 많은 천체물리학자가 그 미스터리를 풀려고 애쓰고 있다.

몇 년 전 애덤은 내게, 노벨상을 받은 후 천체물리학 분야에서 우연히 중대한 발견을 했다고 주장하는 낯선 이들의 이메일을 매주 한두 통씩 받고 있다고 말했다. 그들 중 약 절반은 애덤이 완전히 틀렸다고 했으며, 나머지 절반은 그에게 자신의 발견을 검증해주길 바란다고 했고, 심지어 자신을 노벨상 후보로 추천해달라고 하는 경우까지 있었다. 어느 쪽이든, 그들에겐 아담이 말하는 이른바 '현대 물리학이라는 바위에 꽂힌 전설의 검을 뽑아냈다고 말하고 싶은 깊은 욕망'이 있는 듯하다. 그러나 앞서 7장에서 설명했던, 자신이 냉융합에 필요한 수학 공식을 발견했다고 믿은 조현병 환자 사례와 마찬가지로, 그들의 제안은 예외 없이 '그 어떤 논리도 없는 용어 및 수식으로 이루어진 단어 샐러드'에 지나지 않는 일종의 과학적 헛소리에 불과하다고 리스는 말했다. 그는 자신에게 연락해오는 사람들은 대개 정식으로 물리학 공부를 하지 않아 자신이 말도 안 되는 이야기를 한다는 사실조차 모른다고 말한다. 그야말로 더없이 명백한 더닝-크루거 사례인 것이다. 그리고 참고로 말하자면, 그가 아는 한 지금껏 그에게 연락해온 사람은 전부 남성이었다.

이 책의 결말에 가까워진 지금, 이 장에서는 우선 사실에 기반한 믿음과 관련해 무엇이 진실인지 거짓인지를 어떻게 하면 가장 잘 판단할 수 있는지를 살펴볼 것이다. 이를 위해, 기후 변화를 부정하는 사례를 들어 직감에 의존하는 믿음이 어떻게 우리를 잘못된 길로 이끄는지를 요약해 설명하려 한다. 그다음에는 우리의 가장 열정적인 의견이 실은 앞 장에서 언급한 정치적 믿음의 경우와 마찬가지로, '세상이 어떠해야 하고 또 다른 사람들이 어떻게 행동해야 하는가' 하는 것에 대한 가치 및 도덕이라는 잘못된 이념적 판단인 경우가 얼마나 많은지 살펴볼 것이다. 그런 다음 이런 유형의 믿음이야말로 우리의 개인적인 정체성(예를 들어, 우리가 개인으로서 또 집단 구성원으로서 우리 자신을 규정짓는 특성)에 가장 핵심적 요소라는 연구 결과를 토대로, 점점 심해지는 이념적 집착과 우리 자신을 자신의 믿음에 따라 규정할 때 생길 수 있는 위험을 수치로 보여주는 정량적 모델로 이 장을 마무리하려 한다.

■

3C, 즉 확실성, 종결, 통제에 대한 욕구가 강해 모호함보다는 명확한 해답과 절대적인 진실을 요구하는 사람들의 경우, '암흑 에너지' 같은 미스터리가 해결되지 않은 채 그대로 남아 있고 각종 과학 이론과 사

실이 끝없이 업데이트되는 상황에 좌절감을 느낄 수 있다. 우주의 팽창 속도는 느려지는가 빨라지는가? 명왕성은 행성인가 아닌가? 우리는 저지방 음식을 먹어야 하거나 매일 한 번씩 아스피린을 복용해야 하나, 그러지 말아야 하나? 그리고 과학이 허구한 날 답을 바꾸는데, 왜 과학이 하는 말을 신뢰해야 하나?

위의 마지막 질문에 답하기 위해, 1장에서 살펴봤으며 애덤 리스에게 노벨상을 안겨준 과학적 방법의 연구 과정을 자신의 믿음 및 기대가 현실과 충돌할 때 나오는 본능적인 반응과 대조해볼 필요가 있다. 1950년대 후반, 미네소타대학교의 심리학자 레온 페스팅거Leon Festinger는 우리의 믿음 중 하나가 다른 믿음과 충돌하거나 아니면 우리 자신, 우리의 행동 또는 세상에 대한 관찰과 충돌할 때 생겨나는 불편한 심리적 긴장을 설명하기 위해 '인지 부조화cognitive dissonance'란 용어를 만들었다.[1] 인지 부조화는 이제는 누구나 알만한 용어가 되었지만, 그 용어가 'UFO 종교 집단'에 대한 연구 과정에서 페스팅거가 만들어낸 용어라는 사실은 잘 알려지지 않았다. UFO 종교 집단은 4장에서 언급된 헤븐스 게이트와 유사한 사이비 종교 집단으로, 그 신도들은 자신을 '찾는 이들the Seekers'이라 칭했다.[2] 그들은 이른바 '수호자the Guardians'라는 외계 종족과 교신한다고 주장하면서, 인류는 홍수로 멸망할 것이며, 1954년 12월 17일 오후 4시에 수호자가 신도들을 구하러 와 우주선에 태워 갈 거라고 예언했다. 하지만 그 시간이 다 지나가도록 수호자가 나타나지 않자, '찾는 이들'은 신앙을 버리지 않고 예언된 만남의 시각을 그날 늦은 시각으로 미루었다. 그래도 여전히 모습을 드러내지 않자, 그들은 출발 시각을 세 번 더 바꾸며 계속 미루다가, 결국 크리스마스이브 날에 이르러서야 포기했다. 그 시점에 '찾는 이들' 중 전직 의사였던 사람은 외계인들이 실제로 도착했지만, 넋 놓고 쳐다보던

200여 명의 구경꾼 앞에 모습을 드러내지 않기로 했을 뿐이라고 주장했다. 이후 '찾는 이들'은 자신들의 예언 자체는 틀린 것이 아니며, 오히려 그 믿음 덕에 자신들과 나머지 세상 사람들이 종말을 맞지 않은 것이라고 선언했다.

페스팅거의 이론과 이론을 뒷받침하는 방대한 규모의 후속 연구에 따르면, 우리는 종종 무슨 수를 써서라도 인지 부조화로 생긴 불편을 없애려 노력하게 된다. 그러나 우리가 그 불편을 없애기 위해 정확히 어떻게 할 것인지는 우리가 특정한 믿음에 얼마나 많은 시간과 에너지 그리고 다른 자원을 투자했는지를 포함한 여러 요인에 따라 달라진다. 특정한 믿음에 더 많은 것을 투자할수록, 그 믿음을 포기할 가능성은 낮아진다. 그래서 지구를 떠날 걸 예상하고 자신의 세속 재산을 다 내던진 '찾는 이들'은 소속 집단의 교리를 계속 지키며 예언에 더 집착했지만, 상대적으로 더 적게 투자한 '찾는 이들'은 믿음을 버리고 그 집단에서 빠져나올 수 있었다. 4장에서 언급했듯, 우리는 동기화된 추론과 동기화된 부정에 의존해 우리가 믿는 것과 그에 반하는 증거 간의 충돌 문제를 해결하려 한다. 다시 말해, 인지 부조화가 있다는 것은 소중한 믿음을 포기할 때 치러야 하는 '대가'가 클수록 그 증거를 외면하는 경우가 많다는 것을 의미한다. 따라서 인지 부조화는 헤븐스게이트의 신도 39명이 왜 헤일-봅 혜성 꼬리에 숨겨진 우주선 이미지가 조작된 것이라는 사실이 밝혀진 상황에서도 스스로 목숨을 끊었는지 설명해주는 또 다른 근거이기도 하다. 또한 6장에서 언급했듯 큐아논 신봉자들 중 일부는 트럼프가 2020년 대선에서 패했고 Q의 다른 예언이 다 빗나갔음에도 불구하고 여전히 '계획을 신뢰'하는데, 이 경우에도 인지 부조화가 그 이유를 좀 더 잘 설명해준다. 그리고 8장에서 살펴본 것처럼, 구조적인 인종차별로 가장 큰 이득을 보는 사람들이 인종차별의 존재 자체를 가장 부인하려 하는데, 그 이유 역시 인지 부조화를 통해 이해할 수 있다. 그리고 동기화된 부정을 통해 인지 부조화 문제를 해결하려 할 경우, 그 동기에는 바로 내가 틀렸음을 인정하는 대가를 치르지 않으려는 욕구가 깔려 있다.

이런 사실을 고려하면, 과학자처럼 사고하는 것이 진실을 찾는 데 유용한 도구임을 알 수 있다. 또 더 직감적인 인지 방식이 우리를 얼마나 자주 자기기만과 잘못된 믿음으로 이끄는지를 알 수 있다. 과학적인 방법은 우리에게 증거가 없을 땐 회의적인 불신을 유지하게 하고, 새로운 데이터에 맞춰 기존 믿음을 수정하는 법도 가르쳐주는 데 반해, 인지 부조화와 동기화된 추론은 현실을 부정함으로써 우리의 믿음을 계속 유지하게 하고 증거를 부정하고 무시해 우리 생각을 바꾸지 않아도 되게 만든다. 이 같은 차이는 과학에 적용되는 더닝-크루거 효과의 핵심이기도 하다. 리스 같은 과학 전문가들은 끊임없이 자기 자신에게 '내가 틀린 건 아닐까?'라고 자문하지만, 우리는 보다 본능적으로 반응해 과도한 자신감 때문에 자기기만에 빠지기 쉬우며, 그러면서 자기 자신은 물론 다른 사람들에게까지 우리 자신이 옳다고 주장한다.

역설적으로 들릴 수 있겠지만, 우리가 과학을 신뢰해야 하는 이유는 과학은 자신이 틀렸다는 증거를 기꺼이 받아들이기 때문이다. 그런 의미에서, 처음에 복음처럼 받아들여지던 실험 결과가 반복된 실험에서도 늘 재현되는 건 아니라는 과학 및 심리학 분야에서의 이른바 '재현성 위기'는, 위기라기보다는 오히려 과학이 마땅히 해야 할 일을 하는 것이라 할 수 있다. 리스는 반복된 관찰로 검증된 새로운 증거를 통해 오랫동안 지켜온 자신의 믿음을 바꿀 수 있었다. 그리고 그 때문에 대가를 치른 게 아니라, 반대로 노벨상을 받았다. 우리도 다 마찬가지이다. 균형 잡힌 증거를 토대로 우리의 믿음을 수정하는 것이 약점이나 결함으로 여겨져선 안 되며, 오히려 자기 수정 능력이라는 초능력으로 여겨져야 한다. 잘못된 믿음을 피하고 진실에 더 가까워지게 이끌어주는, 우리가 모두 갖고 싶어 하는 초능력으로 말이다.

회의주의, 부정주의 그리고 기후 변화

―――― 2 ――――

앞서 말했듯, 종종 과학에 대한 믿음이 흔한 오해 때문에 흔들리는 경우가 있다. 과학적 방법의 일부인 회의주의나 믿음의 유연성을 '사실과 궁극적인 진리가 우리 손이 닿지 않는 곳에 있는 것'으로 잘못 이해하기 때문이다. 결국 과학을 통해 우리는 절대적인 것은 거의 없으며, 또한 내가 서두부터 강조한 것처럼, 믿음은 이용할 수 있는 최선의 증거에 기반한 확률적 판단으로 표현되는 게 가장 바람직하다는 것을 알 수 있다. 그렇다고 해서 과학적 회의주의를 탈근대 또는 탈진실 부정주의와 혼동해서는 안 된다. 이 둘은 본질적으로 다르다. 과학에 따르면, 진리는 존재하지만 우리가 그것을 이해하는 방식은 시간과 함께 달라질 수 있다. 존재하지만, 절대 불변은 아닌 것이다. 그러나 그렇다고 해서 진실이 단순히 자의적인 것이거나 환상이라는 뜻은 아니다. 과학적 사실과 진리는 반복된 관찰과 통제된 실험에 기반한 객관적 증거를 통해 도출해내는 결론이지, 주관이나 정치적 이해관계, 권위에 호소하거나 전문적인 지식을 주장하는 것만으로 정당화되는 것이 아니다. 물리학자 리처드 파인만Richard Feynman은 언젠가 이런 말을 했다. "당신의 추측이 아무리 멋지든, 당신이 아무리 똑똑하든, 누가 그 추측

을 했든, 그의 이름이 뭐든 중요하지 않다…… 실험 결과 맞지 않으면, 그건 틀린 것이다."³

이와 관련해선, 앞서 1장에서 의사이자 작가인 아툴 가완디가 진실을 밝혀내는 한 방법으로서 과학을 신뢰하는 것과 과학자들의 말을 신뢰하는 것 간의 중요한 차이에 대해 한 말을 인용했었다. 실제로 과학은 늘 틀릴 준비가 되어 있지만, 과학자들의 경우 늘 그런 건 아니다. 2장에서 분명히 했듯, 과학자들과 다른 전문가들 역시 과도한 자신감과 동기화된 추론 그리고 잘못된 믿음의 또 다른 심리적 함정에서 자유롭지 못하다. 파인만은 이런 재치 있는 말도 했다. "과학이란 전문가들의 무지에 대한 믿음이다."⁴ 라이너스 폴링Linus Pauling과 윌리엄 쇼클리William Shockley, 제임스 왓슨James Watson, 캐리 멀리스Kary Mullis, 그리고 이바르 예이버Ivar Giaever 같은 노벨상 수상자들조차 이른바 '노벨 병'이란 것에 걸려, 노벨상 수상 이후 특히 자신의 전문 분야 이외의 분야에서 비주류 이론을 받아들이거나 유해한 잘못된 정보를 퍼뜨리기도 했다.⁵ 그러므로 과학에 대한 신뢰를 그저 '권위 있는 기관에 의한 주장'이나 과학자의 말을 맹목적으로 받아들이는 것과 동일시해선 안 된다. 그래서 파인만은 과학이나 이전 세대의 과학자들에 의해 '입증됐다'라고 주장하지 말고, 실험 즉 연구에 기반한 증거를 통해 시간이 지나면서 계속 입증되고 있다고 설명하라고 조언했다.

물론 그렇다고 해서 증거에 기반한 과학적 합의를 쉽게 무시해서는 안 된다. 한 과학자나 소수의 과학자가 논쟁의 여지가 있는 주장을 하는 것과 해당 분야의 거의 모든 과학자가 의견을 같이하는 건 전혀 다르다. 그리고 애덤 리스 같은 사람이 노벨상을 받을 만한 새로운 발견으로 해당 분야 전체를 뒤흔드는 경우는 있을 수 있지만, 더닝-크루거 효과가 일깨워주는 것은, 우리가 애덤 리스처럼 될 수 있다고 생각하지만 실제로는 그렇지 않다는 사실이다. 그래서 미네소타대학교의 에밀리 브라가Emily Vraga와 조지타운대학교의 레티시아 보드Leticia Bode는 신뢰할 만한 정보와 잘못된 정보를 구분하려 할 때는 객관적인 증거와 전문가들의 합의에 기반해 구분해야 한다며 좀 더 넓은 차원에서 조언한다. 솔직히 말해 증거의 상당 부분이 우리의 이해 범위를 벗어나기 때문이다.[6] 이 같은 결론은 너무 당연해서 아주 상식적으로 보이겠지만, 오늘날과 같은 탈진실 시대에서는 전문가의 의견조차 그저 또 다른 의견일 뿐이라며 무시되곤 한다.

순진한 현실주의와 소수의 법칙

은퇴한 의사이자 내 오랜 친구인 스콧은 10여 년 동안 나와 함께 일했던 동료로, 지금은 말리부 해변에서 목가적인 삶을 살고 있다. 햇살 가득한 하늘 아래 시원한 태평양 바닷바람을 맞으며, 1년 내내 창문을 통해 들려오는 파도 소리를 들으며 산다. 그는 대학에서 거의 낙제할 뻔했다며 자랑처럼 떠들곤 하지만 실제로는 박식한 인물로, 의대생들에게 공룡이 어떻게 멸종했는지, 고대 이집트인들은 어떻게 피라미드를 세웠는지와 같은 이야기를 들려주는 걸 즐기곤 했다. 그러나 과학에 대한 배경지식도 많고 기상학에 대한 이해도도 평균 이상인 그가 어쩐 일인지 지구 온난화는 믿지 않는다. 기온이 오르고 이산화탄소 배출량이 늘어난다는 데이터를 봤음에도, 현재의 온난화 추세가 인간의 활동과 관련 있는 현상이라거나 태곳적부터 계속 있는 주기적 기후 변화 이상의 현상이라고는 믿지 않는 것이다. 어쨌든 1970년대 그가 의대생이고 나는 아직 어린아이였던 그 시절까지만 해도, 과학자들이 모든 사람에게 새로운 빙하기가 온다고 경고했던 것을 지금도 기억한다.

오늘날과 같은 탈진실의 시대에는 왜 과학적 증거나 전문가의 합의조차 그리 쉽게 무시당하는 걸까? 그 이유를 알아보기 위해 6장에서 '음모론 암흑기'의 증거라고 이야기했던 기후 변화 부정 현상을 다시 떠올려보자. 그리고 이 책에서 내내 설명해온 잘못된 믿음의 다른 여러 심리적 요인으로 이 현상을 어떻게 설명할 수 있는지 좀 더 깊이 들여다보도록 하자. 우선 우리가 아는 사실부터 살펴보자. 먼저, 객관적인 증거에 따르면, 지난 한 세기 동안 지구 평균 기온이 계속 상승해왔다는 건 아주 확실하다. 그리고 사상 최고 기온을 기록한 9년은 2015년부터 2023년까지였다. 이 글을 쓰는 2023년 말 현재, 우리는 지구에서 기록된 가장 더운 한 해를 막 지났다.

지구 기온은 1800년대 후반에 들어서야 본격적으로 측정되고 기록됐기 때문에, 더 먼 과거의 지구 기온까지 알아내려면 기후 과학자들이 빙하를 뚫어 채취한 빙핵ice core* 속에 갇힌 기체 성분이나 화석화된 플랑크톤의 동위원소 같은 지질학적 증거를 토대로 기후를 재구성해봐야 한다. 이 같은 '간접 데이터'를 활용한 연구 결과에 따르면, 지구 기온은 수십만 년에 걸쳐 주기적으로 상승과 하강을 반복해 왔으며, 지난 수천 년간은 지구 온난화 현상이 전반적으로 계속 더 심해지고 있다. 이 같은 결론은 과학계에서 대체로 큰 이견 없이 받아들여진다.

그러나 이러한 고기후학 연구를 토대로, 기후 과학자들 역시 최근 단 1세기 동안 지구 온난화가 훨씬 더 급격하게 진행되었으며, 이는 산업화 이후 화석 연료 연소로 인한 대기 중 '온실가스' 배출량이 인류 역사상 유례가 없을 만큼 높은 수준에 도달한 것과 시기적으로 일치한다고 말한다. 지구 온난화가 태양 활동이나 화산 활동 같은 열원으로 인한 주기적이고 정상적인 온도 변화가 아니라 인간 활동 때문에

* 빙하를 수직으로 뚫어 얻은 원통형 얼음 샘플.

유발된 인위적인 현상이라는 결론은, 지구의 평균 온도를 태양 복사량 및 이산화탄소$_{CO_2}$ 농도와 비교하거나 서로 다른 대기의 여러 층에서 측정된 기온을 분석한 데이터에 기반한 것이다. 이는 비교적 단순한 일처럼 느껴질 수도 있지만, 실은 우리 대부분의 능력을 훨씬 뛰어넘는 상당 수준의 지식, 전문 교육, 해석 능력이 요구되는 데이터 수집, 수학적 모델링, 과학적 분석 능력을 하는 일이다.

에밀리 브라가와 레티시아 보드가 말하듯, 기후 변화에 대해 올바른 믿음을 가지고 제대로 이해하려면 전문가들의 합의된 의견을 신뢰할 필요가 있다. 현재 97퍼센트에서 많게는 100퍼센트에 이르는 기후 과학자들이 '인위적 기후 변화$_{ACC}$'가 실제 상황이라는 데 동의한다고 한다. 이는 기후 변화가 인간 활동으로 인한 것인지에 대해 명확한 결론이 담긴 수천 편의 과학 논문들을 검토한 결과에 따른 것으로, 그 과학 논문들 중 97~100퍼센트는 인위적 기후 변화에 동의했으며, 단 0~3퍼센트만 부정했다.[7] 이처럼 세상에 발표된 논문들 외에 여러 설문 조사에서도, 기후 과학자들은 인위적 기후 변화에 대해 상당한 또는 압도적인 비율로 동의한다는 결과가 나왔다.[8] 그리고 마지막으로, 그간 미국의 환경보호청$_{EPA}$, 항공우주국$_{NASA}$, 해양대기청$_{NOAA}$, 과학재단$_{NSF}$뿐 아니라 유엔 산하 기구인 '기후 변화에 관한 정부 간 협의체$_{IPCC}$' 등 많은 과학 기관이 인위적 기후 변화에 대한 합의 성명을 발표했다.

인위적 기후 변화가 실재한다는 차원을 넘어, 과학자들은 지금 당장 화석 연료 사용을 줄이지 않으면, 또 지구의 온도가 단 몇 도라도 올라간다면 재앙에 가까운 결과가 초래될 거라고 예측한다. 2022년에 발표된 최신 '기후 변화에 관한 정부 간 협의체' 보고서는 이렇게 경고한다. "이산화탄소 배출량을 줄이려는 전 세계적인 노력이 이뤄지지 않는다면, 최근 몇 년간 세계 곳곳에서 목격해온 폭염과 산불, 홍수, 해수면 상승, 생태계 파괴(즉 지구 온난화로 인한 기후 변화)가 더 빈번히 일어날 뿐 아니라, 가뭄과 식량 및 담수 자원 고갈, 전염병 그리고 기타 치명적인 생존 환경으로 인해 대규모 인명 피해의 위험이 기하급수적으로 증가할 것이며, 그 같은 재앙을 막을 기회 또한 점점 줄어들게 될 것이다."⁹

■

　기후 변화에 대한 부정은 하나로 뭉뚱그릴 수 있는 단일 개념이 아닙니다. 바로 앞에서 살펴본 여러 사실, 전문가의 평가, 암울한 예측 중 어느 걸 불신하느냐에 따라 다양한 형태를 띨 수 있다. 따라서 기후 변화를 부정하는 사람들이 얼마나 되는지에 대한 판단은, 음모론 신봉자들이 얼마나 되는지를 알아보려 할 때와 마찬가지로 어떤 질문을 어떻게 하느냐에 따라 달라진다. 예를 들어, 2006년부터 2012년까지 실시된 퓨 여론 조사에 따르면, 미국 성인의 57~77퍼센트는 '지구가 따뜻해지고 있다는 확실한 증거'가 있다고 믿었지만, 지구가 따뜻해지는 이유가 '주로 인간 활동 때문'이라고 믿는 성인 비율은 36~47퍼센트에 그쳤다.¹⁰ 〈이코노미스트〉와 유고브가 '지구 온난화'가 아닌 '기후 변화'라는 용어를 사용해 실시한 2021년 여론 조사에 따르면, 전 세계 기후가 '인간 활동의 결과로' 변하고 있다고 믿는 응답자가 53퍼센트, 변하고는 있지만 인간 활동 때문은 아니라고 믿는 응답자가 24퍼센트, 그리고 기후가 전혀 변하지 않고 있다고 믿는 응답자가 9퍼센트였다.¹¹ 2020년 퓨 여론 조사에서는 흑백논리식 이분법이 아닌 세 가지 선택지를 제시하자, 응답자의 무려 81퍼센트가 인간 활동이 기후 변화에 일조한다는 믿음을 지지했고, 그중 49퍼센트는 그것도 '아주 많이' 일조한다는 믿음을 지지했으며, 32퍼센트는 '약간' 일조하고 있다는 믿음을 지지했고, '별로' 또는 '전혀' 일조하지 않는다는 믿음을 지지한 응답자는 불과 19퍼센트밖에 되지 않았다.[12] 이 같은 결과는 단순한 '예' 또는 '아니오' 식 응답 외에 믿음의 확신 정도를 수치로 표현하게 했을 때, 인위적 기후 변화에 대한 믿음이 증가한다는 걸 보여주는 다른 연구 결과와도 일치한다.[13] 예일대학교 '기후 변화 커뮤니케이션 프로그램' 연구팀이 2008년부터 2021년까지 매년 실시한 설문 조사에서는 기후 변화에 대한 우려 정도에 따라 응답을 여섯 단계로 분류했는데, 2021년 설문 조사 결과에 따르면 응답자의 75퍼센트가 기후 변화에 대해 '심각하게 우려한다', '우려한다' 또는 '우려하는 편이다'라고 답했고, 불과 24퍼센트만 '관심 없다', '회의적이다' 또는 '부정한다'고 답했다.[14] '심각하게 우려한다'고 답한 응답자의 비율은 2017년의 18퍼센트에서 2021년에는 33퍼센트로 두 배 가까이 늘어나 기후 변화에 대한 부정은 줄어들고 있는 걸로 보이지만, 특히 기후 변화가 인간 활동 때문에 발생하는지에 대한 논쟁의 지점에서는 여전히 어느 정도 부정적 시각이 남아 있다.

뉴욕대학교의 정치학자 패트릭 이건Patrick Egan과 템플대학교의 정치학자 메건 멀린Megan Mullin은 기후 변화에 대한 부정이 사라지지 않는 이유 중 하나는 각종 대중 매체에서 접하는 지구 평균 기온보다 우리가 매일매일 직접 경험하는 날씨가 더 피부에 와닿기 때문이라고 주장한다. 또 다른 연구에서, 이들은 지역 기온이 평소보다 섭씨 약 1.7도 올라갈 때마다 미국인이 '지구가 따뜻해지고 있다는 확실한 증거'가 있다는 것에 동의할 가능성 또한 1퍼센트씩 올라간다는 사실을 알아냈다.[15] 지난 9년간이 역사상 가장 더웠던 시기라는 점을 고려하면,

2021년 기준으로 미국인의 불과 10퍼센트만 '기후 변화는 일어나지 않고 있다'고 답한 것도 놀라운 일은 아니다.[16] 그러나 또 다른 연구에서, 이건과 멀린은 1974년부터 2013년 사이 미국에선 평균 기온이 상승했음에도 불구하고, 미국인의 무려 80퍼센트는 그 기간 중 여전히 겨울은 훨씬 더 온화하고 여름은 덜 습한 등 전반적으로 더 쾌적한 날씨를 경험했다고 답했다는 사실을 알아냈다.[17] 기록상 여섯 번째로 더운 해였던 2021년, 미국은 30년 만에 가장 추운 겨울을 보냈고 남극 기온은 관측 이래 최저까지 떨어졌다. 이는 2015년 겨울, 미국 상원의원 제임스 인호프가 지구 온난화를 반박하겠다며 상원 본회의장에 눈덩이를 들고 나타난 일을 떠올리게 하며, 폭염이 몰아치면 기후 변화에 대한 우려가 커지고 추운 겨울이 오면 통계적 예외로 치부하며 기후 변화를 부정하는 등, 우리 인간이 얼마나 순간에 좌우되는 존재인지를 잘 보여준다.

마찬가지로, 우리 대부분이 푹푹 찌는 여름 더위와 매서운 겨울 추위 사이를 오가는 계절 변화도 겪고 또 최소 섭씨 약 11도가 넘는 낮과 밤 사이의 일교차도 경험하기 때문에, 지구 평균 기온이 겨우 섭씨 1.57~2도 정도 오른다고 해서 '기후 변화에 관한 정부 간 협의체'가 예견하는 것처럼 파국적인 재앙이 발생할 수 있다는 걸 쉽게 이해할 수는 없다. 이는 우리의 주관적인 인식에 따른 것으로, 결국 1장에서 언급한 순진한 현실주의의 '보는 것이 믿는 것이다'라는 격언과 2장에서 언급한 '소수의 법칙'에 너무 의존하는 데서 비롯된다. 그러니 해변에 살며 좀처럼 반경 약 16킬로미터를 벗어나지 않는 내 친구 스콧이 지구 온난화에 별 감흥을 느끼지 못하는 것도 놀랍지 않다. 하지만 내가 한때 살았던 샌퍼낸도 밸리 건너편에서는 여름이면 섭씨 약 43도가 넘는 일이 흔했고, 산불도 계절마다 반복되어 아예 연례적인 행사처럼 되어버릴 정도였다.

기후 과학 vs. '빅 오일'

기후 변화를 부정하게 되는 요인으로는 기후 변화 전문가의 경고에 귀를 닫게 만드는 순진한 현실주의와 더닝-크루거 효과뿐 아니라 4장과 5장에서 언급한 의견 벼룩시장과 허위 정보 산업 복합체도 꼽을 수 있다. 예를 들어, 2017년 기준으로 미국인의 거의 90퍼센트는 인위적 기후 변화에 대한 기후 과학자들의 합의가 있다는 사실조차 알지 못했다.[18] 이는 특별히 놀랄 만한 일도 아니다. 왜냐하면 우리 대부분이 기후 과학 연구 저널을 꾸준히 읽는 것도 아닌 데다(애초에 접할 기회조차 없지만) 지난 수십 년간 책과 TV 보도, 온라인 정보 등의 형태로 엄청난 양의 기후 변화 관련 허위 정보를 쉽게 접할 수 있었기 때문이다. 예를 들어, 2019년 온라인 활동가 네트워크 아바즈Avaaz가 분석한 자료에 따르면, 기후 과학자의 주장을 반박하는 영상 5,000여 개가 '지구 온난화와 관련된 진실', '기후 변화에 대해 당신이 듣지 못한 것들', '기후 변화: 과학자들은 뭐라고 말하나?' 같은 제목으로 2,100만 회 이상의 조회수를 기록했으며, 이는 유튜브 알고리즘과 유명 브랜드의 광고 후원이 있었기에 가능했다.[19] 그 동영상 중 상당수는 여러 해 동안 활동해온 기후 변화 부정 단체들이 제작한 것으로, 인위적 기후 변화 문제는 이미 97퍼센트 이상의 과학자들이 의견 일치를 본 문제라기보다 찬반 양측이 아직 과학적인 논란을 벌이는 문제라는 잘못된 인상을 주기 위해 제작됐다.

2019년에는 '과학의 친구들Friends of Science'이라는 단체가 '500명이 유엔을 향해 말한다. 기후 변화 비상사태는 없다'라는 제목의 유튜브 동영상을 올렸으며, 그 동영상에선 '지식과 경험이 풍부한 기후 및 관런 분야 과학자 및 전문가 500명'이 서명한 인위적 기후 변화 부정 서한이 공개되기도 했다.[20] 그런데 이처럼 그럴싸한 주장에도 동료 평가를 거치는 학술지에 논문을 게재하는 등 활발하게 연구하고 전문성이 높은 기후 과학자일수록 인위적 기후 변화를 부정할 가능성은 더 낮다. 다시 말해, 기후 변화를 부정하라고 부추기는 자칭 '과학 분야 권위자'는 대개 진정한 전문가와는 거리가 멀다. 또한 그들의 학문적 자격과는 무관하게, 그들의 의심스러운 주장과 기존 연구에 대한 해석은 대개 객관적 증거처럼 포장된 편향적인 연구와 결함 있는 방법론적 분석에 근거한 것이다.[21] 설사 그들을 과학자로 간주하더라도, 그들은 이른바 '비주류 과학'이나 '쓰레기 과학'에 걸맞은 과학자들이라 해야 할 것이다. 마지막으로, 6장에서 언급했듯 기후 변화를 부정하는 일에 쓰이는 '돈의 흐름을 따라가다 보면', '빅 오일Big Oil'* 및 화석 연료 업계와의 연관성을 무시하기 어려운 지경에 이르게 된다.[22]

만일 지금 과학적 사실로서의 인위적 기후 변화의 신뢰성을 둘러싼 전투가 기후 과학자들과 빅 오일 간에 벌어지는 것이라면, 우리들은 어느 쪽 편을 들고 무엇을 믿기로 결정해야 할까? 내가 이 책에서 내내 주장해왔듯, 그 답을 찾으려면 정보 출처에 대한 우리의 신뢰와 불신은 물론 우리의 동기화된 추론 밑에 깔린 동기까지 유심히 살펴봐야 한다. 과학자들은 미국에서 가장 권위 있고 신뢰받는 지식 분야 권위자로, 2016년부터 2021년 사이에는 미국인의 76~87퍼센트가 과학자를 '아주 많이' 신뢰한다고 답했다.[23] 하지만 2019년 퓨 여론 조사에서는 미국인의 35퍼센트가 '연구자가 원하는 결론을 내는 데 과학적인 방법이 활용될 수 있다'고 믿는다고 했다.[24] 한편, 미시간주립대학교의 사회학자 애런 맥크라이트Aaron McCright는 2016년 연구에서 기후

• 세계적인 거대 석유 기업들.

변화에 대한 부정 기류는 '환경 단체'나 '학문·과학 공동체'에 대한 신뢰보다는 '미국 기업 공동체'나 '석유 및 가스 기업'같이 '산업 자본주의 체제'를 대표하는 집단에 대한 신뢰와 더 밀접한 관계가 있다는 증거를 발견했다.[25] 게다가 과학 공동체보다 산업 자본주의 체제를 더 신뢰하는 것이 공화당 지지 성향과 깊은 관계가 있다는 사실을 근거로, 맥크라이트는 '기후 변화 회의론을 가장 잘 예측할 수 있게 해주는 것은 정치적 성향'이라고 결론지었다. 이 주장은 2021년 여론 조사 결과와도 일치한다. 해당 조사에 따르면 인위적 기후 변화를 믿는다고 답한 응답자는 민주당 지지자와 진보주의자의 경우 각각 77퍼센트와 86퍼센트였고, 공화당 지지자와 보수주의자의 경우 각각 53퍼센트와 22퍼센트였다. 또한 '기후 변화와 환경' 문제가 '아주 중요하거나 다소 중요한' 문제라고 믿는 응답자의 비율은 민주당 지지자와 진보주의자의 경우 각각 83퍼센트와 94퍼센트였고, 공화당 지지자와 보수주의자의 경우 각각 46퍼센트와 44퍼센트였다.

앞 장에서 살펴본 정치적 정체성과 인종적 정체성의 교차 지점에 대한 결론을 그대로 재현하듯, 맥크라이트는 보수주의자, 특히 백인 남성 보수주의자들이 산업 자본주의 체제를 지지하는 것은 존 조스트가 말한 '체제 정당화' 성향에서 비롯된다는 사실도 알아냈다.[26] 그러나 일부는 순전히 자신이 지지하는 정당의 노선을 따르는 것에 불과하다는 증거도 있으며, 그래서 개인의 동기화된 추론과 자기 입장 중심 편향을 이해하기 위해선 정당 지도자들과 허위 정보 산업 복합체의 다른 최상위 포식자들의 동기와 이해관계도 밝혀야 한다. 기후 변화 부정론자들은 종종 자신을 환경 과학자들이나 그린 로비Green Lobby* 처럼, 이른바 '기득권'에 맞서 싸우는 용기 있는 반대자처럼 말하지만, 2013

---

* 환경 보호 단체들을 일컫는 말.

년에 실시한 연구에서 인위적 기후 변화를 반박하는 내용의 출판 도서 108권 가운데 72퍼센트는 보수 성향의 싱크 탱크와 관련 있다는 사실이 확인된 바 있다.[27] 또한 '기후 변화 반대 운동' 단체 128곳에 대한 최근의 분석에 따르면, 그 단체는 2003년부터 2018년까지 100억 달러에 가까운 자금 지원을 받았는데, 그중 상당 액수는 아메리칸 엔터프라이즈 연구소, 헤리티지 재단, 후버 연구소 같은 보수 성향의 정치 재단으로부터 흘러나온 '다크 머니dark money'** 였다.[28]

그럼 보수 성향의 싱크 탱크나 정치 재단은 왜 막대한 자금을 쏟아부으며 기후 변화에 대한 부정을 홍보하는 걸까? 국제적인 관점에서 보면 그 답의 실마리를 찾을 수 있다. 2019년 조사에서 전 세계의 23개 '부유한 국가' 가운데 미국은 기후 변화 부정론자의 비율이 사우디아라비아와 인도네시아에 이어 세 번째로 높았고, 기후 변화가 사기라고 믿는 사람의 비율은 가장 높았다.[29] 게다가 기후 변화에 대한 우려를 둘러싼 좌우 진영의 분열 현상은 다른 여러 유럽 국가와 한국, 뉴질랜드 등에 비해 미국이 훨씬 더 심각했다.[30] 이처럼 세계적인 관점에서 볼 때, 기후 변화 부정론이 미국에서 유독 더 눈에 띄는 건 미국이 세계 최대의 석유 생산국이라는 사실과 무관하다고 보긴 어렵다. 게다가 6장에서 언급했던 미국의 보수 진영 정치 지도자들과 빅 오일 간의 금전적 유착 관계까지 고려하면, 사람들이 가끔 주장하듯 보수 진영이 모든 면에서 과학을 부정하는 건 아니란 것을 더 잘 이해할 수 있다. 오히려 맥크라이트의 연구를 알 수 있듯, 보수 진영은 지난 수십 년간 경제 성장을 뒷받침해온 기술 혁신에 이바지한 '성장 지향 과학자'를 지지하고 신뢰하면서도, 경제 생산의 잠재적 폐해와 관련된 불편한 진실을 알리는 '영향 분석 과학자'는 반대하는 경향이 있다.[31]

** 자금 출처가 공개되지 않은 정치 자금이나 로비 자금.

마찬가지로, 또 어떤 연구자들은 이념적으로 동기화된 기후 변화 부정 현상의 원인을 '해결책 기피' 탓으로 돌려왔다. 그 결과 지구 온난화를 막으려는 조치들, 즉 화석 연료 생산 억제, 탄소세 부과, 대체 '그린 에너지'에 대한 투자 등에 들어가는 비용이 아무것도 하지 않았을 때 발생할 비용보다 더 큰 위협으로 여겨진다.[32] 그리고 빅 오일이든 정치인이든 또는 석탄 산업에서 근근이 먹고사는 육체노동자든, 이러한 조치로 인해 직접적으로 영향을 받을 수 있는 집단으로서는 지금 당장의 경제적 손실과 미래 세대를 파멸로 몰아넣을 가능성 사이에서 저울질해야 하는 상황이 상당한 인지 부조화를 초래할 수 있다. 그러나 흔히 그렇듯, 동기화된 부정은 그 복잡한 계산의 불편함을 없애줄 간단한 해결책을 제시한다. 그냥 인위적 기후 변화가 존재하지 않는 척해보라. 그러면 불편한 진실은 편리한 거짓이 된다. 그러나 그렇게 지구 온난화를 부정하는 게 일부 사람들에겐 단기적인 이익을 줄 수도 있지만, 우리와 우리의 아이들 머리 위에 계속 드리우는 장기적인 위협의 현실을 바꾸진 못한다. 기후 변화 부정론이 완강할 수 있다는 점은 분명하지만, 사실 역시 그에 못지않게 완강하다.

믿음의 불변성과
신성한 가치

---- 3 ----

2022년 2월, 뉴스 매체는 4기 신장 질환을 앓던 공군 참전용사 채드 카스웰Chad Carswell에 관한 이야기를 보도했다. 그는 노스캐롤라이나의 한 병원에서 코로나19 백신 접종을 계속 거부할 경우 신장 이식을 받을 수 없다는 이야기를 들었다.

"난 백신을 맞지 않을 거예요. 논의할 것도 없어요." 그는 의사에게 말했다.

"아시겠지만, 이 백신을 맞지 않으면 신장을 못 받아 결국 죽게 될 거예요." 그들의 답이었다.

"그럼, 결국 죽겠네요." 카스웰이 말했다. "난 자유롭게 태어났고 자유롭게 죽을 거예요."[33]

이미 두 차례 코로나에 걸린 적이 있던 카스웰은 자신이 '백신 반대론자'도 아니고 백신 음모론을 믿는 사람도 아니며 '정치와는 아무 상관도 없다'라고 설명했다. 그러면서 그는 자신이 설사 죽는 한이 있어도 백신을 맞지 않겠다고 하는 건 '끝내 우리의 권리를 지키기 위해서이며 또 우리에게 선택권이 있다는 걸 알기 때문'이라고 했다.[34] 그러나 보수 성향의 미국 언론 매체 《에포크 타임스The Epoch Times》는 카스웰이 '백신을 맞거나 죽거나 둘 중 하나를 선택해야 했다'라는 제목으로 보도했지만, 사실 그가 죽음을 선택하려 한 것은 아니어서, 한 달 뒤 그는 텍사스의 다른 병원에서 장기 이식 대기자 명단에 이름을 올리기 위해 부단한 노력을 하고 있었다.[35] 2023년, 그는 결국 듀크대학교 병원에서 자기 어머니가 기증한 새로운 신장으로 이식 수술을 받을 수 있었다.

카스웰의 이야기는 언젠가 내 환자 중 한 명한테 있었던 일을 떠올리게 한다. 그 환자는 정신과적인 이유로 입원해 있었는데, 요폐urinary retention*증상도 있어서 하루에도 몇 번씩 도뇨관을 삽입해 자가 도뇨를 해야 했다. 그는 정말 자가 도뇨까지 할 필요는 없었다. 그의 요폐 증상은 전립선 비대증 때문에 생긴 것이었기 때문에, 처방받은 약을 복용한다는 데 동의만 한다면 아마 별 어려움 없이 소변을 볼 수 있었을 것이다. 그러나 그는 약을 먹으려 하지 않았다. 게다가 심지어 소변에 피가 섞여 나온다고 호소하면서도, 소변 검사 같은 기본적인 검사를 받는 것조차 동의하지 않았다. 내가 이유를 물어보니 자신의 '종교' 때문이라고 했다. 그래서 내가 어떤 종교를 갖고 있느냐고 그리고 왜 그 종교에선 이미 자가 도뇨로 모아놓은 소변을 검사하는 걸 금하는지 구체적으로 설명해줄 수 있느냐고 물었지만, 그는 자세한 이야기는 하지 않으려 했다. 그러나 이후 몇 차례 더 실랑이를 벌이다보니, 그가 말한 자신의 '종교'라는 게 실은 자기의 개인적이고 고집스러운 믿음과 성향에 불과했다는 사실이 점점 분명해졌다.

가치, 도덕 그리고 정체성

결국 이 책에서 내내 살펴본 잘못된 믿음의 인지적 작동 방식, 망상,

---

* 방광에 소변이 차 있어도 배뇨하지 못하는 상태

긍정적 착각, 오류가 있는 기억, 확증편향, 동기화된 추론, 인지 부조화는 대개 우리 정체성의 안정성을 유지하기 위한 목적으로 작동된다. 그래서 뉴욕시립대학교의 철학자 에릭 맨델바움Eric Mandelbaum은 이러한 작동 체계를 '심리적 면역 체계'라 부른다. 이는 4장에서 언급한 댄 케이헌의 '정체성 방어 인지'와 제이 반 바벨의 '정체성 기반 믿음 모델'과 마찬가지로, 우리가 핵심적인 정체성의 일부로 선택한 믿음을 외부의 위협으로부터 보호해주는 역할을 한다.[36] 그러나 이는 실제 면역 체계와는 달리 건강한 방어기제가 아니다. 오히려 잘못된 믿음을 지속시키고 종종 심각한 개인적 고통과 사회적 문제를 일으키기도 한다. 마치 믿음의 불변성이 우리의 진실성을 보여주는 척도라도 되는 양 믿음을 바꾸지 않으려 하는 것은 건강한 태도가 아니며, 마찬가지로 믿음을 우리의 정체성과 동일시하는 것 또한 바람직하지 않다.

1장부터 계속 주장해온 바이지만, 우리는 믿음을 언제나 이용할 수 있는 증거에 기반한 확률적 판단으로 생각해야 하며, 또 '신념'을 있는 그대로, 설사 뒷받침할 증거가 부족하다 해도 뭔가를 믿기로 하는 적극적인 선택으로 이해해야 한다. 정신적으로 건강한 방식으로 믿음을 유지하고 신념을 굳건히 지키려면 '인지적 유연성'을 발휘해야 한다. 다시 말해, 우리가 틀릴 수도 있다는 걸 늘 염두에 두고 사실이 우리에게 유리하지 않을 땐 우리가 옳다고 고집하지 않으며, 다른 이의 증거 없는 믿음도 나와 다를 바 없다는 점을 인정하고 이해하고 존중해야 한다. 우리는 흔히 '우리가 믿는 것을 지키는 것'을 미덕으로 여긴다. 그러나 '믿음의 역설', 즉 뒷받침해줄 증거가 가장 부족할 때 오히려 그 믿음에 가장 강한 애착을 갖게 된다는 것을 고려한다면, 우리는 '자신의 믿음에서 한발 물러서는 일'의 가치를 깨닫게 될 뿐 아니라 증거를 살피고 다른 관점을 경청했을 때 믿음을 바꾸더라도 위협을 느끼지 않게 된다.

우리는 또한 스스로에게 '대체 어떤 믿음이 죽을 각오로 지킬 가치가 있는 걸까?'라는 질문을 던질 필요가 있다. 신에 대한 우리의 믿음과 신이 어떤 모습일지에 대한 우리의 믿음을 지키기 위해 죽을 가치가 있는 걸까 아니면 다른 사람들을 죽일 가치가 있는 걸까? 슈퍼볼이나 월드컵에서 누가 이길까 하는 걸 놓고 목숨까지 걸 가치가 있는 걸까? 달 착륙이 조작되었다거나 백신이 자폐증을 유발한다거나 전문가들이 그렇지 않다고 확언하는데도 불구하고 인위적 기후 변화가 사기라는 믿음은 어떠한가? 만일 대부분의 그런 믿음이 또는 그 어떤 믿음도 목숨을 걸 만큼 가치 있지 않다는 말이 잘못된 생각처럼 느껴진다면, 그건 아마 우리가 '사실에 근거한 믿음'을 '가치나 도덕'과 혼동하는 경우가 많기 때문일 것이다.

서문에서 잠시 언급했던 수용 전념 치료ACT라는 심리 치료법에서는, 가치가 무엇인지 이해하는 데 도움을 주기 위해 훗날 우리의 묘비에 새겨 넣을 묘비명을 직접 써보는 연습을 한다.[37] 그 연습에선 이렇게 묻는다. 묘비에 어떤 말을 써넣고 싶은가? 무덤에 들어갈 때까지 고수했거나 부정했던 확고한 믿음을 써넣고 싶은가? 4장에서 언급했던 '매드' 마이크 휴스는 자신의 묘비에 '여기 마이클 휴스 잠들다. 지구가 평평하다는 걸 증명하려고 자신의 목숨을 바치다'라는 글이 새겨지길 바랐을까? 그랬을 것 같지 않다. 그리고 코로나19로 사망한 수백만 명 가운데 자신의 묘비에 '마스크나 백신이 효과가 있다고 전혀 믿지 않았다'라는 글을 묘비에 새기고 싶은 사람은 거의 없었을 것이다. 혹은 현대 문명이 종말을 고한 뒤 세워질 위령탑에 '기후 변화를 끝까지 믿지 않은 자'라는 글이 적히길 바라는 사람도 아마 없을 것이다.

"자유가 아니면 죽음을 달라"는 미국 건국의 아버지 패트릭 헨리

Patrick Henry의 말을 연상케 하는 "나는 자유롭게 태어났고 자유롭게 죽을 것이다"라는 카스웰의 말이 묘비명에 훨씬 더 잘 어울리는 것 같다면, 그건 그 말이 사실에 대한 믿음을 나타내는 게 아니라 '가치'를 나타내기 때문이다. 우리가 '사실에 대한 믿음'에 대해 말한다는 것은 사실이라고 생각하는 것에 대해 말하는 것이지만, '가치'에 대해 말한다는 것은 수용 전념 치료에서 말하는 '선택한 삶의 방향'이나 우리의 삶에서 중요하다고 생각하는 것에 대해 말하는 것이다. 카스웰은 백신이 효과 없다는 과학적 믿음을 근거로 자신의 백신 접종 거부를 옹호한 게 아니라, 자신이 가장 큰 가치를 두는 건 선택의 자유라고 말함으로써 자신의 백신 접종 거부를 옹호했다. 미국의 사립 종합대학교 뉴 스쿨의 심리학자 제러미 진지스Jeremy Ginges와 미시간대학교의 인류학자 스콧 애트런Scott Atran은 '도덕적 의무'를 나타내는 가치를 뜻하는 용어로 '신성한 가치'라는 말을 쓴다.[38] 그러나 가치와 도덕은 완전히 같은 개념은 아니다. 가치는 중요한 것에 대한 믿음이고, 도덕은 '옳고 그른 것', '좋고 나쁜 것'에 대한 판단이다. 진지스와 애트런이 말하는 '신성한 가치'란 절대적이고 신성불가침한 도덕 규범을 뜻하며, 그 규범은 변화를 거부하며 철저히 지켜지는데, 이는 개인적이며 집단적인 정체성의 감정들과 긴밀하게 얽혀 있기 때문이다. 가치와 도덕을 정체성과 강하게 연결하여 생각해보면, 그것들을 포기한다는 건 곧 존재 자체에 대한 위협처럼 느껴질 수밖에 없으며, 따라서 우리가 왜 가치와 도덕을 지키기 위해 목숨까지 거는지 그 이유도 자연스럽게 이해된다.

도덕적 상대주의 vs. 도덕적 절대주의

도덕은 단지 우리의 자기정체성과 연결되어 있을 뿐 아니라, 우리가 타인을 어떻게 인식하는가에도 결정적인 역할을 한다. 펜실베이니아대학교의 심리학자 니나 스트로망거Nina Strohminger와 그녀의 동료들은 여러 연구를 통해, 우리가 다른 사람들의 정체성을 어떻게 인식하는지는 대개 그들의 '도덕적 성품'에 대한 인식에 따라 결정된다는 사실을 밝혀냈다. 그리고 도덕적 성품이란 정직, 신뢰성, 충성심, 연민, 공정성, 관대함, 진실성, 겸손함 등등 보편적으로 가치 있게 여겨지는 특성과 살인은 잘못된 행위라는 식의 광범위하게 공유된 도덕적 판단에 대한 사람들의 의견을 뜻한다.[39] 이 같은 결과는 가상의 시나리오에 대한 평가와 알츠하이머병 같은 치매성 질환에 걸린 사람들을 평가하는 연구에서 성인과 아동 모두에게서 나타났다. 예를 들어, 치매에 걸린 가족의 도덕적 성품이 바뀐 것으로 인식될 경우, 기억력이나 지능, 유머 감각, 사교성, 활기 같은 다른 특성을 잃었을 때보다 그 사람의 본질적인 인격(그 사람이 어떤 사람인지에 대한 우리의 느낌)이 달라졌다고 느끼는 경향이 더 크다.[40] 이런 연구들은 이른바 '본질적인 도덕적 자아 가설'을 뒷받침해주는데, 그 가설에 따르면 우리가 다른 사람을 규정짓고 관계를 맺을지를 판단할 때는 무엇보다 상대를 도덕적으로 '좋은 사람'으로 인식하는지 '나쁜 사람'으로 인식하는지가 가장 중요한 기준이 된다.

심리학자와 사회학자 그리고 인류학자들은 대개 도덕적 판단을 인류가 공동체를 이루고 살아가기 위해 진화시킨 일종의 사회적 인지 기능이라는 데 동의하지만, 뉴욕대학교의 심리학자 조너선 하이트Jonathan Haidt는 현대의 많은 사회적 갈등이 도덕적 우선순위에 대한 견해차에서 비롯된다고 주장한다. 하이트와 그의 동료들이 개발한 '도덕 기반 이론'에 따르면, 인간의 도덕은 보살핌 – 해침, 공정 – 속임, 충성 – 배신, 권위 – 전복, 신성 – 타락이라는 다섯 가지 핵심 축으로 이루어져 있다. 그리고 이 다섯 가지 핵심 축은 다시 각각 양육과 연민, 상호적 이타주의와 정의, 집단 결속, 사회적 위계질서 구축, 금기의 설정 같은 친사회적 행동과 덕목의 원동력이 된다.[41] 도덕 기반 이론은 원래 문화 간 차이를 연구하기 위해 만들어졌지만, 지난 10여 년간 하이트와 그의 동료들은 이 도덕적 기반이 정치 성향 차이를 설명하는 데도 도움이 된다는 주장을 해왔다. 여러 연구에 따르면, 보수 진영은 다섯 가지 핵심 축 전부를 토대로 도덕적 판단을 하는 데 반해, 진보 진영은 그 어떤 핵심 축들보다 보살핌·해침 축과 공정·속임 축을 더 중시한다.[42] 이 같은 정파적 차이는 이기심을 억누르고 공동체의 삶을 고양시킬 두 가지 뚜렷한 전략으로 이해할 수 있다. 그중 하나는 평등한 권리에 초점을 맞춘 '개인화' 전략이고 다른 하나는 집단 결속력과 정체성을 강화하는 데 초점을 맞춘 '결속' 전략이다. 이 두 전략은 다문화 사회 안에서 충돌할 가능성이 있다. 예를 들어, 도덕 기반 이론에 따르면 앞 장에서 살펴본 인종적 공정성 같은 미국 내 정치적 갈등의 핵심 문제를 둘러싼 충돌은 개인의 보살핌과 공정성을 우선시하는 진보 진영과 전통적인 제도와 집단 내 정체성 보존을 우선시하는 보수 진영 간의 도덕적 충돌로 이해할 수 있다.

조너선 하이트는 도덕적 판단이 앞서 대니얼 카너먼이 말한 빠른 사고, 즉 선천적이고 직관적이며 자동적인 사고이며 본능적인 감정과도 긴밀한 관련이 있다고 본다. 그의 도덕 기반 이론에 따르면, 정치의 감정적 양극화 현상은 우리가 스스로 도덕적 우위에 서 있다고 보는 데서 생겨나는 결과이며, 그 결과 우리는 우리가 옳다는 전제하에 분노, 경멸, 혐오, 역겨움 같은 감정을 가지고 갈등을 풀어나가게 된다. 그래서 하이트와 그의 동료들은 미국 정치의 양극화를 다음과 같이 풍자한다.

진보와 보수는 서로 다른 파장의 부도덕성에 시선을 맞추는 듯하다. 보수주의자의 눈에, 진보주의자는 '뭐든 허용되는' 도덕 체계를 갖고 있어서 아무리 기이하고 타락한 행동도 포용과 다양성을 위해서라면 다 허용되어야 한다고 믿는 걸로 보인다. 반면에 진보주의자의 눈에는, 보수주의자는 특히 억압받는 집단에 대해 기본적인 도덕적 연민조차 없고 부자는 더 부유해지고 무고한 사람은 가난 속에 고통받는 현실을 보며 왜곡된 즐거움을 느끼는 걸로 보인다.[43]

하이트의 경우, 정치적 차이를 이러한 관점에서 보게 되면서 진보주의자이자 민주당 지지자로서 가졌던 '자신의 도덕적 열정'을 잃게 되었다.[44] 그래서 이제는 우파의 인종차별주의와 좌파의 '피해자 의식 및 피해자 중심 사고' 모두 미국 정치의 분열을 더 심화시킨다고 보는 '중립적' 입장을 취하고 있다고 말한다.[45]

도덕 기반 이론은 심리학뿐 아니라 다른 학문 분야에도 지대한 영향을 끼쳤지만, 비평가들로부터 거센 비판도 받아왔다. 일부 비평가들은 하이트의 다섯 가지 도덕 기반 선정 자체가 임의적인 데다 양쪽 모두 이익을 볼 수 있는 '비제로섬 게임' 안에서 진화한 협력 이론에 근거한 것도 아니라고 주장한다.[46] 또 다른 비평가들은 보수주의자가 진보주의자보다 보살핌과 공정성에 덜 관심을 두며, 대신 그들이 중시하는 '결속' 기반은 진정한 도덕적 사고에 의해 비롯된 것이 아니라 앞 장에서 언급한 인식적이고 실존적이며 체제를 정당화하는 목표에 의해 작동된다고 주장한다.[47]

내가 보기에는 개인이나 타인의 정체성을 '믿음'으로 정의하는 것처럼, 가치와 도덕을 통해 정체성을 규정짓는 일 또한 사회적 상호작용 안에서 큰 문제를 초래할 수도 있다. 특히 개인 차원을 넘어 집단과 문화에 대해 생각하게 될 때 이러한 경향은 더욱 뚜렷해진다. 한편, 공유된 가치 및 도덕은 사람들을 하나로 모으기도 하며, 시간이 지나면서 집단 결속에 필요한 구심점 역할을 하기도 한다. 살인과 절도는 나쁜 짓이라는 보편적 도덕 규범은 법치주의를 떠받치는 데 꼭 필요한 기둥이다. 그러나 다른 도덕적 판단까지 다 보편적으로 받아들여지는 것은 아니어서, 모든 도덕이 불변의 진리라고 주장할 때 통합은커녕 분열을 낳게 된다. 도덕 기반 이론에 따르면, 오늘날 정치적 분열의 중심에는 도덕적 상대주의라는 현실과 도덕적 절대주의라는 주관적 인식 간의 불일치가 놓여 있다. 결국 다른 그 무엇보다 도덕적 판단이 서로 다르기 때문에 정파적으로 동기화된 추론과 부정주의가 팽배해진다는 것이다.

물론 꼭 이런 식이어야 하는 건 아니다. 우리는 가치와 도덕을 주관적이고 상대적인 인지적 판단으로 이해해야 한다. 사실에 근거한 믿음과는 달리 가치와 도덕은 증거로 쉽게 단정될 수 없기 때문이다. 어떤 개인이나 집단이 중요하게 여기고 도덕적이라고 판단하는 것이 다른 누군가에게는 그렇지 않을 수 있다. 실제로 민주적 대표성과 여성의 권리, 자살 그리고 심지어 노예 제도와 소아성애에 대한 도덕적 판단은 문화마다 다르고 세월과 함께 크게 변화해왔기 때문이다. 분명히 말하지만, 나는 지금 노예 제도나 소아성애가 법적·도덕적 금기가 되어선 안 된다고 이야기하는 것이 아니다. 노예 제도가 한때 미국에서 용인되었고 오늘날에도 다양한 형태로 전 세계에 존재한다는 사실, 그리고 소아성애 역시 고대 로마와 중세 일본에서 문화적으로 허용되었고 오늘날에도 파푸아뉴기니의 에토로 족 사이에서 여전히 문화적 관습으로 남아 있다는 사실을 인정한다. 만일 우리가 도덕적 절대주의의 흑백논리식 이분법적 편향에서 벗어나 도덕적 딜레마를 비제로섬 상황으로 본다면, 우리가 늘 도덕적 우위에 서 있다는 확신을 포기할 수 있을지도 모른다.

심리학과 철학에선 도덕적 딜레마의 복잡성을 잘 보여주는 이른바 '트롤리 딜레마trolley problem'라는 문제가 있다. 이 딜레마에선 다음과 같은 가상의 시나리오가 제시된다. 다섯 명의 사람이 한 선로 위에 서 있고, 한 사람이 다른 선로에 서 있다. 트롤리가 다섯 명이 서 있는 선로 쪽으로 돌진하는데, 이때 레버를 조작하면 트롤리의 방향을 다른 선로 쪽으로 바꿀 수 있다. 레버를 당겨 한 사람을 희생할 것인가 아니면 그대로 다섯 명이 죽게 내버려둘 것인가? 심리학 실험실에서 이런 도덕적 진퇴양난 상황에 직면한 사람들은 거의 다 다섯 명을 살리기 위해 한 명을 희생시키는 쪽을 택한다. 그러나 만일 시나리오를 수정해 그 한 사람이 가족이나 배우자 또는 자녀라고 설정한다면, 그런 선택을 하는 비율은 눈에 띄게 줄어든다.[48]

민주주의는 평등한 권리와 법치주의 같은 보편적 도덕 기반 위에 세워졌지만, 몇몇 도덕적 딜레마의 경우 트롤리 딜레마처럼 늘 도덕적으로 더 나은 답이 있는 것은 아니기 때문에 충돌이 불가피하다. 마찬가지로, 미국에선 낙태 및 총기 규제, 인종 평등 문제와 백신 접종 의무화나 화석 연료 소비 제한처럼 첨예하게 대립하는 사안이 사실에 대한 믿음이나 도덕적 절대주의를 둘러싼 대립으로 여겨지는 경우가 많지만, 실제로는 모호한 도덕적 딜레마에 대한 법적 해결책을 둘러싼 의견 차이로 이해하고 논의하는 것이 더 바람직하다. 이런 관점에서 볼 때 낙태 논란은 인간의 '생명이 언제 시작되는가'라는 문제라기보다 자기 몸에 대한 여성의 권리를 보호하는 것과 태아를 보호한다는 명목하에 정부가 그 권리를 제한하는 것 중 어느 쪽이 도덕적으로 더 우선하는지를 둘러싼 갈등에 더 가깝다. 또한 총기 규제 논란은 '총기 소유가 개인을 더 안전하게 만드는가'라는 문제라기보다 어떤 대가를 치르고라도 총기로 자신을 지키는 양도할 수 없는 권리를 보장하는 것과 제한 없는 총기 폭력의 위험으로부터 사회를 지키기 위해 정부가 그 권리를 제한하는 것 중 어느 쪽이 더 우선하는지를 둘러싼 갈등에 더 가깝다. 인종 정치 역시 '세상에 얼마나 많은 차별이 존재하는가'라는 문제라기보다 모든 사람을 동등하게 대함으로써 평등이라는 개념을 지키는 것과 세상이 불공정하다는 걸 인정하고 그걸 바로잡아 형평성을 추구하는 것 중 어느 쪽이 도덕적으로 더 우선하는지에 대한 문제에 더 가깝다. 팬데믹 기간에 마스크를 쓰고 백신을 맞는 문제를 놓고 벌어지는 논쟁은 그런 개입이 '질병 확산을 얼마나 줄여주는가'라는 문제라기보다 개인적 자유를 행사하는 것과 이타심을 이유로 불편을 감수하는 것 중 어느 쪽이 더 가치 있는지를 따지는 문제에 더 가깝다. 그리고 마지막으로, 기후 변화 문제는 '지구 온난화가 정말 인간 활동 때문인가'라는 문제라기보다 화석 연료 소비를 줄이는 데 따르는 즉각적인 경제적 피해를 따져보는 것과 미래 세대를 위해 지구의 생존 여건을 지키는 데 필요한 모든 일들을 하는 것 중 어느 쪽이 더 중요한지를 따지는 문제에 더 가깝다.

이런 문제를 놓고 계속 어느 한쪽만 도덕적으로 절대 옳다고 여기거나 사실 대 허위 사실에 대한 논쟁으로 규정짓는 한, 우리는 어느 한쪽만 이익을 보는 제로섬 해결책을 놓고 해결되지 않는 갈등을 되풀이할 수밖에 없다. 그러나 이런 문제가 실은 도덕적 딜레마라는 점을 인정하고 그런 상태에서 논의한다면, 양쪽이 모두 이익을 보는 비제로섬 해결책과 합의점에 도달하게 될 수도 있다.

이념적 확신에 이르는 5단계

―――――― 4 ――――――

    이 책의 대부분은 증거를 통해 반박할 수 있는 거짓을 왜 믿는지 그 이유를 설명하는 데 할애됐다. 동시에 1장에서 구분했던 것처럼, 객관적인 '……라고 믿는 것'과는 달리, 주관적인 '~을 믿는 것'이 포함된 가치와 도덕, 신념은 되도록 다루지 않으려 했다. 그러나 '이념'에 대한 이야기를 시작할 때면 '~을 믿는 것'과 '……라고 믿는 것'을 구분하기란 거의 불가능해진다. 이념이 사실에 대한 믿음뿐 아니라 세계관을 이루는 도덕과 가치까지 포함하는 개념으로 정의되기 때문이다. 이념은 무엇에 중점을 두느냐에 따라 세속적일 수도 있고 종교적일 수도 있는데, 종교 및 정치 학자 샤디 하미드Shadi Hamid에 따르면, 사회에서 종교적 신앙이 쇠퇴하면 세속적 이념이 점점 더 일종의 종교적 열정 같은 걸로 대체된다고 한다. 그래서 우리는 '모든 깊은 신념은 승화된 종교'라고 생각할 수 있다.

    세속화가 막 시작되던 20세기 초의 네덜란드에서 총리를 지낸 신학자 아브라함 카이퍼Abraham Kuyper는 굳건히 유지되는 모든 이념은 사실상 신앙에 기반한 것이며, 어떤 인간도 궁극적인 충성심 없이는 오래 살아갈 수 없다고 주장했다. 그 충성심이 전통적인 종교에서 비롯되지 않을 때 민족주의나 사회주의, 자유주의 같은 세속적 확신을 통해 표출되게 된다. 정치 이론가 새뮤얼 골드먼Samuel Goldman은 이를 '종교 보존의 법칙'이라 부른다. 어느 사회에서든 종교적 신념은 비교적 일정하고 한정된 양으로 존재하며, 시간이 흐르며 달라지는 것은 그것이 어떻게, 어디에서 표출되는가 하는 것뿐이라는 것이다.[49]

케임브리지대학교의 심리학자 레오르 즈미그로드Leor Zmigrod는 한 걸음 더 나아가 이념에는 핵심적인 두 가지 구성 요소가 있다고 주장한다. 그 하나는 '사회적 관계와 규범이 어떠해야 하는지를 설명하고 지시하는 태도'가 포함되는 도덕적 요소이고 다른 하나는 '이념 추종자들에 대한 강한 내부 집단 편애와 외부 집단 불신'이 포함되는 관계적 요소이다.[50] 이 같은 하미드와 즈미그로드의 관점에 더해 8장에서 언급한 네이선 칼모어와 릴리아나 메이슨의 관점까지 고려한다면, 이념이란 개인의 믿음과 집단의 공유된 믿음이 합쳐져 정체성을 이루는 접점 정도로 볼 수 있으며, 이는 '내부 집단과의 강한 동일시'와 '외부 집단과의 도덕적 분리'를 수반해 폭력적인 갈등으로 이어질 수도 있다.

1장에서 나는 믿음에 대한 확신은 정량적인 관점에서 볼 때 가장 이해하기 쉽다고 주장했었다. 하미드가 종교적 열정에 대해 말하면서 언급하듯, 이는 가치, 도덕, 이념도 마찬가지이며 어쩌면 더 그렇다. 동시에 편향과 믿음 그리고 행동은 서로 분리될 수 있다. 앞 장에서 주장했듯, 편향이 꼭 믿음을 좌지우지하는 것도 아니고, 믿음이 꼭 행동을 결정짓는 것도 아니다. 그러니까 무의식적이고 암묵적인 편향이 있으면서도 의식적인 인종차별적 믿음은 없을 수 있고, '인위적 기후 변화'를 아주 굳게 믿으면서도 그와 관련해 행동은 전혀 하지 않을 수 있는 것이다. 즈미그로드의 '관계적 요소'에 주목한다면, 우리가 어떤 이념에 얼마나 강한 확신을 갖고 그에 따라 행동하는지는 그 이념 집단과 얼마나 밀접한 관련이 있느냐에 달려 있다. 이런 이유로, 나는 믿음에 대한 확신, 집단 소속감, 감정적 투자, 행동적 헌신을 토대로 이념에 대한 확신을 정량화하는 게 도움이 된다고 생각하며, 이를 바탕으로 '비신자들', '중립적인 신자들', '참된 신자들', '행동주의자들', '변절자들'로 이루어진 5단계 이념 확신 모델을 만들었다.[51] 이 모델은 음모론적 믿음에 대한 '상승형 유형 분류' 연구와 소위 극단주의 집단이나 사이비 종교 집단에 들어가는 사람들의 '과격화' 연구 등 다른 연구를 바탕으로 하며,[52] 그 어떤 이념적 대의에 대한 확신에도 적용할 수 있다. 이 모델은 임상적 척도는 아니며 이어지는 전형적 사례들 또한 정신병리 자체를 설명하려는 건 아니다. 이 모델은 이념적 확신이 깊어지면 관련된 심리적 고통, 사회적 갈등, 잠재적 폭력의 위험이 어떻게 커지게 되는지를 보여주기 위한 것이다.[53]

이 책 서두에서 나는 "그 누구도 내일 해가 뜰 거라고 미친듯이 외치진 않는다"는 로버트 피어시그의 말을 인용했었다. 그와 마찬가지로, 이념적 확신의 5단계 모델의 가장 큰 이점은 주류 문화에서 벗어난 이념들, 예를 들어, '산모의 선택권 존중' 대 '태아의 생명 존중' 같이 명확한 문화적 기준도 없고 논란도 많은 문제를 다루는 이념들에 대한 확신이 어느 정도인지를 잘 보여준다는 데 있다. 미국에서 '대의 민주주의' 같이 널리 받아들여지는 이념은 별다른 헌신이 필요하지 않다. 그러나 '공산주의', '권위주의', '무정부주의' 같은 비주류 이념들은 대개 강한 인지 부조화를 일으키며, 이를 받아들이기 위해선 보다 큰 믿음 확신, 감정적 몰입, 대의에 대한 헌신이 필요하다. 이 점이 바로 이념적 확신의 5단계 모델이 설명하고자 하는 핵심이다.

비신자들

중년의 기혼 남성인 빌은 자신을 '중도 성향'이라 칭하며 민주당 지지자도 공화당 지지자도 아니라고 말한다. 그는 사회 문제에 대해선 진보적인 관점을 지지하고 경제 문제에 대해서는 보수적인 관점을 지지하는 경향이 있으며, 순위 투표제ranked-choice voting*를 더 폭넓게 도입할 가치가 있다고 생각한다. 또한 자유시장 자본주의를 지지하지만, 미국 정치의 경우 대대적인 선거 자금 개혁이 필요하다고 생각한다. 총기 소유 권리를 믿고 실제 자기방어용으로 총기를 소유하고 레저용 사격도 즐기지만, 더 엄격한 총기 규제법에 찬성하며 공포 조장용이라고 보는 전국 총기협회NRA의 선전에 거부감을 보인다. 그는 기독교 집안에서 자랐지만 지금은 자신을 불가지론자agnostic**라고 생각한다. '과학 지지자'이며 '백신 지지자'로, 코로나19 팬데믹 기간에 처음 3년간 공공장소에서 마스크를 착용했는데, 그렇게 해야 나이 드신 자신의 부모님 등 다른 사람들을 보호할 수 있다고 믿었기 때문이다. 그리고 단체 같은 데 가입하지 않고 투표 외에 특별한 정치적 활동은 하지 않으며 집회나 시위에 참여하는 타입도 아니고 참여형 인간이라고 생각하지도 않는다. 다만 '온몸에 검은색과 금색 피가 흐른다'고 할 정도로 열렬한 피츠버그 스틸러스*** 팬이다.

여기서 말하는 '비신자'란 논란 중인 특정 이념을 지지하지 않는 사람을 뜻하지만, 그렇다고 해서 믿음이나 가치 또는 도덕이 전혀 없는 허무주의자와 혼동해선 안 된다.⁵⁴ 빌처럼 비신자들 역시 자신의 의견과 이념적 믿음을 갖지만, 대개 도덕적 상대주의를 인정하고 넓은 마

---

* 유권자들이 후보자들을 선호도 순으로 순위를 매겨 투표하는 방식.
** 신의 존재 여부를 알 수 없다고 믿는 사람으로 무신론자와는 다름.
*** 미식 축구팀으로, 팀을 상징하는 색깔이 검은색과 금색임.

음으로 다양한 관점들을 받아들이며, 1장에서 언급한 '신앙의 역설'은 피하고 대신 객관적인 증거에 따라 사실에 근거한 믿음을 갖는 회의주의적 접근 방식을 선호한다. 이들은 믿음을 갖게 될 때 직감보다는 분석적 사고에 의존하며, 인지적 유연성을 통해 그 믿음을 유지한다. 정신적으로 건강한 이 같은 믿음 방식에 대해선 다음 마지막 장에서 더 자세히 살펴보기로 하자.

중립적인 신자들

　섀넌Shannon은 두 아이의 엄마로 지금 셋째를 임신 중이다. 그녀는 '건강 관리'에 관심이 많고 요가를 사랑하며, 유기농 식단과 비유전자변형 식단과 글루텐 프리 식단을 유지하고 있다. 최근 몇 년간 그녀는 요가 수업이나 페이스북 내 온라인 육아 집단에서 들은 이야기 때문에 시간이 지날수록 백신에 대한 걱정이 깊어졌다. 그녀는 자신이 '백신 반대론자'라기보다는 '안전 지지자'라고 생각하지만, '해답을 찾는 중'이고 '직접 조사하는 것'을 중요하게 여긴다. 그녀는 주류 의료계에서 백신이 안전하다고 주장하는 것을 알지만, 조지프 머콜라 같은 의사들이 올린 유튜브 동영상을 본 적이 있고 '백신 이상 반응 보고 시스템VAERS'에서 본 내용에 불안함을 느낀다. 홍역과 볼거리, 풍진 백신을 맞은 딸이 자폐 진단을 받은 친구도 있었다. 그래서 섀넌은 첫 두 아이에게는 백신 접종을 완료했지만, 혹 자연 면역이 더 나은 대안 아닐지 고민 중이며, 셋째 아이에게는 백신을 접종하지 않아야겠다는 생각도 한다.

　4장에서 언급했듯 '중립적인 사람들'이라는 말은 섀넌처럼 백신 접종을 주저하는 사람을 지칭할 때 자주 쓰이지만, 주류 문화의 이념을 회의적으로 보고 불신해 다른 반문화적 이념을 고려하는 모든 사람에게 적용될 수 있다. 중립적인 신자들은 아직 어떤 이념적 대의에 헌신하진 않지만, 정보 출처로 신뢰하는 대상인 '인식적 소속'을 바꾸는 과정에 있다. 상반된 두 가지 이념 사이에서 인지 부조화를 겪는 이들은 새로운 이념 집단을 찾는 데 더 많은 시간과 에너지를 쏟을수록 이념에 대한 헌신 또한 더 강해지는 경향이 있다. 동시에 중립적인 신자들은 '참된 신자들'보다 주류 측 주장이나 이념 쪽으로 끌려갈 가능성이 더 높다.

참된 신자들

대릴Darryl은 35세의 참전 용사로, 이라크에서 치열한 전투를 겪었고 많은 전우와 가장 가까운 친구들의 죽음을 목격했다. 그는 결국 술과 옥시콘틴에 의존하다 노숙자 신세에까지 이르렀다. 하지만 6개월 전쯤 그는 '예수 그리스도를 자신의 구세주로 받아들이며 거듭난' 끝에 술과 약물 중독에서 벗어날 수 있었다. 지금 대부분의 사회 활동을 주로 '익명의 알코올 중독자들AA' 모임이나 자신이 다니는 복음주의 교회의 친구들과 함께한다. 그에게는 여자 친구가 있지만, 결혼하기 전까지는 다시 성관계를 하지 않겠다는 서약을 했다. 새로 발견한 소명을 통해 삶의 활기를 되찾은 대릴은 '익명의 알코올 중독자들'의 후원자가 되는 일과 곧 떠날 중남미 선교 여행에서 '말씀 전하는' 일을 할 생각에 들떠 있다. 최근 그를 만난 옛 전우 하나가 대릴이 줄창 예수 이야기만 하고 더 이상 술도 마시지 않는 것을 보고 낯설다고 하자, 대릴은 고개를 저으며 말했다. "나 구원받았어, 형제…… 빛을 본 거야."

작가이자 철학자인 에릭 호퍼Eric Hoffer의 대중운동 이론서에서 가져온 용어를 빌리자면, '참된 신자true believer'란 이념적 확신이 강하고(종종 신성한 가치 형태로) 그런 확신이 자기 정체성의 핵심 요소가 된 사람을 뜻한다. 대릴은 단순히 예수 그리스도를 자신의 개인적인 구세주로 믿는 데 그치지 않고 자신을 거듭난 기독교인으로 동일시하고 있다. 이렇게 정체성과 이념이 결합함으로써, 참된 신자들은 이념적 대의를 통해 자신의 삶을 초월하는 의미를 발견할 뿐 아니라 하위문화 집단이나 '가족'에 속해 새로운 소속감과 활력까지 얻는 경우가 많다. 이는 대릴의 경우처럼 정신 건강에 좋을 수도 있지만, 하위문화적 이념과 주류 이념 사이에 갈등이 생기면(이런 일은 대개 믿음 그 자체보다는 사회적 규범을 어기는 행동 때문에 생겨나지만), 그로 인해 이념적 확신이 더 강해지고 어떤 이념 집단과의 유대를 강화함으로써 방어적인 태도를 보이는 경우가 많다. 자신의 이념적 확신에 대한 공격은 개인과 집단에 대한 개인적 공격이자 실존적 위협으로 인식될 수 있다. 그리고 그런 상황에서, 참된 신자들은 자신을 방어하기 위해 행동에 나서야 한다는 필요를 느끼곤 한다.

행동주의자들

포$_{Poe}$는 동물을 아주 사랑하는 22세의 여성이다. 다섯 살 때 채식주의자$_{vegetarian}$*가 되었고 일곱 살 때는 비건$_{vegan}$**이 되었다. 십 대 때는 동물 구조 단체에서 자원봉사를 했고 '동물의 윤리적 대우를 위한 사람들$_{PETA}$'에 가입했다. 고등학교 때는 동물 학대와 축산업계에서의 가축 취급 방식에 반대하는 시위를 주도하기도 했다. 대학에서 농업학을 전공한 그녀는 '동물 해방 전선'에 대해 알게 되면서 영감을 받았고, 자신이 다니는 대학에서 영장류를 대상으로 이뤄지는 생물 의학 연구에 더 깊은 우려를 표하게 되었다. 연구의 중단을 요구하는 집회와 시

---

* 육류는 안 먹지만 유제품이나 달걀은 먹는 사람.
** 유제품이나 계란 등 동물성 식품은 전부 안 먹는 사람. 흔히 완전 채식주의자라고 함.

위가 별다른 효과를 내지 못하자, 포와 그녀의 대학 동물권 단체 회원들은 더 적극적으로 나서기로 마음먹었다. 어느 날 밤, 그들은 캠퍼스 내 한 연구실에 침입해 기물을 훼손하고 파괴했으며, 연구용 동물들을 풀어주려 했다. 결국 그들은 체포되어 '동물기업테러방지법' 위반 혐의로 기소됐다.

참된 신자들과는 달리 행동주의자들은 단순히 믿는 데 그치지 않고, 대의를 옹호하거나 진전시키거나 지키기 위해 자신들의 이념적 믿음에 따라 행동에 나설 필요가 있다고 생각한다. 또한 그들의 믿음은 단순히 꼭 필요하고 절대적인 차원을 넘어, 다른 사람들도 받아들이거나 반드시 따라야 하는 도덕적 의무가 된다. 행동주의자라는 중립적 표현은 생산적이고 건강한 방식이든 해롭고 위험한 방식이든 간에 다양한 형태의 행동을 포괄하며, '극단주의자', '급진주의자', '테러리스트' 같은 용어에 담긴 주관적인 판단이나 도덕적 상대성은 피할 수 있다. 결국 보는 시각에 따라 '한 사람의 테러리스트가 다른 사람에게는 자유의 투사'인 것이다.[55]

우리 대부분은 적절한 조건만 갖춰진다면 행동주의자는 물론, 심지어는 폭력적인 행동주의자가 될 잠재력이 있다. 선거에서 투표하거나 어떤 대의를 위해 돈을 기부하려면 무엇이 필요할지 자문해보라. 아마 별것 없을 것이다. 그렇다면 집회에 참석하거나 공직에 출마하는 건 어떨까? 아마 어떤 대의를 지지하고 변화를 일으킬 강한 열망 같은 것이 필요할 것이다. 대의를 지키기 위해 폭력에 의존한다면 너무 앞서 나간 것처럼 느껴질 수도 있겠지만, 우리 자신이나 가족 또는 나라가 실질적인 위협을 받고 있다고 확신한다면 폭력적인 행동에 나서는 걸 상상하는 것도 그리 어렵진 않을 것이다. 이념과 정체성이 하나로 합쳐진 개인과 사회 집단의 경우, 그런 위협이 꼭 물리적인 위협일 필요는 없다. 소중한 믿음이나 원칙, 가치, 도덕 또는 삶의 방식과 관련된 위협이라면 얼마든지 존재 자체에 대한 위협으로 인식될 수 있다.

미국에서 9·11 테러가 일어나고 해외에서 자살폭탄 테러가 일어난 이후, 연구자들은 사람들이 어떤 조건에서 이념에 기반한 폭력 및 테러 행위를 저지르게 되는지를 알아내기 위해 많은 노력을 기울여왔다. 그러나 그런 노력에도 불구하고, 신뢰할 만한 예측 지표로서의 단일한 '특성'은 나타나지 않았다. 이념적 열정, 집단 정체성, 의미 있는 삶에 대한 갈망, 정체성 또는 존재에 대한 위협, 불만과 불공정, 피해의식, 긴박함, 대안들의 소진, 희망 없는 미래에 대한 인식, 그리고 '행동촉구'에 대한 반응 등과 관련 있는 경우가 많지만,[56] 이 모든 요인은 각기 다른 경로로 폭력적인 행동주의로 수렴한다. 테러리즘 연구에서는 이를 '등결과성 equifinal'* 이라고 부른다.[57] 다시 말해, 폭력적인 행동주의의 경우 '모든 것에 들어맞는 하나의 해법'은 존재하지 않는다는 것이다. 포의 경우, 그녀가 이념적 폭력에까지 이르게 된 경로는 '동물들도 인간과 같다'라는 생명 중심주의적 믿음에 대한 강한 이념적 열정 때문이었는데, 그 믿음은 그녀를 주류 문화에 맞서게 만든 신성한 가치였다. 처음에는 비폭력적이었고 삶의 목적과 의미에 대해 건강한 의미를 느끼게 해주었지만, 다양한 행동주의 단체에 참여하면서 쉽게 이분법적 선악 구도에 빠져들게 되었고, 그 결과 자신이 속한 '선한' 이념적 '가족'과 '악한' 억압자 간에 분명한 선을 긋게 되었다. 그리고 자기 가족과 그들이 지키려 한 동물을 부당한 대우를 받는, 존재 자체를 위협받는 억울한 희생자로 보기 시작하면서, 포의 삶은 '무장 투쟁의 부름'을 통해 더 큰 의미를 갖게 되었다. 결국 폭력에 의존하게 되었을 뿐 아니라 더 높은 대의를 위해 자신마저 희생할 수 있게 되었다.

• 다양한 출발점이나 경로가 같은 결과에 이르는 것.

변절자들

'변절자'의 더없이 시의적절한 실제 사례로는 오스트레일리아인 지타르트 자데자Jitarth Jadeja를 꼽을 수 있는데, 그는 알렉스 존스를 알게 된 뒤 그의 웹사이트 '인포워즈'를 즐겨 찾다가 큐아논 음모론의 함정에 빠지게 됐다. 대학원 과정을 마치려던 시기, '시간이 많았던' 그는 2년 반 동안 큐아논의 온라인 세계에 푹 빠져 새로운 'Q 드롭', 즉 새로운 빵부스러기가 나오기를 애타게 기다렸다. 이것이 그가 이야기하고 싶은 유일한 화젯거리가 되면서 친구들과의 관계까지 소원해졌다.[58] 자데자는 곧 CNN 기자 앤더슨 쿠퍼Anderson Cooper가 아기를 먹는 악마 숭배 집단의 일원이라고 믿을 만큼 큐아논의 교리에 푹 빠졌다. 그는 자신이 '생존을 건 선과 악의 전쟁'에 참전 중이라고 여겼고 '힐러리 클린턴이 공개 처형당했다면 환호했을 것'이라고 말할 정도가 되었다.[59] 그러나 시간이 지나면서 자데자는 큐아논 이론에서 점점 더 많은 모순을 보게 되었고 또 각종 예언도 맞지 않는다는 걸 깨닫기 시작했다. 그러던 중, 온라인에서 한 큐아논 추종자가 Q에게 트럼프 대통령으로 하여금 '티피 탑tippy top'**이라는 말을 하게 해달라고 요청했을 때 결정타가 터졌다. 트럼프가 정말 그 말을 하자 자데자는 처음엔 그것을 'Q란 인물이 실제로 존재하고 대통령과 직접 연결되어 있다'는 증거로 받아들였다.[60] 그러나 그 후 트럼프가 이전에도 자주 그 표현을 써왔음을 보여주는 유튜브 동영상을 본 뒤, 그는 돌연 '큐아논 이론이 전부 정교하게 짜인 사기'라는 사실을 깨달았다. 2021년에 이르러 자데자는 큐아논 운동에 대해 '분노와 배신감'을 느낀다고 토로했으며, 큐아논 광신자 가족을 위한 온라인 지원 모임인 레딧의 '큐아논 캐주얼티QAnon Casualty' 포럼에서 수석 운영자로 활동하며 새로운

** '맨 꼭대기'라는 뜻. 큐아논 지지자들은 이 말이 트럼프가 주는 일종의 암호라고 믿었다.

삶의 의미를 찾고 있다.⁶¹

참된 신자나 행동주의자가 되는 길이 많은 것처럼, 어떤 이념을 버리고 변절자가 되는 길 또한 많다. 자데자의 경우, 큐아논 교리가 거짓이라는 걸 보여주는 객관적 증거로 인해 그의 인지 부조화 현상이 한계에 이르게 되었고, 그 바람에 그의 이념 세계가 무너져 내리게 되었다. 마찬가지로, 어떤 대의에 대한 환멸과 '믿음 상실'은 사람들이 이른바 사이비 집단을 떠나는 가장 흔한 이유다. 이념 집단 내 다른 구성원과 갈등을 빚거나 지도부 내에서 불거져 나오는 결함과 모순을 보는 것 또한 흔한 요인이다.⁶² 그러나 자데자는 큐아논이 거짓이라는 걸 깨달았을 때 '무너지는' 기분이었으며, 자신의 경험을 글로 쓴 뒤 새로운 사회적 지지 기반을 찾고 나서야 비로소 '자신을 되찾는' 기분이었다고 했다. 따라서 극단주의자나 테러리스트 집단을 연구한 결과에 따르면, 세뇌가 된 참된 신자나 행동주의자를 '탈이념화'시키려는 시도는 효과가 없는 경우가 많지만, 법적 제재를 통해 이념 집단으로부터 분리하고 다른 변절자와 접촉하게 해주며 사회로 되돌아가는 길을 열어주는 '이탈' 전략은 성공할 가능성이 훨씬 더 크다고 한다.⁶³ 다시 말해, 참된 신자나 행동주의자가 변절자가 되길 바란다면, 그들의 믿음에 대해 논리적으로 설득한다거나 생각을 바꾸도록 노력하는 것만으로는 변절자가 되길 기대할 수 없다. 그들로 하여금 이념 집단을 떠나게 하려면, 그 집단에 대한 헌신을 보다 건강한 무언가로 대체해야 하는 경우가 많다. 자데자는 자신을 큐아논의 미궁 속으로 밀어 넣었던 심리적 욕구나 사회적 욕구를, 이제는 다른 사람들도 자신처럼 그 미궁에서 빠져나올 수 있게 돕는 데 쓰게 되었다.

■

노벨상 수상자인 애덤 리스가 우주에 대한 자신의 믿음을 새로운 데이터에 맞춰 수정했을 때, 그는 새로운 돌파구를 발견해 현실에 대한 자신의 이해가 진실에 더 가까워졌다는 사실에 흥분했다. 이념에 기반한 믿음에 의해 충족되는 인식적·존재적·관계적 욕구를 고려하면, 믿음을 포기하는 일은 쉽지 않다. 그렇다고 그것이 꼭 위협적인 일로 다가오는 건 아니다. 정신과 의사로 일하면서, 나는 환자가 자신의 잘못된 믿음(그 믿음이 심지어 부나 지능과 관련된 과대망상이라 해도)을 포기한 뒤 더 나빠졌다고 느낀 사례는 단 한 건도 본 적이 없다. 진실을 받아들이는 일은 그런 방식으로 치유될 수 있다.

"우리는 사물을 있는 그대로 보는 게 아니라 우리 자신이 어떤 사람인지에 따라 다르게 본다"는 익명의 명언이 있다.[64] 그러나 우리의 믿음이 곧 우리인 것은 아니다. 우리의 믿음이 우리의 정체성이 되도록 내버려둘 필요도 없고, 의견 차이를 개인에 대한 공격으로 받아들일 필요도 없으며, 마음을 바꿔 이념에 대한 헌신에서 물러서는 걸 자아의 죽음처럼 받아들일 필요도 없다. 우리 자신이 지속적이고 변치 않는 존재라고 느낄 수도 있지만, 진정한 자아는 시간과 함께 끊임없이 변화한다. 그렇기에 우리는 증거에 따라 믿음을 수정할 수 있고, 다른 관점을 수용함으로써 이념과 이념적 소속 집단을 바꾸면서도 여전히 진정한 자기 자신으로 남을 수 있다. 그리고 우리가 사실에 기반한 믿음을 현실에 맞춰 수정하고 믿음을 조정해 서로 보다 조화롭게 살아갈 수 있다면, 우리는 본래 자아를 유지하는 데 그치지 않고 더 나은 자아로 성장하고, 더 행복하고 의미 있는 삶을 살 수 있게 될 것이다.

10

탈진실 시대를 위한 처방

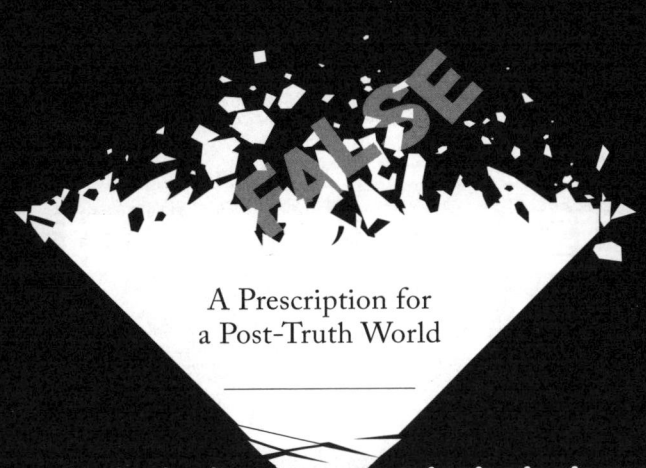

A Prescription for
a Post-Truth World

논쟁이나 토론의 목적은
승리가 아니라
진전이어야 한다.

— 조제프 주베르

그리고 너희는
진리를 알게 될 것이며,
진리가 너희를
자유롭게 하리라.

— 요한복음 8장 32절

진단에서
치료까지

―――――― 1 ――――――

 의학계에서 흔히 하는 농담 중에 이런 이야기가 있다. 정신과 의사는 정신 질환의 원인을 제대로 알지 못하며, 신경매독의 경우처럼 어쩌다 생물학적 메커니즘이 밝혀지면 그 질환은 이제 정신과적 증후군이 아닌 신경계 질환으로 바뀐다는 것이다. 이와 유사하게, 신경과 의사는 뇌졸중처럼 신경계 질환을 일으키는 '병변을 찾는 것'엔 능하지만 적절한 치료 방법은 제시하지 못하는 경우가 많다는 비판도 있다.
 정신 의학과 심리학 분야에도 비슷한 고정 관념이 있다. 정신 분석이나 심리 역동 치료 같은 '통찰 중심의' 대화 치료법은 오래된 기능장애의 근본 원인을 파악하고 이해하는 데는 도움이 될지 몰라도 행동을 바꾸는 데 꼭 도움이 되지 않는다는 주장이다. 반면 1장에서 살펴본 인지행동치료는 우리의 부정적인 감정과 행동의 원인이 되는 인지 왜곡이나 잘못된 믿음을 바로잡는 데 초점을 맞추며, 그 결과 의미 있는 변화를 이끌어낸다.
 이러한 이야기가 전부 정확한 건 아니지만, 우리를 괴롭히는 질환의 원인을 밝히는 것과 그걸 치료하는 것 사이에 간극이 있을 수 있다는 사실을 보여준다. 이 책에서는 지금까지 신경과 의사나 통찰 중심의 대화 치료 전문가의 고정 관념처럼, 자기기만에 빠뜨리는 인지적 함정 내지 '병변'인 잘못된 믿음의 심리적 메커니즘을 알아내는 데 집중해 왔으며, 잘못된 믿음을 피하려면 어떻게 해야 하는지에 대해서는 가끔 언급했다. 그래서 이 마지막 장에서는 탈진실 시대를 살아가는 우리를 위한 종합적인 처방을 제안하는 것으로 마무리하려 한다. 이 처방은 치료는 물론 예방에도 큰 도움이 될 것이다. 먼저, 우리가 개인 차원에서 자신의 믿음에 대해 흔히 갖는 근거 없는 과신을 버리고 객관적인 증거로 뒷받침되는 사실에 자신을 보다 잘 맞출 수 있도록 돕는 조언을 다룰 것이다. 그런 다음, 사회 전체 차원에서 진실을 공동체적 가치로 존중하고, 표현의 자유를 지키면서 끝없이 쏟아져 나오는 잘못된 정보에 맞서 싸우며, 해로운 허위 정보를 퍼뜨리는 사람들에게 책임을 묻기 위해 우리가 할 수 있는 일이 무언지를 모색할 것이다. 그리고 마지막으로, 갈등을 줄이고 보다 생산적인 소통과 대화를 하려면 우리와 생각이 다른 사람과 어떻게 교류해야 하는지에 대한 조언으로 끝을 맺으려 한다.

진실을 가리기 위한
세 가지 핵심 원칙

--- 2 ---

이 책 곳곳에서 반복적으로 등장한 연구 결과들을 되짚어보면, 잘못된 믿음을 피하기 위한 개인적 해법은 내가 '진실을 가리기 위한 세 가지 핵심 원칙'이라 부르는 세 가지 요소, 즉 지적 겸손, 인지적 유연성, 분석적 사고로 요약할 수 있다. 여러 연구에 따르면, 이 세 가지 중요한 능력은 잘못된 정보, 가짜 뉴스, 반과학적 주장, 음모론, 가짜 심오한 헛소리, 도덕적 절대주의에 대한 믿음 등, '인식론적으로 의심스러운 믿음'에 빠질 위험을 낮추는데 가장 강력한 방어 수단이 된다.[1]

지적 겸손

간단히 말해, 지적 겸손이란 우리가 틀릴 수도 있음을 인정하는 태도다.[2] 이 가능성을 염두에 두면, 우리는 어떤 믿음을 가질 때 그게 '얼마나 진짜처럼 느껴지는가' 또는 '우리가 그걸 얼마나 사실이길 바라는가'라는 사실보다 이용할 수 있는 증거에 기반한 확률적 판단으로 받아들일 수 있게 된다. 2장과 바로 앞 장에서 살펴본 애덤 리스의 사례처럼 더닝-크루거 효과의 근거 없는 과신을 피하려 애쓰는 전문가들은 자신이 모르는 것과 자신이 모른다는 사실 자체를 인정함으로써 지적 겸손을 실천한다. 지식이 많은 전문가조차 '모른다'고 인정하면서도 그로 인해 자신의 정체성이나 자존감을 위협받지 않을 수 있다면 우리 모두도 그렇게 할 수 있다.

지적 겸손을 기르는 일을 시작할 좋은 방법은, 볼링그린주립대학교의 철학과 교수 흐리시케시 조시Hrishikesh Joshi가 한 논문에서 제기한 도발적 질문에서 찾을 수 있다. "당신이 모든 것에 대해 옳을 가능성은 얼마나 될까?"[3] 당연히 이 질문에 대해 유일하게 합리적인 답은 '0퍼센트'이며, 달리 답할 수 있는 건 더없이 오만하거나 망상에 빠진 사람뿐일 것이다. 이와 관련해 던질 가치가 있는 또 다른 질문은 "우리가 믿는 것 가운데 얼마나 많은 게 사실일까?"이다. 우리가 믿는 것 중 적어도 일부는 잘못됐을 거라는 사실을 인정하는 것만으로도 우리는 지적 겸손의 길에 들어서게 되며, 무언가 새로운 걸 배울 가능성이 열리게 된다.

지적 겸손이 가져다줄 수도 있는 보상을 잘 보여주는 말이 있다. "진실이 문을 두드린다"라는 표현이다. 이는 불교 우화에서 나온 말이다. 한 남자가 여행을 떠난 사이에 그의 마을이 도적 떼의 습격을 받았다. 그가 돌아왔을 때 마을은 폐허가 되어 있었고, 모두 죽은 상태였다. 그는 자기 가족도 모두 죽었다고 생각했는데, 알고 보니 그의 아들은 도적들에게 납치되어 살아 있었다. 몇 년 뒤, 그 아들이 탈출해 집으로 돌아와 문을 두드렸다. 하지만 아버지는 그 소년에게 자기 아들은 죽은 지 오래됐다며 가라고 소리친다. 소년은 제발 들어가게 해달라고 애원하지만 결국 포기하고 무거운 마음으로 떠나 다시는 아버지를 볼 수 없었다. 이 이야기를 통해 부처는 이렇게 말했다. "만일 불변의 진리라며 어떤 생각에 집착한다면, 진리가 직접 찾아와 문을 두드려도 문을 열어 받아들이지 못하게 된다."[4] 우리가 틀릴 수도 있다는 걸 인정하지 못할 경우, 진실에 마음의 문을 닫아버릴 수도 있는 것이다.

또한 지적 겸손이 있으면, 우리 모두 인지 편향과 더닝-크루거 효과, 확증편향, 동기화된 추론과 부정에서 자유로울 수 없고, 잘못된 정보, 헛소리에 대한 수용 성향, 인지 부조화 등 잘못된 믿음을 낳는 여러 함정에 빠지기 쉽다는 걸 인정하게 된다. 우리 자신에게 이런 허점이 있다는 건 알지 못한 채, 반대편에 있는 사람들만 그런 허점이 있다고 생각할 때, 진실을 보는 우리의 능력은 3장에서 언급했던 '편향 사각지대'로 인해 떨어지게 된다. 이런 식으로 남 탓을 하는 것은 지적 겸손과는 정반대인 지적 오만이다. 서문에서 언급했듯, 잘못된 믿음의 문제는 '그들'이나 '그것'의 문제가 아니라 '우리'와 우리가 사는 세상의 문제이다. 당신도 나도 그리고 전문가도, 그 어떤 누구도 이로부터 완전히 자유롭지 못하다.

인지적 유연성

앞 장에서 언급했듯, 인지적 유연성이 있다는 것은 새로운 증거를 접하거나 다른 관점에 관한 이야기를 들었을 때 기꺼이 마음을 바꿀 수 있다는 것이다. 다시 말해, 상대방의 의견에 동의하지 않더라도, 최소한 상대가 왜 그런 의견을 갖게 되었는지를 배우고 이해하려 한다는 의미다. 인지적 유연성을 갖추면 '믿음의 역설'을 인식할 수 있게 되며, 그 결과 우리가 가장 굳게 믿는 믿음일수록 틀렸을 가능성이 더 높거나, 양극단에 의해 가려진 복잡한 측면이 있을 수 있다는 걸 인정하게 된다. 또한 인지적 유연성이 있으면 가치와 도덕을 절대적인 진리로 보지 않고, 시간과 환경에 따라 달라지는 모호한 개념으로 볼 수 있게 된다. 예를 들어, 살인은 '살인하지 말라'는 계명에서도 잘 드러나는 보편적인 금기 사항이지만, 정당방위에 의한 살인이나 전쟁 또는 사형 제도에서의 살인은 문화적으로 용인되는 흔한 예외 경우이다. 동성 결혼이나 낙태, 인종적 평등 같은 도덕적 사안에서 의견이 양극단으로 갈릴 때, 인지적 유연성은 이런 갈등이 '트롤리 딜레마' 비슷한 도덕적 딜레마 때문일 수도 있고, 어떤 권리가 더 중시되어야 하는가에 대한 집단 간 인식차 때문일 수도 있다는 것을 상기시켜준다. 진화론적 관점에서 말하자면, 문화 규범은 공동체의 조화로운 삶을 촉진하는 데 도움이 된다. 만일 그 규범이 그런 목적에 부합하지도 않고 갈등만 유발한다면 재검토되어야 할 것이다.

물론 어떤 사실들을 놓고 의견이 갈릴 경우, 누군가는 옳고 누군가는 틀렸기 때문인 경우도 많다. 이것이 바로 지적 겸손과 인지적 유연성의 딜레마다. 8장에서 강조했듯, 지적 겸손이나 인지적 유연성이 있다고 해서 모든 사람의 믿음이 똑같이 타당하다거나 진실이 늘 중간에 있다는 의미는 아니며, 잘못된 등가성과 '양비론'을 옹호한다는 뜻도 아니다. 따라서 우주가 언제 창조되었는지에 대한 논란을 약 150억 년 전에 빅뱅과 함께 시작됐다는 과학자들의 주장과 겨우 6,000~7,000년 전에 신이 만들었다는 창조론자들의 주장 사이에서 적당히 절충해 해결하려 해서는 안 된다. 9장에서 보았듯, 우리는 사실에 근거한 믿음을 가질 때 이념적인 믿음이나 교리보다는 탄소 연대 측정이나 화석 기록 같은 객관적 증거들과 전문가들의 일치된 의견을 토대로 삼는 게 더 바람직하다.

그럼에도 인지적 유연성이 불필요하다는 뜻은 아니다. 오히려 우리는 군중의 지혜에도 가치가 있음을 인정해야 한다. 오랜 심리학 연구에 따르면, 서로 다른 관점들을 통합해 추정치를 모을 때 세상에 대한 우리의 판단이 더 정확해질 수 있다. 그리고 최근 연구에서는, 수치와 관련된 추정을 하는 경우, 우리와 의견이 다른 사람들의 추정까지 고려할 때 개인적인 우리의 추정이 더 정확해지는 경향이 있다는 게 밝혀졌다.[5] 다시 말해, 의견 불일치가 있을 때 인지적 유연성을 발휘하면 진실에 더 가까워지는 경우가 많은 것이다. 따라서 자기 생각만 되풀이해 듣는 에코 체임버에서 벗어나 생각이 다른 사람들과 교류하는 일에는 그만큼 큰 장점이 있다.

인지적 유연성의 반대 개념인 인지적 경직성은 전문가 사이의 일치된 의견보다 자신이 더 잘 안다고 우기는 완고함이자 탈진실 시대 부정주의의 핵심 요소이기도 하다. 앞 장에서 언급했듯, 증거나 전문가를 신뢰한다는 것이 '순한 양'처럼 된다는 의미는 아니다. 이는 권위 있는 제도를 맹목적으로 받아들이거나 그저 순응하기 위해 주류 사고를 따르는 건 아니며, '내 방식을 따르든가 아니면 꺼져' 식의 동기화된 추론과 인지적 경직성을 따르는 것도 아니다. 지적 오만과 인지적 경직성이 합쳐질 경우, 더닝-크루거 효과가 부추기는 근거 없는 과신과 잘못된 믿음을 갖게 되는 최악의 상황을 맞게 된다.

분석적 사고

지적 겸손과 인지적 유연성은 우리의 근거 없는 과신 성향을 억제해줄 수 있는 '진실을 가리기 위한 세 가지 핵심 원칙'의 중요한 요소지만, 그중에서도 분석적 사고는 잘못된 정보를 탐지하는 데 특히 유용하다. 심리학 연구에서 분석적 사고는 흔히 인지 반영 검사CRT를 통해 측정되는데, 그 검사에서는 예를 들어 다음과 같이 머리를 써야 하는 문제도 나온다.

야구 배트와 공의 가격을 합하면 1달러 10센트이다. 야구 배트는 공보다 1달러 비싸다. 그렇다면 공의 가격은 얼마인가?[6]

이 질문에 대한 직감적인 답, 그리고 인지 반영 검사를 받는 사람들 사이에서 아주 흔하게 나오는 답은 공 가격이 10센트라는 것이다. 그러나 문제를 좀 더 꼼꼼히 생각해보면, 전체 가격이 1달러 20센트가 된다는 것을 쉽게 알 수 있다. 결국 정확한 답은 공은 5센트, 배트는 1달러 5센트여야 한다. 이 같은 수학 문제를 예로 들다 보면 분석적 사고가 마치 인지 능력이나 수리 능력 또는 지능 문제 같아 보일 수도 있지만, 실제로는 그렇지 않다. 우리가 분석적 사고보다 직감적 사고에 더 의존하거나 그 반대인 경우가 많은 것 역시 우리가 얼마나 똑똑한가의 문제가 아니다.[7] 특히 분석적 사고는 고정불변의 능력이 아니라 학습할 수 있는 능력으로, 이 능력은 망상 또는 그 비슷한 믿음과 관련된 '성급한 결론 내리기' 식의 직감적인 사고에 제동을 거는 것만으로도 기를 수 있다. 일단 그렇게 사고의 속도를 늦추면 우리는 자신에게 '이게 사실일까?', '내가 맞을까?'와 같은 질문을 던지며 우리가 믿는 것을 받아들이기에 전에 비판적이고 회의적인 사고를 할 수 있게 된다.

8장에서 언급했던 '우파의 경직성' 가설로 되돌아가, 일부 연구자들은 보수주의자가 진보주의자보다 분석적 사고와 증거, 객관적 데이터보다는 직감과 감정, 본능에 대한 믿음을 더 중시하는 경우가 많다는 증거를 발견했다. 이 같은 차이는 오늘날 보수주의자가 잘못된 정보와 음모론, 반과학적 믿음에 더 쉽게 빠지는 이유를 설명해주는 요소일 수도 있다.[8] 마찬가지로, 사람들이 분석적 사고보다 직감적 사고에 더 의존하는 경향은 종교적이고 초자연적인 믿음을 더 잘 받아들이는 성향과도 깊은 관련이 있는 걸로 밝혀졌다.[9] 반대로, '믿음은 증거에 기반해야 하고 증거에 따라 바뀌어야 한다'는 생각은 진보 성향과 과학의 수용, 종교적 초자연적 음모론적 주장에 대한 회의감 그리고 전통

적인 도덕 가치의 거부와 관련이 있다.[10]

그러나 2021년에 나온 한 연구는 분석적 사고보다 직감을 더 우선시하는 것은 단지 특정 개인이나 이념 집단의 습관만은 아니라는 사실을 보여준다. 1850년부터 2019년까지 나온 수백만의 권의 소설 및 논픽션 도서 그리고 〈뉴욕타임스〉 기사에 담긴 언어를 분석한 결과, '느낌', '신뢰', '신앙', '희망', '믿음' 같은 직감적이고 빠른 사고와 관련된 단어의 사용이 1800년대부터 1970년대까지 꾸준히 감소하다가 지난 몇십 년간 급격히 증가한 것으로 밝혀졌다.[11] 반대로, '과학', '데이터', '가설', '분석', '통계', '사실', '결론' 같은 합리적이고 느린 사고와 관련된 단어의 사용은 1970년대까지 증가하다가 그 이후 급감했다. 또한 '우리'와 '그들' 같은 복수 대명사의 사용은 1970년대 이후 점차 '나'와 '그' 같은 단수 대명사로 대체되는 경향도 함께 나타났다. 따라서 오늘날 같은 탈진실 시대는 우리 사회가 '우리는 결론 내린다'와 같은 합리적이고 집단적인 언어를 '나는 믿는다'와 같은 직감적이고 개인주의적인, 어쩌면 자기중심적인 언어로 대체하는 현실에 투영되는 것으로 보인다.[12] 결국 이것은 분석적 사고보다 직감을 더 우선시하고 개인적인 믿음을 과신하는 경향이 단순히 개인의 심리나 한 정당의 문제에 국한되지 않고, 훨씬 더 보편화된 새로운 문화 현상이라는 점을 시사한다.

진실, 정의 그리고
더 나은 내일

---- 3 ----

직감적 사고가 분석적 사고보다 더 우선시된 것은 오랜 문화적 추세가 최근에 뒤바뀐 결과라는 점에서 다시 예전으로 돌아갈 수 있다는 가능성을 시사한다. 그러나 8장에서 봤던 '전구를 바꾸려면 그 전구가 스스로 바뀌고 싶어 해야 한다'라는 농담을 떠올려보라. 나는 사람들에게 이 책을 읽고 진실을 가리기 위한 세 가지 핵심 원칙을 따르고 아침에 내게 전화하라고 말하는 것만으론 충분치 않다는 걸 잘 안다. 우리가 잘못된 믿음에 덜 흔들리는 개인, 공동체, 국가, 세계가 되려면 변화하겠다는 집단적 의지가 필요하다. 다행히 우리가 정신과 상담을 받지 않고도 사회적 차원에서 그런 변화가 일어나게 할 수 있는 실질적인 방법이 있다.

교육 개혁

앞 장의 내용을 상기해보면, 문화적 가치와 이상은 집단의 믿음과 행동을 이끄는 강력한 동인이 될 수 있다. 따라서 분석적 사고의 흐름을 되살리려면 주관적 진실뿐 아니라 객관적 진실까지 문화적 가치로 받아들이는 태도가 필요하다. 2차 세계대전이 벌어진 1940년대에 만화 〈슈퍼맨〉은 '진실, 정의 그리고 미국적 방식Truth, Justice, and the American Way'이라는 애국적인 슬로건을 내걸었다.[13] 그 이후 이 슬로건은 미국 민족주의의 부침을 반영하며 여러 차례 수정되었고, DC 코믹스는 2021년, 이 슬로건을 '진실, 정의 그리고 더 나은 내일Truth, Justice, and a Better Tomorrow'로 바꾸었다. 다소 진부하게 들릴 수도 있지만, 사실 대부분의 슬로건이 그렇다. 그리고 오늘날의 탈진실 정치는 사람들이 과도한 확신과 극단적인 확증편향, 동기화된 추론, 부정주의 등에 취약하다는 사실을 이용해 증거를 무시하고 뻔한 사실을 논쟁거리로 만들며, 전문성을 무시하고 잘못된 정보를 받아들이게 만든다. 진부하든 말든 우리가 그런 탈진실 정치에 맞서 싸울 캠페인을 시작하는 데 필요한 것이 바로 이런 종류의 슬로건이다.

물론 슬로건은 원칙을 널리 알리는 데 유용하지만, 그보다 더 중요한 것은 교육을 통해 사람들에게 진실을 가리기 위한 세 가지 핵심 원칙을 가르치는 일이다. 대규모 교육 개혁은 허황한 꿈처럼 들릴 수도 있지만, 실제로 미국에서 이런 개혁이 있었다. 1950년대에 소련이 최초의 우주 위성 스푸트니크 1호를 쏘아 올린 이후 미국은 과학, 수학, 공학 교육을 전면 개편했다. 차세대 미국인들이 우주 경쟁에서 승리하고 새로운 기술 개발을 이끌어나갈 수 있게 하는 것이 개혁 목표였다. 이후 그 목표는 달성됐지만, 지금 세계가 진정 필요로 하는 것은 더 많은 과학자나 기술자 또는 우주로 가는 사람들이 아니라, 교육을 재정비하는 것이다. 과학의 실천뿐 아니라 과학의 철학을 중시하면서, 우리는 새로운 세대와 현재의 세대에게 과학적인 방법으로 사실과 허구를 구분하는 법을 더 잘 가르쳐야 한다. 7장에서 언급한 에밀리 로사 같은 새로운 유형의 슈퍼히어로를 발굴하고 널리 알려야 한다.

또한 우리는 정보 해독 능력 부족 문제를 해결하기 위한 조처를 하는 등, 사회 전체 차원에서 사람들이 보다 나은 정보 소비자가 될 수 있게 해줄 방법을 찾아야 한다. 4장에서 언급했듯, 인터넷 시대에 정보 검색 방법에 대한 교육을 받은 사람은 거의 없다. 우리는 그저 구글에 질문을 입력하거나, 시리나 알렉사, 챗GPT에 질문한 뒤 답을 기다리거나, CNN과 폭스 뉴스를 보며 해설자들이 하는 말을 스펀지처럼 흡수할 뿐이다.

그러나 3장에서 살펴봤듯, 컴퓨터와 휴대전화 같은 '주변 두뇌'에 의존하면서 더 똑똑해진 것 같은 느낌을 받을 수도 있지만, 정보 출처의 편향성을 알아보고 자기 안의 확증편향 및 동기화된 추론을 인정하며 부정주의에 빠지지 않고도 데이터 기반 추론 능력을 발휘할 수 있는 사람들이 훨씬 더 나은 정보를 접하게 될 것이다. 또한 7장에서 언급했듯, 워싱턴대학교의 '헛소리 간파하기 Calling Bullshit' 같은 대학 강의는 더 확대되어 초등학교 단계부터 도입할 만한 가치가 있다. 그러나 다음 세대부터 시작하는 것으로는 충분치 않다. 우리는 부모, 조부모 그리고 다른 모든 사람이 지난 몇 년간 전 세계적으로 진행되어온 '클릭하기 전에 생각하라 Think Before You Click' 같은 미디어 인식 캠페인들을 통해 의견 벼룩시장 안에서 믿을 만한 정보와 잘못된 정보를 더 잘 구분하는 능력을 길러야 한다.[14]

2015년, 핀란드는 유치원부터 고등학교 12학년을 지나 노년에 이르기까지, 미디어 리터러시와 비판적 사고를 가르치는 교육 캠페인을 통해 허위 정보와의 전쟁을 시작했다. 핀란드 대통령 사울리 니니스퇴 Sauli Niinistro는 모든 국민에게 이 전쟁에 동참해줄 것을 촉구했다. 그 결과는 인상적이었다. 핀란드는 5년 연속 탈진실 정치에 대한 저항력 및 국민 행복도 측정에서 유럽 국가 중 1위를 차지했다.[15] 2019년의 한 연구에 따르면, 핀란드의 이 교육 프로그램에 참여한 사람들은 미디어 출처의 신뢰도를 판단하고 뉴스 기사 안에 들어 있는 증거의 타당성을 평가하는 능력 면에서 미국 학생들을 능가했다.[16] 우리 가운데 일부는 여전히 따라잡아야 할 것이 많지만, 교육 개혁은 확실히 실현 가능하다.

콘텐츠 조정, 공개적인 비판 그리고 검열

7장에서 언급했던 '브란돌리니의 법칙'을 상기해보면, 잘못된 정보에 대한 믿음을 줄이기 위해 택할 수 있는 가장 증거 중심적인 개입은 사후적인 반박보다, 잘못된 정보에 대해 사전 경고를 하고 그 과정에서 잘못된 믿음에 대한 면역력을 기르는 선제적인 '사전 반박' 또는 '접종'이다.[17] 잘못된 정보와의 전쟁에서 진전을 이루려면 이런 노력이 더 폭넓게 이루어져야 한다는 데는 의심의 여지가 없지만, 세상에는 잘못된 정보와 고의적인 허위 정보가 너무 많아 이런 노력은 아무리 바위를 밀고 올라가도 계속 떨어져 다시 밀고 올라가야 하는 시시포스 형벌 같다.

이러한 한계 때문인지, 많은 사람이 잘못된 정보를 막기 위해 특히 페이스북, 트위터, 유튜브 같은 소셜 미디어 플랫폼에서 아예 그 출처를 막는 데 집중해왔다. 최근 몇 년간 반 백신 음모론과 큐아논 음모론, 기타 음모론 관련 콘텐츠에 대한 제재는 활발히 이루어졌다. 하지만 그 노력의 효과와 잠재적 역효과(잘못된 정보에 대한 믿음이 줄어들기는커녕 더 늘어난다는)에 대해선 논란의 여지가 있다.[18] 최근 몇 년간 그런 노력이 정부의 검열과 선전 활동이라는 비판의 목소리가 점점 더 커져왔다는 건 분명하다. 이런 상황을 심각하게 받아들인 미국 연방법원 판사 테리 도티Terry Doughty는 2023년, 바이든 행정부가 팬데믹 기간에 소셜 미디어 기업에 압력을 가해 백신과 관련된 잘못된 정보와 코로나19 기원에 대한 근거 없는 주장들을 삭제하도록 한 것은 표현의 자유를 침해한 것이라고 판결했다. 마치 정부가 조지 오웰의《1984》에 나오는 '진리부Ministry of Truth'처럼 행동한 것으로, '거의 디스토피아적인 시나리오' 같다고 본 것이다.[19] 그래서 도티 판사는 미국 행정부가 잘못된 유해 정보로 간주하는 콘텐츠를 삭제할 의도로 소셜 미디어 플랫폼에 접촉하는 것을 금지하는 명령을 내렸다. 이후 도티 판사의 판결이 제5 순회 항소법원에서도 그대로 유지되자, 바이든 행정부는 이에 불복해 미국 최고 법원에 상고했다. 그리고 2024년, 미국 연방대법원은 6대 3의 판결로 도티 판사의 판결을 뒤집었다.

이런 사건들은 앞으로도 오랫동안 계속 법정으로 넘어갈 게 분명하지만, 표현의 자유에도 그 한계가 있다는 걸 상기할 필요가 있다. 우선, 헌법에서 말하는 표현의 자유라는 것이 하고 싶은 말을 누구에게나 제한 없이 할 수 있는 권리를 부여한다는 건 아니다. 예를 들어, 사람들로 가득 찬 영화관에서 느닷없이 "불이야!"라고 외쳐 아수라장을 만드는 행위가 합법적인가 하는 문제는 1919년의 솅크Schenk 대 미국 사건과 1969년의 브랜든버그Brandenburg 대 오하이오주 사건처럼 계속 논란이 되어왔다. 명예 훼손, 폭력 선동, 상해를 입히는 말은 최소한 형사 책임으로 이어질 수 있다는 건 분명하다.[20] 따라서 모든 말이 전적으로 보호되는 것은 아니다. 자유롭게 말할 수 있다는 것을 그 말의 결과로부터 면책된다는 뜻으로 잘못 해석하는 일은 절대 없어야 한다.

게다가 표현의 자유 덕에 우리는 사람들이 있는 거리에서 자기 생각을 말하고 전도도 할 수 있다. 수정 헌법 제1조에서 '표현의 자유 침해'를 금하는 대상은 정부뿐이다. 실제로 지난 10여 년간 미국 대법원은 민간 소셜 미디어 플랫폼이 신문사나 TV 방송사처럼 모든 사람에게 의무적으로 발언 기회를 제공해야 하는 건 아니라는 점을 분명히 해왔다. 또한 소셜 미디어 플랫폼이 자체 규칙에 반하는 잘못된 정보와 기타 정보를 제한하거나 삭제하거나 사실 확인을 하는 등 콘텐츠를 조정하는 행위는 헌법이 금하는 검열 범주에 들어가지 않는다.

마찬가지로, 소셜 미디어 플랫폼이 커뮤니티 기준을 어긴 사람들의 계정을 일시 중단이나 영구 퇴출할 때, 우리는 현재 널리 쓰이지만 그 뜻이 모호한 '캔슬 컬처cancel culture'*라는 용어를 들먹이며 표현의 자유를 침해했다고 주장해서는 안 된다. 오늘날 캔슬 컬처를 과도한 정치적 올바름을 앞세운 부당한 처벌로 보는 사람이 많다. 이는 지지를 철회하거나 보이콧을 하거나 공개적인 망신을 주는 형태로 나타난다. 그러나 2021년 퓨 여론 조사에 따르면, 이 용어에 익숙한 사람들은 오히려 이를 말과 행동에 대해 '책임을 묻는' 조치로 보는 경우가 훨씬 더 많았다.[21] 소셜 미디어에서 사용자가 잘못된 정보와 선동적인 콘텐츠를 올리는 게 허용된다고 해서, 우리가 꼭 그런 정보나 콘텐츠에 귀 기울여야 할 필요는 없다. 마찬가지로 그에 대응해 반응할 자유가 제한되는 것도 아니다. 좋든 싫든, 사용자가 듣고 싶지 않은 말을 하는 사람들을 공개적으로 '지적하고' 비판할 수 있는 것도 표현의 자유에 속한다. 공개적인 비판은 검열이 아니다.

주목해야 할 점은, 오늘날 미국 사회가 양극화된 정치 환경 속에서 표현의 자유가 제한되는 것에 대해 우려를 표하는 것은 사실이지만,[22] 소셜 미디어상에서의 콘텐츠 조정은 상당한 대중적 지지를 받는다는 것이다. 2023년의 퓨 여론 조사에 따르면, 대부분의 미국 성인은 정부(55퍼센트)와 기술 기업(65퍼센트)이 '설사 정보의 자유를 제한하게 되더라도 온라인상의 잘못된 정보를 제한하기 위한 조치를 취해야 한다'라고 응답했다. 이는 2018년의 결과인 39퍼센트와 56퍼센트에서 증

---

* 부적절한 언행을 할 때 퇴출하는 문화.

가한 수치다.²³ 그러나 조사 응답 결과에는 진영 간 차이가 분명히 드러났다. 자칭 공화당 성향의 응답자 경우 그 같은 정부 제재들을 지지한 비율은 39퍼센트에 불과했지만, 민주당 성향의 응답자 경우는 70퍼센트에 달했다. 이 같은 결과는 또 다른 최근 연구 결과와도 일치하는데, 그 연구에 따르면 미국 응답자 중 58~71퍼센트는 기후 변화 부정, 반 백신 관련 잘못된 정보, 선거 결과 부정, 홀로코스트 부정 등과 관련된 소셜 미디어 게시물을 삭제하는 걸 선호해 역시 비슷한 차이를 보였다.²⁴

동기화된 정파적 추론에 대해 우리가 아는 사실들에 비춰보면, 우리가 자신의 세계관이나 도덕적 판단에 맞는 말을 보호하는 데 전념할 때는 제한 없는 표현의 자유를 지지하는 경우가 더 많지만, 거부감 느끼는 말을 억누르려 할 때는 표현의 자유를 제한하는 것을 지지하는 경우가 더 많다는 건 놀랍지 않다.²⁵ 예를 들어, 대부분의 미국인은 도서 금지에는 반대하지만, 최근 몇 년간 진보 진영에서는 인종차별적 고정 관념을 담거나 'N 단어'*를 사용하는 책을 퇴출하려 했고, 보수주의자는 성적 내용이나 성 소수자LGBTQ 관련 주제가 담긴 자료에 대한 법적 규제를 추진해왔다. 마찬가지로, 지금 이른바 '검열 산업 복합체'를 공격하는 건 주로 보수 진영이지만,²⁶ 20세기 전반에는 오히려 진보 진영이 미국 수정 헌법 1조에 있는 표현의 자유 조항이 민간 기업에도 적용되어야 한다고 주장했었다.²⁷

이처럼 모순된 현상은 우리가 표현의 자유 제한, 특히 정부에 의한 제한에 대해 모두 경각심을 가져야 한다는 것을 시사한다. 시간이 지나면서 우리가 받아들이기 힘든 방식으로 바뀔 가능성이 아주 높기 때문이다. 미국 헌법 제정자들이 표현의 자유를 지키고 정부 내 견제

• 흑인을 비하하는 negro의 첫 자.

와 균형을 제도화한 이유는, '다수의 폭정' 또는 '군중의 폭정'이 발생할 수 있다는 점 또한 너무 잘 알았기 때문이다. 오늘날 미국은 (49퍼센트 대 51퍼센트라는 근소한 차이의) 정치적 분열로 인해 더 이상 타협을 미덕으로 여기지 않는다. 우리는 '근소한 차의 다수'가 소수의 이익을 무시한 채 자신들이 원하는 대로 권위주의를 향해 나아갈 길을 닦는 폭정에 빠질 위험에 놓여 있다. 5장에서 살펴봤듯, 권위주의 정권은 실제로 표현의 자유를 제한하고 국가가 만든 선전을 이용해 진실을 깔아뭉개고 대중을 억압함으로써, 반대 의견을 억눌러온 오랜 역사가 있다. 우리가 그런 운명을 피하고 민주주의를 지켜내려면, 온라인상에서든 학교 안에서든 공개 포럼에서든 또는 친구 및 가족과 함께 하는 추수감사절 저녁 식탁에서든 건전한 대화의 원칙을 지키면서도 잘못된 믿음보다는 진실이 우선하는 방식으로 이념적 반대자와도 토론할 수 있어야 한다.

민중의 소리는 신의 소리

9장에서 살펴본 트롤리 딜레마를 돌이켜보면, 지금 우리가 벌이는 '누구의 의견이 옳고, 누구의 의견이 틀렸는가'를 둘러싼 논쟁의 중심에도 도덕적 딜레마가 있음을 알 수 있다. 한편, 정부와 기타 권위 있는 기관에 진실의 최종 판단권을 넘길 경우, 권위주의적인 통치를 당하게 될 위험이 있다. 반면에 잘못된 정보를 억제하는 콘텐츠 조정에 반대할 경우, 계속 잘못된 믿음을 토대로 중대한 결정을 내리는 폐해가 따를 수 있다. 어떤 쪽이 더 큰 해악일까? 검열 산업 복합체 아니면 허위 정보 산업 복합체?

우리는 다른 쪽 답은 거부한 채 한쪽 답만 옹호할 것이 아니라, 열린 대화와 잘못된 정보 규제 사이에서 건강한 균형을 이룰 여지가 충분하다는 것을 깨달아야 한다. 예를 들어, 제품 라벨 내용을 정확히 기재하도록 강제하고 음식이나 약에 대한 근거 없는 주장으로 인한 피해를 막기 위해 공공보건 차원에서 일정 수준의 규제가 필요하다는 데에는 별 이견이 없을 것이다. 이와 마찬가지로, 주관적인 개인 의견뿐 아니라 객관적인 사실을 주장하는 사람들에게도 객관적인 증거로 그 주장을 뒷받침할 걸 요구하는 문화를 조성함으로써, 잘못된 정보 또한 보다 넓은 관점에서 다뤄야 한다. 따라서 탈진실 세계에서 벗어나 더 나은 내일을 향해 나아가려면, 진실뿐 아니라 자기주장에 대한 책임이라는 형태의 정의까지 공동체적 가치로 자리 잡아야 한다. 앞서 언급한 여론 조사에서 봤듯이, 대다수의 사람은 잘못된 정보가 담긴 소셜 미디어상의 게시글 삭제를 지지했으며, 잘못된 정보를 퍼뜨리는 계정에 대해 경고나 사용 정지, 차단 등 일정 수준의 제재를 가해야 한다는 데에도 동의했다. 그런데 'vox populi, vox dei', 즉 '민중의 소리는 신의 소리'라는 말을 즐겨 쓰는 일론 머스크가 2022년 트위터를 인수해 X로 이름을 바꾼 뒤 일어난 일들은 정반대였다. 이전에 차단됐던 계정들이 복구됐고 유명인이나 정부 관리, 과학 전문가 등의 신원을 인증해주던 이른바 '블루 체크 blue check'는 돈만 내면 누구나 살 수 있는 무의미한 '유료' 상품이 되었으며 콘텐츠 조정이라는 안전장치는 거의 사라진 것이나 다름없게 되었다. 그 결과, 혐오 발언, 허위 정보, 권위주의 국가의 선전 등이 늘어난 것은 당연한 이치였다.[28] 2024년 초, 반유대주의 및 신나치주의 게시물이 올라오고 인공지능으로 만든 미국 팝가수 테일러 스위프트 Taylor Swift의 가짜 누드 사진이 확산된 뒤에야, 머스크는 한발 물러서 플랫폼에 '신뢰 및 안전 센터'를 설립하고 콘텐츠 조정 인력 100명을 다시 고용했다.[29]

    거짓, 특히 고의적인 거짓으로 인해 피해가 생길 때, 우리는 5장에서 언급했던 잘못된 정보에 대한 공동의 책임과 법적 책임을 떠올릴 필요가 있다. 5장 말미에 언급했던 알렉스 존스와 폭스 뉴스가 각각의 명예훼손 재판에서 유죄 판결을 받음으로써, 이제 유해한 허위 사실을 퍼뜨리는 허위 정보 먹이사슬의 최상위 포식자들에게 법적 책임을 물을 수 있다는 전례가 생긴 셈이다. 결국 잘못된 정보와의 전쟁에서 진일보한 것이다. 진실이 중시되는 건강한 사회에서는 고의적인 거짓을 퍼뜨리는 행위가 용납되어선 안 되며, 또한 잘못된 정보 확산으로 이득을 보는 정치인들과 기업 지도자들, 기업들, 부패한 권력 기관들 그리고 심지어는 소셜 미디어 플랫폼들도 거짓을 퍼뜨린 것에 대해 책임져야 한다. 이런 행태를 탈진실 시대의 관행이라는 이유로 감춰서는 안 된다.

앞으로는 유해한 표현의 자유와 검열 간의 도덕적 딜레마를 피하기 위해, 제로섬 게임이 아닌 새로운 방식의 해결책을 찾아야 한다. 예를 들면, 해악을 끼치는 잘못된 정보에 대한 콘텐츠 조정, 정부 감독, 법적 조치 등에만 전적으로 의존하기보다는 거짓과 헛소리를 신속히 찾아내면서 동시에 정보 소비자들이 자신이 접하는 정보의 신뢰도를 스스로 판단하는 자율 규제 문화를 조성해야 한다. 실제로 최근 연구에 따르면, 트위터 같은 소셜 미디어 사이트에서 '좋아요' 버튼 옆에 클릭할 수 있는 '오해의 소지가 있음'이라는 태그를 추가할 경우, 콘텐츠가 정치적으로 양극화된 것이라 해도 온라인상에서 잘못된 정보 공유가 줄어든다.[30] 포스트에 '오해의 소지가 있음' 태그가 얼마나 달렸는지를 보여주는 것이 단순히 사용자에게 비판적 사고를 하라고 권하는 것보다 더 효과적이었다. 물론 두 방식 모두 병행할 수도 있다. 초기 연구 결과는 '민중의 소리는 신의 소리'라는 말이 공개 토론의 자리에서 진실을 더 중시하게 해주는 실현 가능한 원칙이 될 수 있다는 것을 시사한다. 만일 이때 '민중'이 이념적으로 획일화된 소수의 사용자 집단으로 한정된다면 에코 체임버 효과에 빠질 가능성이 높다. 앞서 언급했듯, 군중의 지혜는 그 군중이 다양할 때 빛을 발한다.

앞으로는 잘못된 정보 문제에만 집중할 게 아니라, 어떻게 하면 진실과 객관성을 더 매력적이고 경쟁력 경쟁력 있으며 수익성 있는 것으로 만들 수 있을지에 더 많은 시간과 에너지를 쏟아야 한다. 그래야 의견 자유시장이 너저분한 의견 벼룩시장이 되는 걸 막을 수 있다. 가짜 뉴스가 믿을 만한 정보보다 더 빨리 더 멀리 퍼지는 걸 당연한 듯 받아들여서는 안 된다.

5장과 6장에서 살펴봤듯, 잘못된 정보에 속아 넘어가기 쉬운 이유는 불신이 자리 잡고 있기 때문이다. 또한 신뢰 그 자체보다 신뢰받을 자격 먼저 갖춰야 하는데, 그러려면 권위 있는 지식 관련 기관이 대중의 신뢰를 회복하는 데 전념해 보다 투명하고 접근하기 쉬운 기관으로 거듭나야 한다. 즉 정부 기관이든 과학 관련 기관이든 아니면 기업이든, 더 많은 사람을 '문 안으로' 들여보내고 '테이블에 앉을 자리'를 제공해 합법적이고 공개적인 토론을 직접 보고 참여하면서 배울 수 있게 해주어야 한다. 방법론적 분석과 데이터 해석에 전문성이 요구되는 학술 출판 분야의 경우, 4장에서 언급한 약탈적 저널에 맞서기 위해 동료 평가와 이해관계 충돌 공개 요건을 강화해야 한다. 마지막으로, 잘못된 정보와의 전쟁에서 사람들의 '지지와 신뢰'를 얻기 위해서는 7장에서 언급된 에밀리 로사 같은 슈퍼히어로와 롤모델이 더 많이 필요할 뿐 아니라, 월터 크롱카이트와 테드 코펠같이 초당적인 인물들이 나타나 객관적인 뉴스 보도를 부활시켜 진실을 찾는 여정에서 신뢰할 만한 '항해자'이자 '길잡이' 역할을 해줄 필요가 있다.

상호 존중과 협력은 가능한가

―――― **4** ――――

운 좋게도 많은 독자에게 다가갈 수 있는 작가는 자신이 쓴 글을 좋아하는 독자도 있고 싫어 하는 독자도 있다는 걸 잘 안다. 작가라면 그건 감수해야 한다. 지난 10여 년간 내 블로그에 음모론과 기타 망상 같은 믿음에 대한 글을 포스팅해 오면서, 나는 "당신은 뭔 말인지도 모르는 말을 해댄다"라는 식의 악성 메일을 적잖게 받아봤다.

따라서 나는 이 책을 끝까지 다 읽은 독자들 중 일부가 내가 2장에서 처음으로 소수 인종 우대 정책의 잠재적 이점에 대해 잠시 언급했을 때, 5장에서 도널드 트럼프 대통령이 진실 착각 효과를 악용한 점을 격하게 비판했을 때, 8장에서 미국 정치적 분열의 근원이 결국 인종 정체성 문제라고 했을 때, 그리고 2021년 1월 6일의 미국 국회의사당 난입 사건의 성격을 규정하면서 여러 장에 걸쳐 '폭동'이란 단어를 사용했을 때, 기분이 상해 '심리학으로 포장한 유사 과학을 이용해 진보주의적 독설을 정당화하려 한다'며 비난할 것을 예상할 수 있다. 또한 반反 백신론자, 건강 관리 산업, 큐아논 음모론 추종자, 기후 변화 부정론자 등에 대한 내 통렬한 비판에 대해, 어떤 사람들은 십중팔구 나를 '엘리트'니 '제약 회사의 앞잡이'니 '세뇌당한 양'이라 비난하면서,

나야말로 자신이 확증편향과 동기화된 추론, 비판적 사고의 결여, 잘못된 정보에 빠졌다는 것도 모르는 편향 사각지대의 진짜 희생자라 할 것이다. 그러면서 그들은 말할 것이다. "내가 편향된 게 아니라 당신이 편향된 거야", "내가 틀린 게 아니라 당신이 틀린 거야."

그런 주장에 대해 나는 두 가지로 답할 수 있다. 첫째, "나는 고무, 당신은 접착제. 그래서 당신이 무슨 말을 하든 다 튕겨서 당신한테 되돌아간다"라는 식의 논리는 요즘 너무도 흔한 동기화된 추론 전략이 되었다. 그러나 내가 '진실을 가리기 위한 세 가지 핵심 원칙'에서 한 조언에 따라, 나는 그들이 옳을 수도 있다는 걸 인정한다. 나에게도 편향이 있다. 우리 모두에게 있다. 그래서 우리 모두 거울을 들여다보며 자신의 편향을 인정하고 특히 우리와 의견이 다른 사람들과 대화할 때 그 편향을 내려놓는 습관을 들여야 한다. 이 책은 남을 탓하자는 게 아니라 누구나 잘못된 믿음에 빠질 수 있다는 걸 알자는 데 그 목적이 있다.

둘째, 설사 이런저런 사실로 미루어 내 의견이 옳다는 자신이 있다고 해도, 이념적으로 반대되는 사람들과 대화할 때는 누가 옳고 누가 그른지를 놓고 논쟁을 벌이기보다 대화 방향을 돌리는 게 더 나은 경우가 많다. 특히 어느 한쪽이나 양쪽 모두가 자신의 믿음에 대한 도전을 자신의 정체성에 대한 위협으로 받아들이는 '참된 신자'일 때 더 그렇다. 3장에서 내가 비판했던 유형의 논쟁, 즉 서로 의견이 다른 양쪽 모두 자신이 옳다고 주장하며 절대 물러서지 않는 논쟁으로는 어떤 발전도 기대할 수 없다. 정치 분야에서든 소셜 미디어상에서든 이제 그런 식의 논쟁은 아주 흔해졌지만, 사람들이 누구나 틀릴 수 있고 세상사를 다른 관점에서 볼 수도 있다는 걸 인정하려 하지 않기 때문에 실질적인 생각의 교류도 없고 해결책도 없다. 고대 그리스인들은 이런 스타일의 논쟁을 '에리스틱eristic'이라 불렀는데, 이는 진실에 도달하거나 갈등을 해결하려 하기보다는 논쟁 그 자체를 목적으로 삼는 논쟁을 뜻한다. 그러나 우리는 그보다 더 나은 방법으로 소통할 수 있다. 누가 옳은지를 놓고 싸우는 대신, 함께 증거를 검토할 수도 있고 어떤 가설을 더 잘 검증할 방법에 대해 이야기할 수도 있다. 그리고 각자 내 편 편향은 잠시 제쳐두고 뒤로 물러나 더 큰 그림을 보면서 공통점을 찾아볼 수도 있다. 일부 학술 토론 클럽은 이른바 '변절자 토론turncoat debating'이라는 걸 활용하는데, 이는 참가자들이 양측 입장을 모두 개진한 뒤 그걸 종합해 결론을 내리는 토론 방식이다. 한 명의 토론자가 실질적으로 자기 자신과 논쟁을 벌이며, 얼마나 균형 잡힌 방식으로 상반된 두 관점을 개진하는지를 토대로 평가받는다. 우리가 이처럼 상대방도 없는 토론 방식을 좀 더 자주 택한다면, 서로에게서 훨씬 더 많은 걸 배울 수 있을 것이다.

몇 년 전, 나는 평평한 지구론 신봉자들에 대한 다큐멘터리 영화 〈비하인드 더 커브Behind the Curve〉에 출연해 음모론적 믿음에 대한 정신 의학적 관점을 제시해 달라는 요청을 받았다. 내 인터뷰 장면은 결국 편집 과정에서 거의 다 삭제되었지만, 그 영화가 넷플릭스에서 공개돼 예상 밖의 흥행작이 되면서 나는 잠깐이나마 유명세를 타게 됐다. 내가 편향됐을 수도 있지만, 〈비하인드 더 커브〉가 성공한 건 촬영 시작 전에 내가 제작진에게 제안한 전략이 어느 정도 주효했기 때문이라고 생각한다. 실제로 내가 조언한 대로, 이 영화는 평평한 지구론 신봉자들을 '은박지 모자를 쓴 채 지하실에 틀어박혀 지내는 이상한 사람'으로 묘사하는 대중문화의 정형화된 틀에 가두지 않는다. 또한 이런저런 사실을 놓고 논쟁을 벌이는 대신, 평평한 지구론 추종자들을 답을 찾는 사람으로 보면서 그들이 수집하는 증거가 그들의 믿음을 뒷받침하지 못한다 해도 비난 없이 대응하고 있다. 또한 〈비하인드 더 커브〉는 영화 전반에 걸쳐 등장인물들을 평범한 인간으로 묘사하면서, 비교적 평범한 그들이 어째서 평평한 지구론 같이 명백히 잘못된 믿음과 지구가 평평하다는 사실을 세상 사람들에게 숨기고 있다는 전 세계적인 음모론을 믿게 되는지 관객에게 설명한다. 나는 이 책에서도 가능한 한 그런 접근 방식을 따르려 했다.

물론 3장에서 언급했듯, 논쟁을 피하고 이념적으로 반대되는 사람들을 깎아내리지 않는 건 말처럼 쉬운 일이 아니다. 특히 온라인상에서는 더 그렇다. 그러나 그렇다고 해서 그렇게 하는 게 불가능하다는 이야기는 아니다. 정말 필요한 건 단 하나, 온라인 익명성 뒤에 숨어 도로 위 분노 효과에 휘둘리지 않고, 서로 얼굴을 마주하고 있을 때처럼 다른 사람과의 소통에 전념하는 것이다. 다른 사람의 마음을 상하게 하지 않으려 조심하는 것은 과도한 정치적 올바름political correctness*에 휘둘리는 게 아니라 기본적인 예의와 핵심적인 도덕 원칙을 지키려는 것뿐이다.

3장에서 언급했듯, 나는 MIT에서 받은 대학 교육 덕에 문제 해결을 위한 공학적 해결 방법이 알려진 사실을 그대로 반복하는 방법보다 더 유용하다는 것을 알게 됐다. MIT에서 내가 본 시험은 거의 다 '오픈 북' 형태의 시험이었고, 그래서 우리는 세세한 것을 암기해 기억하는 능력이 아니라 그것을 활용해 문제를 푸는 능력에 따라 평가받았다. 그 같은 접근 방식과 오늘날의 우리 삶에서 빠진 것은, 우리와 의견이 다를 수도 있는 사람들과 어떻게 협력해 문제를 해결하는가에 대한 것이다.

내가 형 말고 다른 사람과 처음 몸싸움을 한 건 일곱 살 무렵 여름 캠프에서였다. 캠프 지도교사들은 우리들의 가벼운 몸싸움을 말린 뒤,

---
• 편견이나 차별이 섞인 언어나 정책을 지양하려는 원칙.

한 나무의 양쪽에 선 채 서로 두 손을 맞잡아 둥글게 나무를 끌어안게 했다. 잠시 후, 그들은 우리에게 손을 놓고 캠프로 돌아가라고 말했다. 지금 돌이켜보면, 스모어s'more** 만들 재료를 같이 모으게 하든, 깃발 뺏기 게임에서 같은 팀 공동 주장을 맡게 하든 서로 힘을 합쳐야 할 과제를 주는 게 더 나은 화해 방법이었는지도 모르겠다. 지금 우리에게 필요한 게 바로 그런 접근 방식이다. 이념적 양극화와 감정적 양극화에서 벗어나 공동 목표를 위해 합심해서 갈등을 해소하고 더 큰 선을 위해 문제를 해결하는 접근 방식 말이다. 그러니까 사람들의 관심을 끌기 위해 온라인의 익명성 뒤에 숨어 설전을 벌인다거나 과장된 발언을 하는 데 머무는 게 아니라, 연민과 상호 존중심과 공동체 정신을 가지고 이웃이나 이념적으로 반대되는 사람들과 직접 얼굴을 맞댄 채 힘을 합치려는 의지가 있어야 한다.

** 구운 마시멜로와 초콜릿을 크래커 사이에 끼워 만드는 간식.

만일 누구도
신경 쓰지 않는다면

5

 우리는 물론이고 심지어 전문가조차 근거 없이 과신하는 모든 믿음 중 늘 상위권을 차지하는 것이 바로 미래에 대한 예측이다. 그래서 나는 우리가 잘못된 믿음에 대한 굳은 확신을 버리고 객관적인 진실을 받아들일 수 있을지(그것도 의미 있는 수준으로) 섣부른 예측은 하지 않으려 한다. 이론상으로는, 이 책에서 제시한 '진실, 정의 그리고 더 나은 내일'을 되찾기 위한 길은 충분히 따라갈 수 있을 만큼 단순하다. 우리가 그 길을 따라갈 수 있다는 점은 분명하지만, 우리 가운데 얼마나 많은 사람이 그 길을 따라갈지는 알 수 없다. 잘못된 믿음에 대한 책에 어울리는 결론은 무엇일까? 그건 아마도 앞으로 어떻게 될지 모르겠다는 것을 인정하는 것뿐이다.

 그러나 내가 이 책은 영감을 주는 판타지라기보다 어두운 경고다. 잘못된 믿음과 자기기만이 진실을 이길 가능성도 있다. 잘못된 믿음을 뒷받침하는 심리적 요인은 우리에게 아주 불리하게 작용한다. 스스로 바뀌고 싶어 하는 전구는 그리 많지 않다. 그리고 허위 정보 먹이사슬 꼭대기에 앉은 포식자들은 진실은 존재하지 않는다는 믿음을 퍼뜨려 막대한 이득을 챙기고 있다. 너무 많은 정치 세력이 협력보다는 분열을 원한다. 도덕적 차이와 집단적 차이를 초월해 믿음의 다양성을 공동체적 가치로 받아들이는 일은 타고난 우리의 본능과는 너무 거리가 멀다. 그리고 자기기만에 빠진 이들 중 상당수는 진실을 알아보지 못하는 쪽이 반대 진영이라고 굳게 믿는다. 따라서 우리는 결국 잘못된 정보와의 전쟁에서 패해 잘못된 믿음 앞에 무릎을 꿇을 가능성이 아주 크다. 예전에는 하나였던 사회가 분열되고 민주주의는 붕괴되며, 그 폐허 위에 권위주의 정권이 등장해 과학적 증거를 무시함으로써 수백만 명이 더 죽고 지구는 불타버릴 수도 있다.

조금이나마 더 낙관적인 분위기에서 이 이야기를 마무리하기 위해, 내가 어릴 때 가장 좋아했던 교훈적인 이야기, 닥터 수스Dr. Seuss의《로렉스The Lorax》* 이야기로 끝을 맺어야겠다. 이 이야기는 트러플라 나무Truffula Tree**와 스워미 백조Swomee-Swan,*** 허밍 피시Humming Fish,**** 바바루트Bar-ba-loots***** 등이 살던 신화 속 유토피아 같은 자연환경이 한 인간의 탐욕 때문에 파괴되어 가는 과정을 생생히 그린다. 쓸쓸한 결말에서, 그 땅을 지키려 애쓴 오렌지색 작은 털북숭이 몸에 바람에 휘날리는 큰 콧수염을 가진 로렉스는 좌절감 속에서 unless, 즉 '만일 그러지 않으면'이라는 수수께끼 같은 작별 인사를 남긴다. 시간이 흐른 뒤 어린 주인공이 마지막 남은 트러플라 씨앗 하나를 얻으며 숲을 되살리고 생태계를 회복할 수 있게 되면서 그 한마디의 의미는 분명해진다.

- • 환경 보호의 중요성을 그린 아동용 그림책.
- •• 아름다운 숲을 이루는 가상의 나무.
- ••• 아름다운 가상의 백조.
- •••• 노래하는 듯한 귀여운 가상의 물고기.
- ••••• 곰 비슷한 가상의 귀여운 동물.

만일 누군가 당신 같은 사람이 진심으로 신경 쓰지 않는다면, 아무것도 나아지지 않을 거야. 그럴 거야.[31]

참고문헌

서문

1) Pierre JM. The top 5 questions everyone asks a psychiatrist. Psych Unseen. August 17, 2020. https://www.psychologytoday.com/us/blog/psych-unseen/202008/the-top-5-questions- everyone-asks-psychiatrist
2) Pierre JM. A mad world. Aeon. March 19, 2014. https://aeon.co/essays/do-psychiatrists-really-think-that-everyone-is-crazy.
3) Freud S. The Psychopathology of Everyday Life. W. W. Norton, 1965.
4) Wick D, Konrad C, Mangold J, et al. Girl, Interrupted. Columbia Pictures, 2000.
5) Mackay C. Extraordinary Popular Delusions and the Madness of Crowds. Richard Bentley, 1841.
6) Hayes SC, Strosahl KD, Wilson KG. Acceptance and Commitment Therapy: An Experiential Approach to Behavioral Change. Guilford, 1999.
7) Pierre JM. The borders of mental disorder in psychiatry and the DSM: Past, present, and future. Journal of Psychiatric Practice 2010;16:375–3 86; Pierre JM. Mental illness and mental health: Is the glass half empty or half full? Canadian Journal of Psychiatry

1장

1) American Psychiatric Association. Diagnostic and Statistical Manual of Mental Disorders (5th ed.). American Psychiatric Association, 2013; Pierre JM. Mental disorder vs normality: Defining the indefinable. Bulletin of the Association for the Advancement of Philosophy and Psychiatry 2010;17:9–11.
2) Cermolacce M, Sass L, Parnas J. What is bizarre in bizarre delusions? A critical review. Schizophrenia Bulletin 2010;36:667–6 79; Spitzer RL, First MB, Kendler KS, Stein DJ. The reliability of three definitions of bizarre delusions. American Journal of Psychiatry 1993;150:880–884.
3) Plato. Phaedrus. Penguin, 2005.
4) Pierre JM. Conspiracy theory belief: A sane response to an insane world? Review of Philosophy and Psychology 2023. https://doi.org/10.1007/s13164-023-00716-7
5) Kendler KS, Glazer WM, Morgenstern H. Dimensions of delusional experience. American Journal of Psychiatry 1983;140:466–4 69; Peters ER, Joseph SA, Garety PA. Measurement of delusional ideation in the normal population: Introducing the PDI (Peters et al: Delusional Inventory). Schizophrenia Bulletin 1999;25:553–576.
6) Pierre JM. Faith or delusion: At the crossroads of religion and psychosis. Journal of Psychiatric Practice 2001;7:163–172.
7) Pierre JM. Integrating non-p sychiatric models of delusion-like beliefs into forensic psychiatry assessment. Journal of the American Academy of Psychiatry and the Law 2019;47:171–179.
8) Beck, AT. Thinking and depression. I. Idiosyncratic content and cognitive distortions. Archives of General Psychiatry 1963;9:324–333.
9) Burns DD. Feeling Good: The New Mood Therapy. Avon, 1980.
10) Pechey R, Halligan PW. Exploring the folk understanding of belief: Identifying key dimensions endorsed in the general population. Journal of Cognition and Culture 2012;12:81–99.

11) Cambridge Dictionary. Belief. https://dictionary.cambridge.org/us/dictionary/english/belief#
12) Schwitzgebel E, Belief. In: Zalta EN, ed. The Stanford Encyclopedia of Philosophy (Fall 2019 Edition). https://plato.stanford.edu/archives/fall2019/entries/belief/.
13) McKay RT, Dennett DC. The evolution of misbelief. Behavioral and Brain Sciences 2009;32:493–561.
14) Simonsen A, Fusaroli R, Petersen ML, et al. Taking others into account: Combining directly experienced and indirect information in schizophrenia. Brain 2021;144: 1603–1614.
15) Dudley R, Taylor P, Wickham, Hutton P. Psychosis, delusions and the "jumping to con- clusions" reasoning bias: A systematic review and meta-a nalysis. Schizophrenia Bulletin 2016;42:652–665.
16) Verdoux H, Maurice-Tison S, Gay B, van Os J, Salamon R, Bourgeois ML. A survey of delu- sional ideation in primary-care patients. Psychological Medicine 1998;28:127–1 34; Pechey R, Halligan P. The prevalence of delusion-like beliefs relative to sociocultural beliefs in the general population. Psychopathology 2011;44:106–1 15; Freeman D, Pugh K, Garety P. Jumping to conclusions and paranoid ideation in the general population. Schizophrenia Research 2008;102:254–2 60; Ward T, Peters E, Jackson M, Day F, Garety PA. Data- gathering, belief flexibility, and reasoning across the psychosis continuum. Schizophrenia Bulletin 2018;44:126–136.
17) Freling TH, Yang Z, Saini R, Itani OS, Abualsamh RR. When poignant stories outweigh cold hard facts: A meta-analysis of the anecdotal bias. Organizational Behavior and Human Decision Processes 2020;160:51–67.
18) Freud S. The Future of an Illusion. W.W. Norton, 1961.
19) Ross L, Ward A. Naïve realism in everyday life: Implications for social conflict and misun- derstanding. In: Brown T, Reed ES, Turiel E, eds. Values and Knowledge. Erlbaum, 1996, 103–135.
20) Ross L, Ward A. Naïve realism in everyday life: Implications for social conflict and misun- derstanding. In: Brown T, Reed ES, Turiel E, eds. Values and Knowledge. Erlbaum, 1996, 103–135.
21) Seth AK. The real problem. Aeon. November 2, 2016. https://aeon.co/essays/the-hard-problem-of-consciousness-is-a-distraction-from-the-real-one
22) Gawande A. The mistrust of science. The New Yorker. June 10, 2016. https://www.newyor ker.com/news/news-desk/the-mistrust-of-science
23) Hardwig J. The role of trust in knowledge. Journal of Philosophy 1991;88:693–708.
24) Pirsig R. Zen and the Art of Motorcycle Maintenance. Bantam, 1974.
25) Hebrews 11:1. King James Bible. https://www.biblegateway.com/passage/?search=Hebrews%2011%3A1&version=KJV
26) Montaigne M, Cotton C, Hazlitt WC. The Essays of Montaigne. Reeves and Turner, 1877.
27) Nietzsche F. The antichrist. In: Kaufman W, ed. The Portable Nietzsche. Viking, 1954.
28) Dennett D. Brainstorms: Philosophical Essays on Mind and Psychology. MIT Press, 2007; Frankish K. A matter of opinion. Philosophical Psychology 1998;11:423–443.
29) Price HH. Belief "in" and belief "that." Religious Studies 1965;1:5–2 7; Byrne J. Believe in or belief that? https://sites.google.com/site/skepticalmedicine/believe-in-or-believe-that
30) Geiderman JM. Faith and doubt. JAMA 2000;283:1661–1662.
31) Gervais WM, Norenzayan A. Analytical thinking promotes religious disbelief. Science 2012;336:493–496; Pennycook G, Cheyne JA, Seli P, Koehler DK, Fugelsang JA. Analytic cognitive style predicts religious and paranormal belief. Cognition 2012;123:335–346.

2장

1) Perry DF, DiPietro J, Costigan K. Are women carrying "basketballs" really having boys? Testing pregnancy folklore. Birth 1999;26:172–177.
2) Thomson GH. Should we teach statistics in the senior high school? The Mathematics Teacher 1924;17:129–139; Boaler J, Levitt SD. Modern high school math should be about data science—not Algebra 2. Los Angeles Times. October 23, 2019. https://www.latimes.com/opinion/story/2019-10-23/math-high-school-algebra-data-statistics

3) Tversky A, Kahneman D. Belief in the law of small numbers. Psychological Bulletin 1971;76:105–110.
4) Griffin D, Tversky A. The weighing of evidence and the determinants of confidence. Cognitive Psychology 1992;24:411–435.
5) Bar-Hillel M. The base-rate fallacy in probability judgments. Acta Psychologica 1980;44:211–233.
6) Matarazzo O, Carpentieri M, Greco C, Pizzini B. The gambler's fallacy in problem and non-problem gamblers. Journal of Behavioral Addictions 2019;8:754–769.
7) Tversky A, Kahneman D. Judgment and uncertainty: Heuristics and biases. Science 1974;185:1124–1131.
8) Kahneman D. Thinking, Fast and Slow. Farrar, Straus and Giroux, 2011.
9) Kvam PD, Pleskac TJ. Strength and weight: The determinants of choice and confidence. Cognition 2016; 152:170–180.
10) Benson B. Cognitive bias cheat sheet, simplified. Medium; January 7, 2017; Haselton MG, Nettle D. The paranoid optimist: An integrative evolutionary model of cognitive biases. Personality and Social Psychology Review 2006;10:47–6 6; McKay RT, Dennett DC. The evo-lution of misbelief. Behavioral and Brain Sciences 2009;32:493–561.
11) Stanovich KE, West RF. On the relative independence of thinking biases and cognitive ability. Personality Processes and Individual Differences 2008;94:672–695.
12) Shariatmadari D. Daniel Kahneman: "What would I eliminate if I had a magic wand? Overconfidence." The Guardian. July 18, 2015.
13) Taylor SE, Brown JD. Illusion and well-being: A social psychological perspective on mental health. Psychological Bulletin 1988;103:193–210.
14) Brown JD. Understanding the better than average effect: Motives (still matter). Personality and Social Psychology Bulletin 2012;38:209–219.
15) Moore DA. Not so above average after all: When people believe they are worse than average and its implications for theories of bias in social comparison. Organizational Behavior and Human Decisions Processes 2007;102:42–58.
16) Colvin CR, Block J, Funder DC. Overly positive self-evaluations and personality: Negative implications for mental health. Journal of Personality and Social Psychology 1995;68:1152–1162.
17) Anderson C, Brion S, Moore DA, Kennedy JA. A status-enhancement account of overconfidence. Journal of Personality and Social Psychology 2012;103:718–735.
18) Robins RW, Beer JS. Positive illusions about the self: Short-term benefits and long-term costs. Journal of Personality and Social Psychology 2001;80:340–352.
19) Baumeister RF. The optimal margin of illusion. Journal of Social and Clinical Psychology 1989;8:176–189. See also Makridakis S, Moleskis A. The costs and benefits of positive illu- sions. Frontiers in Psychology 2015;6:859.
20) Taylor SE, Brown JD. Positive illusions and well-b eing revisited: Separating fact from fic- tion. Psychological Bulletin 1994;116:21–27.
21) Kesavayuth D, Poyago-Th eotoky J, Tran DB, ZIkos V. Locus of control, health and health- care utilization. Economic Modeling 2020;86:227–2 38; Botha F, Dahmann SC. Locus of control, self-control, and health outcomes. SSM—Population Health 2024;25:101566.
22) Moore MT, Fresco DM. Depressive realism: A meta-analytic review. Clinical Psychology Review 2012;32:496–509.
23) Miller K. The money-e mpathy gap. New York Magazine. June 29, 2012.
24) Piff PK, Stancato DM, Côté S, Keltner D. Higher social class predicts increased unethical behavior. PNAS 2012;109:4086–4091.
25) Bierce A. The Devil's Dictionary. Dell, 1991.
26) Loftus EF, Palmer JC. Reconstruction of automobile destruction: An example of the in- teraction between language and memory. Journal of Verbal Learning and Verbal Behavior 1974;13:585–589; Loftus EF. Leading questions and the eyewitness report. Cognitive Psychology 1975;7:560–572; Loftus EF, Miller DG, Burns HJ. Semantic integration of verbal information into a visual memory.

Journal of Experimental Psychology: Human Learning and Memory 1978;4:19–31.

27) Loftus EF. Planting misinformation in the human mind: A 30-year investigation of the malleability of memory. Learning & Memory 2005;12:361–366.

28) Loftus EF, Davis D. Recovered memories. Annual Review of Clinical Psychology 2006;469–498.

29) Loftus EF. Eavesdropping on memory. Annual Review of Clinical Psychology 2017;68:1–18; Loftus EF. How reliable is your memory? TEDGlobal 2013; June 2013. https://www.ted.com/talks/elizabeth_loftus_how_reliable_is_your_memory?language=en

30) Simons DJ, Chabris CF. What people believe about how memory works: A represen- tative survey of the US population. PLoS ONE 2011;6:e22757; Lacy JW, Stark CEL. The neuroscience of memory: Implications for the courtroom. Nature Reviews Neuroscience 2013;14:649–658.

31) Patihis L, Ho LY, Tingen IW, Lilienfeld SO, Loftus EF. Are the "memory wars" over? A scientist-p ractitioner gap in beliefs about repressed memory. Psychological Science 2014;25:519–530.

32) Northwestern University. Your memory is no video camera: It edits the past with present experiences. ScienceDaily. February 14, 2014. https://www.sciencedaily.com/releases/2014/02/140204185651.htm; Bridge DJ, Voss JL. Hippocampal binding of novel information with dominant memory traces can support both memory stability and change. Journal of Neuroscience 2014;34:2203–2213.

33) Frenda SJ, Nichols RM, Loftus EF. Current issues and advances in misinformation re- search. Current Directions Psychological Science 2011;20:20–23.

34) Kruger J, Dunning D. Unskilled and unaware of it: How difficulties in recognizing one's own competence lead to inflated self-assessments. Journal of Personality and Social Psychology 1999;77:1121–1134.

35) Krueger J, Mueller RA. Unskilled, unaware, or both? The contribution of social-perceptual skills and statistical regression to self-enhancement biases. Journal of Personality and Social Psychology 2002;27:313–3 27; Nuhfer E, Cogan C, Fleisher S, Gaze E, Wirth K. Random number simulations reveal how random noise affects the measurements and graphical portrayals of self-assessed competency. Numeracy 2016;9:article 4; Nuhfer E, Fleisher S, Cogan C, Wirth K, Gaze E. How random noise and a graphical convention subverted be- havioral scientists' explanations of self-assessment data: Numeracy underlies better alter- natives. Numeracy 2017;10:article 4.

36) Ehrlinger J, Johnson K, Banner M, Dunning D, Kruger J. Why the unskilled are una- ware: Further explorations of (absent) self-insight among the incompetent. Organizational Behavior and Human Decision Processes 2008;105:98–1 21; Sanchez C, Dunning D. Overconfidence among beginners: Is a little learning a dangerous thing? Journal of Personality and Social Psychology 2018;114:120–128.

37) Dunning D. We are all confident idiots. Pacific Standard. October 27, 2014 updated June 14, 2017. https://psmag.com/social-justice/confident-idiots-92793

38) Resnick B. An expert on human blind spots gives advice on how to think. Vox. June 26, 2019. https://www.vox.com/science-and-health/2019/1/31/18200497/dunning-kruger-effect-explained-trump

39) Dunlosky J, Rawson KA. Overconfidence produces underachievement: Inaccurate self-evaluations undermine students' learning and retention. Learning and Instruction 2012;22:271–280.

40) Sanchez C, Dunning D. Overconfidence among beginners: Is a little learning a dangerous thing? Journal of Personality and Social Psychology 2018;114:120–128.

41) Fisher M, Keil FC. The curse of expertise: When more knowledge leads to miscalibrated explanatory insight. Cognitive Science 2016;40:1251–1269.

42) Son LK, Kornell N. The virtues of ignorance. Behavioural Processes 2020;83:207–212.

3장

1) Fisher, Goddu MK, Keil FC. Searching for explanations: How the internet inflates estimates of internal knowledge. Journal of Experimental Psychology: General 2015;144:674–687.

2) Collins K. The Google delusion: We're not as clever as we think we are. Wired. January 4, 2015. https://www.wired.com/story/google-delusion/

3) Kost A, Chen FM. Socrates was not a pimp: Changing the paradigm of questioning in medical education. Academic Medicine 2015;90:20–2 4; Priest K, King C, Chen D. Why pimping, the practice, and the word—s hould be eradicated from medicine. BMC Series Blog; October 11, 2019. http://blogs.biomedcentral.com/bmcseriesblog/2019/10/11/why- pimping-the-practice-and-the-word-should-be-eradicated-from-medicine/
4) Fisher M, Smiley AH, Grillo TLH. Information without knowledge: The effects of internet search on learning. Memory 2022;30:375–387.
5) Lord CG, Ross L, Lepper MR. Biased assimilation and attitude polarization: The effects of prior theories on subsequently considered evidence. Journal of Personality and Social Psychology 1979;37:2098–2 109; Anderson CA, Lepper MR, Ross L. Perseverance of social theories: The role of explanation in the persistence of discredited information. Journal of Personality and Social Psychology 1980;39:1037–1049.
6) Nickerson RS. Confirmation bias: A ubiquitous phenomenon in many guises. Review of General Psychology 1998;2:175–2 20; Mahoney MJ. Publication prejudices: An ex- perimental study of confirmatory bias in the peer review system. Cognitive Therapy and Research 1977;1:161–175; Hergovich A, Schott R, Burger C. Biased evaluation of abstracts depending on topic and conclusion: Further evidence of a confirmation bias within scien- tific psychology. Current Psychology 2020;29:188–209.
7) Pronin E, Lin DY, Ross L. The bias blind spot: Perceptions in self versus others. Personality and Social Psychology Bulletin 2002;28:369–3 81; Scopelliti I, Morewedge CK, McCormick E, Lauren Min H, Lebrecht S, Kassam KS. Bias blind spot: Structure, measurement, and consequences. Management Science 2015;61:2468–2486.
8) Pearson ML, Selby JV, Katz KA, et al. Clinical, epidemiologic, histopathologic and molec- ular features of an unexplained dermopathy. PLoS ONE 2012;7:e29908.
9) Lustig A, Mackay S, Strauss J. Morgellons disease as internet meme. Psychosomatics 2009;50:90; Vila-Rodriguez F, Macewan BG. Delusional parasitosis facilitated by web- based dissemination. American Journal of Psychiatry 2008;165:1612.
10) Middleveen MJ, Fesler MC, Stricker RB. History of Morgellons disease: From delusion to definition. Clinical, Cosmetic and Investigational Dermatology 2018;11:71–90.
11) Pierre JM. Gang stalking: Real-life harassment or textbook paranoia. Psych Unseen. October 20, 2020. https://www.psychologytoday.com/us/blog/psych-unseen/202010/gang-stalk ing-real-life-harassment-or-textbook-paranoia; Pierre JM. Gang stalking: Conspiracy, delusion, and shared belief. Psych Unseen. October 31, 2020. https://www.psychologytoday. com/us/blog/psych-unseen/202010/gang-stalking-conspiracy-delusion-and-shared- belief; Pierre JM. Gang stalking: A case of mass hysteria. Psych Unseen. October 31, 2020. https://www.psychologytoday.com/us/blog/psych-unseen/202011/gang-stalking-case-mass-hysteria
12) Bell V, Maiden C, Munoz-S olomondo A, Reddy V. "Mind control" experiences on the internet: Implications for the psychiatric diagnosis of delusions. Psychopathology 2006;39:87–91.
13) Sheridan LP, James DV. Complaints of group-stalking ("gang-stalking"): An explora- tory study of their nature and impact on complainants. Journal of Forensic Psychiatry & Psychology 2015;26:601–623; Sheridan L, James DV, Roth J. The phenomenology of group stalking ("gang-stalking"): A content analysis of subjective experiences. International Journal of Environmental Research and Public Health 2020;17:2506.
14) Lustig A, Brookes G, Hunt D. Linguistic analysis of online communication about a novel persecutory belief system (gangstalking): Mixed methods study. Journal of Medical Internet Research 2021;23:e25722.
15) Pierre JM. Integrating non-p sychiatric models of delusion-like beliefs into forensic psychi- atric assessment. Journal of the American Academy of Psychiatry and the Law 2019;47:171–179; Pierre JM. Forensic psychiatry versus the varieties of delusion-like belief. Journal of the American Academy of Psychiatry and the Law 2020;48:327–334.
16) Olson B. Modern Esoteric: Beyond Our Senses. Consortium of Collective Consciousness Publishing,

2018; Loftus JW. Why I Became an Atheist: A Former Preacher Rejects Christianity. Prometheus Books, 2012.
17) Pariser E. The Filter Bubble: How the New Personalized Web Is Changing What We Read and How We Think. Penguin Press, 2011.
18) New York Times. Episode two: Looking down. Rabbit Hole. April 23, 2020. https://www.nytimes.com/2020/04/23/podcasts/rabbit-hole-internet-youtube-virus.html
19) Straub K. www.chainsawsuit.com.
20) Brown D. The Lost Symbol. Doubleday, 2009.
21) McGrummen S. "Finally. Someone who thinks like me." Washington Post. October 1, 2016.
22) Warco K. Centerville police file additional charges against borough woman. Observer-Reporter. October 2018. https://www.observer-reporter.com/news/2018/oct/25/centerville-police-file-additional-charges-against-borough-woman/
23) Bakshy E, Messing S, Adamic LA. Exposure to ideologically diverse news and opinion on Facebook. Science 2015;348:1130–1 132; Del Vicario M, Bessi A, Zollo F, et al. The spreading of information online. Proceedings of the National Academy of Science 2016;113:554–559; Bessi A, Zollo F, Del Vicario M, et al. Users polarization on Facebook and Youtube. PLoS ONE 2016;11(8):e0159641; Bail CA, Argyle LP, Brown TW, et al. Exposure to opposing views on social media can increase political polarization. PNAS 2018;115:9216–9221; Brugnoli E, Cinelli M, Quattrociochi W, Scala A. Recursive patterns in online echo cham- bers. Scientific Reports 2019;9:20118; Cinelli M, Morales GDF, Galeazzi A, Quattrociocchi W, Starnini M. The echo chamber effect on social media PNAS 2021:118:e2023301118.
24) Flaxman S, Goel S, Rao JM. Filter bubbles, echo chambers, and online news consump- tion. Public Opinion Quarterly 2016;80:298–3 10; Dubois E, Blank G. The echo chamber is overstated: The moderating effect of political interest and diverse media. Information, Communication, and Society 2018;21:729–745.
25) Nguyen CT. Escape the echo chamber. Aeon. April 9, 2018. https://aeon.co/essays/why-its- as-hard-to-escape-an-echo-chamber-as-it-is-to-flee-a-cult; Nguyen CT. Echo chambers and epistemic bubbles. Episteme 2020;17:141–161.
26) Shugars S, Beauchamp N. Why keep arguing? Predicting engagement in political conver- sations online. SAGE Open 2019; January-March:1–13.
27) Hasell A, Weeks BE. Partisan provocation: The role of partisan news use and emotional responses in political information sharing in social media. Human Communication Research 2016;42:641–6 61; Wollebaek D, Karlsen R, Steen-Johnson K, et al. Anger, fear, and echo chambers: The emotional basis for online behavior. Social Media + Society 2019;5:1–14.
28) Brady WJ, McLoughlin K, Doan TN, Crockett MJ. How social learning amplifies moral outrage expression in online social networks. Science Advances 2021;7:eabe5641.
29) Kim JW, Guess A, Nyhan B, Reifler J. The distorting prism of social media: How self-selection and exposure to incivility fuel online comment toxicity. Journal of Communication 2021;71:922–946.
30) Rathje S, Van Bavel JJ, van der Linden S. Out-group animosity drives engagement on social media. PNAS 2021;118:e2024292118.
31) Munn L. Angry by design: Toxic communication and technical architectures. Humanities and Social Sciences Communications 2020;7:53.
32) Milli S, Carroll M, Pandey S, Wang Y, Dragan AD. Twitter's algorithm: Amplifying anger, animosity, and affective polarization. arXiv 2305.16941.
33) Suler J. The online disinhibition effect. Cyberpsychology and Behavior 2004;7:321–326.
34) Haines R, Hough J, Cao L, et al. Anonymity in computer-mediated communication: More contrarian ideas with less influence. Group Decision and Negotiation 2014;23:765–786.
35) Santana AD. Virtuous or vitriolic: The effect of anonymity on civility in online newspaper reader comment boards. Journalism Practice 2014;8:18–33.
36) Anderson AA, Brossard D, Scheufele DA, et al. The "nasty effect": Online incivility and risk perceptions of emerging technologies. Journal of Computer-Mediated Communication

2014;19:373–387.
37) Vaidhyanathan S. Anti-Social Media. Oxford University Press, 2018.
38) Rathje S, Robertson C, Brady WJ, Van Bavel JJ. People think that social media platforms do (but should not) amplify divisive content. Perspectives on Psychological Science 2023. https://doi.org/10.1177/17456916231190

4장

1) Rodia T. Is it a cult, or a new religious movement? Penn Today. August 29, 2019. https://penntoday.upenn.edu/news/it-cult-or-new-religious-movement; Pierre JM. Cults of per-sonality. In: Scott C, McDermott B, eds. A Clinical Guide to Cults and Persuasive Leadership. Cambridge University Press, in press.
2) Bearman J. Heaven's Gate: The sequel. LA Weekly. March 21, 2007. https://www.laweekly.com/heavens-gate-the-sequel/
3) Niebuhr G. On the furthest fringes of millennialism. The New York Times. March 28, 1997. https://archive.nytimes.com/www.nytimes.com/library/national/mass-suicide-cult.html; Abromyaityte M. The 1990s cult "Heaven's Gate" has four remaining followers—we spoke to them. Vice. October 15, 2020. https://www.vice.com/en/article/v7gjky/heavens-gate-cult-remaining-members
4) Hafford M. Heaven's Gate 20 years later: 10 things you didn't know. Rolling Stone. March 24, 2017. https://www.rollingstone.com/feature/heavens-gate-20-years-later-10-things-you-didnt-know-114563/
5) Associated Press. Mass suicide "a good way to get rid of a few nuts," Turner says. The Spokesman-Review. March 30, 1997. https://www.spokesman.com/stories/1997/mar/30/mass-suicide-a-good-way-to-get-rid-of-a-few-nuts/
6) European Southern Observatory. Fraudulent use of a Ifa/UH picture. https://www.eso.org/~ohainaut/Hale_Bopp/hb_ufo_tholen.html
7) Genoni T. Art Bell, Heaven's Gate, and journalistic integrity. Skeptical Inquirer 1997;21:22–23.
8) Aslett K, Sanderson Z, Godel W, Persily N, Nagler J, Tucker JA. Online searches to evaluate misinformation can increase its perceived veracity. Nature 2023. https://doi.org/10.1038/s41586-023-06883-y
9) Goldman A. The Comet Ping Pong gunman answers our reporter's questions. The New York Times. December 7, 2016. https://www.nytimes.com/2016/12/07/us/edgar-welch-comet-pizza-fake-news.html
10) Spiegelman I. Daredevil and flat-earther "Mad Mike" Hughes dies in homemade rocket crash. Los Angeles Magazine. February 24, 2020. https://lamag.com/science/mad-mike-hughes-rocket-crash; Ortiz A. Mike Hughes, 64, D.I.Y. daredevil, is killed in rocket crash. The New York Times. February 23, 2020. https://www.nytimes.com/2020/02/23/us/mad-mike-hughes-dead.html
11) Cohen J. Covid-1 9 vaccine hesitancy is worse in the E.U. than U.S. Forbes. March 8, 2021. https://www.forbes.com/sites/joshuacohen/2021/03/08/covid-19-vaccine-hesitancy-is-worse-in-eu-than-us/?sh=386f0529611f
12) Johnson CK, Stobbe M. Nearly all COVID deaths in the US are now among unvaccinated. AP News. June 29, 2021. https://apnews.com/article/coronavirus-pandemic-health- 941fcf43d9731c76c16e7354f5d5e187
13) Scobie HM, Johnson AG, Suthar AB, et al. Monitoring incidence of COVID-1 9 cases, hospitalizations, and deaths, by vaccination status—1 3 U.S. Jurisdictions, April 4–July 17, 2021. Morbidity Mortal Weekly Report 2021;70:1284–1 290; Johnson AG, Linde L, Ali AR, et al. COVID-1 9 incidence and mortality among unvaccinated and vaccinated per- sons aged > 12 years by receipt of bivalent booster doses and time since vaccination—2 4 U.S. jurisdictions, October 3, 2021–D ecember 24, 2022. Morbidity Mortal Weekly Report 2023;72:145–152.
14) Simmons-Duffin S, Nakajima K. This is how many lives could have been saved with COVID vaccinations in each state. NPR.org. May 13, 2022. https://www.npr.org/s ecti ons/health-

shots/2022/05/13/1098071284/this-is-how-many-lives-could-have-been- saved-with-covid-vaccinations-in-each-state; and Vaccine preventable death analysis. Globalepidemics.org. Data from January 2021–April 2022. https://g lobalepidemics.org/ vaccinations/

15) Mitchell A, Jurkowitz M, Oliphant JB, Shearer E. Americans who mainly get their news on social media are less engaged, less knowledgeable. Pew Research Center. July 30, 2020. https://www.pewresearch.org/journalism/2020/07/30/americans-who-mainly-get-their-news-on-social-media-are-less-engaged-less-knowledgeable/

16) Matsa KA. Fewer Americans rely on TV news; what type they watch varies by who they are. Pew Research Center. January 5, 2018. https://www.pewresearch.org/fact-tank/2018/01/05/fewer-americans-rely-on-tv-news-what-type-they-watch-varies-by-who-they-are/; Pew Research Center. Network news fact sheet. Journalism.org July 13, 2021. https://www. journalism.org/fact-sheet/network-news/; Pew Research Center. Cable news fact sheet. July 13, 2021. https://www.journalism.org/fact-sheet/cable-news/

17) Hruby P. The SportsCenter-ization of political journalism. The Atlantic. January 4, 2012. https://www.theatlantic.com/politics/archive/2012/01/the-sportscenter-ization-of-political-journalism/250882/

18) The O'Reilly Factor. March 2, 2016. https://www.youtube.com/watch?v=slC2DaFMRTw

19) Jones JM. U.S. media trust continues to recover from 2016 low. Gallup. October 12, 2018. https://news.gallup.com/poll/243665/media-trust-continues-recover-2016-low.aspx

20) Koppel T. The case against news we can choose. The Washington Post. November 14, 2010. https://www.washingtonpost.com/archive/opinions/2010/11/14/the-case-against-news- we-can-choose/8818803c-f580-11df-a418-19c210d82b3f/

21) The Late Show with Stephen Colbert. November 24, 2015. https://www.youtube.com/watch?v=z6KnZTRw6ZU

22) Council on Foreign Relations. A conversation with Ted Koppel. November 12, 2019. Transcript available at: https://www.cfr.org/event/distinguished-voices-series-ted-koppel

23) Moyer JW. Trump inspires gloomy Ted Koppel to scold Bill O'Reilly over the state of TV news. The Washington Post. March 3, 2016. https://www.washingtonpost.com/news/ morning-mix/wp/2016/03/03/trump-inspires-gloomy-ted-koppel-to-scold-bill-oreilly- over-the-state-of-tv-news/

24) Polman D. The "objective" journalistic nirvana. WHYY.org/News. November 17, 2010. https://whyy.org/articles/the-qobjectiveq-journalistic-nirvana/

25) Madison J. The Federalist Papers: No. 10. November 23, 1787. https://avalon.law.yale.edu/18th_century/fed10.asp

26) Dobski B. America is a republic, not a democracy. First Principles 80; June 2020; Thomas G. "America is a republic, not a democracy" is a dangerous—and wrong—argument. The Atlantic. November 2, 2020. https://www.theatlantic.com/ideas/archive/2020/11/yes-constitution-democracy/616949/

27) Lemann N. Amateur hour. The New Yorker. August 7, 2006.

28) Kavanagh J, Rich MD. Truth Decay: An Initial Exploration of the Diminishing Role of Facts and Analysis in American Public Life. RAND Corporation, 2018.

29) Ruane KA. Fairness doctrine: History and Constitutional issues. Congressional Research Service Report for Congress. July 13, 2011; Matthews D. Everything you need to know about the Fairness Doctrine in one post. The Washington Post. August 23, 2011.

30) Berg M, Brown A. The highest paid YouTube stars of 2020. Forbes. December 18, 2020. https://www.forbes.com/sites/maddieberg/2020/12/18/the-highest-paid-youtube-stars-of-2020/

31) Vosoughi S, Roy D, Aral S. The spread of true and false news online. Science 2018;359:1146–1151.

32) Aral S. How lies spread online. The New York Times. March 8, 2018. https://www.nytimes.com/2018/03/08/opinion/sunday/truth-lies-spread-online.html

33) Taylor LE, Swerdfeger AL, Eslick CD. Vaccines are not associated with autism: An evidence- based meta-analysis of case-control and cohort studies. Vaccine 2014;32:3623–3629.

34) Kata A. A postmodern Pandora's box: Anti-vaccination misinformation on the internet. Vaccine 2010;28:1709–1716.

35) Elkin LE, Pullon SRH, Stubbe MH. "Should I vaccinate my child?" comparing the displayed stances of vaccine information retrieved from Google, Facebook, and YouTube. Vaccine 2020;38:2771–2778.
36) Johnson NF, Velásquez N, Restrepo NJ, et al. The online competition between pro- and anti-vaccination views. Nature 2020;582:230–233.
37) Frankovic K. Why won't Americans get vaccinated? YouGov.com. July 15, 2021. https://today.yougov.com/topics/politics/articles-reports/2021/07/15/why-wont-americans-get-vaccinated-poll-data
38) Lazer D, Green J, Ognyanova K, et al. The COVID States Project #57: Social media news consumption and COVID-19 vaccination rates. July 2021. https://osf.io/uvqbs/
39) Cathey L. President Biden says Facebook, other social media "killing people" when it comes to COVID-19 misinformation. ABC News. July 16, 2021. https://abcnews.go.com/Politics/president-biden-facebook-social-media-killing-people-covid/story?id=78890692
40) Wang Y, McKee M, Torbica A, Stuckler D. Systematic literature review on the spread of health misinformation on social media. Social Science & Medicine 2019;240:112552.
41) Johnson SB, Parsons M, Dorff T, et al. Cancer misinformation and harmful information on Facebook and other social media: A brief report. Journal of the National Cancer Institute 2022;114:1036–1039.
42) Beall J. Medical publishing and the threat of predatory journals. International Journal of Women's Dermatology 2016;2:115–116.
43) Eriksson S, Helgesson G. Time to stop talking about "predatory journals." Learned Publishing 2018;31:181–183.
44) Beall J. Predatory publishers are corrupting open access. Nature 2012;489:179.
45) Beall J. The open-access movement is not really about open access. tripleC 2013;11:589–597; Gillis AG. The rise of junk science. The Walrus. May 27, 2019, updated December 6, 2021. https://thewalrus.ca/the-rise-of-junk-science/
46) Lawton G. Science in crisis. New Scientist. 2020;246:12–14.
47) Stefansky E. Watch Ted Koppel tell Sean Hannity that he's "bad for America." Vanity Fair. March 26, 2017.
48) City News Service. San Diego judge dismisses OAN's $10 million defamation lawsuit against Rachel Maddow. KPBS.org. May 23, 2020. https://www.kpbs.org/news/2020/05/23/san-diego-judge-dismisses-oans-10-million-defamati
49) Folkenflik D. You literally can't believe the facts Tucker Carlson tells you. So say Fox's lawyers. NPR.org. September 29, 2020. https://www.npr.org/2020/09/29/917747123/you-literally-cant-believe-the-facts-tucker-carlson-tells-you-so-say-fox-s-lawye
50) Stanford History Education Group. Evaluating information: The cornerstone of civic online reasoning. 2016. https://stacks.stanford.edu/file/druid:fv751yt5934/SHEG%20Evaluating%20Information%20Online.pdf
51) Morris A, Brading H. E-literacy and the grey digital divide: A review with recommendations. Journal of Information Literacy 2007;1:13–28; Guess A, Nagler J, Tucker J. Less than you think: Prevalence and predictors of fake new dissemination on Facebook. Science Advances; 2019;5:eaau4586; Grinberg N, Joseph K, Friedland L, Swire-Thompson B, Lazer D. Fake news on Twitter during the 2016 U.S. presidential election. Science 2019;363:374–378.
52) Alfano S. The truth of truthiness. CBSNews.com. December 12, 2006. https://www.cbsnews.com/news/the-truth-of-truthiness/; Stephen Colbert, The Colbert Report, Comedy Central. October 17, 2005. https://www.cc.com/video/63ite2/the-colbert-report-the-word-truthiness; American Dialect Society. Truthiness voted 2005 word of the year, AmericanDialect.org. January 6, 2006. https://americandialect.org/truthiness_voted_2005_word_of_the_year
53) Kahan DM. The politically motivated reasoning paradigm part 1: What is politically motivated reasoning and how to measure it. In: Scott R, Kosslyn S, eds. Emerging Trends in the Social and Behavioral Sciences. Wiley, 2016; Kahan DM. The politically motivated reasoning paradigm part

2: Unanswered questions. In: Scott R, Kosslyn S, eds. Emerging Trends in the Social and Behavioral Sciences. Wiley, 2016.
54) Taber CS, Lodge CS. Motivated skepticism in the evaluation of political beliefs. American Journal of Political Science 2006;50:755–7 69; Campbell TH, Kay AC. Solution aversion: On the relation between ideology and motivated disbelief. Journal of Personality and Social Psychology 2014;107(5):809–8 24; Williams D. Motivated ignorance, rationality, and demo- cratic politics. Synthese 2020.
55) Kahan DM. Misconceptions, misinformation, and the logic of identity-p rotective cogni- tion. Cultural Cognition Project Working Paper Series No. 164. May 24, 2017; Van Bavel JJ, Pereira A. The partisan brain: An identity-based model of political belief. Trends in Cognitive Science 2018;22:213–224.
56) Goldberg M. What Fox News says when you're not listening. The New York Times. February 17, 2023; Darcy O. Fox News stars and executives privately trashed Trump's election fraud claims, court document reveals. CNN.com. February 17, 2023. https://www.cnn.com/2023/02/16/media/fox-news-stars-executives-court-documents/index.html
57) Kunda Z. The case for motivated reasoning. Psychological Bulletin 1990;480–498.
58) Kahan DM, Jenkins-Smith H, Braman D. Cultural cognition of scientific consensus. Journal of Risk Research 2011;14:147–1 74; Michael RB, Breaux BO. The relationship between po- litical affiliation and beliefs about sources of "fake news." Cognitive Research: Principles and Implications 2021;6:6.
59) Asimov I. A cult of ignorance. Newsweek. January 21, 1980; Sagan C. The Demon-Haunted World: Science as a Candle in the Dark. Ballantine Books, 1995.
60) Stanovich KE, West RF, Toplak ME. Myside bias, rational thinking, and intelligence. Current Directions in Psychological Science 2013;22:259–264.
61) Kahan DM, Peters E, Dawson EC, Slovic P. Motivated numeracy and enlightened self- government. Behavioural Public Policy 2017;1:54–8 6; Kahan DM. Ideology, motivated rea- soning, and cognitive reflection. Judgment and Decision Making 2013;8:407–424.
62) Pennycook G, Rand DG. Lazy, not biased: Susceptibility to partisan fake news is better explained by lack of reasoning than by motivated reasoning. Cognition 2019;188:39–50; Bago B, Rand DG, Pennycook G. Fake news, fast and slow: Deliberation reduces be- lief in false (but not true) news headlines. Journal of Experimental Psychology: General 2020;149:1608–1613.
63) Tappin BM, Pennycook G, Rand DG. Thinking clearly about causal inferences of politi- cally motivated reasoning: Why paradigmatic study designs often undermine causal in- ference. Current Opinion in Behavioral Science 2020:34:81–87; Tappin BM, Pennycook G, Rand DG. Rethinking the link between cognitive sophistication and politically motivated reasoning. Journal of Experimental Psychology: General 2021;150:1095–1114.
64) Bullock JG, Gerber AS, Hills SJ, Huber GA. Partisan bias in factual beliefs about politics. Quarterly Journal of Political Science 2015;10:519–578.

5장

1) Antidefamation League. "The lawless ones": The resurgence of the sovereign citizen move- ment, 2nd ed. Antidefamation League Special Report. 2012. https://www.adl.org/sites/default/files/documents/assets/pdf/combating-hate/Lawless-Ones-2012-Edition-WEB-final.pdf; Berger JM. Without prejudice: What sovereign citizens believe. Program on Extremism at George Washington University. June 2016. https://extremism.gwu.edu/sites/g/files/zaxdzs2191/f/downloads/JMB%20Sovereign%20Citizens.pdf; Southern Poverty Law Center. Sovereign Citizen Movement. https://www.splcenter.org/fighting-hate/extremist-files/ideology/sovereign-citizens-movement
2) Pierre JM. Forensic psychiatry versus the variety of delusion-like beliefs. Journal of the American Academy of Psychiatry and the Law 2020;48:327–334.
3) Seifert C. The distributed influence of misinformation. Journal of Applied Research in Memory and Cognition 2017;397–400.

4) Hardwig J. The role of trust in knowledge. Journal of Philosophy 1991;88:693–7 08; Sperber D, Clément F, Heintz C, Mascaro O, Mercier H, Origgi G, Wilson D. Epistemic vigilance. Mind & Language 2010;25:359–393.
5) Kareklas I, Muehling DD, Weber TJ. Reexamining health messages in the digital age: A fresh look at source credibility effects. Journal of Advertising 2015;44:88–104.
6) Jones JM. U.S. media trust continues to recover from 2016 low. Gallup. October 12, 2018. https://news.gallup.com/poll/243665/media-trust-continues-recover-2016-low.aspx
7) Pew Research Center. Public trust in government: 1958–2021. May 17, 2021. https://www.pewresearch.org/politics/2021/05/17/public-trust-in-government-1958-2021/
8) Kahan DM. Misconceptions, misinformation, and the logic of identity-p rotective cogni- tion. Cultural Cognition Project Working Paper Series No. 164. May 24, 2017.
9) Sunstein CR, Vermeule A. Conspiracy theories: Causes and cures. Journal of Political Philosophy 2009;17:202–227.
10) Rosselli R, Martini M, Bragazzi NL. The old and the new: Vaccine hesitancy in the era of the Web 2.0. Challenges and opportunities. Journal of Preventive Medicine and Hygiene 2006;57:E47–E50.
11) Stelter B. Newsmax TV scores a ratings win over Fox News for the first time ever. CNN. com. December 8, 2020. https://www.cnn.com/2020/12/08/media/newsmax-fox-news-ratings/index.html
12) Williamson E, Steel E. Conspiracy theories made Alex Jones very rich. They may bring him down. The New York Times. September 7, 2018. https://www.nytimes.com/2018/09/07/us/politics/alex-jones-business-infowars-conspiracy.html
13) Murdock S. Alex Jones' Infowars store made $165 million over 3 years, records show. Huffington Post. January 7, 2022. https://www.huffpost.com/entry/infowars-store-alex-jones_n_61d71d8fe4b0bcd2195c6562
14) Siemaszko C. InfoWars' Alex Jones is a "performance artist," his lawyer says in a divorce hearing. NBCNews.com. April 17, 2017. https://www.nbcnews.com/news/us-news/not-fake-news-infowars-alex-jones-performance-artist-n747491
15) Maxouris C, Joseph E. Alex Jones says "form of psychosis" made him believe events like Sandy Hook massacre were staged. CNN.com. April 1, 2019. https://www.cnn.com/2019/03/30/us/alex-jones-psychosis-sandy-hook/index.html
16) Jones A. 45 battles UN offensive plus Alex Jones' lawyer tells all. The Alex Jones Show. March 31, 2019. https://banned.video/watch?id=5ca157e04b025c001747b14b
17) Zaitchik A. Meet Alex Jones. Rolling Stone. March 2, 2011. https://www.rollingstone.com/culture/culture-news/meet-alex-jones-175845/
18) Brown S. Alex Jones' media empire is a machine built to sell snake-o il diet supplements. New York Magazine. May 4, 2017. https://nymag.com/intelligencer/2017/05/how-does-alex-jones-make-money.html
19) Levy SG. Everything you need to know about Goop's jade-egg lawsuit. Vogue.com. September 5, 2018. https://www.vogue.com/article/goop-jade-yoni-egg-lawsuit-gwyneth-paltrow-vaginal-pelvic-floor-health
20) Dickson EJ. We fact-checked four of the most outrageous claims in Gwyneth Paltrow's Netflix show. Rolling Stone, January 29, 2020. https://www.rollingstone.com/culture/culture-features/gwyneth-paltrow-goop-lab-netflix-941830/; St. Felix D. The magical thinking of "The Goop Lab." The New Yorker. February 3, 2003. https://www.newyorker.com/magazine/2020/02/03/the-magical-thinking-of-the-goop-lab
21) Khazan O. The baffling rise of Goop. The Atlantic. September 12, 2017. https://www.theatlantic.com/health/archive/2017/09/goop-popularity/539064/
22) Merrill P. Why the haters mean nothing to Gwyneth Paltrow. CEO Magazine. May 26, 2021. https://www.theceomagazine.com/business/health-wellbeing/gwyneth-paltrow-goop/
23) Funk C, Kennedy B. Public confidence in scientists has remained stable for decades. Pew Research Center. August 27, 2020. https://www.pewresearch.org/fact-tank/2020/08/27/public-confidence-in-scientists-has-remained-stable-for-decades/

24) Team Goop. Uncensored: A word from our contributing doctors. https://goop.com/wellness/health/uncensored-a-word-from-our-doctors/
25) Mull A. I Gooped myself. The Atlantic. August 26, 2019.
26) Stamp N. Gwyneth Paltrow's "Goop Lab" is horrible. The medical industry is partly to blame. The Washington Post. February 8, 2020. https://www.washingtonpost.com/opinions/2020/02/08/gwyneth-paltrows-goop-lab-is-horrible-medical-industry-is-partly-blame/
27) Johnson SB, Park HS, Gross CP, Yu JB. Complementary medicine, refusal of conven- tional cancer therapy, and survival among patients with curable cancers. JAMA Oncology 2018;4:1375–1381.
28) Remski M. Inside Kelly Brogan's COVID-denying, vax-resistant conspiracy machine. Medium. September 15, 2020. https://gen.medium.com/inside-kelly-brogans-covid-denying-vax-resistant-conspiracy-machine-28342e6369b1
29) Abbott RD, Sherwin K, Klopf H, Mattingly HJ, Brogan K. Efficacy of a multimodal online lifestyle intervention for depressive symptoms and quality of life in individuals with a his- tory of major depressive disorder. Cureus 2020;12(7):e9061.
30) Frankel J. HIV doesn't cause AIDS according to Gwyneth Paltrow Goop "trusted expert" doctor Kelly Brogan. Newsweek. December 6, 2017. https://www.newsweek.com/hiv-doesnt-cause-aids-according-gwyneth-paltrow-goop-doctor-kelly-brogan-735645
31) Spiegelman I. A controversial psychiatrist and Goop contributor suggests that coronavirus isn't real. Los Angeles Magazine. March 24, 2020. https://lamag.com/health/kelly-brogan-coronavirus
32) The Chalkboard Editorial Team. Dr. Kelly Brogan's jaw-dropping interview on holistic psy- chiatry. Thechalkboardmag.com. November 12, 2019. https://thechalkboardmag.com/kelly-brogan-holistic-psychiatry
33) Center for Countering Digital Hate. Why platforms must act on twelve leading online anti- vaxxers. March 24, 2021. https://cdn.centerforinquiry.org/wp-content/uploads/sites/33/2021/05/15131138/disinformation_dozen.pdf
34) Smith MR, Reiss J. Inside one network cashing in on vaccine disinformation. AP News. May 13, 2021. https://apnews.com/article/anti-vaccine-bollinger-coronavirus-disinformation-a7b8e1f33990670563b4c469b462c9bf
35) US Food and Drug Administration. Warning letter to Dr. Joseph Mercola, Dr. Mercola's Natural Health Center. March 22, 2011. https://web.archive.org/web/20111208202236/ http://www.fda.gov/ICECI/EnforcementActions/WarningLetters/2011/ucm250701.htm; US Food and Drug Administration. Warning letter to Dr. Joseph Mercola, Mercola.com, LLC. February 18, 2021. https://www.fda.gov/inspections-compliance-enforcement-and-criminal-investigations/warning-letters/mercolacom-llc-607133-02182021; Evans J. $2.59 million in refunds for Mercola tanning beds. consumer.ftc.gov. February 7, 2017. https://www.consumer.ftc.gov/blog/2017/02/259-million-refunds-mercola-tanning-beds
36) Frenkel S. The most influential spreader of coronavirus misinformation online. The New York Times. July 24, 2021. https://www.nytimes.com/2021/07/24/technology/joseph-mercola-coronavirus-misinformation-online.html
37) Smith B. Dr. Mercola: visionary or quack? Chicago Magazine. January 31, 2012. https://www.chicagomag.com/chicago-magazine/february-2012/dr-joseph-mercola-visionary-or-quack/
38) Subramanian S. Inside the Macedonian fake-news complex. Wired. February 25, 2017. https://www.wired.com/2017/02/veles-macedonia-fake-news/
39) Hughes HC, Waismel-Manor I. The Macedonian fake news industry and the 2016 US elec- tion. PS: Political Science and Politics 2021;54:19–23.
40) Broniatowski DA, Jamison AM, Q, S, AlKulaib, L, et al. Weaponized health communica- tion: Twitter bots and Russian trolls amplify the vaccine debate. American Journal of Public Health 2018;108;1378–1384.
41) Dunn AG, Surian D, Dalmazzo J, et al. Limited role of bots in spreading vaccine-critical information among active Twitter users in the United States: 2017–2019. American Journal of Public Health 2020;110(S3):S319–S325.

42) Spitale G, Biller-Andorno N, Federico G. AI model GPT-3 (dis)informs us better than humans. Science Advances 2023;9:eadh1850.
43) Hasher L, Goldstein D, Topping T. Frequency and the conference of referential validity. Journal of Verbal Learning and Verbal Behavior 1977;16:107–112.
44) Reber R, Schwarz N. Effects of perceptual fluency on judgments of truth. Consciousness and Cognition: An International Journal 1999;8:338–3 42; McGlone MS, Tofighbakhsh J. Birds of a feather flock conjointly (?): Rhyme as reason in aphorisms. Psychological Science 2000;11:424–428.
45) Dechene A, Stahl C, Hansen J, Wanke M. The truth about the truth: A meta-analytic review of the truth effect. Personality and Social Psychology Review 2919;14:238–257.
46) Arkes HR, Hackett C, Boehm L. The generality of the relation between familiarity and judged validity. Journal of Behavioral Decision Making 1989;2:81–94.
47) Wegner DM, Wenzlaff R, Kerker RM, Beattie AE. Incrimination through innuendo: Can media questions become public answers? Journal of Personality and Social Psychology 1981;40:5:822–832.
48) Fazio LK, Brashier NM, Payne BK, Marsh EJ. Knowledge does not protect against illusory truth. Journal of Experimental Psychology: General 2015;144:993–1002.
49) Pennycook G, Cannon TD, Rand DG. Prior exposure increases perceived accuracy of fake news. Journal of Experimental Psychology: General 2018;147:1865–1880.
50) Orwell G. 1984. Harcourt Brace Jovanovich, 1949.
51) Paul C, Matthews M. The Russian "Firehose of Falsehood" Propaganda Model: Why It Might Work and Options to Counter It. RAND Corporation, 2016. https://www.rand.org/p ubs/ perspectives/PE198.html
52) Shonam S. "Our task was to set Americans against their own government": New details emerge about Russia's trolling operation. Business Insider. October 17, 2017. https://www.businessinsider.com/former-troll-russia-disinformation-campaign-trump-2017-10
53) Linvill DL, Warren PL. Troll factories: Manufacturing specialized disinformation on Twitter. Political Communication 2020;37:447–467.
54) Grinberg N, Joseph K, Friedland L, Swire-Th ompson B, Lazer D. Fake news on Twitter during the 2016 U.S. presidential election. Science 2019;363:374–3 78; Guess AM, Nyhan B, Reifler J. Exposure to untrustworthy websites in the 216 US election. Nature Human Behavior 2020;4:472–480; Bail CA, Guay B, Maloney E, et al. Assessing the Russian Internet Research Agency's impact on the political attitudes and behaviors of American Twitter users in late 2017. Proceedings of the National Academy of Sciences 2020;117:243–250.
55) Howard PN, Ganesh B, Liotsiou D, Kelly J, François C. The IRA, social media and polit- ical polarization in the United States, 2012–2018. Oxford Internet Institute, University of Oxford 2018. https://digitalcommons.unl.edu/senatedocs/1/
56) Bradshaw S, Howard PN. The global disinformation disorder: 2019 global inventory of organized social media manipulation. Working Paper 2019-2. Oxford UK. Project on Computational Propaganda. 2019.
57) Meleschevich K, Schafer B. Online information laundering: the role of social media. Policy Brief, Alliance for Securing Democracy. January 9, 2018. https://s ecuringdemocracy.gmfus.org/online-information-laundering-the-role-of-social-media/
58) Al-R awi, Rahman A. Manufacturing rage: The Russian Internet Research Agency's polit- ical astroturfing on social media. First Monday 2020;25.
59) Illing S. The Russian roots of our misinformation problem. Vox. October 26, 2020. https://www.vox.com/world/2019/10/24/20908223/trump-russia-fake-news-propaganda-peter-pomerantsev
60) Oliver JE, Wood TJ. Conspiracy theories and the paranoid style(s) of mass opinion. American Journal of Political Science 2014;58, 952–9 66.
61) Holmes J. A Trump surrogate drops the mic: "There's no such thing as facts." Esquire. December 1, 2016. https://www.esquire.com/news-politics/videos/a51152/trump-surrogate-no-such-thing-as-facts/
62) Robertson L, Farley R. The facts on crowd size. Factcheck.org. January 23, 2017. https// www.

factcheck.org/2017/01/the-facts-on-crowd-size/
63) Sinderbrand R. How Kellyanne Conway ushered in the era of "alternative facts." The Washington Post. January 22, 2017. https://www.washingtonpost.com/news/the-fix/wp/2017/01/22/how-kellyanne-conway-ushered-in-the-era-of-alternative-facts/
64) Kessler G, Rizzo S, Kelly M. Trump's false or misleading claims total 30,573 over 4 years. The Washington Post. January 24, 2021. https://www.washingtonpost.com/politics/2021/01/24/trumps-false-or-misleading-claims-total-30573-over-four-years/
65) Parker A. Spin, hyperbole and deception: How Trump claimed credit for an Obama vet- erans achievement. The Washington Post. October 23, 2020. https://www.washingtonpost.com/politics/2020/10/23/trump-obama-veterans-choice-act/
66) Associated Press. Transcript of Trump's speech at rally before US Capitol riot. Apnews. com. January 13, 2021. https://apnews.com/article/election-2020-joe-biden-donald-trump-capitol-siege-media-e79eb5164613d6718e9f4502eb471f27
67) Monmouth University Polling Institute. Public supports both early voting and requiring photo ID to vote. Monmouth University Poll. June 21, 2021. https://www.monmouth.edu/polling-institute/reports/monmouthpoll_us_062121/
68) Carbonaro G. 40% of Americans think 2020 election was stolen, just days before midterms. Newsweek.com. November 2, 2022. https://www.newsweek.com/40-americans-think-2020-election-stolen-days-before-midterms-1756218; Durkee A. Republicans increasingly realize there's no evidence of election fraud—but most still think 2020 election was stolen anyway, poll finds. Forbes. March 14, 2023. https://www.forbes.com/sites/alisondurkee/2023/03/14/republicans-increasingly-realize-theres-no-evidence-of-election-fraud-but-most-still-think-2020-election-was-stolen-anyway-poll-finds
69) Nuzzi O. Kellyanne Conway is a star. New York Magazine. March 18, 2017. https://nymag.com/intelligencer/2017/03/kellyanne-conway-trumps-first-lady.html
70) Arendt H. Hannah Arendt: From an interview. New York Times Review of Books. October 26, 1978. https://www.nybooks.com/articles/1978/10/26/hannah-arendt-from-an-interview/
71) Lewandowsky S, Ecker UKH, Cook J. Beyond misinformation: Understanding and coping with the "post-truth" era. Journal of Applied Research in Memory and Cognition
72) Newall M. Misinformation around U.S. Capitol unrest, election spreading among Americans. Ipsos Poll. January 19, 2021. https://www.ipsos.com/en-us/news-polls/ misinformation-unrest-election-spreading
73) Nichols T. The Death of Expertise: The Campaign against Established Knowledge and Why It Matters. Oxford University Press, 2017.

6장

1) Clifton A, Frye C, Jefferson R. Kyrie Irving—DEEP in thought 30,000 feet high above. Road Trippin. February 16, 2017. https://www.youtube.com/watch?v=mzjL9JxSFAk
2) Martin D. Charles Johnson, 76, proponent of flat Earth. The New York Times. March 25, 2001. https://www.nytimes.com/2001/03/25/us/charles-johnson-76-proponent-of-flat-earth.html
3) Nguyen H. Most flat earthers consider themselves very religious. YouGov. April 2, 2018. https://today.yougov.com/topics/society/articles-reports/2018/04/02/most-flat-earthers- consid er-themselves-religious; Picheta R. The flat-Earth conspiracy is spreading around the globe. Does it hide a darker core? CNN.com. November 18, 2019. https://www.cnn.com/2019/11/16/us/flat-earth-conference-conspiracy-theories-scli-intl/index.html
4) Said-Moorhouse L. Rapper B.o.B thinks the Earth is flat, has photographs to prove it. CNN.com. January 26, 2016. https://www.cnn.com/2016/01/26/entertainment/rapper-bob-earth-flat-theory/; Ramisetti K. Tila Tequila goes on bizarre Twitter rant, insists Earth if flat and declares she's immortal. New York Daily News. January 7, 2016. https://www.nydailynews.com/entertainment/gossip/tila-tequila-insists-earth-flat-bizarre-twitter-rant-article-1.2489596

5) Pierre JM. Mistrust and misinformation: A two component, socio-epistemic model of belief in conspiracy theories. Journal of Social and Political Psychology 2020;8:617–641.
6) Neuharth-Keusch AJ. Cavaliers All-Star Kyrie Irving legitimately believes the Earth is flat. USA Today. February 18, 2017. https://www.usatoday.com/story/sports/nba/allstar/2017/02/18/kyrie-irving-earth-flat-nba-all-star/98090104/
7) ESPN. Kyrie Irving apologizes for saying Earth is flat: "Didn't realize the effect." ESPN.com. October 1, 2018. https://www.espn.com/nba/story/_/id/24863899/kyrie-irving-boston-celtics-apologizes-saying-earth-flat
8) Deb S. Kyrie Irving doesn't know if the Earth is round or flat. He does want to discuss it. The New York Times. June 8, 2018. https://www.nytimes.com/2018/06/08/movies/kyrie-irving-nba-celtics-earth.html
9) Dean S. No, one-third of Millennials don't actually think Earth is flat. Science Alert. April 4, 2018. https://www.sciencealert.com/one-third-millennials-believe-flat-earth-conspiracy-statistics-yougov-debunk
10) Goertzel T. Belief in conspiracy theories. Political Psychology 1994;15:731–7 42; Oliver JE, Wood, TJ. Conspiracy theories and the paranoid style(s) of mass opinion. American Journal of Political Science 2014;58:952–9 66; Oliver JE, Wood TJ. Medical conspiracy theories and health behaviors in the United States. JAMA Internal Medicine 2014;174:817–818; Mancuso M, Vassallo S, Vezzoni C. Believing in conspiracy theories: Evidence from an exploratory analysis of Italian survey data. South European Society and Politics 2017;3:327–344.
11) YouGov. YouGov Cambridge Globalism Project—Conspiracy theories. YouGov Poll. February 28–March 26, 2019. https://d25d2506sfb94s.cloudfront.net/cumulus_uploads/document/2c6lta5kbu/YouGov%20Cambridge%20Globalism%20Project%20-%20Conspiracy%20Theories.pdf
12) Goertzel T. Belief in conspiracy theories. Political Psychology 1994;15:731–7 42; Swami V, Coles R, Stieger S, et al. Conspiracist ideation in Britain and Austria: Evidence of a monological belief system and associations between individual psychological differences and real-world and fictitious conspiracy theories. British Journal of Psychology 2011;102:443–463; Wood MJ, Douglas KM, Sutton RM. Dead and alive: Beliefs in contradictory conspiracy theories. Social Psychology and Personality Science 2012;3:767–773.
13) Uscinski J, Parent J. American Conspiracy Theories. Oxford University Press, 2014.
14) Uscinski J, Enders A, Klofstad C, et al. Have beliefs in conspiracy theories increased over time? PLoS ONE 17:e0270429.
15) Uscinski J. Conspiracy Theories: A Primer. Rowman & Littlefield, 2020; Niskanen Center. Conspiracy beliefs are not increasing nor exclusive to the right. Science of Politics Episode 93; April 21, 2021. Transcript https://www.niskanencenter.org/conspiracy-beliefs-are-not-increasing-or-exclusive-to-the-right/
16) Dyer O. COVID-19: Unvaccinated face 11 times risk of death from delta variant, CDC data show. BMJ 2021;374:n2282; Frankovic K. Why won't Americans get vaccinated? YouGovAmerica.com. July 15, 2021. https://today.yougov.com/topics/politics/articles-reports/2021/07/15/why-wont-americans-get-vaccinated-poll-data
17) Jolley D, Douglas KM. The effects of anti-vaccine conspiracy theories on vaccination intentions. PLoS ONE 2014;9:e89177; Ripp T, Roer JP. Systematic review on the association of COVID-19-related conspiracy belief with infection-preventative behavior and vaccine willingness. BMC Psychology 2022;10:66.
18) YouGov. The Economist/YouGov Poll July 10–13, 2021. https://docs.cdn.yougov.com/w2zmwpzsq0/econTabReport.pdf
19) Oliver JE, Wood TJ. Medical conspiracy theories and health behaviors in the United States. JAMA Internal Medicine 2014;174:817–818.
20) Addley E. Study shows 60% of Britons believe in conspiracy theories. The Guardian. November 22, 2019. https://www.theguardian.com/society/2018/nov/23/study-shows-60-of-britons-believe-in-conspiracy-theories; YouGov. YouGov Cambridge Globalism Project—Conspiracy theories. YouGov

Poll. August 13–2 3, 2018. https://d25d 2506 sfb 94s.cloudfront.net/cumulus_uploads/document/pk1qbgil4c/YGC%20Conspiracy%20 Th eories%20(all%20countries).pdf

21) Jolley D, Douglas KM, Marchlewska M, Cichocka A, Sutton RM. Examining the links be- tween conspiracy theory beliefs and the EU "Brexit" referendum vote in the UK: Evidence from a two-w ave survey. Journal of Applied Social Psychology 2021;00:1–7.

22) Cillizza C. 1 in 3 Americans believe the "Big Lie." CNN.com. June 21, 2021. https://www.cnn.com/2021/06/21/politics/biden-voter-fraud-big-lie-monmouth-poll/index.html.

23) Agiesta J. CNN poll: Most Americans think election results could lead to political violence in the coming years. CNN.com. March 12, 2021. https://www.cnn.com/2021/0 3/1 2/p olit ics/c nn-poll-p olitical-divisions/index.html; Hannon E. Poll finds nearly 40 percent of Republicans think political violence is justifiable and could be necessary. Slate. February 11, 2021. https://slate.com/news-and-politics/2021/02/aei-poll-40-percent-republicans- conservatives-political-violence.html

24) PRRI staff. Understanding QAnon's connection to American politics, religion, and media consumption. PRRI.org. May 27, 2021. https://www.prri.org/research/qanon-conspiracy-american-politics-report/

25) YouGov. The Economist/YouGov Poll. July 17–20, 2021. https://docs.cdn.yougov.com/ 1aaz80mjhy/e conTabReport.pdf; Milman O, Harvey F. US is hotbed of climate change denial major global survey finds. The Guardian. May 8, 2019. https://www.theguardian.com/environment/2019/may/07/us-hotbed-climate-change-denial-international-poll; Ibbetson C. Where do people believe in conspiracy theories? YouGov. January 18, 2021. https://yougov.co.uk/topics/international/articles-reports/2021/01/18/global-where-believe-conspiracy-theories-true

26) Jolley D, Douglas KM. The social consequences of conspiracism: Exposure to conspiracy theories decreases intention to engage in politics and to reduce one's carbon footprint. British Journal of Psychology 2014;105:35–5 6; van Prooijen J-W , Krouwel APM. Pollet TV. Political extremism predicts belief in conspiracy theories. Social Psychology and Personality Science 2015;6:570–5 78; Jolley D, Douglas KM, Leite AC, Schrader T. Belief in conspiracy theories and intentions to engage in everyday crime. British Journal of Psychology 2019;58:534–5 49; Jolley D, Paterson JL. Pylons ablaze: Examining the role of 5G COVID-19 conspiracy beliefs and support for violence. British Journal of Social Psychology 2020;59:628–640; Vegetti F, Littvay L. Belief in conspiracy theories and attitudes toward political violence. Italian Political Science Review 2022;52:18–3 2; Jolley D, Marques MD, Cookson D. Shining a spotlight on the dangerous consequences of conspiracy theories. Current Opinion in Psychology 2022;47:101363; Toribio-F lórez D, Green R, Sutton RM, Douglas KM. Does belief in conspiracy theories affect interpersonal relationships? Spanish Journal of Psychology 2023;26(e9):1–8.

27) Winter J. Exclusive: FBI document warns conspiracy theories are a new domestic ter- rorism threat. Yahoo!News. August 1, 2019. https://news.yahoo.com/fbi-documents-con spiracy-theories-terrorism-160000507.html

28) Butter M. There's a conspiracy theory that the CIA invented the term "conspiracy theory"— here's why. The Conversation. March 16, 2020. https://theconversation.com/theres-a-con spiracy-theory-that-the-cia-invented-the-term-conspiracy-theory-heres-why-132117

29) Douglas KM, Sutton RM, Cichocka A. The psychology of conspiracy theories. Current Directions in Psychological Science 2017;26:538–5 42; Douglas KM, Uscinski JE, Sutton RM, et al. Understanding conspiracy theories. Political Psychology 2019;40(Suppl 1):3–3 5.

30) Brotherton R, French CC. Intention seekers: Conspiracist ideation and biased attributions of intentionality. PLoS ONE 2015;10:e0124125; Wagner-E gger P, Delouveé S, Gauvrit N, Dieguez S. Creationism and conspiracism share a common teleologic bias. Current Biology 2018;28:R867–R868.

31) Liekefett L, Christ O, Becker JC. Can conspiracy beliefs be beneficial? Longitudinal link- ages between conspiracy theory beliefs, anxiety, uncertainty aversion, and existential threat. Personality and Social Psychology Bulletin 2023;49:167–179.

32) Lantian A, Muller D, Nurra C, Douglas KM. "I know things they don't know!" The role of need for

uniqueness in belief in conspiracy theories. Social Psychology 2017;48:160–173.
33) Golec de Zavala A, Federico CM. Collective narcissism and growth of conspiracy thinking over the course of the 2016 United States presidential election: A longitudinal analysis. European Journal of Social Psychology 48:1011–1018.
34) Schaeffer K. Nearly three-in-ten Americans believe COVID-19 was made in a lab. Pew Research Center. April 8, 2020. https://www.pewresearch.org/fact-tank/2020/04/08/nearly-three-in-ten-americans-believe-covid-19-was-made-in-a-lab/; Uscinski JE, Enders AM, Klofstad C, et al. Why do people believe COVID-19 conspiracy theories? Harvard Kennedy School Misinformation Review 2020;1.
35) Pomfret J. The U.S.-China coronavirus blame game and conspiracies are getting dangerous. The Washington Post. March 17, 2020. https://www.washingtonpost.com/opinions/2020/03/17/us-china-coronavirus-blame-game-conspiracies-are-getting-dangerous/
36) Mackinnon A. Russia knows just who to blame for the coronavirus: America. Foreign Policy. February 14, 2020. https://foreignpolicy.com/2020/02/14/russia-blame-america- coronavirus-conspiracy-theories-disinformation/; O'Sullivan D. Exclusive. She's been falsely accused of starting the pandemic. Her life has been turned upside down. CNN.com. April 27, 2020. https://www.cnn.com/2020/04/27/tech/coronavirus-conspiracy-theory/index.html
37) Garrett RK, Weeks BE. Epistemic beliefs' role in promoting misperceptions and con- spiracist ideation. PLoS ONE 2017;12(9):e0184733; Vranic A, Hromatko I, Tonkovic M. "I did my own research": Overconfidence, (dis)trust in science, and endorsement of conspiracy theories. Frontiers in Psychology 13:931865; Swami V, Voracek M, Stieger S, Tran US, Furnham A. Analytic thinking reduces belief in conspiracy theories. Cognition 2014;133:572–585; Yelbuz BE, Madan E, Alper S. Reflective thinking predicts lower con- spiracy theory beliefs: A meta-a nalysis. Judgment and Decision Making 2022;17:720–744.
38) Miller JM, Saunders KL, Farhart CE. Conspiracy endorsement as motivated reasoning: The moderating roles of political knowledge and trust. American Journal of Political Science 2016;60:824–844; Smallpage SM, Enders AM, Uscinski JE. The partisan contours of con- spiracy beliefs. Research and Politics 2017;October–December:1–7.
39) van der Linden S, Panagopoulos C, Azevedo F, Jost JT. The paranoid style in American pol- itics revisited: An ideological asymmetry in conspiratorial thinking. Political Psychology 2012;42:23–51.
40) Enders A, Farhart C, Miller J, Uscinski J, Saunders K, Drochon H. Are Republicans and conservatives more likely to believe in conspiracy theories? Political Behavior 2023;45:2001–2004.
41) Pierre JM. Conspiracy theory belief: A sane response to an insane world? Review of Philosophy and Psychology 2023. https://doi.org/10.1007/s13164-023-00716-7
42) Kofta M, Soral W, Bilewicz M. What breeds conspiracy antisemitism? The role of political uncontrollability and uncertainty in the belief in Jewish conspiracy. Journal of Personality and Social Psychology 2020;118:900–9 18; van Prooijen J-W. An existential threat model of conspiracy theories. European Psychology 2020;25:16–25.
43) Jolley D, Meleady R, Douglas KM. Exposure to intergroup conspiracy theories promotes prejudice which spreads across groups. British Journal of Psychology 2020;111:17–35.
44) Ball K, Lawson W, Alim T. Medical mistrust, conspiracy beliefs and HIV-related behavior among African Americans. Journal Psychology and Behavioral Science 2013;1:1–7 ; Bogart LM, Thorburn S. Are HIV/AIDS conspiracy beliefs a barrier to HIV prevention among African Americans? Journal of Acquired Immune Deficiency Syndrome 2005;38:213–218.
45) Washington HA. Medical Apartheid: The Dark History of Medical Experimentation on Black Americans from Colonial Times to the Present. Doubleday, 2006.
46) Alper S. There are higher levels of conspiracy beliefs in more corrupt countries. European Journal of Social Psychology 2023;53:503–517.
47) McNeil DG. How much herd immunity is enough? The New York Times. December 24, 2020. https://www.nytimes.com/2020/12/24/health/herd-immunity-covid-coronavirus.html; Curet M. CDC did not say vaccines are failing or vaccinated people are super- spreaders. Politifact. August 4,

2021. https://www.politifact.com/factchecks/2021/aug/04/instagram-posts/cdc-did-not-say-vaccines-are-failing-or-vaccinated/

48) Morisi D, Jost JT, Singh V. An asymmetrical "president-in-power" effect. American Political Science Review 2019;113:614–620.

49) Imhoff R, Zimmer F, Klein O, et al. Conspiracy mentality and political orientation across 26 countries. Nature Human Behaviour 2022;6:392–403.

50) Castanho Silva B, Vegetti F, Littvay L. The elite is up to something: Exploring the rela- tion between populism and belief in conspiracy theories. Swiss Political Science Review 2017;23:423–443; Lewis P, Bosely S, Duncan P. Revealed: Populists far more likely to believe in conspiracy theories. The Guardian. May 1, 2019. https://www.theguardian.com/world/2019/may/01/revealed-populists-more-likely-believe-conspiracy-theories-vaccines; Eberl J-M, Huber RA, Greussing E. From populism to the "plandemic": Why popu- lists believe in COVID-1 9 conspiracies. Journal of Elections, Public Opinion and Parties 2021;31:271–284; Stecula DA, Pickup M. How populism and conservative media fuel con- spiracy beliefs about COVID-1 9 and what it means for COVID-1 9 behaviors. Research and Politics 2021; in press.

51) Uscinski JE, Enders AM, Seelig MI, et al. American politics in two dimensions: Partisan and ideological identities versus anti-e stablishment orientations. American Journal of Political Science 2021;65:877–8 95; Enders AM, Uscinski JE. The role of ant-e stablishment orientations during the Trump presidency. The Forum. 2021;19:47–76.

52) Washburn AN, Skitka LJ. Science denial across the political divide: Liberals and conserva- tives are similarly motivated to deny attitude-inconsistent science. Social Psychology and Personality Science 2018;9:972–980.

53) Gauchat G. Politicization of science in the public sphere: A study of public trust in the United States, 1974 to 2010. American Sociological Review 2012;77:167–187; McCright AM, Dentzman K, Charters M, Dietz T. The influence of political ideology on trust in science. Environmental Research Letters 2013:044029; Lewandowsky S, Oberauer K. Motivated rejection of science. Current Directions in Psychological Science 2016;25:217–2 22; Lewandowsky S, Oberauer K. Worldview-motivated rejection of science and the norms of science. Cognition 2021;215:104820; Lee JJ. Party polariza- tion and trust in science: What about democrats? Socius 2021;7:1–12; Li N, Qian Y. Polarization of public trust in scientists between 1978 and 2018. Politics and the Life Sciences 2022;41:45–54.

54) Klein C, Clutton P, Dunn, AG. Pathways to conspiracy: The social and linguistic precursors of involvement in Reddit's conspiracy theory forum. PLoS One 2019;14:e0225098.

55) Landrum AR, Olshansky A, Richards O. Differential susceptibility to misleading flat earth arguments on Youtube. Media Psychology 2019;24:136–165.

56) Stempel C, Hargrove T, Stempel III GH. Media use, social structure, and belief in 9/11 con- spiracy theories. Journalism and Mass Communication Quarterly 2007;84:353–372.

57) Lewis P, Bosely S, Duncan P. Revealed: Populists far more likely to believe in conspiracy theories. The Guardian. May 1, 2019. https://www.theguardian.com/world/2019/may/01/revealed-populists-more-likely-believe-conspiracy-theories-vaccines

58) Stecula DA, Pickup M. Social media, cognitive reflection, and conspiracy beliefs. Frontiers in Political Science 2021;3:647957.

59) Stecula DA, Pickup M. How populism and conservative media fuel conspiracy beliefs about COVID-1 9 and what it means for COVID-1 9 behaviors. Research & Politics 2021:8(1).

60) De Coninck D, Frissen T, Matthijs K, et al. Beliefs in conspiracy theories and misinforma- tion about COVID-19: Comparative perspectives on the role of anxiety, depression and exposure to and trust in information sources. Frontiers in Psychology 2021;12:646394.

61) Uscinski JE, Enders AM. Don't blame social media for conspiracy theories—they would still flourish without it. The Conversation. June 18, 2020. https://theconversation.com/ dont-blame-social-media-for-conspiracy-theories-they-would-still-flourish-with out-it-1 38635; Enders AM, Uscinski JE, Seelig MI, et al. The relationship between so- cial media use and beliefs in conspiracy theories

and misinformation. Political Behavior 2023;45:781–804.
62) Niskanen Center. Conspiracy beliefs are not increasing nor exclusive to the right. Science of Politics, Episode 93; April 21, 2021. Transcript https://www.niskanencenter.org/conspiracy-beliefs-are-not-increasing-or-exclusive-to-the-right/
63) Holan AD. Ask PolitiFact: Are you sure Donald Trump didn't call the coronavirus a hoax? PolitiFact. October 8, 2020. https://www.politifact.com/article/2020/oct/08/ask-politifact-are-you-sure-donald-trump-didnt-cal/
64) Rosenblum NL, Muirhead R. A Lot of People Are Saying: The New Conspiracism and the Assault on Democracy. Princeton University Press, 2019.
65) Deer B. How the vaccine crisis was meant to make money. BMJ 2011;342:c5258.
66) Hussain A, Ali ZS, Ahmed M, Hussein S. The anti-vaccination movement: A regression in modern medicine. Cureus 2018;10:e2919.
67) Passantino J, Darcy O. Social media giants remove viral video with false coronavirus claims that Trump retweeted. CNN.com. July 28, 2020. https://www.cnn.com/2020/07/28/tech/ facebook-youtube-coronavirus/index.html; America's Frontline Doctors SCOTUS press conference transcript. Rev.com. July 27, 2020. https://www.rev.com/blog/transcripts/americas-frontline-doctors-scotus-press-conference-transcript
68) Mackey T, Purushothaman V, Haupt M, Nali M, Li J. Application of unsupervised machine learning to identify and characterize hydroxychloroquine misinformation on Twitter. Lancet Digital Health 2021;3:e72–e75.
69) Nelson A. Anatomy of deceit: Team Trump deploys doctors with dubious qualifications to push fake cure for Covid-19. The Washington Spectator. September 20, 2020. https://washingtonspectator.org/anatomy-of-deceit/
70) Bergengruen V. How "America's frontline doctors" sold access to bogus COVID-19 treatments—and left patients in the lurch. TIME. August 26, 2021. https://time.com/6092368/americas-frontline-doctors-covid-19-misinformation/
71) Lee M. Network of right-wing health care providers in making millions off hydroxychlo- roquine and ivermectin, hacked data reveals. The Intercept. September 28, 2021. https://theintercept.com/2021/09/28/covid-telehealth-hydroxychloroquine-ivermectin-hacked/; Bergengruen V. How an online pharmacy sold millions worth of dubious COVID-19 drugs—while patients paid the price. TIME. October 13, 2021. https://time.com/61044 07/ravkoo-pharmacy-ivermectin-covid-19-ppp-loan/
72) Sommer W. COVID-denying medical group implodes over founder's extravagant spending. The Daily Beast. November 14, 2022. https://www.thedailybeast.com/covid-misinformation-group-americas-frontline-doctors-implodes-over-dr-simone-golds-extravagant-spending
73) Merlan A. On the dark and dangerous underbelly of climate conspiracy theories. LitHub. September 17, 2019. https://lithub.com/on-the-dark-and-dangerous-underbelly-of-climate-conspiracy-theories/
74) Cook J, Supran G, Lewandowsky S, Oreskes N, Maibach E. America misled: How the fossil fuel industry deliberately misled Americans about climate change. George Mason University Center for Climate Change Communication, 2019. https://www.climatechange communication.org/america-misled/
75) Geary J. The dark money of climate change. ESSAI 2019;17:17. https://dc.cod.edu/essai/vol17/iss1/17
76) Mangan D. Trump rioter, QAnon supporter Douglas Austin Jensen thought he invaded White House, not Capitol, video shows. CNBC.com. July 12, 2021. https://www.cnbc.com/2021/07/13/trump-rioter-douglas-austin-jensen-thought-he-invaded-white-house-not- capitol.html
77) Hsu S. QAnon "poster boy" for Capitol riot sent back to jail after violating court order to stay off internet. The Washington Post. September 2, 2021. https://www.washingtonpost.com/local/legal-issues/douglas-jensen-jailed-qanon-addiction/2021/09/02/50ee9628-0c08-11ec-aea1-42a8138f132a_story.html
78) Elfrink T. He wore a QAnon shirt while chasing police on Jan. 6. Now he says he was deceived

by "a pack of lies." The Washington Post. June 8, 2021. https://www.washingtonpost.com/nation/2021/06/08/douglas-jensen-qanon-conspiracy/

79) Pew Research Center. 5 facts about the QAnon conspiracy theories. PewResearch.org. November 16. 2020. https://www.pewresearch.org/fact-tank/2020/11/16/5-facts-about- the-qanon-conspiracy-theories/; Rose J. Even if it's "bonkers," poll finds many believe QAnon and other conspiracy theories. NPR.org. December 30, 2020. https://www.npr.org/2020/12/30/951095644/even-if-its-bonkers-poll-finds-many-believe-qanon-and-other-conspiracy-theories

80) Chang A. We analyzed every QAnon post on Reddit. Here's who QAnon supporters ac- tually are. Vox. August 8, 2018. https://www.vox.com/2018/8/8/17657800/qanon-reddit-conspiracy-data

81) LaFrance A. The prophesies of Q. The Atlantic. June 2020. https://www.theatlantic.com/ magazine/archive/2020/06/qanon-nothing-can-stop-what-is-coming/610567/; Argentino M-A. The Church of QAnon: Will conspiracy theories form the basis of a new religious movement? The Conversation. May 18, 2020. https://theconversation.com/the-church-of-qanon-will-conspiracy-theories-form-the-basis-of-a-new-religious-movement-137859

82) Pierre JM. Down the conspiracy theory rabbit hole: How does one become a follower of QAnon? In: Miller MK, ed. The Social Science of QAnon. Cambridge University Press, 2023, 17–32.

83) Edelman G. QAnon supporters aren't quite who you think they are. Wired. October 6, 2020. https://www.wired.com/story/qanon-supporters-arent-quite-who-you-think-they-are/; Schaffner B. QAnon and conspiracy beliefs. September 18–2 0, 2020. https://www.isdglobal.org/wp-content/uploads/2020/10/qanon-and-conspiracy-beliefs.pdf

84) Carter B. Trump, addressing far-right QAnon conspiracy, offers praise for its followers. NPR.com. August 19, 2020. https://www.npr.org/2020/08/19/904055593/trump-addressing-far-right-qanon-conspiracy-offers-praise-for-its-followers

85) Scott D. Trump refuses to say the QAnon conspiracy theory is false. Vox. October 15, 2020. https://www.vox.com/2020/10/15/21518697/donald-trump-town-hall-what-is-qanon-conspiracy-theory

86) McClatchey E. Iowan facing Jan, 6 charges claims he "got taken" by QAnon, is granted pretrial release. Little Village Magazine. July 15, 2021. https://littlevillagemag.com/iowan- facing-jan-6-charges-claims-he-got-taken-by-qanon-is-granted-pretrial-release/

87)

7장

1) Brotherton R, French CC, Pickering. Measuring belief in conspiracy theories: The generic conspiracist beliefs scale. Frontiers in Psychology 2013;4:279.

2) Frankfurt H. On Bullshit. Raritan Quarterly Review 1986;6:81–100.

3) Petrocelli JV. Antecedents of bullshitting. Journal of Experimental Social Psychology 2018;76:249–258.

4) Pennycook G, Cheyne JA, Barr N, Koehler DJ, Fugelsang JA. On the reception and detec- tion of pseudo-p rofound bullshit. Judgment and Decision Making 2015;10:549–563.

5) Frankfurt H. On Bullshit. Princeton University Press, 2005.

6) MacKenzie A, Bhatt I. Lies, bullshit and fake news: Some epistemological concerns. Postdigital Science and Education 2020;2:9–13.

7) Ig Nobel Prize winners. https://www.improbable.com/2021-ceremony/winners/

8) Hart J, Graether M. Something's going on here: Psychological predictors of belief in con- spiracy theories. Journal of Individual Differences 2018;39:229–2 37; Čavojová V, Secară EC, Jurkovič M, Šrol J. Reception and willingness to share pseudo-profound bullshit and their relation to other epistemically suspect beliefs and cognitive ability in Slovakia and Romania. Applied Cognitive Psychology 2019;33:299–311.

9) Littrell S, Risko EF, Fugelsang JA. "You can't bullshit a bullshitter" (or can you?): Bullshitting frequency predicts receptivity to various types of misleading information. British Journal of Social Psychology 2021;60:1484–1505.

10) Littrell S, Fugelsang JA. Bullshit blind spots: The roles of miscalibration and information processing in bullshit detection. Thinking & Reasoning 2023. https://doi.org/10.1080/13546783.2023.2189163

11) Pennycook G, Cheyne JA, Barr N, Koehler DJ, Fugelsang JA. It's still bullshit: Reply to Dalton (2016). Judgment and Decision Making 2016;11:123–125.

12) Pennycook G, Rand DG. Who falls for fake news? The roles of bullshit receptivity, over- claiming, familiarity, and analytic thinking. Journal of Personality 2020;88:185–200.

13) Bainbridge TF, Quinlan JA, Mar RA, Smillie LD. Openness/intellect and suscepti- bility to pseudo-profound bullshit: A replication and extension. European Journal of Personality 2018;33:72–88; Čavojová V, Secară EC, Jurkovič M, Šrol J. Reception and will- ingness to share pseudo-profound bullshit and their relation to other epistemically sus- pect beliefs and cognitive ability in Slovakia and Romania. Applied Cognitive Psychology 2019;33:299–311.

14) Chotiner I. Deepak Chopra has never been sick. The New Yorker. October 17, 2019. https:// www.newyorker.com/culture/q-and-a/deepak-chopra-has-never-been-sick

15) Tompkins P. New age supersage. Time. November 14, 2008. https://time.com/archive/6893750/new-age-supersage/

16) Chopra Global. Tonia O'Connor appointed CEO of Deepak Chopra's next generation well- being company Chopra Global. PR Newswire. June 25, 2019. https://www.prnewswire.com/news-releases/tonia-oconnor-appointed-ceo-of-deepak-chopras-next-generation-well-being-company-chopra-global-300874174.html

17) Chopra D. The Seven Spiritual Laws of Success. Amber-Allen Publishing, 1994.

18) Goldhill O. We asked Deepak Chopra, the guru of sayings that mean nothing, to fact-c heck his own tweets. Quartz. March 5, 2017. https://qz.com/917820/we-asked-deepak-chopra-the-guru-of-sayings-that-mean-nothing-to-fact-check-his-own-tweets/

19) Chopra D, Redwood D. Interviews with people who make a difference: Quantum healing. Healthy.net. 1995. http://184.154.57.4/scr/interview.aspx?Id=167

20) Green E. Understanding Deepak Chopra's "biofields." The Atlantic. October 4, 2013. https://www.theatlantic.com/health/archive/2013/10/understanding-deepak-chopras-biofields/280248/

21) Sperber D. The guru effect. Review of Philosophy and Psychology 2010;1:583–592.

22) Evans A, Sleegers W, Mlakar Z. Individual differences in receptivity to scientific bullshit. Judgment and Decision Making 2020;15:401–412.

23) Vranic A, Hromatko I, Tonkovic M. "I did my own research": Overconfidence, (dis)trust in science, and endorsement of conspiracy theories. Frontiers in Psychology 2022;13:931865.

24) Boudry M, Blancke S, Pigliucci M. What makes weird beliefs thrive? The epidemiology of pseudoscience. Philosophical Psychology 2015;28: 1177–1 198.

25) O'Mathuna DP. Evidence-b ased practice and reviews of therapeutic touch. Journal of Nursing Scholarship 2000;32:279–285.

26) Rosa L, Rosa E, Sarner L, Barrett S. A close look at therapeutic touch. JAMA 1998;279:1005–1010.

27) Rosa E. TT and me. Jr. Skeptic 1998;1:3–5. https://shop.skeptic.com/junior-skeptic-1-emily-rosa-and-friend

28) Chopra D, Barsotti T, Mills PJ. Surprising findings about biofield healing. Medium. July 13, 2020. https://deepakchopra.medium.com/surprising-findings-about-biofield-healing-568c334938eb

29) Jain S, Pavlik D, Distefan J, et al. Complementary medicine for fatigue and cortisol varia- bility in breast cancer survivors. Cancer 2011;118:777–787.

30) Garrett B, Riou M. A rapid evidence assessment of recent therapeutic touch research. Nursing Open 2020;8:8318–2330.

31) Ward C, Voas D. The emergence of conspirituality. Journal of Contemporary Religion 2011;26:103–121.

32) Gligorić V, da Silva MM, Eker S, et al. The usual suspects: How psychological motives and thinking styles predict endorsement of well-k nown and COVID-19 conspiracy beliefs. Applied Cognitive Psychology 2021;35:1171–1181.

33) Aubrey S. "Playing with fire": The curious marriage of QAnon and wellness. Sydney Morning Herald. September 27, 2020. https://www.smh.com.au/lifestyle/health-and-wellness/playing-with-fire-the-curious-marriage-of-qanon-and-wellness-20200924-p55 yu7.html; Love S. "Conspirituality" explains why the wellness world fell for QAnon. Vice. December 16, 2020. https://www.vice.com/en/article/93wq73/conspirituality-explains-why-the-wellness-world-fell-for-qanon; Wiseman E. The dark side of wellness: The overlap between spiritual thinking and far-r ight conspiracies. The Guardian. October 17, 2021. https://www.theguardian.com/lifeandstyle/2021/oct/17/eva-wiseman-conspirituality-the-dark-side-of-wellness-how-it-all-got-so-toxic; Pierre JM. Down the conspiracy theory rabbit hole: How does one become a follower of QAnon? In: Miller MK, ed. The Social Science of QAnon. Cambridge University Press, 2023, 17–3 2.

34) Finger B. Do you love "wise-sounding" quotes? Surprise! You're probably dumb. Jezebel. December 4, 2015. https://jezebel.com/do-you-love-wise-sounding-quotes-surprise-youre-proba-1746220367

35) Kohnhorst A. People who post inspirational Facebook quotes are morons, according to science. Maxim. December 4, 2015. https://www.maxim.com/gear/profound-quotes-are-bullshit-science-2015-12/

36) Sokal AD. Transgressing the boundaries: Toward a transformative hermeneutics of quantum gravity. Social Text 1996;14:217–252.

37) Sokal AD. A physicist experiments with cultural studies. Lingua Franca 1996;6:62–64.

38) Counterbalance Foundation. Postmodernism. https://counterbalance.org/gengloss/postm-body.html

39) Dennett DC. Dennett on Wieseltier v. Pinker in the New Republic. Edge. September 10, 2013. https://www.edge.org/conversation/dennett-on-wieseltier-v-pinker-in-the-new-republic

40) Gligorić V, Vilotejević A. "Who said it?" How contextual information influences per-ceived profundity of meaningful quotes and pseudo-profound bullshit. Applied Cognitive Psychology 2020;34:535–5 42; Ilic S, Dmanjanovic K. The effect of source credibility on bullshit receptivity. Applied Cognitive Psychology 2021;35:1193–1205.

41) Ruark J. Bait and switch. Chronicle of Higher Education. January 1, 2017. http://chronicle.com/article/bait-and-switch

42) Sokal AD. Pseudoscience and postmodernism: Antagonists or fellow-travelers? In: Fagan G, ed. Archaeological Fantasies: How Pseudoarchaeology Misrepresents the Past and Misleads the Public. Routledge, 2006.

43) Boyd B. Brian Boyd: Bullshit can be more dangerous than lies in politics. The Irish Times. June 3, 2106. https://www.irishtimes.com/opinion/brian-boyd-bullshit-can-be-more- dangerous-than-lies-in-politics-1.2670629; Foroughi H, Fotaki M, Gabriel Y. Why lead- ers who bullshit are more dangerous than those who lie. The Conversation. November 12, 2019. https://theconversation.com/why-leaders-who-bullshit-are-more-dangerous-than- those-who-lie-125109

44) Pierre JM. Assessing malingered auditory verbal hallucinations in forensic and clinical set- tings. Journal of the American Academy of Psychiatry and the Law 2019;47:448–456.

45) Pierre JM, Wirshing DA, Wirshing WC. "Iatrogenic malingering" in VA substance abuse treatment. Psychiatric Services 2003;54:253–254.

46) Spicer A. Playing the bullshit game: How empty and misleading communication takes over organizations. Organization Theory 2020;1:1–26.

47) Funk C, Hefferon M, Kennedy B, Johnson C. Trust and mistrust in American' views of scientific experts. Pew Research Center. August 2, 2019. https://www.pewresearch.org/science/2019/08/02/trust-and-mistrust-in-americans-views-of-scientific-experts/

48) Holon AD. All politicians lie. Some lie more than others. The New York Times. December 11, 2015. https://www.nytimes.com/2015/12/13/opinion/campaign-stops/all-politicians-lie-some-lie-more-than-others.html

49) Sterling J, Jost JT, Pennycook G. Are neoliberals more susceptible to bullshit? Judgment and Decision Making 2016;11:352–360.

50) Pfattheicher S, Schinlder S. Misperceiving bullshit as profound is associated with favorable views of Cruz, Rubio, Trump and conservatism. PLoS ONE 11(4):e0153419.

51) Nilsson A, Erlandsson A, Västfjäll D. The complex relation between receptivity to pseudo- profound bullshit and political ideology. Personality and Social Psychology Bulletin 2019;45:1440–1454.
52) Petrocelli JV. Politically oriented bullshit detection: Attitudinal conditional bullshit recep- tivity and bullshit sensitivity. Group Processes and Intergroup Relations 2022;25:1635–1652.
53) Littrell S, Meyers EA, Fugelsang JA. Not all bullshit pondered is tossed: Reflection decreases receptivity to some types of misleading information but not others. Applied Cognitive Psychology 2024;38:e4154.
54) Bergstrom C, West J. FAQ: Frequently asked questions. Callingbullshit.org. https://www.callingbullshit.org/FAQ.html
55) Bergstrom C, West J. Calling Bullshit: The Art of Skepticism in a Data-Driven World. Random House, 2020.

8장

1) Pierre J. The psychological needs that QAnon feeds. Psych unseen: Brain, behavior, and belief. Psychology Today. August 12, 2020. https://www.psychologytoday.com/us/blog/psych-unseen/202008/the-psychological-needs-qanon-feeds; Pierre J. How far down the QAnon rabbit hole did your loved one fall? Psych unseen: Brain, behavior, and belief. Psychology Today. August 21, 2020. https://www.psychologytoday.com/us/blog/psych-unseen/202008/how-far-down-the-qanon-rabbit-hole-did-your-loved-one-fall; Pierre J. 4 keys to help someone climb out of the QAnon rabbit hole. Psych unseen: Brain, behavior, and belief. Psychology Today. September 1, 2020. https://www.psychologytoday.com/us/blog/psych- unseen/202009/4-keys-help-someone-climb-out-the-qanon-rabbit-hole
2) Pierre JM. Down the conspiracy theory rabbit hole: How does one become a follower of QAnon? In: Miller MK, ed. The Social Science of QAnon. Cambridge University Press, 2023, 17–32; Carrier A. "This crap means more to him than my life": When QAnon invades American homes. Politico. February 19, 2021. https://www.politico.com/news/magazine/2021/02/19/qanon-conspiracy-theory-family-members-reddit-forum-469485; Niz E. QAnon is ruining families, but some moms and kids are fighting back. Yahoo!life. February 11, 2021. https://www.yahoo.com/lifestyle/qanon-ruining-families-moms-kids-222743014.html; Watt CS. The QAnon orphans: People who have lost loved ones to conspiracy theories. The Guardian. September 23, 2020. https://www.theguardian.com/us-news/2020/sep/23/qanon-conspiracy-theories-loved-ones; Hawkins E. Dr. Joseph Pierre: UCLA psychiatrist takes on QAnon & "rescuing" loved ones. Heavy. September 9, 2020. https://heavy.com/news/2020/09/joseph-pierre-qanon/; Minutaglio R. My boy- friend reads QAnon theories. I still love him—but I'm worried. Esquire. August 24, 2018. https://www.esquire.com/news-politics/a22664244/qanon-boyfriend-conspiracy-theorist-my-partner-deep-state/
3) Rauch J. Bipolar disorder: Is America divided? Brookings.edu. January 1, 2005. https://www.brookings.edu/articles/bipolar-disorder-is-america-divided; Hendricks S. Why is the United States so divided? Simple, it was never united at all. BigThink.com. December 20, 2016. https://bigthink.com/the-present/why-is-the-united-states-so-divided-simple- it-was-never-united-at-all; Moss DA. Democracy: A Case Study. Belknap Press of Harvard University Press, 2017.
4) Pew Research Center. The partisan divide of political values grows even wider. October 5, 2017. https://www.pewresearch.org/politics/2017/10/05/the-partisan-divide-on-political-values-grows-even-wider/
5) Baker JA, III. John McCain and the dying art of political compromise. Wall Street Journal. August 29, 2018. https://www.wsj.com/articles/john-mccain-and-the-dying-art-of- political-compromise-1535581611; Montanaro D. McCain's death marks the near- extinction of bipartisanship. NPR.org. August 30, 2018. https://www.npr.org/2018/08/30/642409720/mccains-death-marks-the-near-extinction-of-bipartisanship
6) Shephard A. Bipartisanship is dead, and that's great news for Joe Biden. The New Republic. January 21, 2022. https://newrepublic.com/article/165093/bipartisanship-dead-biden-democrats-obama

7) Folkenflik D. Building bipartisanship? Not Limbaugh's problem. NPR.org. January 25, 2007. https://www.npr.org/templates/story/story.php?storyId=7018083
8) Iyengar S, Sood G, Lelkes Y. Affect: Not ideology: A social identity perspective on polariza-tion. Public Opinion Quarterly 2012;76:405–431.
9) Finkel EJ, Bail CA, Cikara M, et al. Political sectarianism in America. Science 2020;370:533–536.
10) YouGov. The Economist/YouGov Poll. September 13–15, 2020. https://docs.cdn.yougov.com/t0hi1tcqs5/econTabReport.pdf; Opzoomer I. America speaks: What do they think about cross-party marriages? YouGovAmerica.com. September 24, 2020. https://today.yougov.com/topics/lifestyle/articles-reports/2020/09/24/america-speaks-what-do-they-think-about-cross-part
11) Mason L. Ideologues without issues: The polarizing consequences of ideological identities. Public Opinion Quarterly 2018,82: 280–3 01.
12) Landy JF, Rottman J, Batres C, Leimgruber KL. Disgusting Democrats and repulsive Republicans: Members of political outgroups are considered physically gross. Personality and Social Psychology Bulletin 2023;49:361–375.
13) Iyengar S, Westwood SJ. Fear and loathing across party lines: New evidence on group po- larization. American Journal of Political Science 2015;59:690–707.
14) Flynn DJ, Nyhan B, Reifler J. The nature and origins of misperceptions: Understanding false and unsupported beliefs about politics. Advances in Political Psychology 2017;38:127–150.
15) Stanovich KE, West RF, Toplak ME. Myside bias, rational thinking, and intelligence. Current Directions in Psychological Science 2013;22:259–2 64; Stanovich KE. The Bias That Divides Us: The Science and Politics of Myside Thinking. MIT Press, 2021.
16) Jenke L. Affective polarization and misinformation belief. Political Behavior 2023. https://doi.org/10.1007/s11109-022-09851-w
17) Appiah KA. People don't vote for what they want. They vote for who they are. The Washington Post. August 30, 2018. https://www.washingtonpost.com/outlook/people-dont-vote-for-want-they-want-they-vote-for-who-they-are/2018/08/30/fb5b7e44-abd7-11e8-8a0c-70b618c98d3c_story.html
18) Sachdev R. From the White House to ancient Athens: Hypocrisy is not match for partisan- ship. The Conversation. December 11, 2020. https://theconversation.com/from-the-white-house-to-ancient-athens-hypocrisy-is-no-match-for-partisanship-148504; Feldmann L. How political tribalism is leading to more political hypocrisy. The Christian Science Monitor. January 10, 2020. https://www.csmonitor.com/USA/Politics/2020/0110/How-political-tribalism-is-leading-to-more-political-hypocrisy
19) Moody C. Trump in '04: "I probably identify more as Democrat." CNN.com. July 22, 2015. https://www.cnn.com/2015/07/21/politics/donald-trump-election-democrat/index.html; Meet the Press. Trump in 1999: "I am very pro-choice." NBC News. July 8, 2018. https://www.nbcnews.com/meet-the-press/video/trump-in-1999-i-am-very-pro-choice-480297539914.
20) Sonnad N. These are Americans' favorite insults, by political affiliation. Quartz. November 4, 2014. https://qz.com/291533/this-is-how-liberals-and-conservatives-insult-each-other/
21) Pierre JM. No, the problem with America isn't "mass psychosis." Psych unseen: Brain, be- havior, and belief. Psychology Today. January 14, 2020. https://www.psychologytoday.com/us/blog/psych-unseen/202201/no-the-problem-america-isnt-mass-psychosis; Pierre JM. Does "mass formation psychosis" really exist? Psych unseen: Brain, behavior, and belief. Psychology Today. January 14, 2020. https://www.psychologytoday.com/us/blog/psych-unseen/202201/does-mass-formation-psychosis-really-exist
22) Levin B. Republican lawmaker tells Alexandria Ocasio-Cortez to "relax" about video he made depicting her murder. Vanity Fair. November 9, 2021. https://www.vanityfair.com/news/2021/11/paul-gosar-alexandria-ocasio-cortez-video
23) Orhan YE. The relationship between affective polarization and democratic backsliding: Comparative evidence. Democratization 2022;29:714–735.
24) McCoy J, Press B. What happens when democracies become perniciously polarized? Carnegie Endowment for International Peace. January 22, 2022. https://carnegieendowment.org/2022/01/18/

what-happens-when-democracies-become-perniciously-polarized-pub-86190

25) Kalmoe NP. Fueling the fire: Violent metaphors, trait aggression, and support for political violence. Political Communications 2014;31:545–5 63; Kalmoe NP, Gubler JR, Wood DA. Toward conflict or compromise? How violent metaphors polarize partisan issue attitudes. Political Communications 2018;35:333–352.

26) Mason L, Kalmoe NP. What you need to know about how many Americans condone polit- ical violence—a nd why. The Washington Post. January 11, 2021. https://www.washingtonpost.com/politics/2021/01/11/what-you-need-know-about-how-many-americans-condone-political-violence-why/

27) Kornfield M, Alfaro M. 1 in 3 Americans say political violence against government can be justified, citing fears of political schism, pandemic. The Washington Post. January 1, 2022. https://www.washingtonpost.com/politics/2022/01/01/1-3-americans-say-violence-against-government-can-be-justified-citing-fears-political-schism-pandemic/; Thomson-DeVeaux A. Why many Americans might be increasingly accepting of political violence. FiveThirtyEight.com. January 6, 2022. https://fivethirtyeight.com/features/why-many-americans-might-be-increasingly-accepting-of-political-violence/

28) Conroy M, Bacon P, Jr. There's a huge gap in how Republicans and Democrats see dis- crimination. Fivethirtyeight.com. June 17, 2020. https://fivethirtyeight.com/features/theres-still-a-huge-partisan-gap-in-how-americans-see-discrimination/; Tesler M. Republicans and Democrats agree on the protests but not why people are protesting. Fivethirtyeight.com. June 17, 2020. https://fivethirtyeight.com/features/republicans-and-democrats-increasingly-agree-on-the-protests-but-not-why-people-are-protesting/

29) Mason L. "I respectfully disagree": The differential effects of partisan sorting on social and issue polarization. American Journal of Political Science 2015;59:128–145.

30) Clark CJ, Liu BS, Winegard BM, Ditto P. Tribalism is human nature. Current Directions in Psychological Science 2019;28:587–592.

31) Greenwald AG, McGhee D, Schwartz JLK. Measuring individual differences in implicit cognition: The implicit association test. Journal of Personality and Social Psychology 1998;74:1464–1480.

32) Nosek BA, Smyth FL, Hansen JJ, et al. Pervasiveness and correlates of implicit attitudes and stereotypes. European Review of Social Psychology 2007;18:36–88.

33) Blanton H, Jaccard J, Klick J, Mellers B, Mitchell G, Tetlock. Strong claims and weak ev- idence: Reassessing the predictive validity of the IAT. Journal of Applied Psychology 2009;94:567–582; Arkes HR, Tetlock PE. Attributions of implicit prejudice, or "would Jesse Jackson 'fail' the implicit association test?" Psychological Inquiry 2004;15:257–278; Mitchell G, Tetlock PE. Popularity as a poor proxy for utility. In: Lilienfeld SO, Waldman ID, eds. Psychological Science under Scrutiny: Recent Challenges and Proposed Solutions. Wiley, 2017; Singal J. Psychology's favorite tool for measuring racism isn't up to the job. NewYorkMagazine.January11,2017.https://www.thecut.com/2017/01/psychologys-racism-measuring-tool-isnt-up-to-the-job.html; Schimmack U. The implicit association test: A method in search of a construct. Perspectives on Psychological Science 2021:396–414.

34) Greenwald AG, Poehlman TA, Uhlmann EL, Banaji MR. Understanding the using the Implicit Association Test: III. Meta-analysis of predictive validity. Journal of Personality and Social Psychology 2009;97:17–41; Kurdi B, Seitchik AE, et al. Relationship between the implicit association test and intergroup behavior: A meta-analysis. American Psychologist 2019;74:569–586.

35) Morin R. Exploring racial bias among biracial and single-race adults: The IAT. Pew Research Center. August 19, 2015. https://www.pewresearch.org/social-trends/2015/08/19/exploring-racial-bias-among-biracial-and-single-race-adults-the-iat/

36) Payne KB, Hannay JW. Implicit bias reflects systemic racism. Trends in Cognitive Sciences 2021;25:927–936.

37) Payne BK, Vuletich HA, Lundberg KB. The bias of crowds: How implicit bias bridges per- sonal and systemic prejudice. Psychological Inquiry 2017;28:233–248

38) Jost JT. A decade of system justification theory: Accumulated evidence of conscious and unconscious bolstering of the status quo. Political Psychology 2004;25:881–9 19; Jost JT. The IAT is dead, long live the IAT: Context-sensitive measures of implicit attitudes are in- dispensable to social and political psychology. Current Directions in Psychological Science 2019;28:10–19; Jost JT. A quarter century of system justification theory: questions, answers, criticisms, and societal applications. British Journal of Social Psychology 2019;58:262–314.
39) Singal J. Psychology's favorite tool for measuring racism isn't up to the job. New York Magazine. January 11, 2017. https://www.thecut.com/2017/01/psychologys-racism-measuring-tool-isnt-up-to-the-job.html
40) Essien I, Calanchini J, Degner J. Moderators of intergroup evaluation in disadvan- taged groups: A comprehensive test of predictions from system justification theory. Journal of Personality and Social Psychology: Interpersonal Relations and Group Processes 2021;120:1204–1230.
41) Knowles ED, Lowery BS, Chow RM, Unzueta MM. Deny, distance, or dismantle? How White Americans manage a privileged identity. Perspectives on Psychological Science 2014;9:594–609.
42) Jaimungal C. How does the "Black Lives Matter" slogan resonate with America? YouGovAmerica. June 22, 2020. https://today.yougov.com/topics/politics/articles-reports/2020/06/22/black-lives-matter-slogan-poll
43) Gibbs N. How Donald Trump lost by winning. TIME. March 1, 2019. https://time.com/5542123/donald-trump-michael-cohen-2016-campaign/
44) Bouise J. How Trump happened. Slate. March 13, 2016. http://www.slate.com/articles/news_and_politics/cover_story/2016/03/how_donald_trump_happened_racism_against_barack_obama.html; Thompson D. Donald Trump and the twilight of white America. The Atlantic. May 13, 2016. https://www.theatlantic.com/politics/archive/2016/05/donald-trump-and-the-twilight-of-white-america/482655/
45) Resnick B. White fear of demographic change is a powerful psychological force. Vox. January 28, 2017. https://www.vox.com/science-and-health/2017/1/26/14340542/white- fear-trump-psychology-minority-majority; Serwer A. The nationalist's delusion. The Atlantic. November 20, 2017. https://www.theatlantic.com/politics/archive/2017/11/the-nationalists-delusion/546356/; Chokshi N. Trump voters driven by fear of losing status, not economic anxiety, study finds. The New York Times. April 24, 2018. https://www.nytimes.com/2018/04/24/us/politics/trump-economic-anxiety.html;
46) Craig MA, Richeson JA. On the precipice of a "majority-m inority" America: Perceived status threat from the racial demographic shift affects white Americans' political ideology. Psychological Science 2014;25:1189–1197.
47) Mutz DC. Status threat, not economic hardship, explains the 2016 presidential vote. PNAS 2018;115:E4330–E4339.
48) Jardina A. In-group love and out-group hate: White racial attitudes in contemporary U.S. election. Political Behavior 2020;43:1535–1559.
49) PRRI. New PRRI/The Atlantic survey analysis finds cultural displacement—not economic hardship—more predictive of white working-class support for Trump. PRRI.org. May 9, 2017. https://www.prri.org/press-release/white-working-class-attitudes-economy-trade-immigration-election-donald-trump/
50) Chicago Project on Security and Threats. American face of insurrection: Analysis of individ- uals charged for storming the US Capitol on January 6, 2021. January 2, 2022. https://d3qi0qp55mx5f5.cloudfront.net/cpost/i/docs/Pape_-_American_Face_of_Insurrection_(2022-01-05).pdf?mtime=1654548769; Pape RA. Opinion: What an analysis of 377 Americans arrested or charged in the Capitol insurrection tells us. The Washington Post. April 6, 2021. https://www.washingtonpost.com/opinions/2021/04/06/capitol-insurrection-arrests-cpost-analysis/#
51) Alesina A, Miano A, Stantcheva S. The polarization of reality. AEA Papers and Proceedings 2020;11:324–328.
52) Tapper J. Did Obama say, "If you've got a business, you didn't build that"? abcnews.go.com. July 16,

2012. https://abcnews.go.com/blogs/politics/2012/07/did-obama-say-if-youve- got-a-business-you-didnt-build-that
53) Jost JT. Ideological asymmetries and the essence of political psychology. Political Psychology 2017;38:167–208.
54) Zmigrod L, Rentfrow PJ, Robbins TW. The partisan mind: Is extreme political partisanship related to cognitive flexibility? Journal of Experimental Psychology: General 2020;149:407–418; Zmigrod L. The role of cognitive rigidity in political ideologies: Theory, evidence, and future directions. Current Opinion in Behavioral Sciences 2020;34:34–39.
55) Jost JT, Haperin E, Laurin K. Editorial overview: Five observations about tradition and progress in the scientific study of political ideologies. Current Opinion in Behavioral Sciences 2020;34:iii–vii.
56) Azarian B. A neuroscientist explains what may be wrong with Trump supporters' brains. Rawstory.com. August 4, 2016. https://www.rawstory.com/2016/08/a-neuroscientist-explains-what-may-be-wrong-with-trump-supporters-brains/
57) Ditto PH, Liu BS, Clark CJ, et al. At least bias is bipartisan: A meta-analytic compar- ison of partisan bias in liberals and conservatives. Perspectives on Psychological Science 2019;14:273–291; Barron J, Jost JT. False equivalence: Are liberals and conservatives in the United States equally biased? Perspectives on Psychological Science 2019;14:292–3 03; Ditto PH, Clark CJ, Liu BS, et al. Partisan bias and its discontents. Perspectives on Psychological Science 2019;14:304–216.
58) Brandt MJ, Reyna C, Chambers JR, Crawford JT, Wetherell G. The ideological-c onflict hypothesis: intolerance among both liberals and conservatives. Current Directions in Psychological Science 2014;23:27–34.
59) Fisher M, Keil FC. The binary bias: A systematic distortion in the integration of informa- tion. Psychological Science 2018;29:1846–1858.
60) Pew Research Center. Beyond red vs. blue: The political typology. November 2021. https://www.pewresearch.org/politics/2021/11/09/beyond-red-vs-blue-the-political-typology-2/
61) Osei-Opare N. When it comes to America's race issues, Russia is a bogeyman. Foreignpolicy.com. July 6, 2020. https://foreignpolicy.com/2020/07/06/when-it-comes-to-americas-race-issues-russia-is-a-bogeyman/
62) Hawkins S, Yudkin D, Juan-T orres M, Dixon T. Hidden tribes: A study of America's polar- ized landscape. More in Common. 2018. https://hiddentribes.us/media/qfpekz4g/hidden_tribes_report.pdf
63) Hidden Tribes. COVID-19: Polarization and the pandemic. More in Common/YouGov. April 3, 2020. https://www.moreincommon.com/media/z4fdmdpa/hidden-tribes_covid-19-polarization-and-the-pandemic-4-3-20.pdf
64) Kubin E, Puryear C, Schein C, Gray K. Personal experiences bridge moral and political divides better than facts. PNAS 2021;118:e20083899118.
65) Stern K. American's aren't as divided as you think. Politico. November 19, 2017. https://www.politico.com/magazine/story/2017/11/19/americans-divided-politics-unity-liberal-bubble-215843/; Stern K. Republican Like Me: How I Left the Liberal Bubble and Learned to Love the Right. Harper Collins, 2017.
66) Griffin JH. Black Like Me. Signet Books, 1960.

9장

1) Festinger L. A Theory of Cognitive Dissonance. Stanford University Press, 1957.
2) Festinger L, Riecken H, Schachter S. When Prophecy Fails: A Social and Psychological Study of a Modern Group That Predicted the Destruction of the World. Harper and Row, 1956.
3) Feynman R. The scientific method. YouTube. https://www.youtube.com/watch?v=p2xhb-SdK0g
4) Feynman R. What is science? Physics Teacher 1969;67:313–320.
5) Basterfield C, Lilienfeld SO, Bowes SM, Costello TH. The Nobel disease: When intelligence fails to protect against irrationality. Skeptical Inquirer 2020;44:4. https://skepticalinquirer.org/2020/05/the-

nobel-disease-when-intelligence-fails-to-protect-against-irrationality/
6) Vraga E, Bode L. Defining misinformation and understanding its bounded na- ture: Using expertise and evidence for describing misinformation. Political Communication 2020;37:136–144.
7) Oreskes N. The scientific consensus on climate change. Science 2004;306:1886; Cook J, Nuccitelli D, Green SA, et al. Quantifying the consensus on anthropogenic global warming in the scientific literature. Environmental Research Letters 2013;8:024024; Powell J. Scientists reach 100% consensus on anthropogenic global warming. Bulletin of Science, Technology, and Society 2017;37:183–1 84; Lynas M, Houlton BZ, Perry S. Greater than 99% consensus on human caused climate change in the peer-reviewed scientific literature. Environmental Research Letters 2021;16:114005.
8) Farnsworth SJ, Lichter SR. The structure of scientific opinion on climate change. International Journal of Public Opinion Research 2012;24:93–1 03; Verheggen B, Strengers B, Cook J, et al. Scientists' views about attribution of global warming. Environmental Science and Technology 2014;48:8963–8 971; Cook J, Oreskes N, Doran PT, et al. Consensus on consensus: A synthesis of consensus estimates on human-caused global warming. Environmental Research Letters 2016;11:0148002; Myers KF, Doran PT, Cook J, Kotcher JE, Myers TA. Consensus revisited: Quantifying scientific agreement on climate change and climate expertise among Earth scientists 10 years later. Environmental Research Letters 2021;6:104030.
9) IPCC, 2022. Climate Change 2022: Impacts, Adaptation, and Vulnerability. Contribution of Working Group II to the Sixth Assessment Report of the Intergovernmental Panel on Climate Change (Pörtner H-O, Roberts DC, Tignor M, et al., eds.). Cambridge University Press, 2022.
10) Pew Research Center. More say there is solid evidence of global warming. Pewresearch. org. October 15, 2012. https://www.pewresearch.org/politics/2012/10/15/more-say-there-is-solid-evidence-of-global-warming/
11) YouGov. The Economist/YouGov Poll. July 17-20, 2021. https://docs.cdn.yougov.com/1aaz80mjhy/econTabReport.pdf
12) Tysen A, Kennedy B. Two-thirds of Americans think government should do more on cli- mate. Pewresearch.org. June 23, 2020. https://www.pewresearch.org/science/2020/06/23/ two-thirds-of-americans-think-government-should-do-more-on-climate/
13) Motta M, Chapman D, Stecula D, Haglin K. An experimental examination of measure- ment disparities in public climate change beliefs. Climatic Change 2019;154:37–47.
14) Leiserowitz A, Maibach E, Rosenthal S, et al. Global warming's six Americas, September 2021. Yale University and George Mason University. Yale Program on Climate Change Communication. January 12, 2022. https://climatecommunication.yale.edu/publications/global-warmings-six-americas-september-2021/
15) Egan PJ, Mullin M. Turning personal experience into political attitudes: The effect of local weather on American's perceptions about global warming. Journal of Politics 2012;74:796–809.
16) The Associated Press-N ORC Center for Public Affairs Research. Where do Americans stand on climate and energy policy? Apnorc.org. October 26, 2021. https://apnorc.org/projects/where-do-americans-stand-on-climate-and-energy-policy/
17) Egan PJ, Mullin M. Recent improvement and projected worsening of weather in the United States. Nature 2016;532:357–360.
18) Wright P. 87 percent of Americans unaware there's scientific consensus on climate change. Weather. com. July 11, 2017. https://weather.com/science/environment/news/americans-climate-change-scientific-consensus
19) Nugent C. YouTube has been "actively promoting" videos spreading climate denialism, ac- cording to new report. TIME.com. January 16, 2020. https://time.com/5765622/youtube- climate-change-denial/; AVAAZ. Why is YouTube broadcasting climate misinformation to millions? Avaaz report. January 15, 2020. https://avaazimages.avaaz.org/youtube_climate_misinformation_report.pdf
20) Perry MJ. There is no climate emergency say 500 experts in letter to the United Nations. Aei. org. October 1, 2019. https://www.aei.org/carpe-diem/there-is-no-climate-emergency-say-500-experts-in-letter-to-the-united-nations/

21) Benestad RE, Nuccitelli D, Lewandowsky S, et al. Learning from mistakes in climate re- search. Theoretical and Applied Climatology 2016;126:699–703.
22) Holden E. How the oil industry has spent billions to control the climate change conver- sation. The Guardian. January 8, 2020. https://www.theguardian.com/business/2020/jan/08/oil-companies-climate-crisis-pr-spending; Colman Z, Mathiesen K. Climate scientists take swipe at Exxon Mobil, industry in leaked report. Politico.com. July 2, 2022. https://www.politico.com/news/2021/07/02/climate-scientists-exxon-mobile-report-497805
23) Kennedy B, Tyson A, Funk C. Americans' trust in scientists, other groups declines. Pew Research Center. February 15, 2022. https://www.pewresearch.org/science/2022/02/15/americans-trust-in-scientists-other-groups-declines/
24) Funk C, Hefferon M, Kennedy B, Johnson C. Trust and mistrust in American's views of sci- entific experts. Pew Research Center. August 2019. https://www.pewresearch.org/science/2019/08/02/trust-and-mistrust-in-americans-views-of-scientific-experts/
25) McCright AM. Anti-reflexivity and climate change skepticism in the US general public. Society of Human Ecology 2016;22:77–108.
26) McCright AM, Dunlap RE. Cool dudes: The denial of climate change among conserva- tive white males in the United States. Global Environmental Change 2011;21:1163–1172; Bolsen T, Druckman JN. Do partisanship and politicization undermine the impact of a sci- entific consensus message about climate change? Group Processes and Intergroup Relations 2018;21:389–402.
27) Dunlap RE, Jacques PJ. Climate change denial books and conservative think tanks: Exploring the connection. American Behavioral Scientist 2013;57:699–731.
28) Brulle RJ. Obstructing action: Foundation funding and US climate change counter- movement organizations. Climatic Change 2021;166:17.
29) Milman O, Harvey F. US is a hotbed of climate change denial, major global survey finds. The Guardian. May 8, 2019. https://www.theguardian.com/environment/2019/may/07/us-hotbed-climate-change-denial-international-poll; YouGov. YouGov Cambridge Globalism Project—Conspiracy Theories. YouGov Poll. August 13–23, 2018. https://d25d2506sfb94s.cloudfront.net/cumulus_uploads/document/2c6lta5kbu/YouGov%20Cambridge%20Globalism%20Project%20-%20Conspiracy%20Theories.pdf
30) Bell J, Poushter J, Fagan M, Huang C. In response to climate change, citizens in advanced economies are willing to alter how they live and work. Pew Research Center. September 14, 2021. https://www.pewresearch.org/global/2021/09/14/in-response-to-climate-change-citizens-in-advanced-economies-are-willing-to-alter-how-they-live-and-work/
31) McCright AM, Dunlap RE. Anti-reflexivity: The American conservative movement's success in undermining climate science and policy. Theory, Culture, and Society 2010;27:100–133; McCright AM, Dentzman K, Charters M, Dietz T. The influence of political ideology on trust in science. Environmental Research Letters 2013;8:044029.
32) Campbell TH, Kay AC. Solution aversion: On the relation between ideology and motivated disbelief. Journal of Personality and Social Psychology 2014;107:809–824.
33) Hatchett F. Man denied kidney transplant at Atrium Health Wake Forest Baptist due to unvaccinated status. WXII12.com. February 8, 2022. https://www.wxii12.com/article/man-denied-kidney-transplant-at-atrium-health-wake-forest-baptist-due-to-unvaccinated-status/39016736#
34) Mark J. He's declining a coronavirus vaccine at the expense of a lifesaving transplant: "I was born free, I'll die free." The Washington Post. January 31, 2022. https://www.washingtonpost.com/nation/2022/01/31/chad-carswell-kidney-coronavirus-vaccine/
35) Giordano A. Air Force veteran forced to choose between getting vaccine or dying. The Epoch Times. March 18, 2022. https://www.theepochtimes.com/air-force-veteran-forced-to-choose-between-getting-vaccine-or-dying_4345065.html
36) Mandelbaum E. Troubles with Bayesianism: An introduction to the psychological immune system. Mind & Language 2019;34:141–157.
37) Hayes SC, Smith S. Get Out of Your Mind and Into Your Life: The New Acceptance and

Commitment Therapy. New Harbinger Publications, Inc, 2005.
38) Ginges J, Atran S. Psychology out of the laboratory: The challenge of violent extremism. American Psychologist 2011:507–519.
39) Strohminger N, Nichols S. The essential moral self. Cognition 2014;131:159–1 71; Heiphetz L, Strohminger N, Young LL. The role of moral beliefs, memories, and preferences in rep resentations of identity. Cognitive Science 2017;41:744–7 67; Heiphetz L, Strohminger N, Gelman SA, Young LL. Who am I? The role of moral beliefs in children's and adults' under- standing of identity. Journal of Experimental Social Psychology 2018;78:210–219.
40) Strohminger N, Nichols S. Neurodegeneration and identity. Psychological Science 2015;26:1469–1479.
41) Graham J, Haidt J, Koleva S, et al. Moral foundations theory: The pragmatic validity of moral pluralism. In: Devine P, Plant A, eds. Advances in Experimental Social Psychology, vol 47. Elsevier, 2013.
42) Haidt J, Graham J, Joseph C. Above and below left-right: Ideological narratives and moral foundations. Psychological Inquiry 2009;20:110–1 19; Graham J, Haidt J, Nosek BA. Liberals and conservatives rely on different sets of moral foundations. Journal of Personality Processes and Social Psychology 2009;96:1029–1046.
43) Graham J, Nosek BA, Haidt J. The moral stereotypes of liberals and conservatives: Exaggeration of differences across the political spectrum. PLoS ONE 7(12):e50092.
44) Haidt J. What makes people vote Republican? Edge. September 8, 2008. https://www.edge.org/conversation/jonathan_haidt-what-makes-people-vote-republican.
45) Wehner P. Jonathan Haidt is trying to heal American's divisions. The Atlantic. May 24, 2020. https://www.theatlantic.com/ideas/archive/2020/05/jonathan-haidt-pandemic-and-mericas-polarization/612025/
46) Curry OS. What's wrong with moral foundations theory, and how to get moral psychology right. Behavioral Scientist. March 26, 2019. https://behavioralscientist.org/whats-wrong-with-moral-foundations-theory-and-how-to-get-moral-psychology-right/; Curry OS, Chesters MJ, Van Lissa CJ. Mapping morality with a compass: Testing the theory of "morality-as-cooperation" with a new questionnaire. Journal of Research in Personality 2019;78:106–124.
47) Strupp-Levitsky M, Noorbaloochi S, Shipley A, Jost JT. Moral "foundations" as the product of motivated social cognition: Empathy and other psychological underpin- nings of ideological divergence in "individualizing" and "binding" concerns. PLoS ONE 2020;15(11):e0241144.
48) Bleske-Rechek A, Nelson LA, Baker JP, Remiker MW, Brandt SJ. Evolution and the trolley problem: People save five over one unless the one is young, genetically related, or a romantic partner. Journal of Social, Evolutionary, and Cultural Psychology 2010;4:115–127.
49) Hamid S. America without God. The Atlantic. April 2021. https://www.theatlantic.com/magazine/archive/2021/04/america-politics-religion/618072/
50) Zmigrod L. A psychology of ideology: Unpacking the psychological structure of ideological thinking. Perspectives on Psychological Science 2022 (in press).
51) Pierre JM. Down the conspiracy theory rabbit hole: How does one become a follower of QAnon? In: Miller MK, ed. The Social Science of QAnon. Cambridge University Press, 2023, 17–32; Pierre JM. Conspiracy theory belief: A sane response to an insane world? Review of Philosophy and Psychology 2023. https://doi.org/10.1007/s13164-023-00716-7
52) Borum R. Radicalization into violent extremism II: A review of conceptual models and empirical research. Journal of Strategic Security 2011;4:37–6 2; Kruglanski AW, Gelfand MJ, Belanger JJ, Sheveland A, Hetiarachchi M, Gunaratna R. The psychology of radicaliza- tion and deradicalization: How significance quest impacts violent extremism. Advances in Political Psychology 2014;35:69–9 3; McCauley C, Moskalenko S. Understanding political radicalization: The two-pyramids model. American Psychologist 2017;72:205–2 16; Franks B, Bangerter A, Bauer MW, Hall M, Noort MC. Beyond "monologicality"? Exploring con- spiracist worldviews. Frontiers in Psychology 2017;8:861.
53) Pierre JM. Conspiracies gone wild: A psychiatric perspective on conspiracy theory belief, mental

illness, and the potential for lone actor ideological violence. Terrorism and Political Violence 2024. https://doi.org/10.1080/09546553.2024.2329079.
54) Uzarevic F, Coleman TJ, III. The psychology of nonbelievers. Current Opinion in Psychology 2021;40:131–138.
55) Hoffer E. The True Believer: Thoughts on the Nature of Mass Movements. Harper & Row, 1951.
56) Rip B, Vallerand RJ, Lafrenière M-AK. Passion for a cause, passion for a creed: On ide- ological passion, identity threat, and extremism. Journal of Personality 2012;80:573–602; Webber D, Kruglanski AW. Psychological factors in radicalization: A "3N" approach. In: LaFree G, Freilich JD, eds. The Handbook of the Criminology of Terrorism, 1st ed. Wiley, 2017, 479–487; McCauley C, Moskalenko S. Mechanisms of political radicali- zation: Pathways toward terrorism. Terrorism and Political Violence 2008;20:415–433; McCauley C, Moskalenko S. Toward a profile of lone wolf terrorists: What moves an indi- vidual from radical opinion to radical action. Terrorism and Political Violence 2014;26:69–85; Rip B, Vallerand RJ, Lafrenière M-AK. Passion for a cause, passion for a creed: On ideological passion, identity threat, and extremism. Journal of Personality 2012;80:573–602; van den Bos K. Unfairness and radicalization. Annual Review of Psychology 2020;71:563–588.
57) Gill P, Farnham F, Clemmow C. The equifinality and multifinality of violent radicaliza- tion and mental health. In: Bhui K, Bhugra D, eds. Terrorism, Violent Radicalization, and Mental Health. Oxford University Press, 2021, 125–136.
58) Dickson EJ. Former QAnon followers explain what drew them in—and got them out. Rolling Stone. September 23, 2020. https://www.rollingstone.com/culture/culture-features/ex-qanon-followers-cult-conspiracy-theory-pizzagate-1064076/
59) Andrews TM. He's a former QAnon believer. He doesn't want to tell his story, but thinks it might help. The Washington Post. October 24, 2020. https://www.washingtonpost.com/technology/2020/10/24/qanon-believer-conspiracy-theory/
60) Lord B, Naik R. He went down the QAnon rabbit hole for almost two years. Here's how he got out. CNN.com. October 18, 2020. https://www.cnn.com/2020/10/16/tech/qanon-believer-how-he-got-out/index.html
61) Jadeja J. I left QAnon in 2019. But I'm still not free. Politico.com. December 11, 2021. https://www.politico.com/news/magazine/2021/12/11/q-anon-movement-former-believer-523972
62) Rousselet M, Duretete O, Hardouin JB, Grall-Bronnec M. Cult-membership: What factors contribute to joining or leaving? Psychiatry Research 2017;257:27–33.
63) Horgan J. Deradicalization or disengagement? A process in need of clarity and a coun- terterrorism initiative in need of evaluation. Revista de Psicología Social 2009;24:291–298; Rabasa, Pettyjob SL, Ghez JJ, Boucek C. Deradicalizing Islamic Extremists. RAND Corporation, 2010.
64) We see things not as they are, but as we are. Quoteinvestigator.com. March 9, 2014. https://quoteinvestigator.com/2014/03/09/as-we-are/

10장

1) Pennycook G, Fugelsang JA, Koehler DJ. Everyday consequences of analytic thinking. Current Directions in Psychological Science 2015;24:425–4 32; Pennycook G, Cheyne JA, Koehler DJ, Fugelsang JA. On the belief that beliefs should change according to evi- dence: Implications for conspiratorial, moral, paranormal, political, religious, and science beliefs. Judgment and Decision Making 2020;15:476–4 98; Bowes SM, Tasimi A. Clarifying the relations between intellectual humility and pseudoscience beliefs, conspiratorial ide- ation, and susceptibility to fake news. Journal of Research in Personality 2022;98:104220; Kwek A, Peh L, Tan J, Lee JX. Distractions, analytical thinking and falling for fake news: A survey of psychological factors. Humanities and Social Science Communications 2023;10:319.
2) Leary MP, Diebels KJ, Davisson EK, et al. Cognitive and interpersonal features of intellectual humility. Personality and Social Psychology Bulletin 2017;43:793–813; Resnick B. Intellectual humility: The importance of knowing you might be wrong. Vox. January 4, 2019. https://www.vox.

com/science-and-health/2019/1/4/17989224/intellectual-humility-explained-psychology-replication.

3) Hrishikesh J. What are the chances you're right about everything? An epistemic challenge for modern partisanship. Politics, Philosophy, & Economics 2020;19:36–61.

4) Bancroft A. The Wisdom of the Buddha: Heart Teachings in His Own Words. Shambhala, 2000.

5) Van de Calseyde PPFM, Efendić E. Taking on a disagreeing perspective improves the accuracy of people's quantitative estimates. Psychological Science 2022;33:971–983.

6) Frederick S. Cognitive reflection and decision making. Journal of Economic Perspectives 2005;19:25–42.

7) Stanovich KE, West RF. On the relative independence of thinking biases and cognitive ability. Personality Processes and Individual Differences 2008;94:672–695.

8) Young DG, Maloney EK, Bleakley A, Langbaum JB. "I feel it in my gut": Epistemic motiv- ations, political beliefs, and misperceptions of COVID-1 9 and the 2020 presidential elec- tion. Journal of Social and Political Psychology 2022;10:643–656.

9) Pennycook G, Cheyne JA, Seli P, Koehler DJ, Fugelsang JA. Analytic cognitive style predicts religious and paranormal belief. Cognition 2012;123:335–346.

10) Pennycook G, Cheyne JA, Koehler DJ, Fugelsang JA. On the belief that beliefs should change according to evidence: Implications for conspiratorial, moral, paranormal, political, religious, and science beliefs. Judgment and Decision Making 2020;15:476–498.

11) Scheffer M, van de Leemput I, Weinans E, Bollen J. The rise and fall of rationality in language. PNAS 2021;118:e2107848118.

12) Wageningen University. "We conclude" or "I believe?" Study finds rationality declined decades ago. Phys.org. January 12, 2022. https://phys.org/news/2022-01-rationality-declined-decades.html

13) Vary AB. "Superman changes motto to truth, justice and a better tomorrow," says DC chief. Variety. October 16, 2021. https://variety.com/2021/film/news/superman-new-motto-dc-fandome-1235090712/

14) Innocenzi RL, Brown K, Liggit P, Tout S, Tanner A. "Think before you click. Post. Type." Lessons learned from our University Cyber Security Awareness Campaign. Journal of Cybersecurity Education, Research and Practice 2018;1:3.

15) Mackintosh E. Finland is winning the war on fake news. What it's learned may be crucial to Western democracy. CNN.com. May 2019. https://edition.cnn.com/interactive/2019/05/europe/finland-fake-news-intl/; Gross J. How Finland is teaching a generation to spot misinformation. The New York Times. January 10, 2023. https://www.nytimes.com/2023/01/10/world/europe/finland-misinformation-classes.html

16) Horn S, Veermans K. Critical thinking efficacy and transfer skills defend against "fake news" at an international school in Finland. Journal of Research in International Education 2019;18:23–41.

17) Compton J, van der Linden S, Cook J, Basol M. Inoculation theory in the post-truth era: Extant findings and new frontiers for contested science, misinformation, and con- spiracy theories. Social and Personality Psychology Compass 2021;15: e12602; Lewandowsky S, van der Linden S. 2021. Countering misinformation and fake news through inocula- tion and prebunking. European Review of Social Psychology 32:348–3 84; van der Linden S. Misinformation: Susceptibility, spread, and interventions to immunize the public. Nature Medicine 2022;28:460–4 67; Lu C, Hu B, Li Q, Bi C, Ju X-D. Psychological inoculation for credibility assessment, sharing intention, and discernment of misinformation: Systematic review and meta-a nalysis. Journal of Medical Internet Research 2023;25:e49255.

18) Nyhan B, Reifler J. When corrections fail: The persistence of political misperceptions. Political Behavior 2020;32:303–3 30; Wood T, Porter E. The elusive backfire effect: Mass attitudes' steadfast factual adherence. Political Behavior 2019;41:135–163.

19) Salter J. Judge limits Biden administration in working with social media companies. APnews.com. July 4, 2023. https://apnews.com/article/social-media-protected-speech-lawsuit-injunction-148c1cd4 3f88a0284d5a3c53fd333727

20) Kosseff J. America's favorite flimsy pretext for limiting free speech. The Atlantic. January 4,

2022. https://www.theatlantic.com/ideas/archive/2022/01/shouting-fire-crowded-theater-speech-regulation/621151/
21) Vogels EA, Anderson M, Porteus M, et al. Americans and "cancel culture": Where some see calls for accountability, others see censorship, punishment. Pew Research Center. May 19, 2021. https://www.pewresearch.org/internet/2021/05/19/americans-and-cancel-culture-where-some-see-calls-for-accountability-others-see-censorship-punishment/
22) The Editorial Board. America has a free speech problem. The New York Times. March 18, 2022. https://www.nytimes.com/2022/03/18/opinion/cancel-culture-free-speech-poll.html
23) St. Aubin C, Liedke J. Most Americans favor restrictions on false information, violent content online. Pew Research Center. July 20, 2023. https://www.pewresearch.org/short-reads/2023/07/20/most-americans-favor-restrictions-on-false-information-violent-content-online/
24) Kozyreva A, Herzog SM, Lewandowsky S, et al. Resolving content moderation dilemmas between free speech and harmful misinformation. PNAS 2023;120:e2210666120.
25) Linder NM, Nosek BA. Alienable speech: Ideological variations in the application of free- speech principles. Political Psychology 2009;30:67–92.
26) Shellenberger M. The new war on free speech. Unherd.com. June 19, 2023. https://unherd.com/2023/06/the-new-world-war-on-free-speech/
27) Lakier G. The great free-s peech reversal. The Atlantic. January 27, 2021. https://www.theatlantic.com/ideas/archive/2021/01/first-amendment-regulation/617827/
28) Hammond-Errey M. Elon Musk's Twitter is becoming a sewer of disinformation. Foreignpolicy.com. July 15, 2023. https://foreignpolicy.com/2023/07/15/elon-musk-twitter-blue-checks-verification-disinformation-propaganda-russia-china-trust-safety/
29) Zilber A. Elon Musk's X to hire 100 content moderators in wake of Taylor Swift, AI fiasco. The New York Post. January 29, 2024. https://nypost.com/2024/01/29/business/elon-musks-x-to-hire-100-content-moderators-in-wake-of-taylor-swift-ai-fiasco/
30) Pretus C, Javeed AM, Hughes D, et al. The Misleading count: An identity-based in-tervention to counter partisan misinformation sharing. Philosophical Transactions B 2023;379:20230040.
31) Geisel TS. The Lorax. Random House, 1971.

Nous 13

집단 망상

1판 1쇄 인쇄 2025년 10월 23일
1판 1쇄 발행 2025년 11월 26일

지은이 조 피에르
옮긴이 엄성수
펴낸이 김영곤
펴낸곳 (주)북이십일 21세기북스

정보개발팀장 이리현
정보개발팀 현미나 이수정 이지윤 양지원
마케팅 김설아
교정교열 신대리라 **디자인 표지** studio Ain **본문** 이슬기
영업팀 정지은 장철용 강경남 황성진 김도연 이민재 한충희 남정한
해외기획팀 최연순 소은선 홍희정
제작팀 이영민 권경민

출판등록 2000년 5월 6일 제406-2003-061호
주소 (10881) 경기도 파주시 회동길 201(문발동)
대표전화 031-955-2100 **팩스** 031-955-2151 **이메일** book21@book21.co.kr

KI신서 13888
ⓒ 조 피에르, 2025
ISBN 979-11-7357-588-3 03180

(주)북이십일 경계를 허무는 콘텐츠 리더

21세기북스 채널에서 도서 정보와 다양한 영상자료, 이벤트를 만나세요!
페이스북 facebook.com/21cbooks   **블로그** blog.naver.com/21c_editors
인스타그램 instagram.com/jiinpill21 **홈페이지** www.book21.com
유튜브 youtube.com/book21pub

책값은 뒤표지에 있습니다.
이 책 내용의 일부 또는 전부를 재사용하려면 반드시 (주)북이십일의 동의를 얻어야 합니다.
잘못 만들어진 책은 구입하신 서점에서 교환해드립니다.

Nous 사회와 경제를 꿰뚫는 통찰

'nous'는 '통찰'을 뜻하는 그리스어이자 '지성'을 의미하는 영어 단어로, 사회와 경제를 꿰뚫어 볼 수 있는 지성과 통찰을 전하는 시리즈입니다.

Nous Series

01 **빈곤의 종말** 지상의 모든 가난을 끝낼 밀레니엄 프로젝트
   제프리 삭스 지음, 김현구 옮김 | 575쪽 | 33,000원

02 **자본 질서** 긴축이 만든 불평등의 역사
   클라라 E. 마테이 지음, 임경은 옮김, 홍기훈 감수 | 492쪽 | 28,000원

03 **7번의 대전환** 세계 경제 질서를 뒤바꾼
   해롤드 제임스 지음, 정윤미 옮김, 류덕현 감수 | 568쪽 | 29,800원

04 **테크노퓨달리즘** 클라우드와 알고리즘을 앞세운 새로운 지배 계급의 탄생
   야니스 바루파키스 지음, 노정태 옮김, 이주희 감수 | 396쪽 | 24,000원

05~11 **토머스 프리드먼 컬렉션**
   「코드 그린」 토머스 프리드먼 지음, 최정임·이영민 옮김 | 592쪽 | 38,000원
   「렉서스와 올리브나무」 토머스 프리드먼 지음, 장경덕 옮김 | 640쪽 | 40,000원
   「늦어서 고마워」 토머스 프리드먼 지음, 장경덕 옮김 | 688쪽 | 40,000원
   「세계는 평평하다」 토머스 프리드먼 지음, 이건식 옮김 | 792쪽 | 46,000원
   「베이루트에서 예루살렘까지」 토머스 프리드먼 지음, 이건식 옮김 | 728쪽 | 44,000원
   「미국 쇠망론」 토머스 프리드먼·마이클 만델바움 지음, 강정임·이은경 옮김 | 556쪽 | 38,000원
   「경도와 태도」 토머스 프리드먼 지음, 김성한 옮김 | 504쪽 | 30,000원

12 **불통, 독단, 야망** 위험한 리더는 어떻게 만들어지는가
   스티브 테일러 지음, 신예용 옮김 | 368쪽 | 22,000원